面向移动边缘计算的车联网关键技术研究

张海波　刘开健　徐勇军　朱　江　著

科学出版社
北　京

内 容 简 介

本书从车联网技术的发展趋势及应用特点出发,结合不同实际应用场景,全面展示面向移动边缘计算的车联网关键技术。全书共9章,首先,详细介绍面向移动边缘计算的车联网的背景、主要应用场景及架构。然后,分析基于移动边缘计算的车联网系统的构成与当前面临的主要问题。基于这些问题,对车联网中基于移动边缘计算的计算卸载、任务调度、移动性管理、计算资源分配、缓存服务进行研究。同时,针对区块链技术在车联网安全认证领域的应用进行分析。最后,对车联网技术的未来发展方向进行展望。

本书适用于对车联网、移动边缘计算、区块链感兴趣的高校师生和研究人员。

图书在版编目(CIP)数据

面向移动边缘计算的车联网关键技术研究/张海波等著.--北京:科学出版社,2024.12
ISBN 978-7-03-072562-2

Ⅰ.①面… Ⅱ.①张… Ⅲ.①互联网络-应用-汽车 ②智能技术-应用-汽车 Ⅳ.①U469-39

中国版本图书馆 CIP 数据核字(2022)第 103442 号

责任编辑:陈丽华/责任校对:彭 映
责任印制:罗 科/封面设计:义和文创

科学出版社 出版
北京东黄城根北街 16 号
邮政编码:100717
http://www.sciencep.com

成都锦瑞印刷有限责任公司 印刷
科学出版社发行 各地新华书店经销

*

2024 年 12 月第 一 版 开本:787×1092 1/16
2024 年 12 月第一次印刷 印张:14 1/2
字数:344 000
定价:179.00 元
(如有印装质量问题,我社负责调换)

前 言

随着物联网技术的高速发展,车联网已成为继因特网和移动互联网之后的第三大互联网实体。车联网作为一种物联网在交通领域中的典型应用受到了人们的广泛关注。车联网是指一种新兴的智能信息物理系统,它集成了无线传感网络、人工智能、移动通信技术、大数据、云计算和边缘计算等技术,具有分布式、立体化、协作性和智能化等特点。移动边缘计算(mobile edge computing,MEC)是实现智能交通的关键技术之一。基于 MEC 的车联网具备超高密度、超低时延、超高可靠和超低能耗等特点,以适应未来各种多样化的车联网应用需求。针对车联网产业,我国推行国家车联网产业标准体系建设,开展应用示范试点,创新产业形态,推进智能化道路基础设施规划建设等,大力支持车联网的发展。车联网的发展对促进信息消费、推进供给侧结构性改革、推动制造强国和网络强国建设等具有重要意义。

本书基于实际项目,通过大量的文献资料调研、现状分析、问题建模、数学推导和实验仿真,形成较为完整的面向 MEC 的车联网关键技术研究体系,旨在向读者介绍面向 MEC 的车联网关键技术及其发展新趋势。全书共 9 章,第 1 章为绪论,简单介绍车联网与 MEC 的体系架构、技术标准和应用场景。第 2 章为基于 MEC 的车联网系统概述,讲述基于 MEC 的异构车联网体系架构、车联网中的 MEC 部署和基于 MEC 的车联网系统面临的问题。第 3 章至第 7 章针对现有问题,依次介绍车联网中基于 MEC 的计算卸载策略、任务调度机制、移动性管理、计算资源分配和缓存服务等相关研究。第 8 章为车联网与区块链,讲述基于区块链的车联网安全认证技术研究。第 9 章为车联网发展现状及展望,阐述车联网的发展现状、典型应用场景和面临的挑战。

本书的部分内容来源于国家重点研发计划项目(2023YFB2504700)、重庆市留学人员创业创新支持计划项目(cx2020059)和重庆市基础研究与前沿探索项目(cstc2018jcyjAX0463)。特别感谢重庆邮电大学出版基金的资助。

栾秋季、李虎、王子心、程妍、荆昆仑、许云飞、陶小方、张益峰、黄宏武、刘子琪、刘香渝、卞霞、陈舟、任俊平、兰凯、徐蓬勃、曹钰坤、王大斌、王新月等硕士研究生参加了本书的初稿撰写工作,在此谨向他们表示衷心的感谢。

囿于作者团队学术水平和时间,书中难免有不足之处,恳请广大读者和各界人士批评指正,并提出宝贵建议。

作 者

2024 年 6 月

目 录

第1章 绪论 ··· 1
  1.1 车联网简介 ··· 1
    1.1.1 车联网的发展背景与概念 ··· 1
    1.1.2 车联网技术的应用 ··· 3
    1.1.3 车联网的发展前景 ··· 4
  1.2 车联网体系架构 ··· 5
    1.2.1 车联网综合组网体系架构 ··· 5
    1.2.2 车联网分层模型 ··· 6
  1.3 车联网通信标准 ··· 8
    1.3.1 IEEE 802.11p 标准 ··· 8
    1.3.2 美国 DSRC 标准 ·· 9
    1.3.3 欧盟 C-ITS 标准 ·· 10
    1.3.4 中国 C-V2X 标准 ··· 10
  1.4 MEC 的发展及概念 ·· 12
    1.4.1 云计算、雾计算 ··· 12
    1.4.2 边缘计算 ··· 16
    1.4.3 移动云计算 ··· 17
    1.4.4 移动边缘计算 ··· 19
  1.5 MEC 标准及系统架构 ·· 20
    1.5.1 ETSI MEC ·· 20
    1.5.2 3GPP MEC ··· 21
    1.5.3 MEC 系统架构 ·· 21
    1.5.4 5G MEC 融合架构 ··· 22
  1.6 MEC 的应用场景 ·· 24
    1.6.1 5G 三大应用场景 ·· 24
    1.6.2 MEC 典型应用场景 ·· 25
    1.6.3 面向 MEC 的 5G 应用实例 ·· 25
  1.7 本章小结 ··· 27
  参考文献 ·· 27

第2章 基于 MEC 的车联网系统概述 ··· 29
  2.1 基于 MEC 的异构车联网体系架构 ······································ 29
  2.2 车联网中的 MEC 部署 ·· 30

  2.2.1 中兴通讯 MEC 部署位置 ·· 30
  2.2.2 中国电信 MEC 平台部署架构 ·· 30
 2.3 基于 MEC 的车联网系统面临的问题 ·· 32
  2.3.1 基于 MEC 的车辆计算卸载问题 ·· 32
  2.3.2 基于 MEC 的车联网移动性管理问题 ································· 34
  2.3.3 基于 MEC 的车联网异构资源分配问题 ····························· 35
  2.3.4 基于 MEC 的车联网缓存服务问题 ···································· 37
  2.3.5 基于 MEC 的车联网中的安全问题 ···································· 38
 2.4 本章小结 ··· 39
 参考文献 ·· 39

第 3 章 车联网中基于 MEC 的计算卸载策略研究 ···························· 41
 3.1 基于 MEC 的计算卸载简介 ·· 41
  3.1.1 基于 MEC 计算卸载的概念及应用场景 ····························· 41
  3.1.2 基于 MEC 的计算卸载步骤 ··· 43
 3.2 车联网中基于 MEC 的计算卸载的相关技术 ······························· 43
 3.3 车联网中基于 MEC 的卸载对象匹配机制 ·································· 44
  3.3.1 车联网中资源的类型 ·· 44
  3.3.2 车联网中资源异构性卸载模型构建 ·································· 44
  3.3.3 基于 AHP 和多轮顺序组合拍卖的卸载机制 ······················· 46
  3.3.4 系统效益评估 ·· 51
  3.3.5 小结 ·· 55
 3.4 车联网中面向 MEC 的实时能量感知卸载方案 ···························· 55
  3.4.1 车联网中时延与能耗的加权 ·· 55
  3.4.2 车联网中能量实时感知的卸载模型构建 ··························· 55
  3.4.3 基于 DQN 的卸载决策 ·· 58
  3.4.4 系统开销评估 ·· 60
  3.4.5 小结 ·· 64
 3.5 本章小结 ··· 64
 参考文献 ·· 64

第 4 章 车联网中基于 MEC 的任务调度机制研究 ···························· 65
 4.1 任务调度概述 ··· 65
  4.1.1 任务调度概念 ·· 65
  4.1.2 任务调度模型 ·· 66
 4.2 任务调度策略 ··· 68
  4.2.1 任务调度策略的性能指标 ··· 68
  4.2.2 任务调度技术 ·· 68
 4.3 基于任务优先级的任务调度机制 ··· 69

    4.3.1　基于 MEC 的车联网系统模型 ································· 71
    4.3.2　任务调度问题形成 ··· 73
    4.3.3　任务调度机制与资源分配 ··································· 74
    4.3.4　仿真分析 ··· 78
  4.4　基于 V2X 通信模式选择的任务调度机制 ···························· 82
    4.4.1　车联网中任务卸载问题描述 ··································· 83
    4.4.2　任务调度策略和资源分配解决方案 ····························· 87
    4.4.3　仿真验证与性能评估 ··· 92
  4.5　本章小结 ·· 96
  参考文献 ·· 96

第 5 章　车联网中基于 MEC 的移动性管理研究 ······························ 99
  5.1　车联网中基于 MEC 的移动性问题描述 ································ 99
    5.1.1　基站间切换问题 ··· 99
    5.1.2　任务迁移问题 ··· 99
    5.1.3　路径问题 ·· 101
  5.2　VM 迁移技术 ·· 101
    5.2.1　脱机迁移与联机迁移 ·· 101
    5.2.2　迁移模型 ·· 102
    5.2.3　迁移优化目标 ·· 102
  5.3　基于 NOMA-MEC 的车联网任务迁移策略 ···························· 103
    5.3.1　背景介绍 ·· 103
    5.3.2　系统模型 ·· 104
    5.3.3　基于 NOMA-MEC 的车联网任务迁移与缓存策略 ················· 107
    5.3.4　仿真分析 ·· 112
  5.4　车联网中整合 MEC 与 CDN 的移动性管理策略 ······················· 116
    5.4.1　背景介绍 ·· 116
    5.4.2　系统模型和问题规划 ·· 118
    5.4.3　开销选择的动态信道分配方案 ································ 121
    5.4.4　基于 RSU 调度的合作博弈算法 ································ 122
    5.4.5　仿真分析 ·· 125
  5.5　本章小结 ··· 128
  参考文献 ··· 129

第 6 章　车联网中基于 MEC 的计算资源分配研究 ··························· 133
  6.1　车联网中计算资源分配技术概述 ··································· 133
    6.1.1　背景介绍 ·· 133
    6.1.2　资源分配面临的问题 ·· 134
  6.2　基于 MEC 的通信模式选择与资源分配策略 ·························· 134

	6.2.1	传输速率和时延因子联合建模	134
	6.2.2	基于 V2X 模式选择的 Q 学习资源分配	137
	6.2.3	仿真与评估	140
6.3	车联网中基于 MEC 的资源优化方案		143
	6.3.1	通信模型与计算模型形成	143
	6.3.2	基于广义 Benders 分解算法的时延优化	146
	6.3.3	性能分析	149
6.4	车联网中基于 MEC 的多服务器任务卸载和资源分配		152
	6.4.1	任务卸载与资源分配问题相关描述	152
	6.4.2	资源分配与任务卸载问题	153
	6.4.3	求解方案与复杂度分析	155
6.5	本章小结		163
参考文献			163

第 7 章 车联网中基于 MEC 的缓存服务研究 164

7.1	缓存的概念		164
7.2	缓存内容		164
7.3	缓存的位置		165
7.4	车联网中基于 MEC 的 V2X 协同缓存及资源分配		166
	7.4.1	车联网中基于 MEC 的 V2X 协同缓存卸载模型	166
	7.4.2	基于 MEC 的 V2X 协同缓存决策	169
	7.4.3	基于 MEC 的 V2X 协同缓存资源分配	170
	7.4.4	仿真分析	174
7.5	本章小结		178
参考文献			178

第 8 章 车联网与区块链 180

8.1	区块链简介		180
	8.1.1	区块链概述	180
	8.1.2	区块链共识算法	185
	8.1.3	智能合约	186
	8.1.4	区块链的应用	187
8.2	基于区块链的车联网安全认证技术		188
	8.2.1	车联网安全通信模型	188
	8.2.2	密码学关键技术	189
	8.2.3	车联网安全需求	191
	8.2.4	接入认证与切换认证	192
	8.2.5	安全性分析	199
	8.2.6	仿真结果与分析	203

8.3　本章小结 ·· 208
　　参考文献 ··· 208
第 9 章　车联网发展现状及展望 ·· 210
　　9.1　车联网发展现状 ··· 210
　　　　9.1.1　车联网理论发展现状 ·· 210
　　　　9.1.2　车联网产业发展现状 ·· 211
　　9.2　车联网典型应用场景 ·· 213
　　　　9.2.1　交通安全场景 ··· 213
　　　　9.2.2　交通管理场景 ··· 214
　　　　9.2.3　信息服务场景 ··· 216
　　9.3　车联网面临的挑战 ·· 217
　　　　9.3.1　车联网技术发展的挑战 ··· 217
　　　　9.3.2　车联网产业化进程的挑战 ·· 219
　　9.4　本章小结 ··· 220
　　参考文献 ··· 220

第1章 绪　　论

1.1　车联网简介

1.1.1　车联网的发展背景与概念

1. 车联网的发展背景

随着信息通信技术（information and communication technology，ICT）的高速发展，传统互联网的服务质量需求大大提高，车联网也面临新的考验。为了满足人们美好生活需要，汽车所能提供的服务也在日益增多。人们期望在移动的车辆中随时随地交换数据。据统计，到 2020 年底，全球已有 20%车辆连接到互联网，这些连接到互联网的车辆所产生的数据量达到了 30 万 EB。如此庞大的数据量，主要来自车辆的远程信息处理以及一些有潜力的车辆应用，如安全驾驶系统、车载信息娱乐（in-vehicle infotainment，IVI）系统和智能交通系统（intelligent transportation system，ITS）等，蜂窝网络也能够为车辆用户提供广泛的应用支持。除此之外，车辆的大量增加也造成了各种各样的生活及环境问题，如交通堵塞、交通事故和环境污染等。为了解决车辆间通信的一系列问题，一种新兴的网络孕育而生——车联网（internet of vehicles，IoV）。

2. 车联网的基本概念

车联网指车辆上的车载设备通过无线通信技术对网络信息平台中的全部车辆的动态信息进行提取、处理，并利用其中的有效信息在车辆的运行中提供多种不同的服务与功能。车联网源自物联网，是物联网技术在交通系统领域内的一项典型应用，同时也是智能交通系统的重要组成部分[1]。

车联网是由多车、多用户、多物和多网络组成的具有高度可控性、可管理性和可信性的开放式与集成化的网络系统。根据中国车联网产业技术创新战略联盟的定义，车联网大致可以分为三类，分别为车云网、车际网和车内网，如图 1.1 所示。值得注意的是，研究人员根据其背景行业的不同，对车联网的定义也不尽相同。

与车载自组织网络（vehicular ad-hoc network，VANET）相比，车联网主要的技术方向为车辆初始化和车辆互联。车辆互联又称为车辆远程信息技术和移动互联网构成的车辆网络。从车辆智能的角度来看，车联网可以定义为车辆与驾驶员通过群体计算、认知计算、深度学习、人工智能等网络技术的应用，使车辆与驾驶员之间形成一个整体，形成一个智能单元。因此，车联网的重点是智能整合车、物、人、环境，创建一个更大、更智能的能更好服务于大城市的网络。

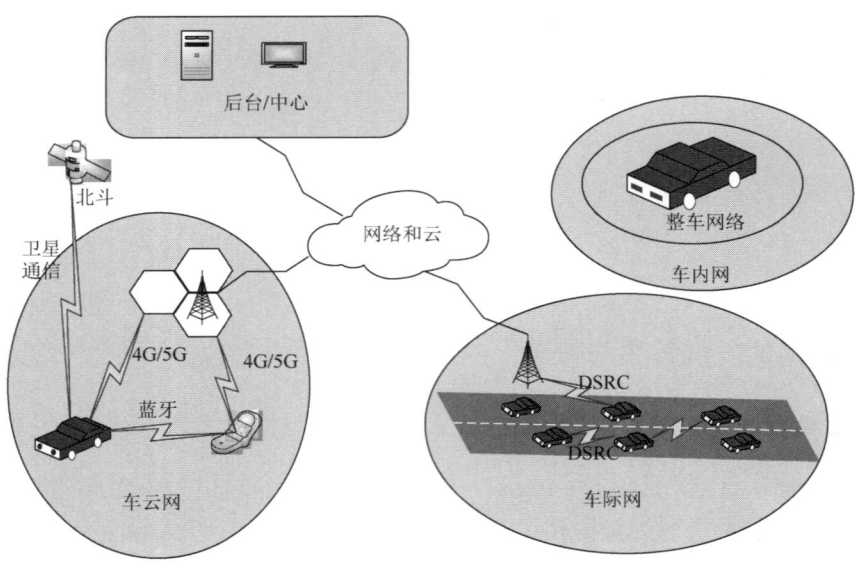

图 1.1 车云网、车际网和车内网

DSRC 为专用短程通信（dedicated short range communications）

3. 车联网与智能网联汽车、智能交通系统的关联

智能网联汽车（intelligent connected vehicle，ICV）是指车联网与智能汽车的有机联合。ICV 装载先进的车载传感器、控制器与执行器等设备，结合现代通信与网络技术，实现车与车、人、路面和后台等智能信息交换共享，促使汽车更为安全、舒适、节能与高效地行驶，并且最终可以实现自动驾驶[2]。

ITS 是将先进的科学技术（信息技术、计算机技术、数据通信技术、传感器技术、电子控制技术、自动控制理论、运筹学与人工智能等）有效地综合运用于交通运输、服务控制和车辆制造等方面，加强车辆、道路和使用者之间的联系，从而形成一种保障安全、提高效率、改善环境、节约能源的综合运输系统[3]。

ITS 的发展面临着许多困难，如何确保全面获取交通状态与及时侦测道路路况是一个亟待解决的难题。在准确了解交通主体车辆的运行状况的基础之上，通过分析车况与路况以及彼此交互的相关状态，能够为出行者提供更为有效的交通信息，最终可以实现绿色运输、改善运输效率、整体提升服务水平的目标。ITS 的关键问题在于道路和车辆之间的均衡博弈。与道路相关联的因素大多是静止的，与车辆相关联的因素大多是运动的。由于之前的科技水平发展限制，传统 ITS 的解决方案大都是围绕静止和固定的因素，以及和道路相关联的因素，如视频摄像、路边显示牌等，这样做治标不治本，因为引发交通拥堵和交通事故最核心的根源其实在于车辆本身，围绕车辆本身这个核心因素以及与车辆相关联的其他因素，才是解决交通问题更为有效的途径。交通建设经验表明，城市的道路增宽，而车辆也会增多，结果更为拥堵，限行和加强道路监管仍不能实质性解决交通拥堵问题。

车联网是解决交通拥堵更为有效与合理的办法，车联网不仅能够解决 ITS 所面临的问题，还具有低成本和高效能等特点。车联网是从动态信息视角实现信息的全面采集、立体交叉采集和互联网云计算处理，从本质上改变 ITS 技术。跟踪装有车联网软件的出租车、专车和顺风车的运行轨迹后发现，北京、上海等城市仅仅需要 5%的车辆实现车联网，就能够给出城市所有道路的实时路况、交叉路口设计规范、平均道路拥堵指数、城市与具体道路的平均速率、事故多发点乃至城市碳排放等数据。由此可见，车联网在方便人们出行的同时，能够为城市规划和城市环境建设搜集更多数据，提升交通、汽车和互联网行业的核心竞争力，从而实现真正的智慧出行和智慧城市。

1.1.2 车联网技术的应用

车联网的核心是广泛的车联网应用和服务，传感技术、通信技术、网络技术和计算技术都应充分满足车联网的要求。车联网技术的应用主要体现在车辆碰撞预警、实时车辆交通管理、虚拟现实（virtual reality，VR）和增强现实（augmented reality，AR）、自动驾驶等方面。下面分别对这四种典型应用进行介绍。

（1）车辆碰撞预警。碰撞预警是一项重要的道路安全应用，旨在降低车辆、道路结构和行人之间的碰撞造成事故的风险。碰撞预警包括许多不同的情景，如前向碰撞预警、紧急车辆预警、信号违章预警和碰撞前感知预警[4]。通常采用定时和事件驱动广播的方式，向附近车辆发出车辆运动状况、交通状况和潜在危险的警告。这种应用程序对消息传递时延和可靠性有严格的要求，延迟在 50~100 ms，最大消息传递失败率为 0.00001。短程车与车（vehicle to vehicle，V2V）通信和车与行人（vehicle to pedestrian，V2P）通信适合碰撞警告的应用。

（2）实时车辆交通管理。基于实时车辆交通和道路信息[5]，对交通流进行及时管理和优化。在车联网中，车辆和道路都可以配备摄像头、光探测和测距（激光雷达）设备以及其他传感器。这些摄像头和传感器可以收集丰富的道路与交通信息，然后通过车与基础设施（vehicle to infrastructure，V2I）通信传输到中央服务器。在服务器上执行全市范围的交通优化，然后根据行驶时间、安全、燃料和舒适度将导航指南分发给车辆。为了保证实时的交通管理和优化，需要有效的车联网数据采集、交通信息传输和交通管理优化。

（3）虚拟现实和增强现实。车联网应用中一个重要的类别是信息娱乐，即为用户提供各种信息、娱乐内容和服务，使车辆驾驶更加愉快和舒适。虚拟现实和增强现实因能够提供身临其境的体验和驾驶辅助等功能而备受关注。然而，支持车联网虚拟现实或增强现实服务需要超高的传输速率和计算资源，这对车联网基础设施构成了严峻挑战。虽然云计算可以提供超高的计算能力，但不能满足虚拟现实或增强现实应用时延。因此，移动边缘计算（mobile edge computing，MEC）和缓存技术是共同提供低延迟、缓解骨干网数据流量压力的潜在解决方案。

（4）自动驾驶。自动驾驶汽车无疑代表着交通系统的未来。传统的 V2V 和 V2I 通信可以支持低水平的自动驾驶，即驾驶辅助系统。目前，基于个体车辆感知、数据融合、机器学习和机动控制的高级别自动驾驶系统正在开发中。然而，基于个体感知的自主感知能力有限，缺乏车辆协作，无法支持完全自主。车联网和车对外界的信息交换（vehicle to everything，V2X）通信是解决这些限制的有效方法[6]。

车联网技术的应用多种多样，因此也具有很多特点，常见车联网技术的应用具有通用性、智能化、个性化和娱乐化等特点。

（1）通用性。车联网应用具有很强的通用性。由于人们生活水平提高，越来越多的家庭拥有了汽车，汽车销售量日益增长，每天都有数以万计的新车被售出，而不同的汽车安装的车联网应用也是各种各样的。为了让不同型号的汽车都能享有车联网应用带来的便捷，车联网应用具有通用性，能够为不同型号不同种类的汽车带来优质的服务，以此满足更加广阔的市场需求。

（2）智能化。车联网应用提供的服务具有智能化的特点，随着车联网应用的普及，越来越多的车主可以在驾驶中享受智能化服务，如导航系统，可以提供当前道路的状况，判断前方道路是否拥堵或者是否出现路面维修等情况，为车主提供有效信息，进而使车主做出更为合理的判断。除此之外，智能化车联网还体现在其对汽车本身的监控，如智能分析车辆的驾驶速度和驾驶行为等。

（3）个性化。个性化也是当下车联网应用的特点，在大数据时代，车联网应用可以在运行过程中搜集汽车行驶的数据，通过这些数据可以分析出车主的驾驶习惯等信息，能够为车主提供更加个性化的服务。

（4）娱乐化。车联网应用也具有娱乐化的特点，在车联网技术开始普及之后，驾车时无论听音乐还是听电台新闻等，都变得更加智能，从以前的需要购买车载 CD 才能实现听音乐的功能，到现在通过车联网应用便能轻松实现。车联网应用将互联网的便利彻底和汽车驾驶融为一体了。

随着技术的不断发展，车联网应用为人类带来了优质与便利的服务，车联网也会不断向前发展，研发出更多可为人类提供优质服务的应用，解决当下车联网发展中的难题，促进人类向着高科技化未来前进。

1.1.3　车联网的发展前景

汽车数量不断增长，许多城市道路的汽车容量已经达到饱和，交通安全、出行效率与环境保护等问题不断涌现。车联网作为新时代的技术，对解决当前交通系统所面临的种种难题具有重要意义。当前是车联网发展最为关键的时刻，如何确保车联网健康地发展，是需要重点解决的问题。

行业的网络安全以及行业法律法规的完善是车联网行业健康发展的保障。车联网需要重点发展核心的技术与应用，但是这些技术和应用细分下去却是一个十分庞大的体系，因此需要许多厂商一起合作来共同打造。安全试点示范是推动车联网发展的一个有效途径，目前我国已初步构建由北京-河北、重庆、浙江、吉林、湖北，以及上海和无锡组成的"5＋2"车联网示范区格局，在推动融合创新、促进产业集聚、培育新业态等方面已开始发挥积极作用。借助车联网示范区所带来的积极作用，积极开展车联网安全试点示范工作，筛选车联网安全技术水平领先的高新企业，对典型的车联网安全防护解决方案进行示范并推广,进一步促进安全新技术、防护新方案成果转化和市场普及,驱动车联网安全产业的快速发展。无论是前装市场上通用引入 OnStar,丰田引入 G-BOOK 到中国,还是路畅科技率先推向后装市场的车联网服务 iBook,都证明了车联网已经在路上。就像计算机走进互联网一样,汽车必将走进车联网。

在未来,车联网必将成为汽车技术发展的标志。在国内,车联网研究起步较晚,相关技术并不成熟,真正与车联网相关的技术产品比较稀少。目前,大多数车联网技术产品只是将智能手机的某些功能移植到汽车终端上,这不是车联网真正的核心所在,而是国内车联网行业缺乏技术核心的表现。随着科技的不断发展与进步,国内车联网在未来定会逐渐改变上述现状。

1.2 车联网体系架构

1.2.1 车联网综合组网体系架构

车联网依靠高效、快速、可靠和低成本的通信系统来保证无处不在的网络连接。V2X 通信是车联网的基本功能,允许车辆与其他车辆、人、道路传感器、交通基础设施、物联网设备、接入网络和互联网进行通信[7]。V2X 通信包括不同类型的车辆通信,如 V2V、V2I、V2P 和车辆与传感器(vehicle to sensor,V2S)通信,通过各种无线和网络技术,实现车辆与其他网络组件之间的数据传输。

空间空对地综合网络(space–air–ground integrated network,SAGIN)是另一种有效的解决方案,可为车联网提供网络覆盖、通信和计算、可扩展的网络部署以及灵活的网络服务和管理。卫星通信网络可以为车联网用户提供远程通信服务,特别是在没有地面网络的高速公路或农村地区。随着高通量通信卫星(high-throughput satellite,HTS)和近地轨道(low-earth orbit,LEO)卫星星座技术的发展,卫星网络可以减轻地面车辆网络的计算压力。此外,如无人飞行载具(unmanned aerial vehicle,UAV)和通信气球等空中通信设备,形成了一个按需部署的空中网络,为车联网提供灵活的服务。与部署超密集地面蜂窝网络相比,无人飞行载具可以根据业务需求随时间和空间的变化进行部署,使得不同业务的飞行中继、基站或缓存单元更加灵活、经济[8]。

随着智能交通系统、智慧城市和自动驾驶汽车的发展,大量计算密集型车联网服务应运而生,如 VR、AR 和自动驾驶等。为了支持这些服务,需要一个全面的云计算或边缘计算系统。云计算技术已经成熟,许多云计算服务已经商用,包括阿里云和微软的 Arezu。车联网用户可以通过各种 V2I 通信技术将计算密集型任务卸载到云计算平台,从而减少延迟和能耗[9]。然而,云计算不能满足延迟敏感的应用,如自动驾驶。在这种情况下,可以利用边缘计算,将计算资源部署在网络边缘,比云计算更接近车联网用户。最近,另一种新型车联网计算范式——车辆云(vehicular cloud,VC)受到广泛关注。由于互联网车辆车载计算能力日益强大,它们可以通过可靠的 V2V 通信形成本地云，协同执行计算任务[10]。为了减少内容检索延迟，通过在边缘服务器上缓存流行内容，在交付数据密集型服务时提高网络性能。图 1.2 展示了车联网系统的综合组网体系架构，由空间、空中和地面通信网络提供 V2X 通信，协同为车联网用户提供无缝、高效、安全的无线连接。一个具有边缘缓存的三层（车辆边缘云）计算系统能够提供灵活、低成本的车联网服务。

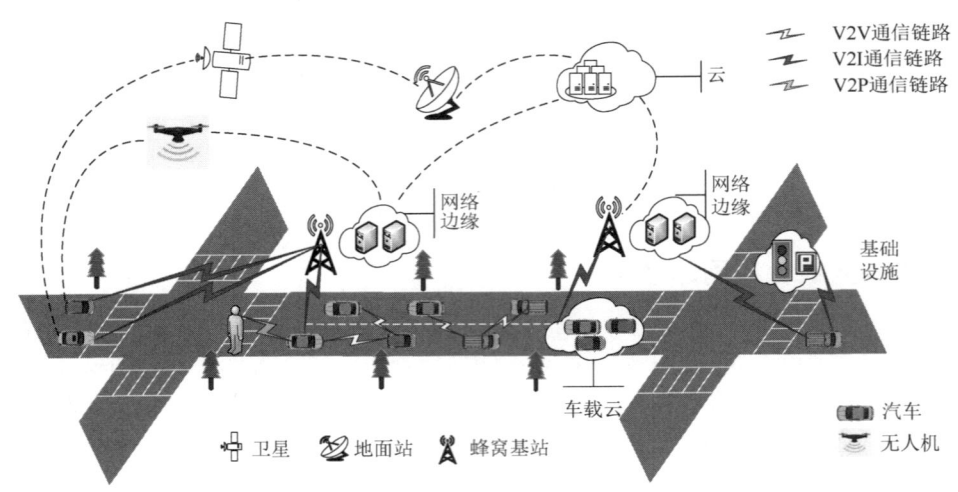

图 1.2　车联网系统的综合组网体系架构图

1.2.2　车联网分层模型

基于车联网环境中使用各种技术之间的相互作用，研究人员提出了车联网的三层体系结构。第一层是嵌入在车辆内部的传感器，它收集周围环境的数据，感知对车辆至关重要的各种事件，如驾驶模式、车辆的情况、环境条件等。第二层称为通信层，它支持各种无线模式的通信，如车辆和基础设施之间的通信等。这一层确保了车联网与新兴技术和现有网络的无缝连接。第三层是工具层，为基础设施处理和存储提供支持，构成整体车联网智能。大数据对移动汽车进行处理，移动汽车负责对各种风险情况进行存储、分析、决策和处理。在融合来自各种技术和系统的数据基础上，做出统一的决策。

思科（Cisco）提供了车联网的四层架构。如图 1.3 所示，车联网架构可以概括为四层结构：感知层、接入层、网络层和应用层。其中，感知层负责数据的采集，接入层用于感知设备和核心网络的中间接入，网络层用于提供网络传输，应用层用于提供各种各样的服务应用。各层的具体情况如下。

（1）感知层：主要职责是采集数据，通过车载传感器对周围车辆、行人或基础设施信息进行采集，包括车辆运行参数、道路环境参数和预测参数等，如车速、方向、道路拥堵情况、预计通过时间等。所有采集的信息将上传至后台处理器进行分析与处理，提取有用信息。数据采集作为车联网的基础，可以为车联网提供可靠的数据支撑。

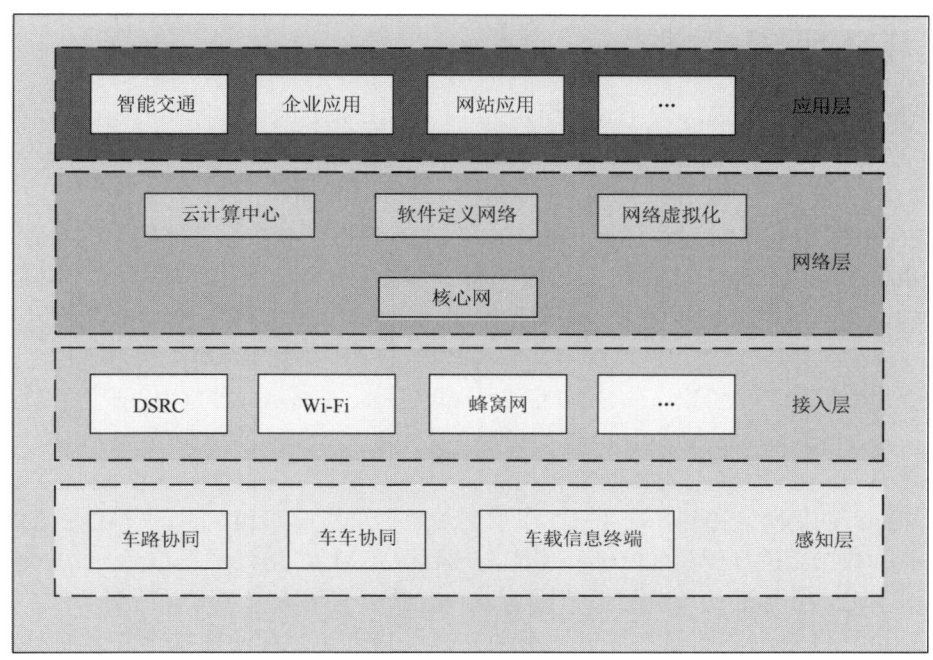

图 1.3　车联网分层模型

（2）接入层：连接感知设备与核心网的中间层，接入网可以使用专用短程通信（DSRC）技术、Wi-Fi、蜂窝网络等。感知层获取到硬件和环境数据，需要通过接入层连接网络通信环境才能传输到数据中心进行计算或存储。接入层为网络运行提供了稳定的通信环境。当数据量较大且接入的终端数量较多时，还应该考虑带宽流量限制，需要更高的带宽来满足业务流量，减少网络时延。

（3）网络层：为下层数据提供网络传输，以及为上层服务提供信息支撑。车联网通过云计算技术，整合下层传输数据，充分利用网络资源为上层应用提供计算服务。此外，通过融合控制器与网络功能虚拟化等技术，可有效扩展车联网的可伸缩性，加强网络灵活性。软件定义网络打破了网络垂直封闭架构，可以提高网络敏捷性和可靠性。网络功能虚拟化可实现物理网络资源的抽象化以及多个用户对资源的灵活共享。将软件定义网络和网络功能虚拟化扩展到车联网可以对车联网控制进行直接编程，并为各种互联车辆的应用抽象基础架构，从而可以提高车联网管理的效率和灵活性。

（4）应用层：在网络协议的规范上开发的各项业务功能，以满足人车环境协调服务的需求。应用层不仅有交通领域的程序，包括各项娱乐服务，还可以为运营商提供大量的数据报表，更好地改善车联网服务。常见的应用包括智能交通业务、企业应用和网站应用服务。应用层面向广大的用户，丰富的应用可以提高车联网的整体感知，为车联网创造更多的商业价值和新的运营模式。

1.3 车联网通信标准

1.3.1 IEEE 802.11p 标准

IEEE 于 2004 年成立 802.11p 小组，该小组在 IEEE 802.11a 标准的基础之上制定了 IEEE 802.11 在车辆环境下的无线接入（wireless access in vehicular environment，WAVE）方面的版本，即 IEEE 802.11p 标准，该标准于 2010 年发布。

IEEE 802.11p 标准针对物理层（physical layer，PHY）和数据链路层中的介质访问控制（medium access control，MAC）层两个部分分别进行了标准化，规范了物理帧结构、导频结构、分配频谱、划分信道、编码调制和信道的功率等内容，包含了数据从介质访问控制（MAC）层到物理层（PHY）之间的转换过程[11]。关于标准中的物理层方面，又可以细分为物理层汇聚协议（physical layer convergence protocol，PLCP）子层和物理介质依赖（physical media dependent，PMD）子层，其中 PLCP 子层的功能是：与 MAC 层进行通信，将从 MAC 层输出的数据流转换成正交频分复用（orthogonal frequency division multiplexing，OFDM）符号，而 PMD 子层则对数据进行编码和调制。MAC 层的主要作用是对业务数据流进行校验、分帧和加密，最后得到 MAC 协议数据单元。

IEEE 802.11p 标准的单跳覆盖范围为 300m，其数据传输速率可以达到 3～27Mbit/s，并且该标准还针对汽车的通信环境从移动支持、热点切换和通信安全等方面对之前的 IEEE 802.11a 标准进行了优化，较于 802.11a 标准，802.11p 标准在物理层采取了 OFDM 技术，原因是车辆在通信过程中会有较高的时延扩展，通过 OFDM 技术能够加大符号周期和保护间隔，因此能够适应该通信环境中的高时延扩展[11]。在 MAC 层中，IEEE 802.11p 标准采用载波监听多路访问/碰撞避免（carrier sense multiple access with collision avoidance，CSMA/CA）协议，并且在服务质量中采取了 IEEE 802.11e 标准中的多信道机制，这样做的目的在于为交通安全类应用提供更低的时延与传输质量的保障。

IEEE 802.11p 标准对传统的无线短距离网络技术进行优化，实现了很多对车辆更为实用的功能，这些功能具体包括更先进的切换机制（handoff scheme）、移动操作、增强安全、识别（identification）、对等网络（peer to peer）认证等；标准也规定了车辆间需在车载规定频率上的通信[12]。车载通信不仅只限于车辆之间的通信，也可以是车辆与路边的基础设施网络之间的通信。从技术层面而言，IEEE 802.11p 标准支持更先进的热点切换，增强了安全性，加强了身份认证等，但是要实现真正商用，要求不同厂商产品间能够实现互通，这点十分重要。在当前的车载通信市场中，绝大部分都由手机通信所支配，但是由于手机通信存在覆盖成本高、带宽限制等问题，手机通信并不是最优方式，而使用 802.11p 标准有望降低部署成本并提高带宽，更为有效地实时收集交通信息。

IEEE 802.11p 标准目前广泛应用于 ITS，但在市面上却只有少数的商业原型样机，一方面在于标准本身存在的一定问题，如数据包碰撞严重、可靠性低等，另一方面在于商业模式的不清晰及推广困难等[11]。

1.3.2 美国 DSRC 标准

1998 年美国颁布了《21 世纪交通平等法》，其中提出了 DSRC。DSRC 是一种高效、专用的车辆无线通信技术，以 IEEE 802.11p 标准为基础，将其中的 5.850~5.925 GHz 中的 75 MHz 频段作为智能交通系统中专用短程通信的无线电服务，目的在于增强交通安全、减少交通拥堵等[11]。欧盟、日本和韩国等基于美国的 DSRC 标准，相继推出了属于自己的通信标准。

美国交通部和汽车制造商组成了车辆安全通信 3（Vehicular Safety Communication 3, VSC3）团队，该团队开展了一个项目，用于测试 DSRC 技术的互操作性和扩展性，该测试的目的在于 DSRC 标准需要来自不同制造商所生产设备之间能够实现互操作功能[11]。该项目集中在测试 DSRC 标准是否足够全面清晰，能否实现不同车辆间的独立通信。最后通过测试显示，来自四个不同厂商的 DSRC 设备能够实现有效的通信，在标准识别上并没有显著的差异。

美国联邦通信委员会（Federal Communications Commission，FCC）将 5.850~5.925 GHz 频带分配给了 DSRC 进行通信，这个频谱包含了七个 10 MHz 的信道和一个 5 MHz 的保护频带，并且规定了每个信道是服务信道（service channel，SCH）还是控制信道（control channel，CCH），如图 1.4 所示。

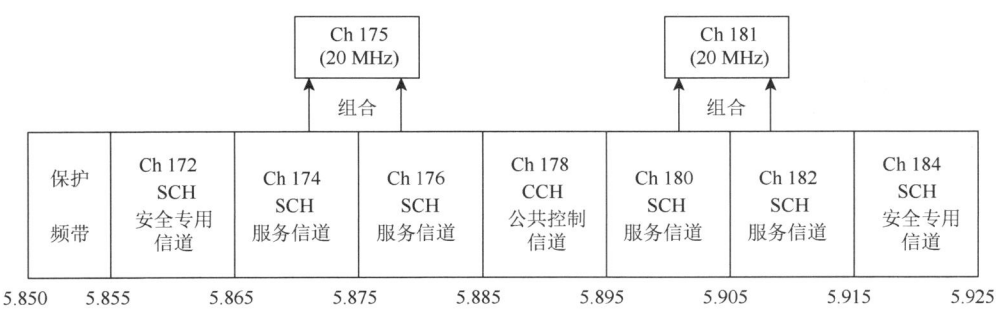

图 1.4 美国 DSRC 信道划分

其中，5.850~5.855 GHz 用作保护间隔，共占 5 MHz，余下的频带平均分配给了七个信道，每个信道占 10 MHz。信道从 Ch 172 开始直到 Ch 184 结束，由安全专用信道、服务信道和公共控制信道组成，每两个相邻的信道可以组合为一个 20 MHz 的信道，如 Ch 175 与 Ch 181。经过测试得出，该带宽更适合车辆环境中的时延与多普勒扩散。相邻信道的合并功能主要用于解决信道拥塞问题，通过提升信道的总容量来减小信道的拥挤程度，但需要注意的是，合并信道虽然能够解决拥塞问题，降低数据碰撞概率，但其传输时间是高于单信道的（一个给定调制方式和编码方式的帧在 20 MHz 信道上传输时间为在 10 MHz 信道上传输时间的 2 倍），并且合并信道在一个特定的背景频谱下也会产生更多的噪声，因此是否选择使用合并信道应当综合判断考虑。

1.3.3 欧盟 C-ITS 标准

欧洲所使用的车联网通信标准为协同式智能交通系统（Cooperative Intelligent Transport Systems，C-ITS），该标准于 2009 年提出，并在 2013 年完成了标准的制作，成为欧洲车联网通信的首个标准。下面详细介绍欧洲车联网标准的制定历程。

1991 年，欧洲标准组织（Comité Européen de Normalisation，CEN）成立 CEN/TC278 委员会并开启了针对道路运输信息通信（Road Transport and Traffic Telematics，RTTT）标准化的工作。为了解决欧洲 ITS 的问题，欧洲 CEN/TC278 委员会于 2008 年发布了欧洲 ITS 行动计划。2009 年，欧洲 CEN/TC278 委员会委托欧洲标准化机构 CEN、CENELEC 和欧洲电信标准化协会（European Telecommunications Standards Institute，ETSI）制定了一套欧盟层面统一的标准、规格和指南，来支持合作性 ITS 体系的实施和部署[11]。2013 年，ETSI 和 CEN/ISO 完成了标准 Release1 的制定。Release1 能够支持各类不同制造厂商生产的车辆之间以及应用层及相关设备的规范，主要涉及五个标准工作组：WG1、WG2、WG3、WG4、WG5。其中，WG1 主要规定应用层及相关设备的规范；WG2 管理 ITS 站点内从上到下的所有进程；WG3 对网络层和传输层的协议进行描述；WG4 涉及物理层和数据链路层的具体标准；WG5 对系统的风险评估、信任和隐私管理进行分析[11]。

如前所述，在欧洲，车联网被称作 C-ITS 业务。C-ITS 将各类交通因素分为四个子系统，分别为个人子系统、车辆 ITS 子系统、道路 ITS 子系统和中心 ITS 子系统，各个子系统均隶属于同一个 ITS 站点，并通过 ITS 通信技术集成。C-ITS 相较于传统的 ITS 具有众多的特点，分别为：C-ITS 具有一个共同的参考体系、任何 ITS 站点之间都可以共享信息、在单个 ITS 站点中应用共享资源（通信、安全、定位等）以及支持多个应用同时进行，这些特点促使了 C-ITS 具有更为优越的性能。C-ITS 与传统的 ITS 之间的最大差异在于 C-ITS 能够在每个 ITS 站点之间进行通信，并分享它们之间的信息，使得 C-ITS 能够更为有效地改善交通运输效率并提高通信安全和服务舒适度。

C-ITS 在发展的过程中除了本身技术的革新外也在不断地向外扩展，具体表现在以下两点：第一，C-ITS 不仅只关注汽车相关方面的问题，也关注包括公交车、卡车与火车等交通运输工具以及交通生态和人；第二，之前的车路协同系统专注于 DSRC 技术，这项技术对于移动车辆之间的通信具有很高的适用性，能够有效解决它们之间所产生的问题，但是在更为广泛的要求下，需要研究关注更多的通信方式，这些通信方式允许使用者、车辆、基础设施和操作者之间的一对一通信，而不只是移动车辆之间的通信。可见 C-ITS 在不断的发展与进步之下逐渐完善，成为欧洲的主流车联网通信标准。

1.3.4 中国 C-V2X 标准

C-V2X（Cellular Vehicle to Everything）标准是基于蜂窝网通信技术演进形成的车用无线通信技术，通过终端直通（device to device，D2D）通信和蜂窝通信两种方式，支持包括车与车、车与路面、车与人以及车网等各类车联网应用。C-V2X 是 3GPP 组织制定的全球标准，包含 LTE-V2X 和 5G-V2X。其中，LTE-V2X 主要承载基本交通安全业务，标准制定从 2015 年开始，2017 年发布 R14 版本；5G-V2X 基于 5G NR 技术，主要面向承载自动驾驶业务，在 2019 年年底的 3GPP R16 中发布[11]。

我国使用 C-V2X 技术，构建了车路协同体系，使得车与车、车与路面、路面与路面信息交互、通知、预警等信息会实时送达车辆，保障更为安全的驾驶，极大地提高交通效率。C-V2X 标准结合车载感知、路侧感知与多传感器融合，在应对恶劣天气、存在遮挡物与超视距的情况下，保障自动驾驶更为安全和实用。C-V2X 网络与通信通道的建立，使得交通系统与车路之间有一个可管可控的信息采集与信息推送的关键渠道。

C-V2X 具有很多的应用场景，其中已经有一些应用到了现实交通之中，还有一些应用场景正在讨论与研究。C-V2X 可应用在道路安全服务、自动停车系统、紧急车辆让行、自动跟车等方面，不仅保障了道路交通安全，还能够为车主提供便利。具体如下。

（1）道路安全服务。道路安全服务是指车辆利用路边的基础设施通过 V2I 通信实现信息的收发和共享，将车辆周边的环境信息（交通事故、道路拥堵情况等）在一定区域内实现共享，用以帮助驾驶人了解周围道路的交通情况，增强对危险路段的防范意识，以此避免或者减少交通事故。道路安全服务最为常见且有效的作用便是危险警告，它能够在特殊天气或者某些特殊情况下，及时提醒驾驶人并增强驾驶人对危机的防范意识，进而保障更为安全的交通出行。

（2）自动停车系统。在车辆越来越多的情况下，开车出行后寻找停车位越来越困难，尤其是在大商场、酒店等场所，虽然这些区域均有大量的停车位，但驾驶人难以在第一时间找到，进而在停车上浪费了大量的时间。APS（automatic parking system，自动泊车系统）有一个数据库用以提供实时信息，这些信息包括车辆在市区、街道或在公共停车场的停车位信息，帮助连接的车辆实时保持数据库信息，当然这些信息能够通过智能手机查看。APS 允许驾驶人储备一个可用的停车位，通过导航应用程序引导车辆进入停车位并使用免密支付进行停车，大大地提高了停车的效率。

（3）紧急车辆让行。在实际的交通系统中，救护车、消防车等车辆通过鸣笛的方式来向周围车辆发出紧急避让信号，虽然能够在一定程度上起作用，但并不是最佳方法。因为只有听到鸣笛声后驾驶人才能够做出反应，但由于不清楚紧急车辆的具体位置与行驶方向，驾驶人不一定能高效快捷地避让。但是在 C-V2X 的场景下，若存在紧急车辆，周围所有的车辆都将收到该信息并及时为驾驶人规划出一条合理的避让路线，这样便能极大地减少紧急车辆的通行时间。

（4）自动跟车服务。在现代都市中，上下班与节假日出行等高峰期道路上会出现非常多的车辆，导致交通拥堵，车辆行驶缓慢。在此种情况之下，自动跟车系统使车辆自动跟随前方车辆行驶，通过对前方车辆的速度、转向等控制信息实现本车的半自动操作，同时通过距离信息自动保持与前车的安全距离，在安全驾驶的前提下，保证了驾驶人的适当休息，避免了疲劳驾驶。

C-V2X 虽然具有众多的应用场景，但想要全部实现也存在很多的难题，当前 C-V2X 的难题主要表现在以下几个方面。

（1）网络覆盖问题。与终端直通（D2D）技术相似，在 C-V2X 场景中，也存在着网络覆盖场景和无网络覆盖场景，无论车辆处于哪种场景中，都应当支持 C-V2X 服务安全应用程序。在网络覆盖场景中，V2X 车辆用户距离基站较近，服务质量较高，通信质量也较好，而对于无网络覆盖的通信场景，由于无法复用网络资源，在高密度 V2V 通信情况下，服务质量可能会有所下降。

（2）频谱资源问题。随着无线通信技术的不断发展，各类技术对频谱资源的需求逐渐加大，频谱资源不充分的问题也凸显了出来，如何在有限的频谱资源下提高频谱利用率是 C-V2X 需要重点考虑的问题。在服务小区内，V2X 用户将与 LTE 用户共享所有资源，此时就存在两种情况：一种是 V2X 用户与 LTE 用户分配相互正交的频谱资源；另一种是 V2X 用户与 LTE 用户分配相同的频谱资源。当 V2X 用户与 LTE 用户分配相互正交的频谱资源时，V2X 用户间的相互通信将不会对原有的 LTE 网络造成干扰。当 V2X 用户与 LTE 用户分配相同的频谱资源时，D2D 通信将会对原有的 LTE 网络造成一定的干扰。因此如何在不对用户造成干扰，或尽量减少对用户的干扰的前提下，以提高频谱资源的利用率，还需要更多的研究。

（3）车辆移动性问题。在 C-V2X 通信场景中，由于车辆时刻处于高速移动的状态，因此对车辆的位置信息有着更为精确的要求。由于车辆时刻保持高速移动状态，在场景切换与服务小区间的切换越来越频繁，影响了通信的服务质量。因此移动性问题也将是限制 C-V2X 发展的一大因素。

虽然 C-V2X 的发展面临着多种问题，但鉴于信息科技的高速发展，C-V2X 所面临的种种难题都将会得到很好的解决，未来也必将是车联网高度发达的时代。

1.4 MEC 的发展及概念

1.4.1 云计算、雾计算

1. 云计算

云计算（cloud computing）将需要处理的巨大数据量通过网络云分发到多个服务器中，每个服务器单独处理和分析巨大数据量中的一小部分，最后将结果整合返回给用户。云计算属于分布式计算，其核心在于将任务进行分发，由多个服务器分别处理后将计算结果合并与返回，因此云计算也可以称为网格计算。通过云计算，可以在短时间内实现对大量数据的处理，因而可以更为简单地实现复杂的网络服务。如今的云服务是分布式计算、效用计算、负载均衡、并行计算、网络存储、热备份冗杂和虚拟化等计算机技术混合演进并跃升的结果[13]。

云计算中的云可以理解为一个网络，用户只需要按自己的需求使用网络即可，不过在使用网络的过程中会产生很多的流量费用，用户需要按照要求缴纳相应金额。云计算是与信息技术和互联网紧密相关的一种服务，其将众多计算资源整合，以软件来实现自动化管理，因而只需要极少数的人为参与，就能够令资源快速共享。云计算是一种全新的网络应用概念，其以互联网为核心，在网络上提供高速安全的计算服务和数据存储，令普通用户都能够使用网络中的计算资源与数据中心[14]。

云计算系统由云平台、云存储、云终端、云安全四个基本部分组成。云平台管理庞大数据量的中央处理器（central processing unit，CPU）、存储器和交换机等硬件资源，是云计算服务的基础。图1.5展示了云计算的架构组成，共分为服务和管理两大部分。

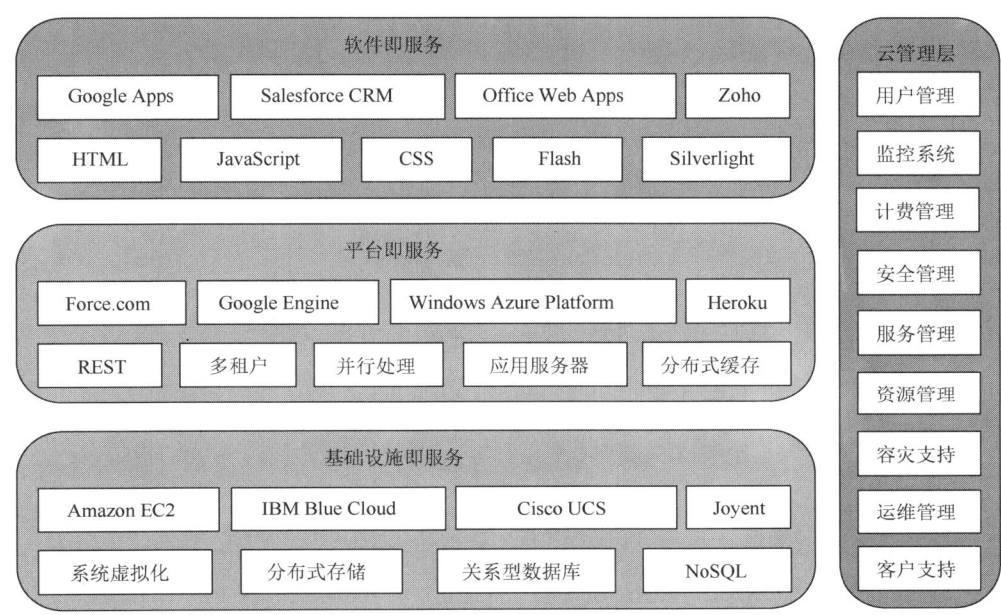

图1.5 云计算架构

在服务方面，主要以提供用户基于云的各种服务为主，共包含三个层次。其一是软件即服务（software as a service，SaaS），作用是将应用主要以基于Web的方式提供给客户；其二是平台即服务（platform as a service，PaaS），作用是将一个应用的开发和部署平台作为服务提供给用户；其三是基础设施即服务（infrastructure as a service，IaaS），作用是将各种底层的计算（如虚拟机）和存储等资源作为服务提供给用户。从用户角度而言，这三层服务是独立的，因为它们提供的服务是完全不同的，而且面向的用户也不尽相同。但从技术角度而言，云服务的这三层是有一定依赖关系的。例如，一个SaaS层的产品和服务不仅需要用到SaaS层本身的技术，还依赖PaaS层所提供的开发和部署平台或者直接部署于IaaS层所提供的计算资源上，而PaaS层的产品和服务也很有可能构建于IaaS层服务之上。在管理方面，以云管理层为主，它的功能是确保整个云计算中心能够安全、稳定地运行，并且能够被有效管理。

云计算的优点在于高灵活性、可扩展性和高性价比等，与传统的网络应用模式相比，云计算具有虚拟化技术、动态可扩展、按需部署、高可靠性等特点[15]。云计算是信息时代的又一革新，能够为用户提供全新的体验，用户通过云计算可以从网络中获取到不受时间和空间限制的无限资源[16]，因此未来可能将是云计算的时代。

2. 雾计算

相比于云计算，雾计算（fog computing）更为贴近地面。实际上，将数据从云端导入和导出比想象中更为复杂，由于接入设备越来越多，在传输数据与获取信息时，带宽显得不够用，这就为雾计算的产生提供了空间。图 1.6 展示了雾计算的概念图。

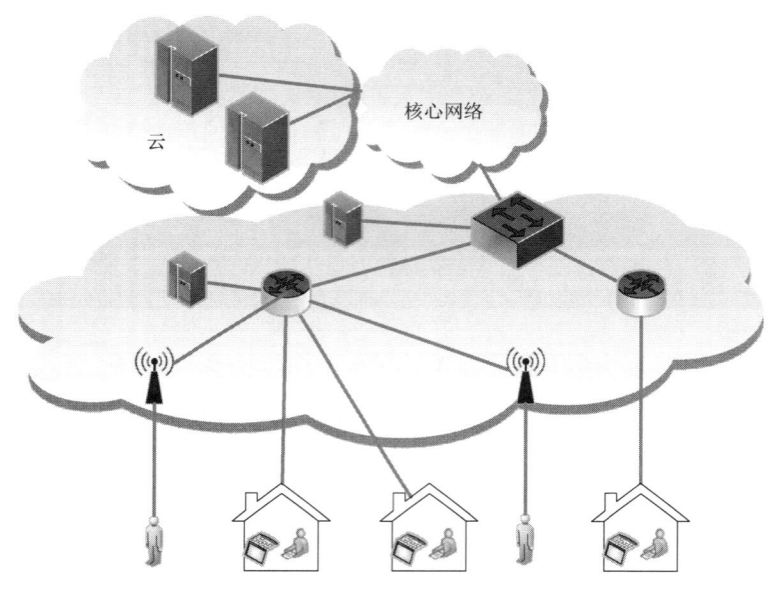

图 1.6　雾计算的概念图

雾计算中数据、数据处理和应用程序集中在网络边缘的设备中，而不是几乎全部保存在云中，是云计算的延伸概念，由思科于 2012 年提出。这个因"云"而"雾"的命名源自雾是更贴近地面的云。雾计算主要使用的并不是性能强大的服务器，而是性能较弱与更为分散的各类计算机，与云计算相比，雾计算所采用的架构更呈分布式，更接近网络边缘，雾计算将数据、数据处理和应用程序集中在网络边缘的设备中，而不像云计算那样将它们几乎全部保存在云中，数据的存储及处理更依赖本地设备，因而数据传输具有超低的时延。雾计算是新一代分布式计算，符合互联网的"去中心化"特征。自从思科提出了雾计算，已经有戴尔、英特尔、微软等几大科技公司以及普林斯顿大学加入了这个概念阵营，并成立了非营利性组织开放雾联盟，旨在推广和加快开放雾计算的普及，促进物联网发展。雾计算以个人云、私有云、企业云等小型云为主。

雾计算的系统架构如图 1.7 所示，可以分为五层，分别是终端用户层（end user layer）、接入网络层（access network layer）、雾层（fog layer）、核心网络层（core network layer）和云层（cloud layer）。从图中不难看出，离底层越近，分布的区域也越大，终端用户数据传输到该层的时延也越短。下面将分别介绍各层的作用。

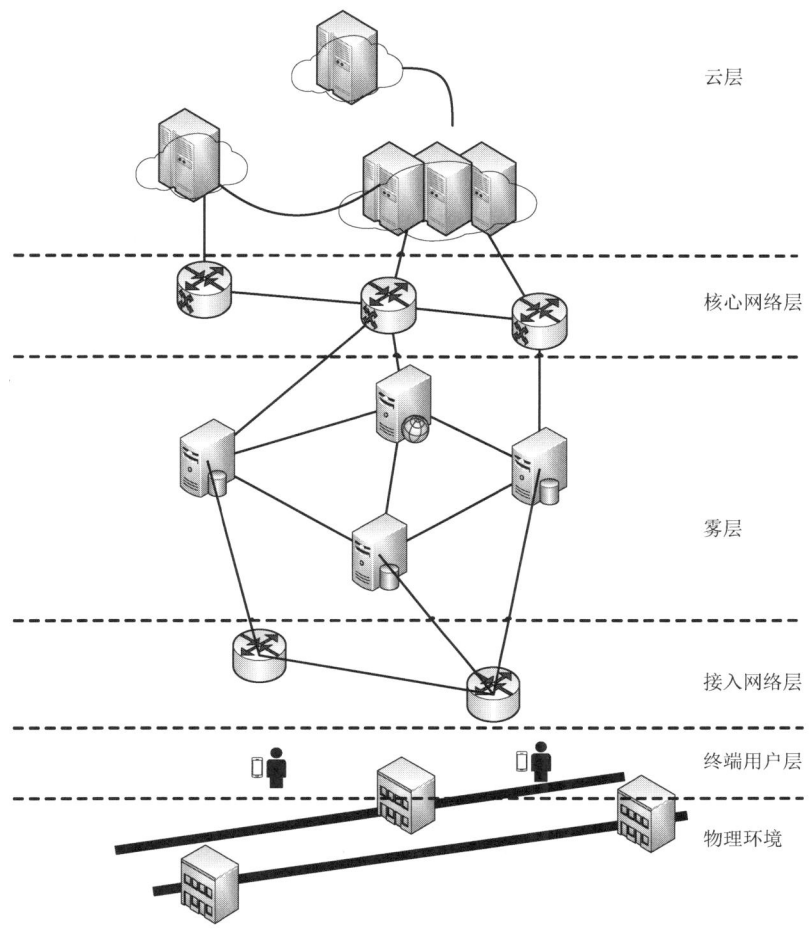

图 1.7 雾计算的系统架构

(1) 终端用户层：主要由用户的手机、便携式计算机等终端设备构成，并且随着传感器网络技术的发展，传感器节点也将在这一层中发挥重要作用。这些设备既有可能是安放在某处的固定设备，如放在交通灯上、道路两旁的传感器，也有可能是移动的终端，如用户的手机、便携式计算机。任务将在这一层中产生，处理后的结果也将返回到这一层，除此之外，终端设备还需要发现并指定对应任务转发的雾节点。

(2) 接入网络层：当终端用户层的用户生成数据后，会由接入网络的网络设备将这些信息按照预定的规则发送到对应的雾节点上。由于底层设备既包含有线设备又包含无线设备，因此在这一层中通信的网络既包含有线局域网又包含 Wi-Fi、5G 等无线接入网。

(3) 雾层：部署有贴近用户的、高密度的计算和存储设备，极大地降低了云计算的时延，同时也能给予用户移动性的支持，这些设备称为雾节点。将雾节点按照部署位置和功能分为三类：雾边缘节点、微雾和雾服务器。雾边缘节点一般由智能网关、边界路由器等构成，是距离终端用户层最近的雾节点，提供一定程度的计算、存储和通信功能，对于一些简单的任务，可以在上面直接进行处理并返回结果，但对于较为复杂的任务，这些节点的处理能力往往不能满足要求，只能起到数据预处理、预分析等作用，然后将处理后的结果发往雾服务器进行进一步的处理。雾服务器比雾边缘节点有更强的计算能力和更大的存储空间，能够应对更多的请求，其可直接与远端的云数据中心通过网络进行连接，因而对超出雾服务器处理能力的请求将会被发往云数据中心。对于相对复杂的雾层结构来说，在雾边缘节点和雾服务器之间可能还有其他的雾节点，这些节点既不直接与底层的终端设备相连，也不直接通过网络与远端云数据中心相连，而是在雾边缘节点和雾服务器之间起着预处理、路由等中间件的作用，这些节点称为微雾，通过软件定义网络（software defined network，SDN）可以实现流量的智能转发，避免拥塞。

（4）核心网络层与云层：超出雾层计算或存储能力的任务，会被雾服务器通过 IP 核心网络发往云数据中心。相比于接入网络，这里一般是多跳的有线网。同样的，SDN 技术也将在网络资源管理、流量高效转发上发挥巨大的作用。而云层主要由远端的云数据中心服务器构成，这些服务器往往具备雾层服务器更强的计算能力和更大的存储能力，因此，其一般起到数据备份、大计算量任务处理的作用。

雾计算有四个明显特征：低延时和位置感知、更为广泛的地理分布、适应移动性的应用、支持更多的边缘节点。这些特征使得移动业务部署更加方便，满足更广泛的节点接入。雾计算和云计算是两个不同的概念，雾计算以量制胜，强调数量，不管单个计算节点能力多么弱都要发挥作用，而云计算则强调整体计算能力，一般由一堆集中的高性能计算设备完成计算。

1.4.2　边缘计算

边缘计算（edge computing）是指在靠近物或数据源头的一侧，采用网络、计算、存储、应用核心能力为一体的开放平台，就近提供最近端服务。其应用程序在边缘侧发起，产生更快的网络服务响应，满足行业在实时业务、应用智能、安全与隐私保护等方面的基本需求。边缘计算处于物理实体和工业连接之间，或处于物理实体的顶端。而云计算仍然可以访问边缘计算的历史数据。

20 世纪 90 年代，Akamai 提出了内容传送网络（content delivery network，CDN）的概念，CDN 在接近终端用户的地方设置了传输节点，这些传输节点的作用在于存储缓存数据内容（如图像和视频数据等），边缘计算通过使用这些传输节点执行基本的计算任务，这就为人们后续进一步理解边缘计算这一概念奠定了基础。计算机科学家 Brian Noble 于 1997 年首次将边缘计算用于语音识别，1999 年，边缘计算也被用于增加手机电池使用的寿命。到目前为止，边缘计算还在不停地向前发展，以亚马逊和微软为首的大型企业是推动边缘计算向前发展的龙头。电信运营商和设备商也在 2015 年将边缘计算技术看作发展新时代 5G 移动网络的关键技术之一。

在物联网应用领域中边缘计算也有着很高的适用性。如在自动驾驶、无人机、VR/AR 以及机器人等应用中，均十分重视对实时影像数据的分析处理能力，因而对于网络和带宽均有着超高的要求，通常需要极低的延迟和较高的带宽，才能更为有效地实现上述应用的相关需求。然而在传统的互联网处理流程中，数据需要往返云端，这也就造成了数据需要更多的时间来进行处理返回，自然也就产生了高额的延迟，显然不适用于物联网的新生应用。这类应用只有使用边缘计算的架构才能够更好地实现。

边缘计算产业联盟提出了边缘计算的参考框架，如图 1.8 所示。边缘计算三层架构分别包括云计算层、边缘层和现场设备层，下面将分别对各层进行介绍。

图 1.8　边缘计算参考框架

（1）云计算层：能够提供智能化生产、个性化定制等应用程序的支持，接收来自边缘层的数据进行处理与分析，并且对边缘层和现场设备层进行调度优化。

（2）边缘层：属于整个参考框架的核心部分，由边缘管理器、边缘节点、边缘网关、边缘控制器、边缘云、边缘传感器等部分组成，向上可以支持与云计算层的数据传输，向下可以支持与现场设备的接入。

（3）现场设备层：包括传感器等具体设备，通过现场总线或以太网与边缘层进行连接，然后进行数据流和控制流的交互。

1.4.3　移动云计算

云计算提供了一种潜在方案，旨在解决移动终端在计算处理能力、电池续航能力以及存储空间等资源方面的限制（这些限制会影响用户体验，严重的会影响物联网终端的寿命以及在医疗、教育、能源、智能家居及环境监测等方面的应用）。基于云计算的架构，用户可以实现按需使用云服务提供商提供的服务器、网络和存储等云设施服务[17]。2009 年，移动云计算（mobile cloud computing，MCC）的概念被提出，其主要含义是指：

将业务应用的数据处理计算、存储等任务从原有移动终端迁移至云端的集中化云计算平台。也就是说，移动云计算为移动用户在远端提供了数据计算、存储等云计算服务，此时的移动终端无须具备超强的计算和存储能力。在移动云计算系统中，用户的请求与信息经过移动网络鉴权认证后通过互联网发送至远端云计算中心，由云控制器负责处理来自移动用户的请求，并提供相应的云服务[17]。

图 1.9 展示了移动云计算工作方式的一个完整过程[18]。

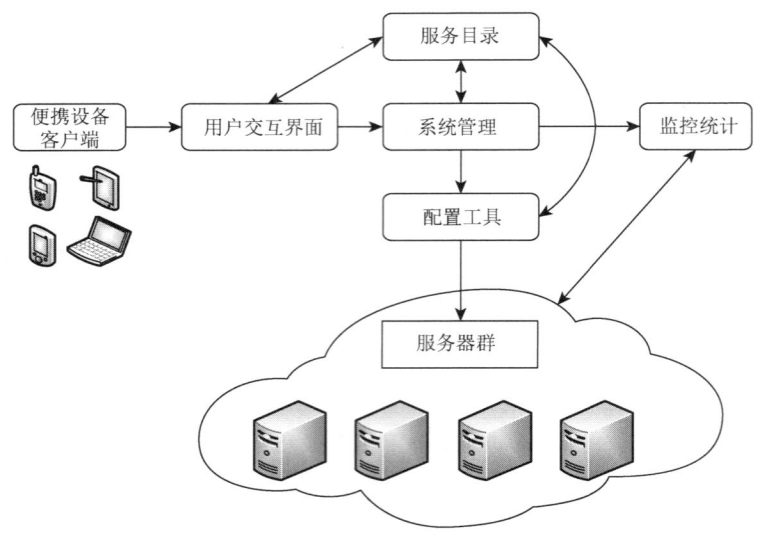

图 1.9 移动云计算的工作方式

移动云计算的工作方式是终端用户通过用户交互界面来获取服务目录，然后终端的请求被发送到管理系统，管理系统通过配置工具和使用合适的系统服务找出正确的数据资源，这些服务将必要的资源从云中分离出来。页面访问一开始，系统的监控和计算功能就会配合云的使用情况，以便快速地反应，同步完成配置以保证正确的资源分配到合适的客户端，至此便是一个完整的移动云计算的工作流程。

移动云计算具有有效性、可靠性和安全性等特点，但这些特点需要基于移动云计算一个完整的系统结构。如图 1.10 所示，移动云计算的系统结构从下往上分别为物理层、虚拟层、基本管理层和接收层[18]。下面分别对各层的详细情况进行介绍。

（1）接收层：也可以称为接收控制层，包含客户端的服务界面、服务注册和合理服务接收。接收层将全部的规则标准化，移动云计算中服务的标准是客户端和云端之间协作的途径，可以完成用户或服务的注册。

图 1.10 移动云计算的系统结构

（2）基本管理层：在云计算技术中，管理层位于服务和服务器集群之间，在移动云计算系统架构中提供管理、服务和管理系统。基本管理层为服务规定标准化操作，如通知、确认地址和安全等，为应用服务提供标准化的程序界面和协议，同时隐藏底层硬件和操作系统之间的不同并且管理全部的网络资源。终端管理包括移动账户管理、环境配置、交互管理和计费系统；任务管理包括任务分配、任务执行、生命周期管理等；资源管理包括负载平衡、问题测试、故障恢复和监控系统；安全管理包括客户端识别、接收确认、安全保障和防护。

（3）虚拟层：也就是虚拟项，如计算池、存储池和网络池，虚拟功能可由软件功能实现，包括虚拟环境、虚拟系统、虚拟平台等。

（4）物理层：包括支持移动云服务的硬件设备和技术，可以是便宜的计算机也可以是非智能手机。目前的网络技术、并行技术和分布式技术，可以由分布式计算机来提供最好的云服务。在移动云计算阶段，移动设备不需要太多的硬盘空间和强大的运算能力，只需要必要的设备，如网络和基本的输入输出设备便能够提供良好的服务。

1.4.4 移动边缘计算

MEC 指利用无线接入网来就近为用户提供所需要的服务和云计算能力，从而营造一个低延时与高带宽的服务环境，提高用户的网络服务体验。MEC 最早于 2013 年提出，其基本思想是将业务应用部署在移动网络的边缘进而缩短服务所需要的时延。2014 年 9 月，ETSI 成立了 MEC 标准工作小组，其基于 5G 演进架构，提出了将无线接入网和互联网业务应用结合的技术，即 MEC 技术，至此，MEC 技术开始得到了广泛的应用。

由于 MEC 技术的产生，无线接入网也逐步具备了业务本地化和近距离部署的条件，因此无线接入网的时延与带宽变得更为优秀，缓解了未来移动网络对高带宽和低时延的需求。同时，业务面下沉本地化部署可以有效地降低网络负荷和对网络回传带宽的需求，进而降低网络运营的成本。除此之外，业务应用的本地化部署使得业务应用更加靠近无线网络和用户本身，更易于实现对网络上下文信息（位置、网络负荷、无线资源利用率等）的感知和利用，进而能够有效提升用户的业务体验。更进一步，运营商可以通过 MEC 平台将无线网络能力开放给第三方业务应用以及软件开发商，为创新型业务的研发部署提供平台[17]。

值得关注的是，随着 ETSI MEC 标准化工作的推进，MEC 的概念已经从最开始的针对 3GPP 移动网络为目标，扩展至对非 3GPP 网络（Wi-Fi、有线网络等）以及 3GPP 后续演进网络（5G）的支持，名称也从最开始的移动边缘计算修改为了多接入边缘计算（multi-access edge computing）[17]。

MEC 技术比其他技术具有更多的优势，其最大的特点便是更为低的时延与更为高的带宽。MEC 将无线网络与互联网有机结合，通过在无线网络侧添加计算、存储与处理能力，建造了一个开放式的平台，在该平台上能够植入各类应用，并且 MEC 能够通过无线 API（application programming interface，应用程序接口）来开放无线网络与业务服务器之间的信息交互，将无线基站升级为智能化的基站。对于物联网、视频和医疗等，MEC 能够向各类行业提供定制化服务和差异化服务，进而提高网络的利用率。MEC 也能够实时获取更为精准的位置信息用以提供更为精准的服务，这也是 MEC 技术的另一大优势。

据相关调查，截至 2020 年底，全球连接到网络的设备数量达到了约 208 亿台，这无疑是一个非常庞大的数字，在越来越多的设备接入网络的大趋势之下，迫切需要更为优秀的技术来实现更为优质的服务。MEC 技术将提供更为强大的平台以解决该趋势下所产生的种种网络时延与拥塞等问题，在 5G 时代，MEC 技术是至关重要的环节，MEC 技术的应用正延伸到交通运输、智能驾驶与增强现实等各个领域，成为新时代必不可少的重要技术。

1.5 MEC 标准及系统架构

1.5.1 ETSI MEC

2014 年，ETSI 由沃达丰、惠普、华为、英特尔等共同成立了 MEC 标准工作小组，其主要目的是为应用开发商与服务提供商搭建一个服务平台，该平台能够为用户提供信息技术和云计算的能力，通过该平台开放无线网络侧的信息，实现更高带宽和更低时延的业务支撑与本地管理。到目前为止，ETSI MEC 标准工作小组已经聚集了世界上数百家运营商与设备商等组织，ETSI MEC 的影响力也日益渐增。

截至 2017 年底，ETSI MEC 标准化组织已经完成了 Phase I 阶段基于传统 4G 网络架构部署，定义边缘计算系统应用场景、参考架构、边缘计算平台应用支撑 API、应用生命周期管理、运维框架以及无线侧能力服务 API（RNIS/定位/带宽管理）。在 Phase II 阶段，主要聚焦在包括 5G/Wi-Fi/固网在内的多接入边缘计算系统，重点覆盖 MEC in NFV 参考架构、端到端边缘应用移动性、网络切片支撑、合法监听、基于容器的应用部署、V2X 支撑、Wi-Fi 与固网能力开放等研究项目，从而更好地支撑 MEC 商业化部署与固移融合需求。目前 ETSI MEC 正在进行 Phase III 阶段的标准维护和标准新增。

ETSI MEC 标准填充了 MEC 标准化领域的空白，其工作组内的成员围绕 MEC 在各大领域内均取得了极具成效的结果，他们的研究范围包含了技术、业务需求与业务场景等，为 MEC 的标准化进展作出了巨大贡献。除此之外，ETSI MEC 标准化工作也为 MEC 产业链下的多家企业单位等提供了经验和学习文献。在 MEC 技术还不够成熟的时候，大多数的领域内企业和研究机构均将 ETSI MEC 标准作为首要的学习资料，通过该标准来进行后续相关的研究与开发工作，因此可以看到，ETSI MEC 标准具有很大的指导意义。

ETSI MEC 标准化虽然具有非常大的启蒙与指导意义，但其标准化过程中依然存在很多的问题。首先是 MEC 标准的学术气息太过严重，缺乏商用指导和实践，这是因为 ETSI MEC 标准化组织被欧洲的设备商等掌握，缺乏有效的 MEC 实践，导致大量的标准文稿存在"技术浓厚，落地困难"的问题。如标准文稿中所涉及的 MEC 参考架构封闭性极强，没有过多地考虑实际部署和运营商网络架构，基本没有实现设备和虚拟化之间的解耦，这与 MEC 开放、开源的宗旨背道而驰。其次，因为 ETSI MEC 平台和架构没有考虑到实际网络架构与业务需求，所以设备商和开发商基本没有采用 ETSI MEC 架构，也就造成了标准和架构的不统一问题。最后，虽然 ETSI MEC 标准化组织尝试了对业务场景进行标准化（包括 V2X、WLAN 等），但由于这些技术还不够成熟等，现在对其标准化显得并不合适。总而言之，ETSI MEC 标准化文稿大多属于为了标准而标准，严重脱离了实际发展与产业现状，成为没有任何存在价值的文稿，也成为其所面临的重大难题。

1.5.2 3GPP MEC

除了 ETSI 工作小组对 MEC 的标准化，3GPP 也针对 MEC 进行了标准化，其目的是满足移动网络在网络的边缘为业务应用提供可运营环境，以及开放网络能力等。3GPP MEC 主要从高效用户面选择和网络能力开放两部分进行了规定，具体描述如下。

（1）高效用户面选择：要求运营商将业务应用的服务器部署在网络内更靠近用户的位置，以便满足与运营商合作的第三方业务应用对网络时延与带宽的高额需求，如工业控制领域内的本地实时控制。

（2）网络能力开放：允许运营商自己所有或者由第三方提供的部署在更靠近用户侧的业务应用通过开放网络能力来提升用户的体验，提高网络效率，减小传输带宽。

在 3GPP SA2 下一代网络架构研究与 5G 系统架构中，MEC 成为 5G 网络架构的主要支持目标。其定义为：为了降低端到端时延以及回传带宽实现业务应用内容的高效分发，5G 网络架构需要为运营商以及第三方业务应用提供更靠近用户的部署及运营环境[17]。因为 MEC 自身所牵涉的关键技术颇多，所以在实际的标准研究过程中结合了 3GPP 的研究思路，将 3GPP MEC 研究过程分为以下几个问题，包括服务质量（quality of service，QoS）框架、会话管理、高效用户面选择、网络能力开放与计费。

除了 ETSI 和 3GPP，我国的 IMT-2020（5G）推进组和中国通信标准化协会（China Communications Standards Association，CCSA）等机构也针对 MEC 开展了广泛研究，其中著名的便是 CCSA 5G MEC 标准，目前标准中有三个 5G 行标项目，分别为 5G 边缘计算总体技术要求、5G 边缘计算平台技术要求以及 5G 边缘计算测试方法。CCSA 5G MEC 标准的完成将促进我国 MEC 的商业化进程。

1.5.3 MEC 系统架构

为了满足行业的需求，ETSI 将其移动网络场景转变为其他网络。ETSI 深入研究了 MEC 的用例、技术需求、框架和参考体系结构，完成了平台需求和参考体系结构的标准化。该标准定义了平台对应用程序的编排和管理，包括应用程序的生命周期管理。基于 RESTful 设计原则，为网络和应用程序交互设计了一种标准化的通信机制，包括服务发现、注册、调用和安全等基本功能。图 1.11 表示 MEC 系统参考架构。MEC 系统由服务域和管理域组成。服务域包括 MEC 平台、MEC 应用程序和可以提供计算、存储、网络等资源的虚拟化基础设施；管理域包括 MEC 系统级管理和 MEC 主机级管理。MEC 系统级管理以 MEC 编排器为核心部件，负责 MEC 整个系统资源配置管理；MEC 主机级管理主要由 MEC 平台管理单元和虚拟化基础设施管理单元组成。下面进行具体介绍。

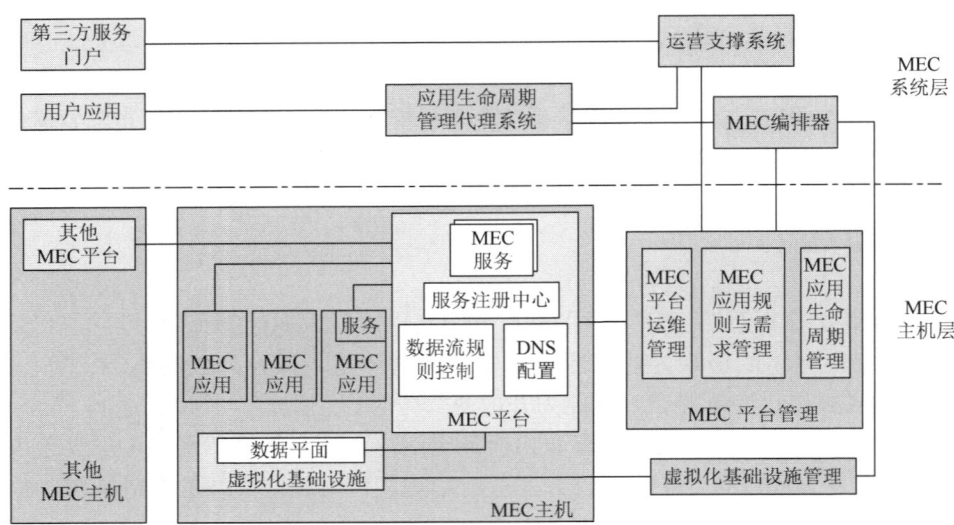

图 1.11 MEC 系统参考架构

（1）虚拟化基础设施。虚拟化基础设施能够为 MEC 应用提供计算、存储、网络资源等内容，虚拟化基础设施也支持数据面转发，该功能由 MEC 平台所下发的数据流路由进行指导，能够完成应用服务与本地网络以及外部网络之间的自由数据传输。

（2）MEC 平台。MEC 平台的基本功能是为 MEC 应用和 MEC 服务提供环境。从虚拟化基础设施的描述中可以发现，MEC 平台能够控制数据面路由转发，具体为通过 MEC 平台管理单元、MEC 应用和 MEC 服务的数据流来实现数据面路由转发的控制。另外，MEC 平台能够通过 MEC 平台管理单元的 DNS 配置信息完成 DNS 代理服务器的配置。MEC 平台也支持无线网络信息服务、位置服务和带宽管理服务等。

（3）MEC 应用。在虚拟化基础设施之上运行 MEC 应用，MEC 应用能够与 MEC 平台之间进行交互，进而使用 MEC 服务或者提供 MEC 服务。在某些特定场景下，MEC 应用需要通过与 MEC 平台的交互支持 MEC 应用的生命周期管理相关过程，如 MEC 应用的可用情况指示、用户状态信息迁移准备等。注意，MEC 应用常在数据流规则、所需基础设施资源、最大时延、所需 MEC 服务等方面有一定需求，此类需求需要得到 MEC 系统级管理单元的验证方可生效。如果 MEC 应用没有具体要求，则 MEC 系统级管理单元会采用默认配置[17]。

（4）用户应用。用户应用为用户终端上的应用程序，能够通过 MEC 应用生命周期管理代理与 MEC 系统进行交互。

（5）第三方服务门户。运营商通过第三方服务门户让第三方客户可以根据自身需求选择和订购一系列的 MEC 应用，并且可以通过 MEC 应用获取整个服务相关信息。

1.5.4　5G MEC 融合架构

目前 3GPP 仅通过支持用户面分布式下沉部署、灵活路由等功能，实现支持 MEC 的目标。然而，除了用户面分布式下沉部署、灵活路由，为了能够更好地支持 5G 业务应用的本地化部署、缓存加速、网络边缘信息的感知与开放以及边缘计算/存储能力，缓解5G移动增强宽带业务以及超低时延高可靠场景的时延要求，大规模机器类通信（massive machine type communication，MMTC）终端连接信令/数据汇聚处理要求以及通过网络边缘信息感知并开放给第三方业务服务商实现网络与业务深度融合的需求，文献[17]设计了5G MEC融合架构，如图1.12所示。

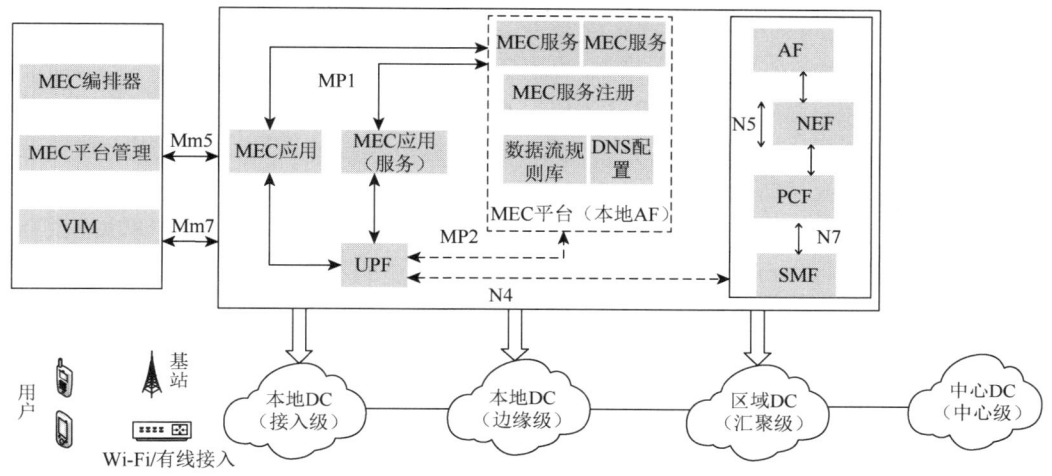

图1.12　5G MEC融合架构

其中，5G MEC平台应用标识、IP地址与端口、数据流规则等信息通过5G控制面应用功能（AF）直接或者间接地传递给策略控制功能单元（PCF），进而影响会话管理功能单元（SMF）进行用户面功能单元（UPF）的选择或重选以及数据分组（PDU）会话的建立，如图1.13所示。具体包含根据用户或应用的所在位置、本地接入网络标识（LADN）

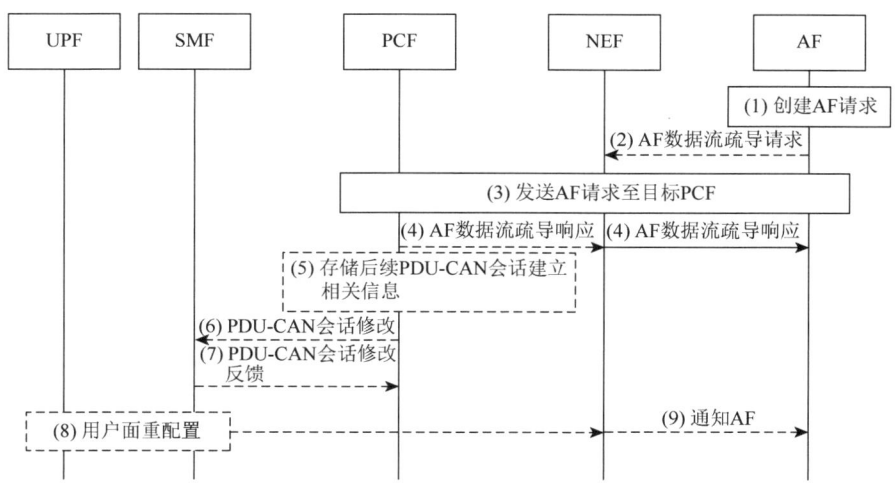

图1.13　应用功能（AF）影响数据路由流程

等信息选择边缘的 UPF 以及在一个 PDU 会话的场景下选择合适的边缘 UPF 并根据预先配置的分流策略进行数据分流(包括上行流量分类 UL-CL 以及 IPv6 多归属分流方案等)，从而满足 UPF 分布式下沉部署、灵活路由的需求，将业务数据流根据需求转发至本地网络或者 MEC 主机[17]。同时，MEC 平台也可以作为本地 AF，在一定规则之下将本地数据流过滤规则直接下发至 UPF，进行 UPF 数据流转发以及数据流过滤规则的配置。

另外，MEC 平台可以通过 Mp1 接口开放运营商或者第三方的 MEC 应用，进而加强业务与网络的充分融合。MEC 资源管理编排主要由 MEC 编排器、MEC 平台管理和 VIM 管理等负责，满足 MEC 平台以及 MEC 应用资源编排、生命周期等管理。

5G MEC 融合架构可以兼容 ETSI MEC 以及 5G 网络架构，其中 MEC 的数据流灵活路由等功能需求主要由 5G 网络灵活地支持 UPF 选择或重选来满足，MEC 提供业务应用本地化、本地计算或存储能力，网络边缘信息的感知与开放主要由 MEC 平台、平台管理单元以及 MEC 开放接口等实现。MEC 本地数据流的计费、内容合法监控等功能主要通过 5G UPF 负责支持，可以有效地解决 4G MEC 因为透明部署需求而面临的计费以及合法监控等问题[17]。

1.6 MEC 的应用场景

1.6.1 5G 三大应用场景

1. eMBB（增强移动宽带）

为了应对信息化时代高速发展的需求，5G 网络将提升 1000 倍的流量增幅以及 100 倍的用户体验速率，如大规模天线、毫米波、超密集组网等技术将被采用。诸如此类技术都是通过拓展带宽来提高频谱利用率，最终增加无线接入网的容量。但在 5G 网络时代，数据流量和用户的体验速率都将大幅增长，不仅无线接入网受到了巨大挑战，核心网也将受到巨大冲击。在传统的 LTE 网络之中，数据面功能主要集中在 LTE 网络与互联网边界的 PGW 上，并需要全部数据流均要通过 PGW，从而给网络内部新应用服务的部署带来了很多困难。同时数据面功能的过度集中也要求 PGW 具有更为优越的性能。

MEC 技术通过业务应用本地化、缓存加速、本地分流和灵活路由等有效降低了网络回传带宽的需求，缓解了核心网的数据传输压力。业务应用本地化、缓存加速、本地分流和灵活路由等技术也是实现 5G 网络业务应用近距离部署与访问、用户面灵活高效分布式按需部署的有效手段，能够为用户提供高带宽与低时延的传输能力，打造虚拟的 RAN 局域网。

2. uRLLC（高可靠低时延通信）

高可靠低时延通信主要是指对时延极为敏感并且对可靠性要求十分严格的场景，如远程医疗、车联网、工业控制等领域。其中，高可靠低时延通信对空口时延的要求甚至达到了 1 ms 量级。对于 5G 网络高可靠与低时延的需求，需要从物理层和网络层两个方面进行网络架构的设计与系统开发。其中，物理层主要采用广义频分复用技术，网络层主要采用业务应用本地化与缓存等技术。

基于 MEC 提供的边缘云计算服务，将传统部署在互联网或远端云计算中心的业务应用迁移至无线网络边缘进行部署，此时特定业务或者受欢迎的内容可以部署或者缓存在靠近无线接入网和终端用户的位置，从而可以有效降低网络端到端的时延，提高服务速率进而提升用户的体验质量。

3. mMTC（大规模机器类通信）

为了解决低成本终端计算能力与存储能力有限和功耗需求大等问题，要求将那些复杂度高、能耗大的计算任务卸载至云端服务器，以此来降低这些终端的功耗，延长终端的使用寿命。然而传统方法中将高复杂度与高能耗任务卸载到云端的方法，虽然能够解决终端所面临的难题，但增加了更多的传输时延，无法满足 5G 网络的需求。

通过 MEC 的边缘计算与存储能力，将复杂度高与功耗大的计算任务迁移到无线接入网络边缘（MEC 服务器或本地业务服务器），便可以有效解决计算任务迁移到云端而产生的高额时延问题。同时，MEC 服务器可以作为 MTC 终端的汇聚节点完成信令和数据的本地汇聚、存储与处理等任务，从而降低 MTC 终端存储资源的需求和网络负荷。

1.6.2 MEC 典型应用场景

1. 面向用户的业务应用

面向用户的业务应用主要指可为终端用户直接带来全新功能以及体验的新型业务应用，如在线游戏、远程桌面、增强现实、人脸识别等[17]。

2. 面向运营商及第三方的业务应用

面向运营商及第三方的业务应用主要指依托部署在移动网络边缘的计算、存储等能力优势而提供的新型业务应用，此类业务应用不直接针对终端用户，但可以通过与第三方业务/内容服务商合作为用户服务，如位置追踪、大数据分析、公共安全、企业园区虚拟专网等。

3. 面向网络性能及 QoE 提升的业务应用

面向网络性能及 QoE（quality of experience，体验质量）提升的业务应用主要指以优化网络性能以及用户 QoE 为主要目标的业务应用，此类业务应用同样不直接面向最终用户，如内容/域名缓存、网络性能优化、视频优化传输等[17]。

1.6.3 面向 MEC 的 5G 应用实例

5G 的主要目标是提高可靠性、能源效率和容量，同时大幅增加连接密度和降低延迟[18]。

许多国家正在积极开发 5G 技术，甚至已经商业化使用 5G。MEC 是 5G 中的关键技术之一，发挥着重要作用。MEC 直接部署在移动网络边缘执行计算任务。MEC 可以满足 5G 网络高可靠性要求。由于其低延迟和高带宽的特点，MEC 可以支持 5G 应用程序，下面介绍几种支持 MEC 的 5G 应用实例，如图 1.14 所示。

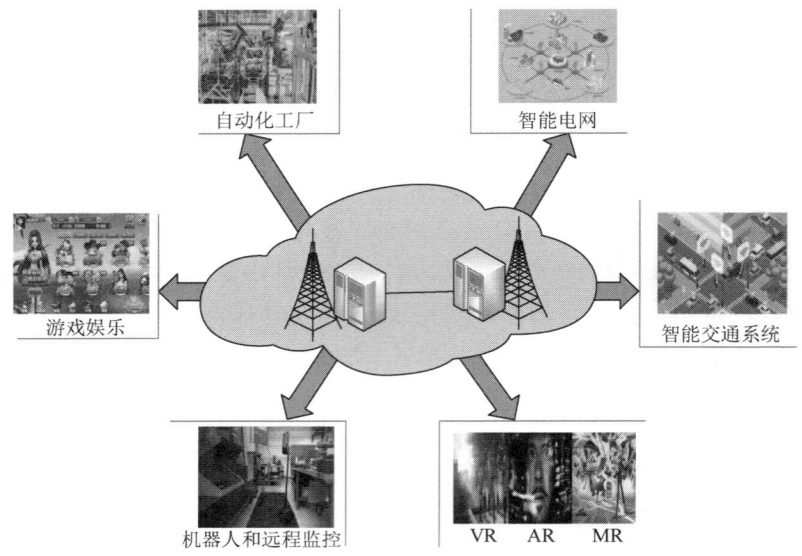

图 1.14　支持 MEC 的 5G 应用图

MR 为混合现实（mixed reality）

（1）自动化工厂。自动化工厂是指对机器和系统进行自动化与实时控制，实现快速生产，无须人工参与，要求机器在满足可靠性和低延迟条件下通信。在这种情况下，通过将计算密集型任务卸载到 MEC 服务器上，MEC 可以在实现工厂自动化方面发挥重要作用，从而为工厂自动化提供低延迟。

（2）智能电网。智能电网基础设施是电网与电力基础设施的结合，包括智能家电、节能资源、可再生能源等。在智能电网中，延迟超过 1 ms 可能会造成严重的后果。因此，通过 MEC 提供低延迟服务，在支持智能电网中发挥重要作用。此外，在 MEC 服务器上存储和处理功耗数据，方便进行功耗分析。

（3）智能交通系统。ITS 包括道路安全相关服务、自动驾驶、交通高效服务等，这些服务都需要可靠和低延迟的通信。车辆自动超车交换消息时，允许最大端到端延迟不能超过 10 ms。5G 技术通过提供更高的灵活性和更低的延迟来支持这类 ITS。MEC 具有高吞吐量和低延迟的特点，在 ITS 中发挥着关键作用。

（4）游戏娱乐。游戏在教育、娱乐、健康、模拟和培训中都有应用。延迟要求对游戏来说是至关重要的，因此如果网络延迟超过 30～50 ms，就会导致游戏质量显著下降。为了提供高质量的用户体验，利用 MEC 的 5G 网络可以满足延迟要求。

（5）机器人和远程监控。在不久的将来，各种场合机器人技术和远程监控技术将具有巨大的应用价值，如紧急救援等。为了实现对机器人的实时控制，系统的响应时间应该是毫秒级的，包括网络延迟。由于 MEC 在移动感知和低延迟方面性能良好，支持 MEC 的 5G 网络能满足这种级别的高移动性和实时性能。

（6）AR/VR/MR。由于 MEC 的低延迟特性，增强、虚拟或混合现实服务也可以将计算任务卸载到 MEC 进行处理，从而提升性能。最近，许多研究人员开始关注基于 MEC 的 AR 系统，提出了 MEC 在 AR 服务中的适用性。

1.7 本章小结

本章对车联网及 MEC 的基本概念等进行了概述，介绍了车联网的基本概念、应用、发展和标准，以及 MEC 的演进、概念、标准、体系架构及应用场景等内容，本章主要目的是帮助读者理解车联网以及 MEC 的相关基础知识，便于将读者引入第 2 章的相关内容。

本章主要分为两大部分进行概述，第一部分为车联网有关的基本知识（1.1 节～1.3 节），第二部分为 MEC 有关的基本知识（1.4 节～1.6 节）。

在车联网的相关知识中，首先介绍了车联网的发展背景与车联网的基本概念，在读者初步理解基本概念后进行了车联网与智能网联汽车和智能交通系统的关系分析。其次概述了车联网的应用及其特点，然后介绍了当下车联网的四大标准，最后分析了当前车联网的发展前景。

在 MEC 的相关知识中，首先引入了云计算与雾计算的相关概念，其次介绍了后续演进所产生的边缘计算、移动云计算以及移动边缘计算的概念及框架等知识，然后分析了 MEC 有关的响应标准与体系架构，最后概述了 MEC 的典型应用场景。

参 考 文 献

[1] 依克热木·阿木提. 解析车联网技术发展与应用前景[J]. 汽车与配件，2018（32）：50-51.
[2] 李克强，戴一凡，李升波，等. 智能网联汽车（ICV）技术的发展现状及趋势[J]. 汽车安全与节能学报，2017，8（1）：1-14.
[3] 史新宏，蔡伯根，穆建成. 智能交通系统的发展[J]. 北京交通大学学报，2002，26（1）：29-34.
[4] Lyu F，Zhu H Z，Cheng N，et al. Characterizing urban vehicle-to-vehicle communications for reliable safety applications[J]. IEEE Transactions on Intelligent Transportation Systems，2020，21（6）：2586-2602.
[5] Wang Y T，Su Z，Xu Q C，et al. A novel charging scheme for electric vehicles with smart communities in vehicular networks[J]. IEEE Transactions on Vehicular Technology，2019，68（9）：8487-8501.
[6] Hobert L，Festag A，Llatser I，et al. Enhancements of V2X communication in support of cooperative autonomous driving[J]. IEEE Communications Magazine，2015，53（12）：64-70.
[7] Cheng H T，Shan H G，Zhuang W H. Infotainment and road safety service support in vehicular networking：From a communication perspective[J]. Mechanical Systems and Signal Processing，2011，25（6）：2020-2038.
[8] Wang H C，Ding G R，Gao F F，et al. Power control in UAV-supported ultra dense networks：communications，caching，and energy transfer[J]. IEEE Communications Magazine，2018，56（6）：28-34.
[9] Jang I，Choo S，Kim M，et al. The software-defined vehicular cloud：A new level of sharing the road[J]. IEEE Vehicular Technology Magazine，2017，12（2）：78-88.
[10] Sun F，Hou F，Cheng N，et al. Cooperative task scheduling for computation offloading in vehicular cloud[J]. IEEE

Transactions on Vehicular Technology，2018，67（11）：11049-11061.

[11] 王平. 车联网权威指南：标准、技术与应用[M]. 北京：机械工业出版社，2018.
[12] 奚洪坤，王玉龙. 一种基于 IEEE 802.11 DCF 模式的协作 MAC 协议[J]. 中国科技论文在线，2012：1-9.
[13] 许子明，田杨锋. 云计算的发展历史及其应用[J]. 信息记录材料，2018，19（8）：66-67.
[14] 罗晓慧. 浅谈云计算的发展[J]. 电子世界，2019（8）：104.
[15] 刘维. 计算机云计算及其实现技术分析[J]. 数字通信世界，2018（3）：91.
[16] 赵斌. 云计算安全风险与安全技术研究[J]. 电脑知识与技术，2019，15（2）：27-28.
[17] 张建敏，杨峰义，武洲云，等. 多接入边缘计算（MEC）及关键技术[M]. 北京：人民邮电出版社，2019.
[18] Parvez I, Rahmati A, Guvenc I, et al. A survey on low latency towards 5G: RAN, core network and caching solutions[J]. IEEE Communications Surveys & Tutorials，2018，20（4）：3098-3130.

第 2 章 基于 MEC 的车联网系统概述

2.1 基于 MEC 的异构车联网体系架构

基于 MEC 的异构车联网体系架构的车联网模型如图 2.1 所示，其主要是以无线链路进行通信。无线链路通过将许多运动中的车辆与基站连接起来，实现各车辆与路边其余联网设施之间的相互协作以提供各种服务并共享信息。车辆与上层互联网之间的长距离传输会导致高延迟和较差的可靠性，降低应用程序性能和服务质量。作为 MEC 和车联网的集成，车联网中基于 MEC 的异构资源优化是一种有前途的应用范例，旨在通过在车辆附近执行计算分载来改善车辆服务。MEC 服务器和缓存容器部署在基站一侧，任务请求车辆可以通过基站将任务卸载至 MEC 服务器进行计算，也可以将任务卸载至邻近车辆进行计算。相比于远程云计算，MEC 弥补了远程云计算带来的时延抖动与容量限制，更加符合车联网的高时延要求。同时，MEC 服务器的计算、存储能力均大于车载单元，可以有效增强车联网的计算能力。

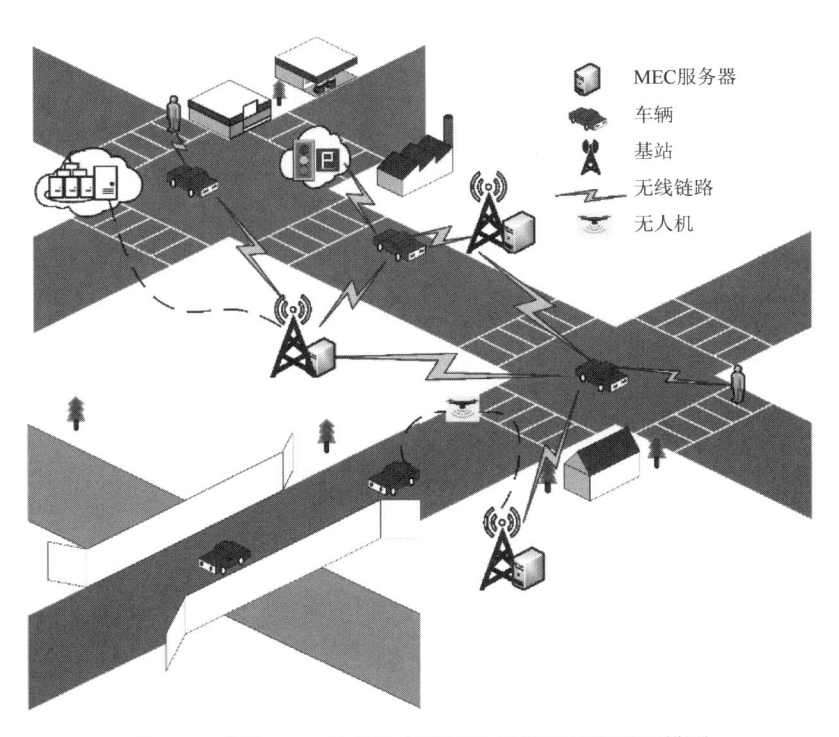

图 2.1 基于 MEC 的异构车联网体系架构的车联网模型

2.2 车联网中的 MEC 部署

MEC 是实现 5G 低时延信息传输和提升带宽速率的关键技术之一，MEC 的合理部署是最大化 MEC 技术优势的基础。下面将介绍两种 MEC 部署方式，《中兴通讯 Common Edge 边缘计算白皮书》中的 MEC 部署和《中国电信 MEC 最佳实践白皮书》中的 MEC 平台部署。

2.2.1 中兴通讯 MEC 部署位置

《中兴通讯 Common Edge 边缘计算白皮书》描述了中兴通讯 MEC 部署的位置，MEC 不限制网络的部署方式，可以按照不同业务场景以及时延方面的需求进行灵活的部署，通常可部署在接入机房、汇聚机房、地市核心机房等位置，如图 2.2 所示。

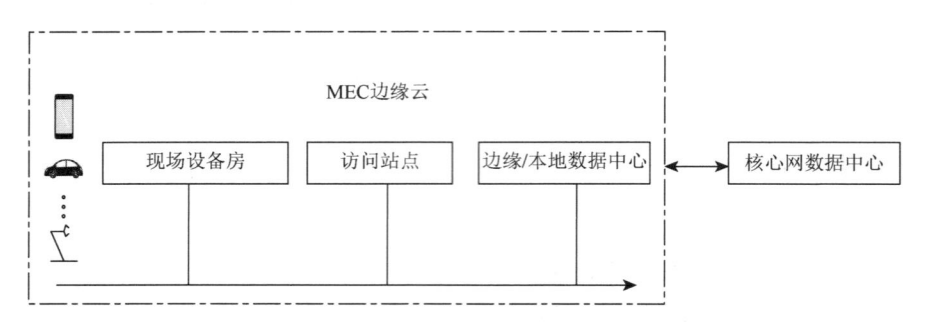

图 2.2 中兴通讯 MEC 部署图

在边缘部署 MEC 平台，能够有效地实现将云的计算能力从中心延伸到边缘，实现业务快速处理和就近转发，以满足 5G 多样化的应用场景。

2017 年，中兴通讯在上海的多个大型商场内部署了基于 QCell 和 MEC 的定位服务。以其中某个商场为例，在其中的数十个小区中，总共部署 QCell 130 余台。通过 BBU（building baseband unit，室内基带处理单元）接入 MEC 的服务器，使得 MEC 提供的室内定位可以精确到 5m，最终实现对不同楼层、不同地点的人流量的统计，并且提供数据支持和数据分析。因此，运营商可以为商家提供如人流量统计等增值服务，实现价值增值。

2017 年，位于湖南长沙的中南大学某公寓的高价值区域流量存在爆发性增长的可能，引发了高时延、拥塞等问题。为解决问题，中兴通讯将 MEC 部署于机房近 BBU 侧，并提供了本地分流和本地缓存服务，使得用户下载时间缩短、速率提高，进一步节省了建网的成本和资源。

2.2.2 中国电信 MEC 平台部署架构

《中国电信 MEC 最佳实践白皮书》描述了中国电信 MEC 平台部署架构。中国电信

MEC 平台包含集团级 MEC 业务管理平台、省级汇聚层、地市级边缘 2B2C MEP（mobile edge platform）、区县级边缘 2BMEP 四个部分。其中，集团级 MEC 业务管理平台对全国范围内的 MEC 业务进行管理；省级汇聚层对省级范围内的 MEC 业务进行管理与信息汇聚，并响应集团级 MEC 业务管理平台的管理；地市级边缘 2B2C MEP 提供地市级范围内的 2B2C 的 MEC 业务承载能力；区县级边缘 2B MEP 提供区县级范围内的 2B 的 MEC 业务承载能力。这种部署方式如图 2.3 所示。

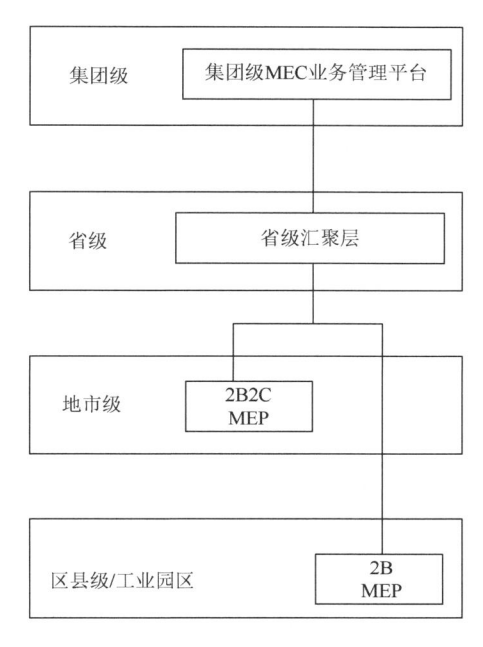

图 2.3 中国电信 MEC 平台部署架构图

基于以上架构，中国电信 MEC 平台提供一站式的应用部署服务，在全国各地部署了 MEP 边缘节点，MEC 业务管理平台完成集约运营，实现一点入云、一跳入云、一键部署，从而全国创新。

目前，中国电信 MEC 业务已经广布智慧园区、智能制造、车联网等众多智能业务场景。园区中的智能摄像头、巡检机器人等终端设备通过基站与 MEC 平台进行 5G 通信交互，以便实现数据采集和策略执行。通过边缘侧计算能力的部署，MEC 平台能够有效缩短数据处理与操作执行之间的传输距离，提升业务实时性与稳定性，使智能终端的工作执行更为敏捷灵活。

5G 与边缘计算技术凭借其高带宽、低时延、高算力、高可靠性等，为工业视觉机器注入了新的动力。首先，以 5G 无线连接方式代替有线连接，解决设备部署难的问题，使其更能适应复杂的制造环境，同时大幅度降低线路升级所带来的高昂成本。其次，5G 超过 50 Mbit/s 甚至 200 Mbit/s 的超高上行带宽以及 10 ms 级的端到端的通信时延，完美满足工业视觉系统的网络需求，支持系统实时处理海量工业生产数据。

中国电信结合 5G 以及 MEC，打造了智能工厂工业之间的解决方案，通过云边端相结合的网络设计，实现了实时监测、云化共享、算法自优化，并提供了企业数据不出园区的安全性保障。

现在，中国电信 MEC 平台已经在教育、医疗、制造、智慧园区等一系列垂直领域获得了广泛的应用和部署，正为 1600 余家用户提供高品质的边缘计算服务。例如，在智慧医疗领域，利用 MEC 平台的有效算力，医疗机构得以在诊疗一线运用人工智能进行辅助影像分析，提升病理判读效率与准确性；在智慧教育领域，结合 5G 网络、MEC 平台与人工智能技术，教学机构可以更有效地对在线教学的质量、学生的专注力等做出实时判读，授课教师能够及时地做出调整，提升教学效率；在智慧新商业领域，提供了 5G 直播、大数据等数字化解决方案，打造智慧商业综合体，打通线上线下，帮助大型商场、企业完成品牌文化宣传以及产品营销推广；在智慧工业领域，为企业打造 5G MEC 机器视觉方案，帮助园区提速增效，降低成本，实现安全、绿色生产。

2.3 基于 MEC 的车联网系统面临的问题

2.3.1 基于 MEC 的车辆计算卸载问题

随着车载网络的智能化、信息化、多元化发展，车辆的计算任务已不仅仅局限于安全预警与道路信息收集，而是向多媒体娱乐化信息扩展。因此，车载网络的任务请求数据呈爆炸式增长。然而，由于车辆的计算能力和缓存能力均存在有限性，可能无法满足某些应用对于处理能力的需求。因此，将计算任务卸载至 MEC 或者其他邻近车辆进行计算，可以有效扩展车载网络的计算容量。

车辆根据车载传感器进行大量的数据收集，然而大部分的数据需要经过计算处理与分析之后才能提取其中的有用信息。车辆计算任务大多为计算密集型任务，即需要消耗 CPU 资源进行大量的计算，主要依赖于 CPU 的运算能力的任务。计算任务可以通过一些特征参数来表示，如输入数据大小、计算所需 CPU 周期数、最大时延、最小带宽等。

计算任务根据时延特征可以分为时延敏感型计算任务和时延可容忍型计算任务[1]。其中，时延敏感型计算任务对于时延要求极高，需要在极短时间内获得计算结果，否则将严重影响其任务有效性和用户体验，如在线游戏、安全预警等。时延可容忍型计算任务在一定程度上放宽了对时延的要求，即一定程度的时延增加并不会严重影响任务的有效性，如视频下载、道路信息采集等。

计算任务根据应用特征可以分为安全关键型计算任务和效率优先型计算任务[2]。安全关键型计算任务关系着车辆行驶的安全性，是车载网络中最主要的计算任务，在计算完成后往往需要及时地广播至道路上的其他车辆。安全关键型计算任务对时延要求也非常苛刻，是车载网络中优先级最高的计算任务，如紧急制动预警、交通事故警告等。效率优先型计算任务是除安全关键型计算任务以外的其他计算任务，如文件共享、路线规划等。

计算任务根据计算特征可以分为可拆分型计算任务和不可拆分型计算任务[3]。可拆分型计算任务是指可以将任务拆分为多个子任务进行分开计算，计算完成后组合成为完整的任务，为用户提供最终计算结果。可拆分型计算任务通常涉及任务调度技术，将一部分任务卸载至相同或者不同服务节点进行计算，一部分任务留在本地计算。然而，由于车载网络用户具有高速移动特性，因此各个子任务在计算完成以后需要对车辆移动轨迹进行追踪和预测，以便准确地将任务结果回传给车辆。将任务拆分计算虽然可以提高资源利用率，但是需要对任务内部结构进行详细解剖。因为组成可拆分型计算任务的子任务之间存在相互关联，一些模块的输入可能需要其他某些模块的输出数据，所以，可拆分型计算任务的调度模型需要详细复杂的设计。不可拆分型计算任务是指一些集成度或者相互依赖度较高的任务，它们无法被切割成为多个子任务，单个不可拆分型计算任务即为最小计算单元。不可拆分型计算任务通常使用输入大小、计算所需 CPU 周期数以及最大时延门限来表示。输入大小包括程序代码和输入参数，单位为 bit，输入大小通常与传输时延呈正相关，代表了计算任务对于通信资源的需求；计算所需 CPU 周期数表示完成计算任务所需的 CPU 周期数，单位为 cycles/s，计算所需 CPU 周期数通常与计算时延和计算能耗呈正相关，代表了任务对于计算资源的需求；最大时延门限表示任务对于时延的容忍限度，即总时延不能超过该时间范围，最大时延门限代表该任务的时效性。在已知不可拆分型计算任务信息的情况下，因为计算与通信资源的分配直接影响任务的完成时延，所以对于网络内计算资源与通信资源的合理分配是至关重要的。开发高效、低复杂度的资源分配机制可以有效提高任务计算效率，降低完成时延，减少执行能耗。

  计算卸载作为 MEC 的关键技术之一，可以为资源受限设备提供运行计算密集型应用的计算资源，加快计算速度，节省能量消耗。将计算任务从车载 OBU（on board unit）迁移至 MEC 服务器或者其他车辆的过程称为计算卸载。计算卸载可以有效地解决车辆在存储空间、计算性能和能量效率等方面的不足，其特征主要包括交互性和置换性[4]，其中交互性是指用户将计算任务信息通过移动网络以单跳或者多跳的方式传输至服务节点，服务节点计算完成以后再将计算结果回传给用户；置换性是指用户通过消耗通信资源来换取服务节点强大的硬件资源，因为在卸载过程中用户会消耗一定的通信资源以及发射能耗，而服务节点为用户进行任务计算时也会消耗其计算资源并带来计算能耗。

  从车载终端角度考虑，由于车载应用快速增长，且计算量越来越大，车辆有限的计算和存储能力无法承载计算密集型任务，因此需要将其卸载计算。MEC 服务器由于其近距离部署，可以有效降低响应时延，并且 MEC 服务器的缓存容量大于车辆，因此重复内容可以被缓存下来，降低了核心网负担。VANET 的建立，允许在高密度车辆环境下，利用邻近车辆的闲置资源来缓解网络拥塞。因此，V2X 卸载可以分为 V2I 和 V2V 两种卸载模式。

  V2I 卸载模式是指车辆利用无线网络技术（如蜂窝通信）通过智能路侧设备（road side unit，RSU）将任务卸载至 MEC 服务器进行计算。车载网络的特殊环境决定了车辆通信只能依靠无线传输，因此，车辆与 RSU 进行信息交互期间，会不可避免地存在信号损耗与衰减，车辆的高速移动也会带来多普勒效应。以上因素均会对任务传输时延造成影响，除此之外，V2I 卸载模式的时延还包括计算时延与回传时延。在 MEC 服务器进行任务计算期间，若任务过多，则存在排队时延，并且由于车辆有可能会驶出 RSU 覆盖范围，因此会涉及小区切换、任务迁移和车辆的位置预测问题。在 MEC 服务器计算完成以后，将计算结果回传给请求车辆，由于一般计算结果较小，大部分情况下会忽略回传时延。

在可拆分型计算任务中，V2I 卸载模式允许用户将子任务分发至多个 MEC 服务器计算。根据计算任务切割粒度的不同，计算卸载可以分为基于进程或功能函数的细粒度计算卸载以及基于应用程序和虚拟机的粗粒度计算卸载。其中，细粒度计算卸载也称为部分卸载，粗粒度计算卸载即为全卸载，因此存在三种卸载情况：全部本地计算、部分卸载和全卸载。全部本地计算一般用于任务量较小的计算任务，或者在根据算法结论发现本地计算更加有利的情况下。部分卸载中，车辆只需付出本地计算部分的计算能耗、计算时延和发射能耗，因此可以节省卸载计算部分的时延与能耗。全卸载中，车辆仅承担发射能耗，但是对网络状态要求较高，这是因为卸载过程中会产生上传时延，车载网络环境复杂的干扰会导致信道环境不稳定，从而影响传输时延。现阶段 V2I 卸载计算研究中，在制定约束条件和优化目标的情况下，通过算法设计来为车辆选择合适的卸载方式。其中，优化目标各不相同，学者也从多角度对 V2I 卸载进行研究，如最大化网络吞吐量、最小化时延或能耗以及最大化运营商收益等。约束条件除了对时延的约束，车载网络还需考虑 RSU 覆盖范围、车辆运动速度和轨迹导致的链路连通范围等。

V2V 卸载模式是指车辆利用无线网络技术将任务卸载至周围邻近车辆进行计算。V2V 卸载模式利用通信范围内车辆的闲置资源来增强边缘计算能力，可以有效扩展车载网络计算能力，缓解 RSU 接入压力，提高资源利用率。但是，由于车辆计算能力有限，V2V 卸载模式一般适用于小计算量的不可拆分型计算任务，或者是可拆分型计算任务的子任务。V2V 通信可以进一步扩展为 VANET 车辆之间可以相互通信，并且互为计算服务节点。当车辆驶出 VAENT 覆盖范围时，即意味着车辆退出网络，新的车辆也可以加入集群，并且可以与组内其他车辆相互通信。因此，随着车辆移动，VANET 组成不断变化。当请求车辆离开 VANET 网络时，服务车辆可以通过单跳或者多跳的传输方式将计算结果发送给请求车辆。车辆移动性一直是车载网络任务卸载领域的难题，为了避免连接中断导致任务重复计算，任务请求车辆需要在 VANET 中选择合适的车辆作为服务节点，当任务请求车辆驶出服务范围时，服务节点需要选择恰当的中继节点来传输任务计算结果。在 V2V 卸载模式中，MEC 服务器虽然不参与任务计算，但是 MEC 的上下文高感知能力可以为 V2V 服务链路进行规划，降低 V2V 中断概率，提高用户体验质量。

车载网络中应用类型繁多，差异性较大，单纯的 V2I 或者 V2V 模式无法满足所有应用的需求。因此，融合了 V2V 与 V2I 的 V2X 卸载模式更加适合复杂的车载网络场景。V2X 卸载模式允许用户根据不同应用需求和不同任务特征，在变化的通信环境中，做出恰当的卸载决策。

2.3.2 基于 MEC 的车联网移动性管理问题

VANET 是一种特殊的移动自组织网络（mobile ad-hoc network，MANET），它使得车辆能够在没有基站或接入点等固定基础设施的帮助下交换信息[5]。在 VANET 中，车辆的移动会引起网络拓扑结构的动态变化[6],进而直接影响网络的性能,如网络吞吐量、传输延迟、丢包率等。在仿真环境中再现真实的流量是 VANET 拓扑和相关路由协议研究的基础[7]。因此,车辆移动性模型逐渐成为 VANET 仿真研究的热点之一,其重点是提取车辆节点的移动共性,以提高仿真的真实性,从而确保从仿真研究中得出的结论能够贯彻到现实世界的部署中。

到目前为止,许多研究人员都在努力改进现有的移动模型或者提出新的模型来更好地模拟车辆交通模式。文献[8]基于智能驾驶员模型(intelligent driver model, IDM)提出了一种称为事故驾驶员模型(accident driver model, ADM)的车辆移动模型,以模拟非标准驾驶人行为,并允许车辆节点主动制造事故。但是 ADM 只考虑了追尾没有考虑其他车辆事故,如变道事故或恶意驾驶人违反交通规则造成的事故。文献[9]建立了一种交叉点和双向快速四通道的移动模型,并比较了 AODV(ad hoc on-demand distance vector routing)和 DSDV(destination-sequenced distance vector)路由协议在这两种情况下的性能。然而,在对交通模型进行建模时,没有给出选择运动模型的依据。文献[10]讨论了影响 VANET 的关键因素,然后根据构建模型的方法对许多流动性模型进行了调查和分类。文献[11]模拟了马来西亚哥打基纳巴卢市真实交通状况的生成过程,然而,该模型没有考虑突然制动的行为。文献[12]评估了 VANET 在城市交通场景中的几种路由协议,但其采用的移动模型过于简化,无法准确反映真实的道路环境。文献[13]提出了一种新的交通信号附近和 V2X 的典型场景下的车辆协同驾驶模型,该模型预先规划了交通信号附近车辆的轨迹,并规划了车组换道策略,但忽略了不同车辆、不同驾驶习惯对协同驾驶行为的影响。文献[14]通过设置车道变换规则等,对每个车道的交通流量和合并区域中车辆的车道变换率进行了模拟,然而,它忽略了城市道路中合流区的情况以及车辆类型对车辆行为的影响。

以往对移动性模型的研究主要集中在某些模型在特定场景下的优势上,有些模型过于简化,无法准确反映真实的道路环境,此外,大多数研究很少关注移动模型的比较方法,因此仿真结果的有效性和可靠性大大降低。第 5 章将介绍一种整合 MEC 和 CDN 的车辆移动性管理策略,以解决上述车辆移动性管理存在的问题。

2.3.3 基于 MEC 的车联网异构资源分配问题

针对车辆有限的计算和存储资源难以支撑密集型的任务计算,可以选择将任务卸载至云服务器进行计算以扩展车载网络的计算能力。但是,云服务器的远程部署带来传输时延波动,无法满足车载网络超低时延的需求。为了应对这一挑战,ETSI 于 2014 年提出了 MEC,将云计算服务下沉至无线网络边缘,在靠近用户侧提供计算存储服务。

随着车载通信技术的发展和车辆相关服务的日益普及,未来的交通系统将更加智能、安全和舒适。用户体验的增强不仅需要低延迟、高带宽和高计算性能的支持,还需要具备长时间续航能力。单独的车载终端是不够的,因为它们有限的本地计算能力不足以支持高性能资源密集型应用。因此需要车辆将资源密集型应用进行卸载,远程和集中式数据中心或云服务可以提供近乎无限的计算、网络、存储资源以满足这种资源缺口,从而改善 QoS [15-17]。但是远距离部署带来较高时延与较大的传输成本，一定程度上降低了由任务卸载带来的性能改善。

为了解决上述挑战，提出了移动边缘计算技术，其核心思想是将资源下放至网络边缘，以减少骨干数据流量和响应延迟，并促进资源密集型 IoV 应用[18]。与云计算相比，边缘计算具有相对较小的计算容量，利用了短访问距离，灵活的地理分布和相对更丰富的计算资源。因此车辆的资源密集型任务可以由计算资源丰富的其他车辆或路边单元侧的 MEC 服务器代为执行，并将结果回传从而完成自己的服务。

车辆进行任务卸载时主要存在两种关键通信技术：将任务卸载到周边车辆的 V2V 通信和将任务卸载到 MEC 服务器的 V2I 通信。两种通信方式可以分别为不同类型的车辆提供差异化的服务：V2V 通信通过利用车辆的移动性和车辆之间的多跳继电器来帮助扩展通信范围，智能交通类业务需要以周期性访问的形式向周围车辆传播安全消息，V2V 通信会对其提供较好的支持；V2I 通信将 RSU 覆盖范围内的车辆连接到互联网，而商娱类任务涉及大量数据交换，需要频繁访问互联网或远程服务器，V2I 链路可为此类任务提供高 QoS 的通信，文献[19]提出了一种基于动态规划并面向可靠性的随机优化卸载模型，考虑车辆到 RSU 通信中的随机性，提出最优数据传输调度机制来最小化卸载时延。因此，实现高效的任务卸载时对不同类型的车辆进行区分有很大的必要。但是由于 V2V 通信的不确定性以及 V2I 通信的高成本和有限覆盖，仅依靠 V2V 通信或 V2I 通信不足以构建可靠、可扩展且有效的数据传输系统。因此，结合 V2V 通信和 V2I 通信的车辆任务卸载对于未来的智能交通系统是必不可少的。文献[20]利用停放车辆的空闲计算资源协助 MEC 系统中的任务执行，提出了一种动态定价策略，通过当前系统状态不断调整价格，在服务质量的约束下使 MEC 系统的平均成本最小化。文献[21]以总延迟最小化为目标，研究了如何实现车辆的有效联合卸载的问题，并提出一种分布式算法来获得最佳路由以卸载 V2V 部分的任务。

由于移动应用产生了极大的数据量，因此车辆在任务卸载过程中任务上传与计算结果的回传时需要庞大的无线资源。对于无线资源，专用短程通信或 IEEE 802.11p 在 5.9 GHz 频段上分配，其中 75 MHz 频谱保留用于 VANET。为了实现 V2V 通信，通过 IEEE 802.11p 访问指定的非授权频谱中的资源，但是由于频谱竞争和短通信范围而具有低可靠性和低频谱效率。为了提供广泛的地理覆盖范围，对基于 LTE 的 V2X（即 LTE-V）进行进一步研究，并提出利用 LTE 作为支持车辆环境中通信的潜在接入技术，但是 LTE 网络中的授权资源不是源源不断的且价格不低。面对授权频谱中的频谱短缺问题，3GPP LTE 版本 13 提倡使用未授权的 Wi-Fi 频谱来改善 LTE 的容量，即 LTE-U。由于 Wi-Fi 接入点的部署很普遍，LTE-U 的概念可以提供更宽大的通信区域和更快的通信速率，同时允许 LTE 和 LTE-U 之间的自然数据负载平衡。LTE-U 技术增强了数据速率，拓宽了服务连续范围，在移动性管理与降低时延等方面提升了用户体验。

文献[22]为 LTE-U 提出了一种新颖的频谱管理策略，利用通常由 Wi-Fi 用户设备（WUE）占用的非授权频谱，LTE-U 技术是通过 IEEE 802.11e 协议增强车载用户设备（VUE）链路容量的有效方式。IEEE 802.11e 旨在提出能够提供 QoS 保证的机制，它规定了混合协调功能，包含两种访问机制：受控信道接入和基于竞争的增强型分布式信道接入[23]。为了确保对 WUE 的干扰很小或没有，假设未授权频谱中的每个周期性接入间隔被分为两个持续时间，即竞争周期（contention period，CP）和无竞争周期[24]。上述文献中用户仅通过授权频带与非授权频带的统筹划分来分配资源，从而改善用户的 QoS，却很少会考虑为用户提供因自身需求不同的差异化服务。

第 6 章在许可频谱和非授权频谱覆盖范围内，从基于 MEC 的车载异构网络环境的角度研究了任务卸载和资源分配问题。首先按照不同的任务请求将任务车辆的通信模式（V2I 或 V2V）进行区分；然后根据分簇的结果，在每一个簇内对车辆进行资源分配。主要贡献为：在一个部署有多个 MEC、多个任务车辆的异构场景中，对有限的无线资源和计算资源进行基于有效机制的分配。车辆的任务类型决定了自己的通信方式，物理量上体现为将任务车辆的 QoS 建模为容量和延迟因子的组合（本章定义为"有效容量"），将有效容量作为 K-means 分簇算法的判别指标，确定车辆的任务卸载方案。结合基于 CFP 的 LTE-U 模式，利用分布式无状态 Q 学习算法对无线资源进行分配，实现在满足纯授权频带车辆质量要求的同时，使整个授权频带的遍历容量最大化。

2.3.4 基于 MEC 的车联网缓存服务问题

VANET 是一种无线网络，其中节点能够物理地从一个位置移动到另一个位置，同时向其他用户提供各种服务。节点的移动导致了动态网络拓扑，并带来了一些限制和技术挑战。一些限制是设备本身的物理尺寸造成的。其他挑战是网络本身的移动性和即时性的间接结果。一般而言，车辆比普通的移动计算设备（如手机或笔记本电脑）包含更多的功率、计算和存储资源。然而，由于 VANET 的性质，对通信资源的争夺可能会更多。此外，由于车辆的快速移动性，网络拓扑的变化速度可能比一般移动计算环境中的变化速度快得多。车辆上可用的额外资源允许在单个节点上存储更多的数据，并满足对该数据更快的访问。然而，由于快速变化的网络拓扑，在集合缓存中定位数据项变得更加困难。

在很大程度上，用于解决这些问题的一种技术是协作缓存。缓存本身侧重于数据的空间和时间特征。一般来说，如果一个节点已经访问了一个数据项，则该数据项有可能在不久的将来被同一节点所需要。协作缓存是"网络内"缓存的一种形式，其中两个或多个节点可一起工作来支持集体缓存。通过协同工作，节点可以提供增强的缓存服务，这比单个节点能更大的程度的解决限制和挑战。

1. 协作缓存概述

协作缓存方案通常由三个部分组成：搜索部分、添加部分和管理部分。

（1）搜索部分。搜索部分侧重于如何发现集合缓存中的数据项。当网络中的一个节点需要一个数据项时，它通常会检查该数据项是否存储在节点本身的本地。如果没有，发现组件将决定如何继续。在基本示例中，节点可以向其传输范围内的所有其他节点发送广播消息，请求数据项。如果另一个节点收到请求并拥有数据项，它就可以简单地为请求提供服务。在分析发现方法时，VANET 中快速变化的网络拓扑将是一个关键因素。

（2）添加部分。一旦找到数据项，就需要将该数据项添加到缓存中，以使该方法有用。任何协作缓存方案的一个关键方面是确定数据项应该存储在哪里，从而为整个系统带来最大利益。当分析各种技术对移动自组网的适用性时，与移动自组网相比，车辆内的资源限制不太受关注。然而，带宽利用率是一个更大的问题，主要是由于网络中潜在的节点数量。

（3）管理部分。一旦将数据项添加到缓存中，就需要某种机制来确保数据项保持有效，或者无效时被移除。例如，如果发出查询请求特定十字路口的交通拥堵源，则该数据项很可能在初始查询时间之后的几个小时内无效。由于移动自组网拓扑的流动性和有线网络连接的可能性，部署在这些网络中的许多协作缓存方案依赖于与数据项相关联的某种形式的寿命属性。

2. 协作缓存存在的问题

协作缓存主要存在以下几个问题。
（1）数据访问延迟。请求者离数据源越远，访问数据项时发生的延迟就越多。
（2）间歇性连接。由于网络的动态特性，节点可能无法访问数据的来源方。
（3）带宽有限。由于网络的设备数量，可用带宽通常存在竞争现象。
（4）有限的内存资源。移动设备往往只有相对少量的内存用于数据存储。
（5）路由故障。由于网络动态特性，路由在建立后很有可能中断，导致数据传输失败。

2.3.5 基于 MEC 的车联网中的安全问题

在 VANET 中车辆的通信方式主要分为两种：V2V、V2I。这两种通信方式都是在公开的网络上进行，因此车辆很容易受到恶意攻击者的各种攻击，威胁 VANET 的安全通信问题，如窃听攻击、干扰攻击、DoS 和 DDoS、女巫攻击等。

（1）窃听攻击。窃听攻击是攻击者秘密监听通信双方的通信内容，目的是非法获取机密数据。窃听攻击不会干扰通信。由于这种被动的性质，很难检测到这种攻击。为了执行这种攻击，攻击者可以作为车辆或 RSU 行为，并表明他们是网络的一部分[25]。RSU 也是窃听的攻击面，用于获取网络交通信息并记录下来[26]。加密方法和认证机制则被用来防止这种攻击。

（2）干扰攻击。干扰攻击占用频道打扰用户交流。在无线网络中，干扰机故意试图干扰无线通信的物理传输和接收[27]。干扰传输会妨碍给定传输和接收范围内车辆之间的网络通信[28]。

（3）DoS 和 DDoS：拒绝服务攻击（denial of service，DoS）是在攻击者通过注入虚假消息阻塞信道以破坏网络可用性时执行的。分布式拒绝服务攻击（distributed denial of service，DDoS）由多个分布式源执行。拒绝服务攻击可应用于 V2V 和 V2I 通信。它威胁车辆网络的可用性。

（4）女巫攻击。攻击者创建大量假名车辆身份发送错误信息，以获得对等网络的控制权限。在车辆网络中,它可以用来发送关于路况的错误信息,以根据请求改变驾驶员的路线[29]。

2.4 本章小结

本章主要介绍了基于 MEC 的车联网系统。首先对基于 MEC 的异构车联网体系架构进行了描述,绘制了一个天地一体化的车联网体系架构。其次对中兴通讯以及中国电信的 MEC 的部署方式做了介绍。最后对基于 MEC 的车联网系统面临的问题进行了总结,主要包括车辆计算卸载、车联网移动性管理、车联网异构资源分配、车联网缓存服务和车联网中的安全问题。后续章节将详细介绍为了解决这些问题所引出的技术。

参考文献

[1] Li M, Si P B, Zhang Y H. Delay-tolerant data traffic to software-defined vehicular networks with mobile edge computing in smart city[J]. IEEE Transactions on Vehicular Technology, 2018, 67(10):9073-9086.

[2] 曹汀. IEEE 802.11p 协议在城市车联网中传输距离取值范围的研究[D]. 上海:上海交通大学,2012.

[3] 王寒松. 车联网中基于 MEC 的计算任务卸载策略研究[D]. 北京:北京邮电大学,2019.

[4] 张建敏,杨峰义,武洲云,等. 多接入边缘计算(MEC)及关键技术[J]. 电信科学,2019,35(3):154.

[5] Yao Y, Zhang K L, Zhou X S. A flexible multi-channel coordination MAC protocol for vehicular ad hoc networks[J]. IEEE Communications Letters, 2017, 21(6):1305-1308.

[6] Taherkhani N, Pierre S. Centralized and localized data congestion control strategy for vehicular ad hoc networks using a machine learning clustering algorithm[J]. IEEE Transactions on Intelligent Transportation Systems, 2016, 17(11):3275-3285.

[7] Peng Z, Gao S, Li Z C, et al. Vehicle safety improvement through deep learning and mobile sensing[J]. IEEE Network, 2018, 32(4):28-33.

[8] He Y, Li C L, Lin H, et al. Accident driver model for vehicular ad-hoc network simulation[C]//2013 IEEE Vehicle Power and Propulsion Conference(VPPC). October 15-18, 2013. Beijing, China. IEEE, 2013:1-5.

[9] 王超. 车联网城市交通移动多场景建模仿真及分析[J]. 计算机系统应用,2019,28(11):29-36.

[10] Madi S, Al-Qamzi H. A survey on realistic mobility models for Vehicular Ad Hoc Networks(VANETs)[C]//2013 10th IEEE INTERNATIONAL CONFERENCE ON NETWORKING, SENSING AND CONTROL(ICNSC). April 10-12, 2013. Evry. IEEE, 2013:333-339.

[11] Lee C H, Lim K G, Chua B L, et al. Progressing toward urban topology and mobility trace for Vehicular Ad Hoc Network(VANET)[C]// 2016 IEEE Conference on Open Systems(ICOS), october 10-12, 2016 Langkawi, Malaysia. IEEE, 2016:120-125.

[12] Husain A, Raw R S, Kumar B, et al. Performance comparison of different routing protocols in vehicular network environments[M]//Advances in Computing and Information Technology. Heidelberg:Springer, 2011:427-436.

[13] He Y C, Sun D H, Zhao M, et al. Cooperative driving and lane changing modeling for connected vehicles in the vicinity of traffic signals: A cyber-physical perspective[J]. IEEE Access, 2018, 6:13891-13897.

[14] 王百里,杨晓芳,刘红杏. 道路交通合流区换道行为仿真研究[J]. 计算机仿真,2016,33(2):211-215,238.

[15] 刘聪. 基于机器学习的车联网资源分配机制研究[D]. 西安:西安电子科技大学,2017.

[16] Kumar N, Kaur K, Misra S C, et al. An intelligent RFID-enabled authentication scheme for healthcare applications in vehicular mobile cloud[J]. Peer-to-Peer Networking and Applications, 2016, 9(5):824-840.

[17] Wang F, Du Y F, Xu Y J, et al. EPAF:An efficient pseudonymous-based inter-vehicle authentication framework for VANET[C]// International Conference on Mobile Ad-Hoc and Sensor Networks. Beijing:Springer, 2017:252-270.

[18] Zhou J S, Tian D X, Wang Y P, et al. Reliability-oriented optimization of computation offloading for cooperative vehicle-infrastructure systems[J]. IEEE Signal Processing Letters, 2019, 26（1）: 104-108.

[19] Han D, Chen W, Fang Y G. A dynamic pricing strategy for vehicle assisted mobile edge computing systems[J]. IEEE Wireless Communications Letters, 2019, 8（2）: 420-423.

[20] Wang H S, Li X, Ji H, et al. Federated offloading scheme to minimize latency in MEC-enabled vehicular networks[C]//2018 IEEE Globecom Workshops（GC Wkshps）. December 9-13, 2018. Abu Dhabi, United Arab Emirates. IEEE, 2018.

[21] Wang F, Xu J, Wang X, et al. Joint offloading and computing optimization in wireless powered mobile-edge computing systems[C]//2017 IEEE International Conference on Communications（ICC）. May 21-25, 2017. Paris, France. IEEE, 2018, 17（3）: 1784-1797.

[22] Gu Y N, Zhang Y R, Cai L X, et al. Exploiting student-project allocation matching for spectrum sharing in LTE-unlicensed[C]//2015 IEEE Global Communications Conference（GLOBECOM）. December 6-10, 2015. San Diego, CA, USA. IEEE, 2014.

[23] Costa R, Portugal P, Vasques F, et al. A TDMA-based mechanism for real-time communication in IEEE 802.11e networks[C]//2010 IEEE 15th Conference on Emerging Technologies & Factory Automation（ETFA 2010）. September 13-16, 2010. Bilbao. IEEE, 2010: 1-9.

[24] Chen Q M, Yu G D, Ding Z. Optimizing unlicensed spectrum sharing for LTE-U and WiFi network coexistence[J]. IEEE Journal on Selected Areas in Communications, 2016, 34（10）: 2562-2574.

[25] Kumar A, Sinha M. Overview on vehicular ad hoc network and its security issues[C]//2014 International Conference on Computing for Sustainable Global Development（INDIACom）. March 5-7, 2014. New Delhi, India. IEEE, 2014: 1-6.

[26] Huang X M, Yu R, Pan M, et al. Secure roadside unit hotspot against eavesdropping based traffic analysis in edge computing based Internet of vehicles[J]. IEEE Access, 2018, 6: 62371-62383.

[27] Sun Y Q, Wang X D. Jamming attacks and countermeasures in wireless sensor networks[M]//Handbook of Research on Developments and Trends in Wireless Sensor Networks. IGI Global, 2010: 334-352.

[28] Tyagi P, Dembla D. Investigating the security threats in Vehicular ad hoc Networks（VANETs）: towards security engineering for safer on-road transportation[C]//2014 International Conference on Advances in Computing, Communications and Informatics（ICACCI）. September 24-27, 2014. Delhi, India. IEEE, 2014.

[29] Zhang S, Tao J, Yuan Y J. Anonymous authentication-oriented vehicular privacy protection technology research in VANET[J]. 2011 International Conference on Electrical and Control Engineering, ICECE 2011 - Proceedings, 2011: 4365-4368.

第 3 章　车联网中基于 MEC 的计算卸载策略研究

3.1　基于 MEC 的计算卸载简介

3.1.1　基于 MEC 计算卸载的概念及应用场景

资源要求苛刻的应用程序（如 3D 游戏）的出现将继续需要更多的移动资源，移动设备和网络的改进仍无法满足需求。因此，移动设备将不得不向有限的资源妥协，如贫乏的硬件资源等。例如，在移动电话上编辑视频剪辑需要大量的电能和计算资源，与台式电脑或笔记本电脑相比，这里存在一些限制，为了打破这些限制，许多研究人员研究了将计算任务卸载到 MEC 服务器，如对计算能力的扩展，对电池资源和存储可用性的拓展。下面介绍几个典型的应用场景。

1. VR/AR 技术

虚拟现实和增强现实技术的出现激发了从工业管理（用于预测性维护）到娱乐活动的新应用。由于 VR 应用程序是计算密集型、通信密集型和延迟敏感型的，因此大多数 VR 都使用电缆连接。当前的无线系统不能解决无线 VR 应用（如 360°VR 视频）的超低延迟和超高吞吐量要求，智能手机在细节和刷新率方面实现高图形保真度是一项挑战。虽然这些手持设备被广泛使用，但由于其设计优先级遵从人体工程学且电池寿命有限，因此其性能不够。使用集中式云服务配备专用图形处理器核心来渲染图形，并简单地流回要显示的压缩视频将是应对这一挑战的一种方法。当多个设备或用户的服务由同一个服务提供商提供或它们共享公共计算资源时，使用这种外部计算也十分必要。例如，在典型的多人游戏中设计云中运行的游戏服务器，并且所有游戏客户端都连接到该服务器。然而，现实与渲染伪像之间的总延迟不能超过 10 ms，由于云计算系统的当前架构和到设备的地理距离，这种集中化方法为增强现实渲染的时间关键控制循环引入了额外的延迟。通过 MEC 来解决这个问题，能够在无线网络边缘实现云计算能力。通过在网络边缘部署计算资源，MEC 执行更靠近 VR 设备的计算任务，从而最大限度地减少延迟并防止大量流量进入核心网络，提高了计算体验的质量。图 3.1 考虑一个 MEC 系统，其中支持缓存的移动 VR 设备可以通过 MEC 服务器访问基站以获得任务。MEC 服务器具有丰富的计算和缓存资源，而移动 VR 设备具有有限的计算能力和缓存容量，所以运用 MEC 的 VR 设备的服务质量将大幅提升。

MEC 不仅产生最接近用户的云应用，还确保其与用户一起移动以保持接近，即云服务需要在运行时期迁移到不同的主机。这些挑战可以通过 Docker［使用 CRIU （checkpoint/restore in userspace）］和 KVM（keyboard video mouse）实时迁移等虚拟化技术来解决，也可以通过自定义工程来解决迁移友好型应用程序。

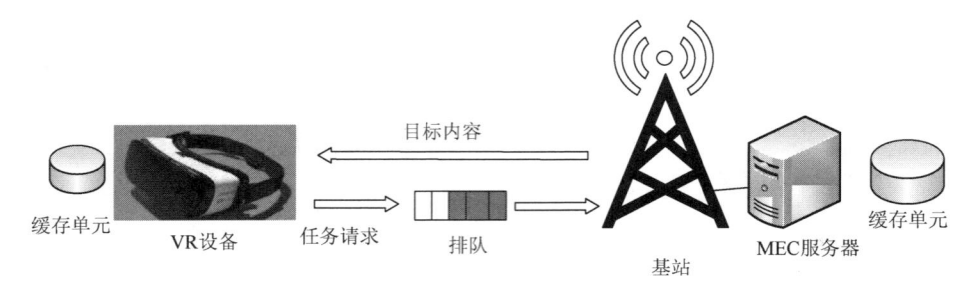

图 3.1　VR 设备基于 MEC 的任务缓存与获得服务图

图 3.2 展示了智能手机或平板电脑上的 AR 应用程序将增强现实内容叠加到设备摄像头上查看对象的场景。MEC 服务器上的应用程序可以提供本地对象跟踪和本地 AR 内容缓存。该解决方案可最大限度地缩短往返时间并最大化吞吐量，从而获得最佳体验质量。它可用于提供消费者或企业公告，如旅游信息、体育赛事信息和广告等。

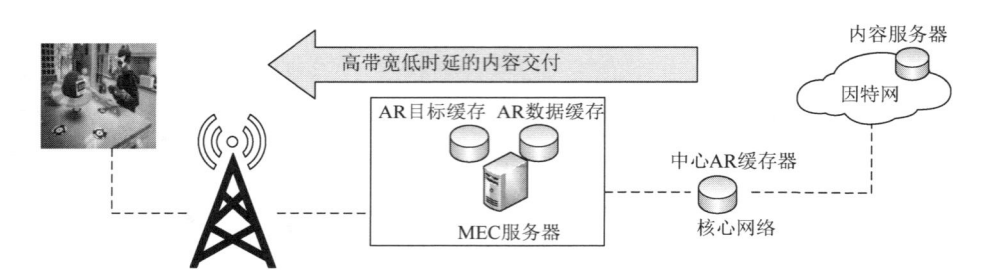

图 3.2　基于 MEC 的 AR 内容传递示例图

2. F1 银石赛道直播

英国银石赛道，是全世界汽车赛事最频繁的赛道之一。为了提升观众的观看体验，举办方提供了官方的视频直播和回放服务，通过 MEC 技术直播视频较现场实况仅仅延时 0.5 s，相对于 OTT（over the top）47.95 s 的视频直播延迟，有着极大的进步。

在图 3.3 所示的银石赛道直播商业模式图中，用户通过购买场馆门票获得视频直播服务，银石赛道场馆通过向用户提供直播服务获得收入，电信运营商通过提供视频直播需要的本地视频分发网络服务，与银石赛道共享直播的收入分成。

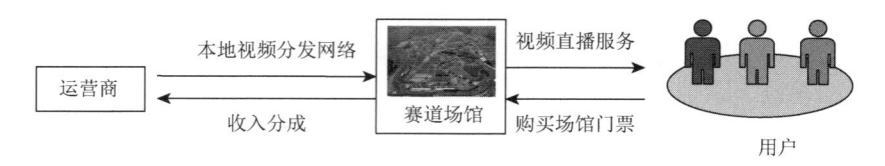

图 3.3　银石赛道直播商业模式图

3.1.2 基于 MEC 的计算卸载步骤

基于 MEC 的计算卸载步骤如图 3.4 所示，节点需要判断自身携带的任务是否需要卸载，通常在执行图片、视频等大型任务时会存在超出自身计算能力的情况。然后对需要卸载的任务进行分割，要注意的是根据任务类型的不同，部分任务是不可分割的。再感知周围可以提供服务的 MEC 服务器，提出卸载请求，在 MEC 应接后将卸载任务传输给 MEC 节点，MEC 计算完成后仅将计算结果返回给申请节点。

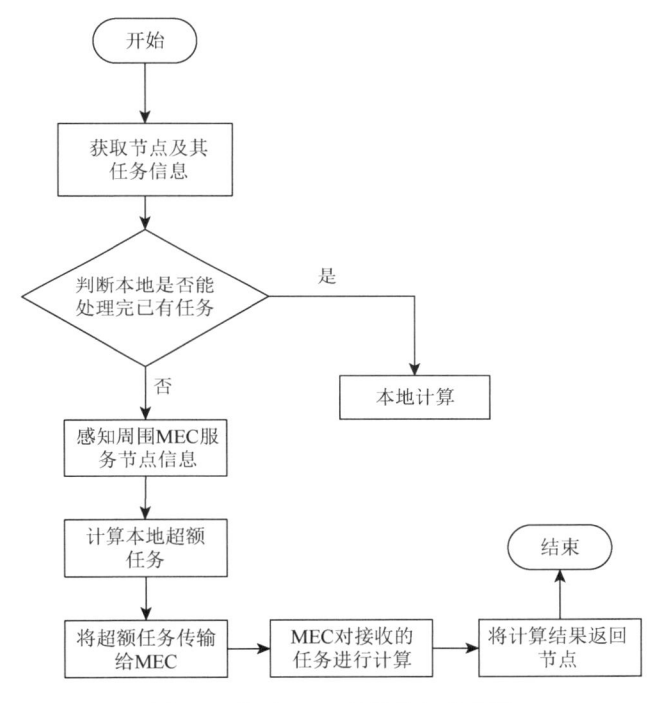

图 3.4 基于 MEC 的计算卸载步骤

3.2 车联网中基于 MEC 的计算卸载的相关技术

车联网中的计算任务卸载模式包括 V2I、V2V、V2X 等[1-3]。V2I 和 V2V 模式见 2.3.1 节介绍，下面介绍 V2X 模式。

C-V2X 结合 MEC 等其他 5G 网络技术，可以实现从单车智能到车联网智能的演进[4]，即车辆与 MEC 主机相连，完成协同决策和控制。C-V2X 为数据传递、计算任务的传输、决策结果和控制指令提供低延迟和高可靠性的通信。通过在车辆和道路上的其他不同元素之间使用 V2I、V2V、V2P 和 V2N（vehicle to network）通信，协同感知成为可能。受益于 C-V2X 的基础通信能力，MEC 可以提供强大的协同计算/存储能力，扩大信息传播范围。C-V2X 与 MEC 的融合可为车载网络提供通信-计算-存储融合，从而为交通信号控制、拥塞识别与分析、实时 HDM 加载、路径规划、异构数据等前瞻性用例提供支持融合等。在这些高级应用中，需要进行大数据分析、数据挖掘、深度学习等计算密集型或数据密集型任务。在这些用例中，C-V2X 和 MEC 的集成是最佳选择，可以避免以云为中心的解决方案的高通信和计算延迟，从而满足 V2X 应用程序的低延迟和高可靠性要求。

C-V2X 的应用将经历以下三个阶段。

第一阶段：提高交通效率和道路安全。在这一阶段，C-V2X 提供车-车、车-路协同感知能力。

第二阶段：商用车如重型卡车的自动驾驶。C-V2X 基于部署在工业园区、港口、码头、矿区等封闭区域的 MEC 能力，为商用车辆在封闭区域低速行驶提供协同决策和控制能力。

第三阶段：乘用车自动驾驶。当 C-V2X 和 MEC 广泛部署时，为高速乘用车提供协同决策和控制能力。

3.3 车联网中基于 MEC 的卸载对象匹配机制

3.3.1 车联网中资源的类型

未来异构车联网络需要为不同的应用提供服务，主要提供的资源类型为通信资源、计算资源和缓存资源。

（1）通信资源：在车联网中 V2X 通信主要用于车辆之间或者车辆与其他节点之间的双向数据传输。高效通信可以有效地共享信息，减少或避免交通事故的发生。有关通信资源的研究主要体现在信道分配、信道建模、链路预测、流量预测等方向。

（2）计算资源：由于车联网中大规模车辆会产生海量数据，而车辆计算资源和计算能力是非常有限的。因此，如何利用好车辆自身和周围的空闲计算资源成为当前研究的热点。结合移动边缘计算和车辆云研究任务卸载、任务迁移、计算资源分配等是有关计算资源分配的主要研究方向。

（3）缓存资源：缓存技术可以将热点请求内容提前置放在边缘节点上，可以减少部分任务数据的传输次数。实质上，缓存技术是用储存资源换取通信资源的一种方式。缓存什么，在什么节点缓存，是缓存资源分配的研究热点。

在近期或者以后的资源分配研究中，为了满足车联网中的服务差异与三种资源的紧密相关和相互制约，将三种资源联合优化可以实现网络综合服务能力的大幅提升。

3.3.2 车联网中资源异构性卸载模型构建

1. 系统分析

系统模型如图 3.5 所示。图 3.5 中部署有多个车辆和多个路边单元，任务车辆可以与邻近车辆进行 V2V 通信，也可以与路边单元进行 V2I 通信，并且车辆的部署服从泊松分布。在这里，有 1 个任务车辆，表示为 $V = \{v_1, v_2, \cdots, v_L\}$，这些车辆发出卸载任务的请求。

具有计算能力与空闲资源的车辆被选定为服务车辆,其性质类似于服务基站,因此将两者定义为服务节点,服务节点有 $G=\{g_1,g_2,\cdots,g_M\}$。服务节点 g_i 的异构资源为计算资源与无线资源的异构组合,用矩阵 (C_i,B_i) 表示,其中 C_i 为服务节点 g_i 所具有的 CPU 周期,B_i 为 g_i 提供服务时拥有的有限带宽资源。

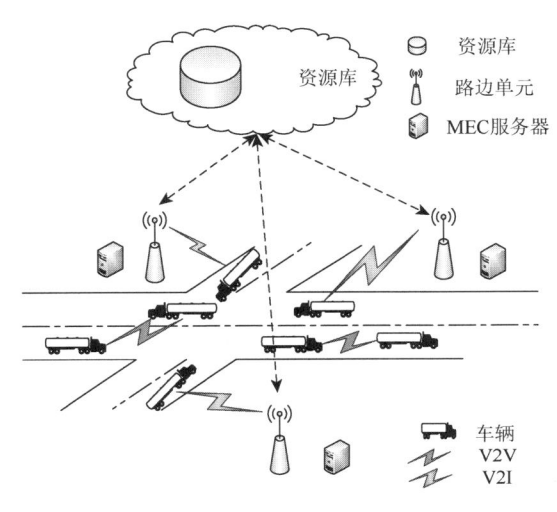

图 3.5 系统模型图

假设计算任务有 S 类,表示为 $N=\{n_1,n_2,\cdots,n_S\}$,任务车辆发布第 k 种计算任务的概率为 ρ_k,且满足 $\sum_{k=1}^{S}\rho_k=1$。任务 n_i 所需的计算资源用 c_i 表示,无线资源用 b_i 表示,因此任务 n_i 用矩阵 (c_i,b_i) 表示。任务车辆计算资源相当有限,只可以处理自己能力范围内的任务,能力之外的计算任务只能卸载到具有空闲资源的服务节点,服务节点将任务计算后将计算结果回传。

计算任务的分类依据定义的卸载要素,本节进行卸载决策时考虑的因素有任务车辆提供的购买费用、传输误码率、平均重传次数,因此卸载要素由这三个因素组成[5]。任务车辆 v_i 对服务节点的满意度表示为 $W^i=\{w_1^i,w_2^i,\cdots,w_M^i\}$,满意度代表 v_i 选择服务节点为它服务时的先后顺序。拍卖模型的执行满足经济中的理性主义与利己主义,在提供服务与被服务的角色中,提供服务时分配的资源为最佳,而且任务车辆会支付在交易中令双方满意的费用。

2. 通信模型

假设 V2X 车辆对 (v_i,g_j) 占用的子载波为 b_{ij},式(3.1)定义了 (v_i,g_j) 对 b_{ij} 的通信质量要求——信噪比 γ_{ij}。

$$\gamma_{ij}=x_{ij}\frac{p_i h_{ij}}{\sigma_{ij}^2} \qquad (3.1)$$

其中,x_{ij} 为连接矢量,当任务车辆 v_i 与服务节点 g_j 之间建立连接时 $x_{ij}=1$,否则为 0;σ_{ij}

为通信节点 v_i 与 g_j 之间的干扰；p_i 和 h_{ij} 分别表示任务车辆 v_i 发射功率和 v_i 与 g_j 之间信道增益，$h_{ij}=\alpha\beta_{ij}\varsigma_{ij}d_{ij}^{-\varphi}$，$\alpha$ 为常量系统参数，β_{ij} 为快衰落增益，ς_{ij} 为慢衰落增益，φ 为路径损耗指数，d 为服务节点和任务车辆之间的距离。传输速率表示为

$$R_{ij}=b_{ij}\lg(1+\gamma_{ij}) \tag{3.2}$$

3. 计算模型

1）本地执行

假设车辆具有计算能力 f_i^l，自身 CPU 周期数为 c_0，因此任务车辆自身处理任务的时间为

$$t_i^l=\frac{c_i}{f_i^l} \tag{3.3}$$

执行任务时任务车辆消耗的能量为 $E_i^l=\xi c_i$，ξ 为单位能耗，任务 n_i 所需的计算资源用 c_i 表示。

2）远端执行

当车辆自身的计算能力有限或电量不足时，就需要将任务卸载到其他可以处理请求任务的通信节点（邻近车辆或 MEC 服务器）来处理并将结果回传。计算过程中产生的时延包括上传时延、执行时延、结果回传时延（计算结果数据量很小，通常忽略）[6]，表示为

$$t_i^c=\frac{d_{ta}}{R_{ij}}+\frac{c_i}{f_i^c}+\frac{d_{re}}{R_{ij}} \tag{3.4}$$

其中，f_i^c 为远端服务节点的计算能力；能量消耗 $E_i^c=d_{ta}p_{up}+c_i p_c+d_{re}p_{dn}$，$d_{ta}$ 和 d_{re} 表示任务数据大小和结果数据大小，p_{up}、p_c 和 p_{dn} 分别表示上传请求数据、远端执行、接收计算结果时的单位能耗；R_{ij} 指的是车辆 i 与车辆 j 之间的传输速率。本小节默认任务本地计算时延大于卸载到远端执行时延，即 $t_i^l>t_i^c$，因此车辆的任务全部进行卸载。

3.3.3 基于 AHP 和多轮顺序组合拍卖的卸载机制

将系统模型建模为组合拍卖模型，本小节首先对层次分析法进行简单的介绍；然后描述本节的优化目标是在保证任务车辆效益的同时，最大化服务车辆的经济效益；最后提出多轮顺序组合拍卖卸载机制得出优化目标最优值。

1. 层次分析法介绍

任务车辆发布的任务本身有对卸载因素的考量，而服务节点提供服务的质量也是卸载因素条件的映射，两方面的作用对任务车辆的卸载决策产生影响。这里卸载因素为任务车辆提供的购买费用、传输误码率、平均重传次数。如图 3.6 的层次分析法结构模型图所示，将模型分为三层（目标层、准则层、方案层），层次之间可以计算出每个子卸载因素的权重系数，从而可以得出任务车辆对服务节点的"满意度"序值。

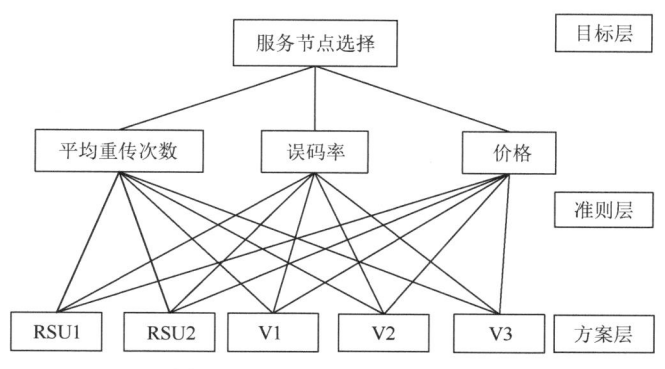

图 3.6 层次分析法结构模型图

层次分析法主要由以下三步构成。

（1）得出判断矩阵。将子卸载因素进行两两比较，得出目标层的服务节点提供服务的过程中每一个卸载因素所占比重。不同任务车辆提供发布任务对卸载因素的要求不同，因此从每一个子卸载因素出发，判断方案层的服务节点之间对子卸载因素的局部权值，最后得出准则层，也就是卸载因素层的判断矩阵为 $M = (m_{ij})$，元素 m_{ij} 表示第 i 个指标相比于第 j 个指标的重要程度，m_{ij} 通常以 1~9 作为标度得到最优结果。

（2）计算权重。这里使用特征向量法来计算权重，将方案层的局部权值与目标层的相乘就可以得到最终的权重，也就是满意度。

（3）一致性检验。考虑到第一步判断矩阵是主观性的结果，使用一致性比率 CR 检测判断错误。由式（3.5）、式（3.6）得出 CI 和 CR 的值：

$$\text{CI} = \frac{\lambda_{\max} - n}{n - 1} \tag{3.5}$$

$$\text{CR} = \frac{\text{CI}}{\text{RI}} \tag{3.6}$$

当判断矩阵的阶数小于等于 15 时，平均随机一致性指标 RI 可由参考文献查表得到；当阶数大于 15 时，RI 可由参考文献中的乘幂法得到。

2. 问题形成

服务节点将自己的状态信息周期性地广播给通信范围内的车辆，任务车辆得到信息后向服务节点发送请求信息，并计算自己可以获得的效益，定义车辆 v_i 将任务卸载到服务节点 g_j 时的效益为

$$u_i = w_k^i \left\{ \mu \frac{c_i}{c_0} \ln(\tau D_{ij} + \theta) + (1 - \mu) e_0 D_{ij} - p_{ij} \right\} \tag{3.7}$$

其中，w_k^i 为任务车辆 v_i 对服务节点 g_i 的满意度值；$\mu \frac{c_i}{c_0} \ln(\tau D_{ij} + \theta)$ 表示相比本地计算，任务卸载所节约的计算资源效益；$(1-\mu)e_0 D_{ij}$ 表示在 MEC 服务器计算任务所节约的计算资源效益增益；$p_{ij} = p_{ij}^c + p_{ij}^b$ 表示 v_i 支付给 g_i 的费用；μ 为卸载因子，满足 $0 < \mu < 1$；τ、θ 为系数；e_0 为任务车辆定义的单位资源价格，反映了任务车辆对请求资源的喜好程度；

$D_{ij} = c_i + b_i$ 表示 v_i 在 g_j 处得到的资源总和；将 CPU 周期与带宽量纲进行统一，使用数据均一化的形式（CPU 周期数与最大 CPU 周期数求比值并相加，带宽类似）。

优化目标是在系统需求和时延约束下，提高请求车辆效益的同时，最大化服务节点的效益。规划问题如下：

$$\max U_j = \sum_{v_i \in V, g_j \in G, \rho_k \in N} \sum_{i=1}^{L} \rho_k (p_{ij} - \varphi D_{ij}) \tag{3.8}$$

$$\text{s.t.} \quad \sum_{i=1}^{L} x_{ij} c_i \leqslant C_j, v_i \in V, g_j \in G \tag{3.8a}$$

$$\sum_{i=1}^{L} x_{ij} b_i \leqslant B_j, v_i \in V, g_j \in G \tag{3.8b}$$

$$r_{ij} \geqslant \varepsilon \tag{3.8c}$$

$$t \leqslant t_{\max}^c \tag{3.8d}$$

$$\sum_{i=1}^{L} x_{ij} \leqslant 1, v_i \in V, g_j \in G \tag{3.8e}$$

$$\mu \frac{c_i}{c_0} \ln(\tau D_{ij} + \theta) + (1-\mu) e_0 D_{i,j} \geqslant p_{ij}, v_i \in V, g_j \in G \tag{3.8f}$$

其中，φ 为服务节点定义的单位资源价格，ρ_k 为接入第 k 种类型请求任务的概率。约束条件式（3.8a）、式（3.8b）分别表示服务节点 g_j 可提供的计算资源和无线资源有限；式（3.8c）为传输速率要求，ε 为传输速率最低门限；式（3.8d）为时延要求，整个卸载过程总时延不可大于 $t_{\max}^c$；式（3.8e）表示一个请求车辆最多由一个服务节点服务，一个服务节点可以服务多个车辆；式（3.8f）保证车辆卸载任务到服务节点时效益不会降低。

用 CPU 周期数的线性函数表示任务车辆对计算资源的估值，同理对无线资源的估值用带宽的线性函数得出，即满足 $\frac{z_i^c(x)}{x} = \frac{z_i^c(y)}{y}$，其中 $z_i^c(x)$、$z_i^c(y)$ 分别表示任务车辆 v_i 对 x 和 y 的 CPU 周期的估值，任务车辆 v_i 对第 k 种任务的计算资源估值为

$$z_i^c(x) = w_k^i e_{\max}^c x \tag{3.9}$$

其中，$e_{\max}^c$ 为任务车辆 v_i 愿意支付的最大单位计算资源价格。同理，任务车辆 v_i 对第 k 种任务的无线资源估值为

$$z_i^b(x) = w_k^i e_{\max}^b x \tag{3.10}$$

其中，$z_i^b(x)$ 为任务车辆 v_i 对 x 带宽估值；$e_{\max}^b$ 为任务车辆 v_i 愿意支付的最大单位无线资源价格。综上所述，任务车辆 v_i 发布第 k 种任务请求时，对请求资源 $\{x, y\}$ 的估值为

$$z_i(x, y) = w_k^i (e_{\max}^c x + e_{\max}^b y) \tag{3.11}$$

3. 多轮顺序组合拍卖卸载机制

将基于 MEC 的车联网系统建模为组合拍卖模型，如图 3.7 所示，该模型由买家、卖家、商品、决策者组成。映射于实际场景中，任务车辆（买家）要将计算任务卸载到服务节点（买家），就必须购买服务节点的异构资源（商品），并由服务节点（决策者）来

决定是否对任务车辆提供服务,所以这个问题就是在任务车辆与服务节点之间找到满足优化目标的最优匹配。

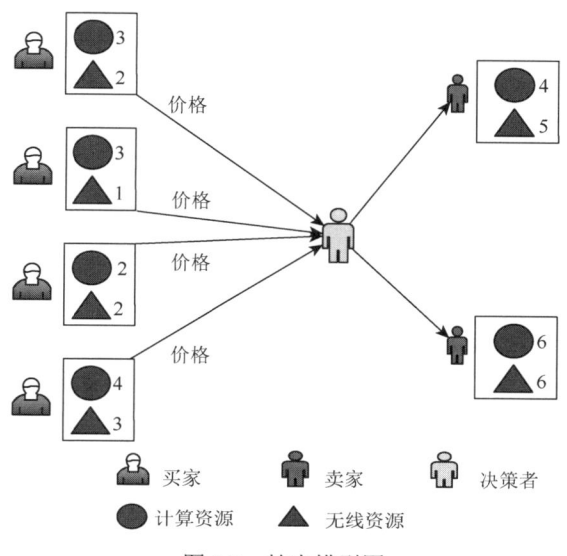

图 3.7 拍卖模型图

服务节点资源充足,并且任务车辆支付给自己的费用符合优化目标的要求,即在满足时延和容量约束的条件下,保证任务车辆效益的同时,最大化服务节点的效益,此时双方交易才会成立。整个匹配机制(算法 3.1)如下所述。

在算法 3.1 中,一个服务节点的决策表示一轮,一共有 M 轮,在每一轮卸载决策中,任务车辆 v_i 首先利用层次分析法,依据卸载要素的特征确定自己对服务节点的满意度排序 $W^i = \{w_1^i, w_2^i, \cdots, w_M^i\}$(步骤 4~步骤 8);然后将自己对异构资源的需求和提供的价格顺序发布给服务节点,服务节点 g_j 发挥自己决策者的身份,决定是否给车辆提供服务。在决策阶段,使用多维分组背包算法(如算法 3.2 所示)对任务车辆进行筛选(步骤 9~步骤 15),得到在满足约束条件下使自己效益最大的任务车辆进行服务;在服务节点决策后,车辆 v_i 根据式(3.7)计算自己的效益,如果本次服务使自己效益降低,则 v_i 会放弃这轮请求,下一轮继续发布请求任务给次优先级的服务节点。在每一轮的决策中,有一些车辆因为其投标价格与请求资源不符合,没有得到服务节点的服务。所以在下一轮,这些车辆为了增加自己的竞争力,以一定的梯度对自己的价格进行提升(步骤 16~步骤 22)。

算法 3.1 多轮顺序组合拍卖卸载机制

1:输入:任务车辆 v_i 发布的信息为 $\{c_{ij}, b_{ij}, p_{ij}^c, p_{ij}^b\}$,服务节点 g_j 具有的资源为 $i \in \{1,2,\cdots,L\}$,$j \in \{1,2,\cdots,M\}$,满意度序值为 $W^i = \{w_1^i, w_2^i, \cdots, w_M^i\}$;
2:输出:连接矩阵 X,效益 $U_M(j)$,未投标矩阵 $F = (v_1, v_2, \cdots, v_f)$,且 $0 \leq f \leq L$;
3:for $r = 1:M$
4: for $i = 1:f$ do

5:　　　for $U_{\text{temp}} = \sum_{j=1}^{M} U(j)$　do

6:　　　　任务车辆运用 AHP 算法对服务节点 $U_{\text{temp}} = \sum_{j=1}^{M} U(j)$ 进行排序，$U_{\text{temp}} = \sum_{j=1}^{M} U(j)$ 收到请求后依据与任务车辆的距离得到服务的优先级；

7:　　　end for
8:　　end for
9:　　for $U_{\text{temp}} = \sum_{j=1}^{M} U(j)$　do

10:　　　$U_{\text{temp}} = \sum_{j=1}^{M} U(j)$ ；

11:　　　for $(U(j),F,X) = \text{Knapsack}(\{c_{ij}, b_{ij}, p_{ij}^c, p_{ij}^b\}, \{C_j, B_j\})$　do

12:　　　　$(U(j),F,X) = \text{Knapsack}(\{c_{ij}, b_{ij}, p_{ij}^c, p_{ij}^b\}, \{C_j, B_j\})$ ；

13:　　　　$U_M = U_{tp} + U(j)$ ；

14:　　　end for
15:　　end for
16:　　for $k = 1:f$　do

17:　　　if $p_{kj}^c \leqslant z_i^c$　then

18:　　　　$p_{kj}^c = p_{kj}^c + \eta p_{kj}^c$ ；

19:　　　end if
20:　　　if $p_{kj}^b \leqslant z_i^b$　then

21:　　　　$p_{kj}^b = p_{kj}^b + \eta p_{kj}^b$ ；

22:　　　end if
23:　　end for
24: end for

对算法 3.1 的复杂度进行分析：步骤 9～步骤 15：$M*C*B$；步骤 4～步骤 8：$f*M$；加价部分（步骤 16～步骤 22）：$f*f$；随着 r 增加，加价部分的时间复杂度 $f*f$ 降至 0。因此，时间复杂度为 $O(M*M*C*B + f*M*M + M*f*f)$，其中 C 为所有服务节点的总计算资源，B 为所有服务节点总的无限资源。多维分组背包算法如算法 3.2 所示。

算法 3.2　多维分组背包算法

1: 输入：车辆 v_i 的请求信息为 $\{c_{ij}, b_{ij}, p_{ij}^c, p_{ij}^b\}$，服务节点 g_j 状态函数 $\{C_j, B_j\}$
2: 输出：选择矩阵 X，效益 $U_i(j)$，未投标矩阵 F
3: for $c = 1:C_j$　do
4:　　for $b = 1:B_i$　do
5:　　　$U_j(i,j,c,b) = \max\{U_j(i,j-1,c,b), U_j(i,j-1,c-c_{ij},b-b_{ij}) + p_{ij}\}$
6:　　　if $U_j(i,j,c,b) \leqslant U_j(i,j-1,c,b)$
7:　　　　$x_{ij} = 0$
8:　　　　$F = F \cup \{j\}$
9:　　　else
10:　　　　$x_{ij} = 1$
11:　　　　$F = F \cup \{j-1\}$
12:　　　end if
13:　　end for
14: end for

上一轮没有得到服务的任务车辆集合为 $F=\{v_1,v_2,\cdots,v_f\}$，这些车辆向服务节点 g_j 发送它们的请求，请求信息为 $\{c_{ij},b_{ij},p_{ij}^c,p_{ij}^b\}$，$g_j$ 的异构资源组合为 $\{C_j,B_j\}$，服务节点对 F 集合中的车辆进行决策时，首先对 v_1 进行判断，如果 v_1 符合卸载要求，即 $x_{1j}=1$，那么问题就可以等效为使服务节点容量 $\{C_j-c_{1j},B_j-b_{1j}\}$ 最大化的问题；如果不符合卸载要求，那么问题就可以等效为多维分组背包问题，背包的容量为 $\{C_j,B_j\}$，使用下面的思路得到最优策略。

阶段 i：在服务节点得到的 i 辆车的请求中，决策出一些车进行任务卸载。

状态：服务节点要在得到的 i 辆车的请求中，选择出一些车使用自己现有的容量 $\{C_j,B_j\}$ 为之提供服务，使自己的效益达到最大。

决策：使用下面动态转移方程对车辆 v_i 是否提供服务进行决策：

$$U_j(i,j,c,b)=\max\{U_j(i,j-1,c,b),U_j(i,j-1,c-c_{ij},b-b_{ij})+p_{ij}\} \quad (3.12)$$

3.3.4 系统效益评估

本小节对所提机制进行仿真分析，仿真参数的设定和数学模型的建立符合 IEEE 802.11p 标准的规定，MEC 的部署也符合白皮书相关规定。路边单元的通信半径 $R=800$ m，MEC 通过有线连接部署于路边单元侧。对于异构资源，设定子信道数和 CPU 周期数在 20～40 随机变化，前者最小单位带宽为 15 kHz，后者的单位周期为 5 GHz。任务车辆的发射功率 $P_i=1.5$ W，背景噪声 $\sigma_{ij}=-60$ dB，车辆和基站的 SNR（signal-to-noise ratio，信噪比）服从均匀随机分布。传输损耗 $h_{ij}=\alpha\beta_{ij}\varsigma_{ij}d_{ij}^{-\varphi}$，其中，$\alpha=10^{-2}$ 表示损耗常数，$\varphi=4$ 表示路损指数，多径衰落增益服从单位均值指数分布，阴影增益服从均值在 1～4 dB 的对数正态分布。

车辆的容量在 20～40 随机变化，MEC 的容量在 60～200 随机变化，所有任务车辆请求的计算任务类型 $S=10$。每一个计算任务数据在 10～100 KB 随机变化。任务车辆给服务节点提供支付信息时发布的愿意承担的单位计算资源和单位无线资源价格 $e_{\max}^c=e_{\max}^b=3$，这里采用的是加价拍卖，第一次投标的价格设置为估价的 1/2。

下面对本节所提机制进行评估。算法 1 为本节所提算法，算法 2 为文献[7]所提算法，算法考虑 MEC 服务器的资源限制和计算任务的延迟容忍度，提出了一种基于契约理论的计算资源分配方案。算法 3 只使用了层次分析法排序，算法 4 只对每轮没有得到服务的车辆进行投标价格的梯度增加，算法 5 中，每一轮决策时没得到服务的车辆随机投标任务给服务节点。

图 3.8 比较了五种算法中服务节点数与获胜者数目的关系，图 3.9 比较了五种算法中服务节点数与效益的关系。设定任务车辆数 $N=40$，服务节点数 $M=40$，从图 3.8 可以看出，在每一轮的决策中，随着服务节点数的增加，每一轮获得服务的任务车辆数增加，这种情况五种算法基本有。但是算法 1 每轮的获胜者数目明显多于其他算法，当 M 变化到 12 时，增长趋势渐缓，趋于稳定，大部分车辆得到服务，这是因为层次分析法的排序让任务车辆有条理地匹配服务节点，而且适当地增加价格让自己的竞争性更大，更容易找到服务节点。算法 2 中每个卸载策略都是针对自己的计算任务类型而设计的，越低类型任务（所需资源越少，类型越低）的车辆被分配任务的优先级越高，因此最开始很大一部分车辆得到服务，得到的效益比其他算法高 200%，但是当服务节点数 $M\geqslant 18$ 时，

低类型的车辆已得到服务,随着类型优先级的增加,得到服务的车辆数量减少,因此效益基本保持稳定。算法 3 中任务车辆虽有章法地发布请求,但是上一轮中竞争失败的车辆由于没有增加自己的价格,而且随着优先级的降低,每轮获得服务的车辆会更少。算法 4 中每轮会增加车辆的投标价格,会增加自己的竞争性,但是忽略了优先级的排序,因此发布任务的乱序使得到服务的车辆数量有限。算法 5 中任务车辆发布任务时是随机的,而且每一轮的竞争性低,因此得到服务的车辆数量很少。

由于在每一轮的决策中,得到服务的任务车辆数不增加,本轮的效益也会保持在上一轮的值中,因此图 3.8 与图 3.9 的曲线趋势基本相似。

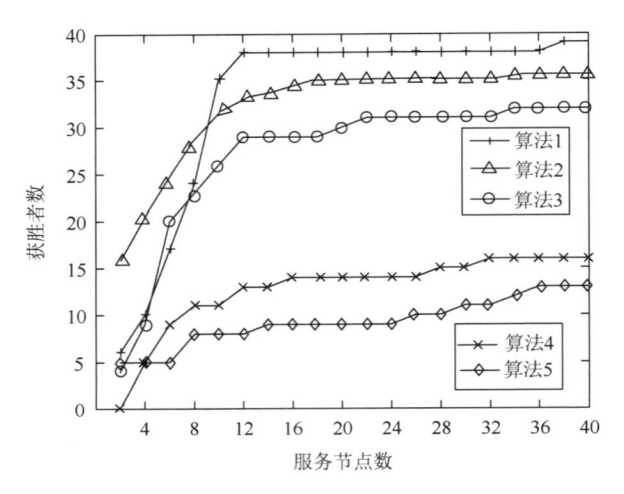

图 3.8 多轮顺序组合拍卖机制获胜者对比图

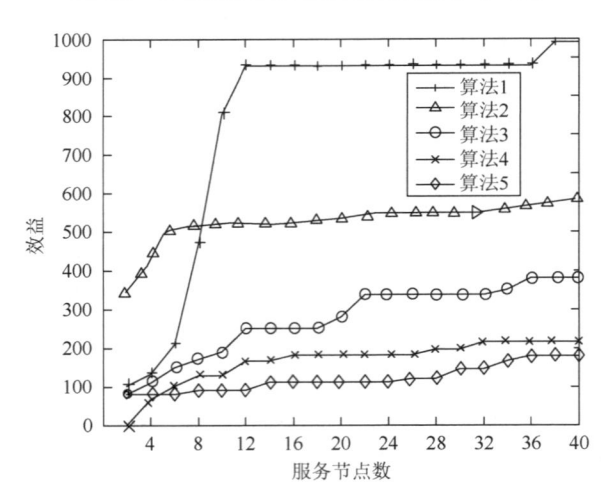

图 3.9 多轮顺序组合拍卖机制效益对比图

图 3.10 比较了不同任务大小下算法 1、算法 2 和贪婪算法所消耗的时延,其中贪婪算法对当前的状态做出最优卸载决策,具有局部最优性。从图 3.10 中可以看出,随着任务的增加,三种算法下系统所消耗的平均时延都有整体增加,算法 1 相比其他两种算法实现最

小的平均时延,而且具有较大的稳定区域,这是因为我们所研究的机制采用并行的决策方式实现任务卸载决策。当任务小于 8 时,服务节点与请求车辆都具有充分的资源,贪婪算法在满足约束条件下选择将任务卸载实现服务节点效益最大化,所以时延会有急剧的增加,算法 1 选择将任务卸载到具有足够计算资源的请求车辆,节省了时延。随着任务的增加,更多的车辆权衡本地与远程卸载决策实现优化目标,因此贪婪算法会出现时延波动。算法 2 只是在请求车辆的合理性与自我性的约束下将实现服务节点效益的最大化,虽考虑整体效益最优,但是没有将可用服务节点进行优先级排序,因此其相比算法 1 时延较高。

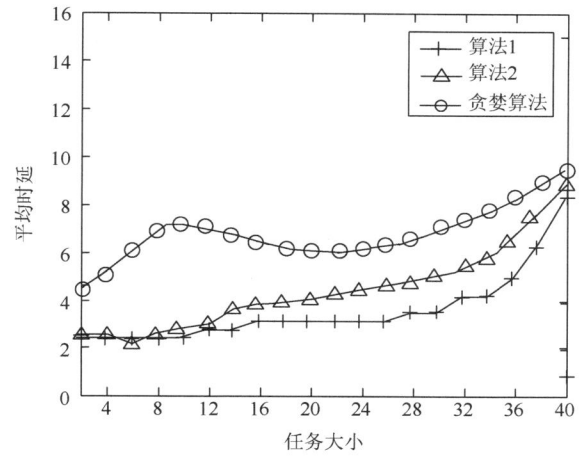

图 3.10 不同任务大小时延对比图

图 3.11 与图 3.12 评估了在服务节点数 $M=5$、$M=10$、$M=20$ 时任务车辆数与获胜者数,以及任务车辆数与效益之间的关系。当 $M=5$ 时,受资源的限制,最多可以让 28 个任务车辆得到服务,而效益也保持平稳。当 $M=20$、$N=100$ 时,获胜者数量可以

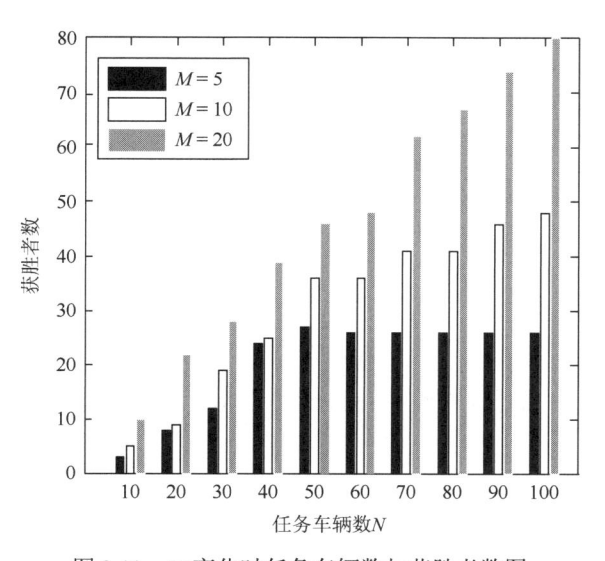

图 3.11 M 变化时任务车辆数与获胜者数图

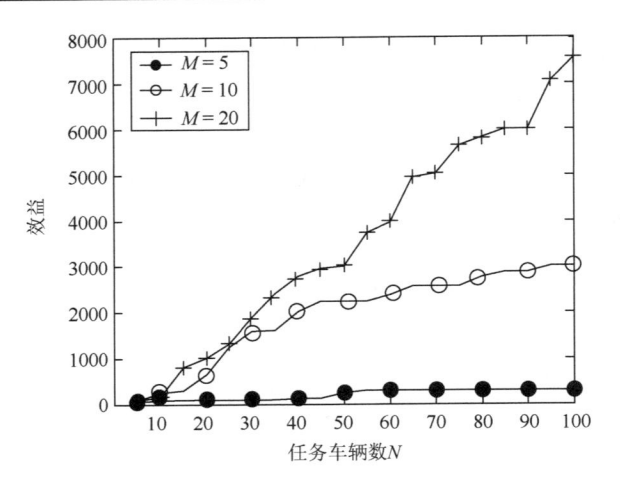

图 3.12　M 变化时任务车辆数与效益图

达到 80，效益也有大幅度增长。从两幅图的趋势都可以看出，当 $N \leqslant 45$ 时，$M = 10$ 与 $M = 20$ 的增长值相似，这是因为当任务车辆数较少，服务节点有足够的资源时，可以找到最优的匹配节点，让资源有效分配得到优化目标最优值。

图 3.13 评估了任务车辆数 $N = 40$、$N = 50$、$N = 60$ 时服务节点数与获胜者数之间的变化关系。当 $M < 4$ 时，任务车辆数的增加导致资源缺乏值增加，为了得到服务，它们之间存在很大的竞争，理性投标原则的约束致使每轮得到服务的车辆数减少。当 $M \geqslant 7$ 时，任务车辆基本已经分配完毕，所以曲线趋于收敛。

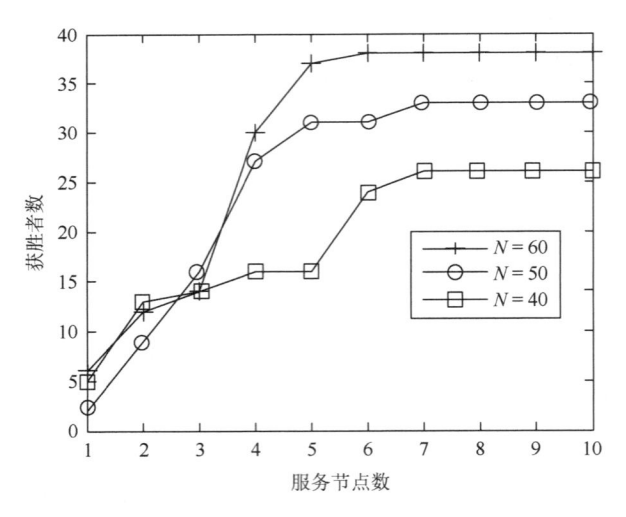

图 3.13　N 变化时服务节点数与获胜者数图

3.3.5　小结

本节在基于 MEC 的车联网场景下，讨论了计算任务卸载问题。将系统模型建模为多个任务车辆与多个服务节点的匹配问题，并将匹配问题建模为组合拍卖模式，提出多轮顺序组合拍卖机制，该机制由层次分析法排序、任务投标和多维背包算法决定卸载成功者三部分组成。仿真评估表明，在请求车辆满足时延与容量约束的情况下，所提机制可以在让任务车辆效益不降低的同时，使服务节点效益达到最大化。

3.4 车联网中面向 MEC 的实时能量感知卸载方案

3.4.1 车联网中时延与能耗的加权

在车联网中时延和能耗都是需要考虑的，因此不少文献都提出对车联网中时延能耗加权和的优化[8]，可表示为

$$C = \delta \times t + (1-\delta) \times e \tag{3.13}$$

其中，δ 为系统的时延要求参数，在不同的要求下可以视情况调整；t 为时延；e 为能耗。具体的时延与能耗根据具体情况判断。

3.4.2 车联网中能量实时感知的卸载模型构建

1. 系统分析

考虑到路边单元的 V2X 异构网络有 M 个小区的场景，MEC 服务器部署于道路两边的 RSU 侧。车辆可以通过 V2V 模式与邻近车辆或 V2I 模式与 RSU 进行通信来接收最新的道路信息。如图 3.14 所示，部署有 L 个服从泊松分布的请求车辆，表示为 $V = \{v_1, v_2, \cdots, v_L\}$。每个 RSU 提供 $U_j \in \{1, 2, \cdots, M\}$ 个服务给车辆用户（vehicle user equipment，V-UE）。为了提高频谱利用率，假定多个 RSU 共用一个频谱资源，那么小区间存在干扰。带宽 W 被分为 N 个子信道，车辆采用正交频分多址接入（orthogonal frequency division multiple access，OFDMA）与 RSU 相连，也就是说，在一个 RSU 覆盖范围内的用户之间是正交的。在 RSU j 中的 V-UE i 有一个计算任务 $A_{i,j} = \{d_{i,j}, c_{i,j}, D_{i,j}^{\max}\}$ 要完成，其中 $d_{i,j}$ 为输入数据的大小；$c_{i,j}$ 为完成计算任务所需的 CPU 周期数；$D_{i,j}^{\max}$ 为最大的延迟容限。对于每一个 V-UE 均可以在本地执行自己的计算任务，也可以上传到 MEC 进行计算，$s_{i,j}$ 为在 RSU j 中 V-UE i 的卸载决策。如果 V-UE 将计算任务卸载到 MEC 进行计算，则 $s_{i,j} = 1$，否则 $s_{i,j} = 0$。

2. 通信模型

1) 本地计算

假设定义 V-UE 的计算能力为 $f_{i,\text{loc}}$（每秒 CPU 周期数），当 V-UE 在本地执行任务 $A_{i,j}$ 时，计算执行时间 $t_{i,j}^L$ 为

$$t_{i,j}^L = \frac{c_{i,j}}{f_{i,\text{loc}}} \tag{3.14}$$

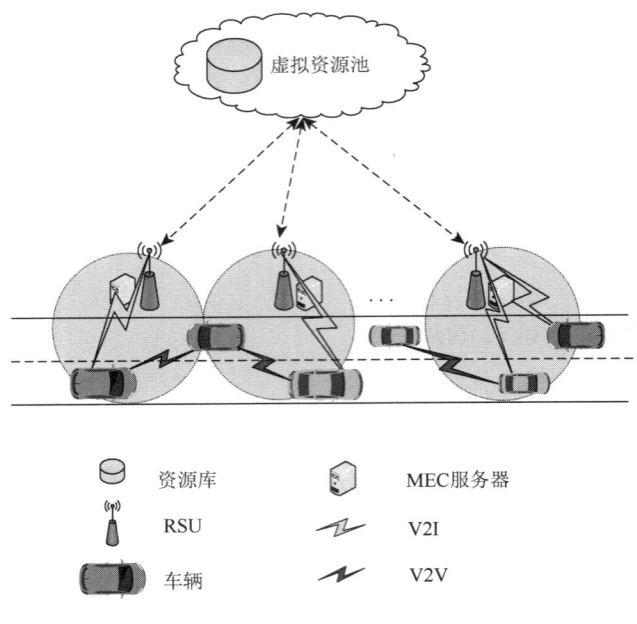

图 3.14 系统模型

相应地，在 V-UE 上消耗的能量 $e_{i,j}^L$ 为

$$e_{i,j}^L = k(f_{i,\text{loc}})^2 c_{i,j} \qquad (3.15)$$

其中，$k=10^{-26}$ 取决于芯片架构的一个系数。考虑到 $f_{i,\text{loc}}$ 同时影响计算执行时间和能耗，可以通过动态电压缩放（dynamic voltage scaling，DVS）技术来调度 CPU 周期频率。

2）边缘计算

当输入数据通过 RSU 被传输到 MEC 服务器时，在 RSU 与 MEC 之间的费用可忽略不计。如果 V-UE 通过子信道 n 接入到 RSU，则可实现的上行传输速率表示为

$$R_{i,j,n} = B\log_2\left(1 + \frac{p_{i,j,n}h_{i,j,n}}{\sigma^2 + I_{i,j,n}}\right) \qquad (3.16)$$

其中，B 为带宽，$B = \dfrac{B^t}{N}$。$p_{i,j,n}$ 和 $h_{i,j,n}$ 分别为 V-UE i 在 RSU j 中通过信道 n 的传输功率和信道增益。$I_{i,j,n}$ 为在相同的信道 n 中，RSU j 中的 V-UE i 受到来自相邻 RSU 的其他 V-UE 的干扰。其干扰可以表示为

$$I_{i,j,n} = \sum_{k=1}^{U_l}\sum_{l=1,l\neq j}^{M} a_{k,l,n} p_{k,l,n} h_{k,l,n}^j \qquad (3.17)$$

其中，l 为除了第 j 个 RSU 以外的第 l 个 RSU，$h_{i,j,n}^j$ 为 RSU l 内的 V-UE i 在信道 n 上到 RSU j 的信道增益，U_l 为在 RSU l 中 V-UE 的数目。因此，在 RSU j 中 V-UE 的总上行传输速率可表示为

$$R_{i,j} = \sum_{n=1}^{N} a_{i,j,n} R_{i,j,n} \qquad (3.18)$$

其中，$a_{i,j,n} \in \{0,1\}$，$a_{i,j,n}=1$ 表示信道 n 被分配给 RSU j 中的 V-UE i 去卸载任务，否则，$a_{i,j,n}=0$。f^C 为 MEC 服务器的 CPU 周期频率，它在计算任务执行期间是固定的。任务在边缘计算的总时间包括传输时间和在 MEC 上的计算时间，其表达式为

$$t_{i,j}^C = \frac{d_{i,j}}{R_{i,j}} + \frac{c_{i,j}}{f^C} \tag{3.19}$$

相应地，用户在 MEC 上的能耗表示为

$$e_{i,j}^C = \sum_{n=1}^{N} a_{i,j,n} p_{i,j,n} \frac{d_{i,j}}{R_{i,j}} \tag{3.20}$$

其中，从 MEC 返回到 V-UE 的数据大小远小于输入数据的大小，因此，忽略了从 MEC 服务器回传给 V-UE 的时延和能耗。

在任务执行过程中，时延和能耗都会对 V-UE（如电池的能量）产生影响。因此，引入权重因子 $\delta_{i,j}$（$\delta_{i,j} \in [0,1]$）研究时延和能耗之间的折中，可以根据用户的实时能量与对时延的要求定义 $\delta_{i,j}$，从而满足不同用户的需求。通过调节 $\delta_{i,j}$，可以节省更多的能源，降低更多的时延。因此，用电池的剩余能量率 $r_{i,j}^E$ 重新定义权重因子，新的权重因子表示为

$$\delta_{i,j}' = \delta_{i,j} r_{i,j}^E \tag{3.21}$$

其中，$r_{i,j}^E = \frac{E^{\text{total}} - \left[(1-s_{i,j})*e_{i,j}^L + s_{i,j}e_{i,j}^C\right]}{E^{\text{total}}}$，分子 $E^{\text{total}} - \left[(1-s_{i,j})*e_{i,j}^L + s_{i,j}e_{i,j}^C\right]$ 为 V-UE i 在 RSU j 中电池的剩余能量，E^{total} 为电池总容量，单位是 J。

根据式（3.14）和式（3.15），V-UE i 在 RSU j 中计算任务的本地开销 $C_{i,j}^L$ 为时延和能耗的加权和，其表示为

$$C_{i,j}^L = \delta_{i,j}' t_{i,j}^L + (1-\delta_{i,j}') e_{i,j}^L \tag{3.22}$$

其中，令 $\delta_{i,j}^t = \delta_{i,j}'$，$\delta_{i,j}^e = 1 - \delta_{i,j}'$，式（3.22）可简化为

$$C_{i,j}^L = \delta_{i,j}^t t_{i,j}^L + \delta_{i,j}^e e_{i,j}^L \tag{3.23}$$

同样地，RSU j 中的 V-UE i 将计算任务卸载到 MEC 的开销 $C_{i,j}^C$ 表示为

$$C_{i,j}^C = \delta_{i,j}^t t_{i,j}^C + \delta_{i,j}^e e_{i,j}^C \tag{3.24}$$

因此，V-UE i 在 RSU j 中计算任务的总开销 $C_{i,j}$ 表示为

$$C_{i,j} = s_{i,j} C_{i,j}^L + (1-s_{i,j}) C_{i,j}^C \tag{3.25}$$

3. 问题形成

在多小区多用户的网络场景中，需要考虑干扰管理和信道分配，最小化 V-UE 的总开销，该优化问题的制定如下：

$$P1: \min_{s,p,a,f} \sum_{i=1}^{U_l} \sum_{j=1}^{M} \left\{ s_{i,j} \left[\delta_{i,j}^t \left(\frac{d_{i,j}}{R_{i,j}} + \frac{c_{i,j}}{f^C} \right) \delta_{i,j}^e \sum_{n=1}^{N} a_{i,j,n} p_{i,j,n} \frac{d_{i,j}}{R_{i,j}} \right] \right\} +$$
$$\sum_{i=1}^{U_l} \sum_{j=1}^{M} \left\{ (1-s_{i,j}) \left[\delta_{i,j}^t \frac{c_{i,j}}{f_{i,\text{loc}}} + \delta_{i,j}^e k(f_{i,\text{loc}})^2 c_{i,j} \right] \right\} \quad (3.26)$$

$$\text{s.t.} \quad s_{i,j} \left(\frac{d_{i,j}}{R_{i,j}} + \frac{c_{i,j}}{f^C} \right) + (1-s_{i,j}) \frac{c_{i,j}}{f_{i,\text{loc}}} \leq D_{i,j}^{\max}, \forall i,j \quad (3.26\text{a})$$

$$s_{i,j} \sum_{n=1}^{N} a_{i,j,n} p_{i,j,n} \frac{d_{i,j}}{R_{i,j}} + (1-s_{i,j}) \delta_{i,j}^e k(f_{i,\text{loc}})^2 c_{i,j} \leq E_{i,j}^{\max}, \forall i,j \quad (3.26\text{b})$$

$$f_{\text{loc}}^{\min} \leq f_{i,\text{loc}} \leq f_{\text{loc}}^{\max}, \forall i \quad (3.26\text{c})$$

$$0 \leq \sum_{n=1}^{N} a_{i,j,n} p_{i,j,n} \leq p^{\max}, \forall i,j \quad (3.26\text{d})$$

$$\sum_{k=1}^{U_l} \sum_{l=1, l \neq j}^{M} a_{k,l,n} p_{k,l,n} h_{k,l,n}^{j} \leq I, \forall n,j \quad (3.26\text{e})$$

$$\sum_{n=1}^{N} a_{i,j,n} \leq 1, \forall i,j \quad (3.26\text{f})$$

$$a_{i,j,n} \in \{0,1\}, \forall i,j,n \quad (3.26\text{g})$$

$$s_{i,j} \in \{0,1\}, \forall i,j \quad (3.26\text{h})$$

其中，式（3.26a）和式（3.26b）分别为对任务执行的时间和能耗的约束，式（3.26c）是对本地 CPU 周期频率的限制，式（3.26d）保证了 RSU j 中 V-UE i 的最大传输功率，式（3.26e）为 V-UE i 选择 RSU j 去卸载任务时与其他 RSU 中的 V-UE 在相同信道上产生的干扰不能超过预先定义的阈值，式（3.26f）保证最多只能分配一个信道给 V-UE，式（3.26g）和式（3.26h）表示信道分配和卸载决策是一个二进制变量。由于目标函数和约束条件都是非凸的，故问题 P1 是一个非凸问题[9]。

3.4.3 基于 DQN 的卸载决策

DQN 算法可以使 V-UE 根据自己和边缘云的行为动态做出最佳的卸载决策，此过程被公式化为有限的马尔可夫决策过程（Markov decision process，MDP），定义为元组 $M=(S,A,R)$，其中，S 和 A 表示状态和行为空间，$R(s,a)$ 表示在状态 s 下执行动作 a 获得的及时奖励。π 为从一个状态 s 匹配一个行为 a 的策略，例如，$\pi(s)=a$。V-UE 最主要的目标就是找到最优的策略 π^*，最小化用户获得的效用，从而最小化能耗和时延。

状态空间 S 由 V-UE 的任务卸载请求数量 Q^u，边缘云中剩余任务数的大小 Q^c，V-UE 到边缘云之间的距离 D 三部分组成，其定义如下：

$$S = \{s = (Q^u, Q^c, D)\} \quad (3.27)$$

行为空间 A 表示为

$$A = \{a = (a_0, \cdots, a_x, \cdots, a_X) | a_x \in (0, 1, \cdots, a_{\max})\} \quad (3.28)$$

其中，a_0 为本地处理的任务序列，a_x 为卸载到边缘云的序列，$a_{\max}$ 为在每个决策周期内本地处理或卸载到云的最大任务数，每个行为的总任务数都小于等于当前停留在用户队列的任务数。

即时回报为 V-UE 在每次系统状态下做出最优卸载决策时的开销，因此，在状态 s 下给定行为 a 时的即时回报矩阵 $R(s,a)$ 为

$$R(s,a) = U(s,a) - C(s,a) \quad (3.29)$$

其中，$U(s,a)$ 和 $C(s,a)$ 分别为即时效用矩阵和成本矩阵。对于即时效用矩阵，可以表示为

$$U(s,a) = \rho \left(O_{i,j}^L + O_{i,j}^C \right) \quad (3.30)$$

其中，ρ 为效用常数。相应地，成本矩阵 $C(s,a)$ 可以表示为

$$C(s,a) = \eta_1 E(s,a) + \eta_2 T(s,a) \quad (3.31)$$

其中，η_1 和 η_2 为常数，$E(s,a)$ 和 $T(s,a)$ 分别为能耗与时延矩阵，依次表示为

$$\begin{aligned} E(s,a) &= a_0 e_{i,j}^L(s,a) + \sum_{x=1}^{X} a_d e_{i,j}^C(s,a) \\ T(s,a) &= a_0 t_{i,j}^L(s,a) + \sum_{x=1}^{X} a_d t_{i,j}^C(s,a) \end{aligned} \quad (3.32)$$

Q 矩阵是一种无模型深度学习算法的在线学习方案，在该方案中，V-UE 在时间步长 t 处的状态 s_t 下，选择行为 a_t 进行卸载，以最小化未来的即时回报，Q 矩阵可表示为

$$Q^*(s,a) = -\max E \left[r_t + \sum_{k=1}^{\infty} \gamma^k r_{t+k} \Big| s_t = s, a_t = a, \pi \right] \quad (3.33)$$

其中，r_t 为在时间步长 t 处状态 s 下做出行为 a 后通过采取卸载策略 π 的最小奖励，$E[.]$ 为期望函数。Q 矩阵是神经网络逼近器 $Q(s,a;\theta)$，θ 为权重因子，在每次决策周期，V-UE 第一次采取的状态向量 $S = (Q^u, Q^c, D)$ 作为 Q 矩阵的输入，所有可能的行为 A 作为输出，然后 V-UE 根据 $\varepsilon - \text{greedy}$ 方法选择行为。此外，Q 矩阵通过迭代调整权重因子去最小化损失函数，在时间步长 t 处的损失函数定义为

$$L_t(\theta_t) = -E \left[\left(r_t + \gamma \max_{a'} Q(s_{t+1}, a'; \theta_{t-1}) - Q(s_t, a_t, \theta_t) \right)^2 \right] \quad (3.34)$$

换句话说，给定一个转换 $\langle s_t, a_t, r_t, s_{t+1} \rangle$，权重因子 θ 通过最小化当前预测的 Q 值 $Q(s_t, a_t)$ 和目标 Q 值 $r_t + \gamma \max_{a'} Q(s_{t+1}, a')$ 之间的平方误差来更新 Q 矩阵。

另外，在 DQN 中，采用经验重放方法作为训练方法去解决由于非线性近似函数而导致 Q 网络的不稳定性。更具体地说，用户体验 $e_t = \langle s_t, a_t, r_t, s_{t+1} \rangle$ 被存放在内存 $\Omega = \{e_{t-\psi}, \cdots, e_t\}$

中。在每个时间步长 t 处，从内存中选择一个随机的小批量转换来训练 Q 网络，而不是最近的转换 e_t。

下面给出了详细的基于 DQN 卸载决策的算法，步骤 2～步骤 4 是递归，根据 Q 网络来估计 Q 值，呈现用户在每个决策周期开始时做出卸载决策动作。步骤 5～步骤 7 使用经验重放方法训练 Q 网络，具体算法如算法 3.3 所述。

算法 3.3　基于 DQN 卸载决策算法

1: for $t = 1, 2, \cdots$ do
2: 　观察现在的状态 s_t；
3: 　根据贪婪方法 $\varepsilon - \text{greedy}$ 选择行为 a_t；
4: 　根据行为 a_t 卸载任务，观察回报 $r_t = R(s_t, a_t)$ 和下一个状态 s_{t+1}；
5: 　将经验 $\langle s_t, a_t, r_t, s_{t+1} \rangle$ 存储到内存 Ω 中；
6: 　从内存 Ω 中随机选择一系列转换 $\langle s, a, r, s' \rangle$；
7: 　根据选择的转换将 $\left[\left(r_t + \gamma \max_a Q(s_{t+1}, a'; \theta_{t-1}) - Q(s_t, a_t, \theta_t) \right) \right]^2$ 作为损失函数来训练 Q 网络；
8: end for

3.4.4　系统开销评估

本节通过 MATLAB 仿真平台验证所提出的任务卸载机制在基于 MEC 的车联网中具有高效的性能。公路参数的设置遵循 3GPP TR 36.885 中的描述并按照 MEC 白皮书的相关规定构建多小区的系统模型。其中，RSU 部署在高速公路两侧，MEC 服务器部署于 RSU 侧为车辆提供计算服务。RSU 的通信半径为 250 m，共有 5 个小区，每个小区有 5 个车辆用户。具体仿真参数如表 3.1 所示。

表 3.1　仿真参数表

参数	值
最大发射功率 $p^{\max}$ /dBm	23
系统带宽 W /MHz	0.2
MEC 的 CPU 周期频率 f^c /GHz	4
任务所需的 CPU 周期数 $c_{i,j}$ /GHz	0.1～1
输入数据的大小 $d_{i,j}$ /KB	300～1200
V-UE 最小的 CPU 周期频率 $f_{\text{loc}}^{\min}$ /GHz	0.2
V-UE 最大的 CPU 周期频率 $f_{\text{loc}}^{\max}$ /GHz	1
噪声功率 θ /dBm	−113
总能耗 E^{total} /J	5×10^9

续表

参数	值
最大时延 $D_{i,j}^{\max}$ /s	10
最大迭代次数 I_{dd}	600
功率分配精度 ε	10^{-5}

图 3.15 和图 3.16 分别显示了没有进行资源分配（无功率分配和信道分配）、F-W 算法[10]、双层优化算法和穷举资源分配算法（exhaustive resource allocation algorithm，EARA）[11]等的总能耗和总开销的比较。图 3.15 和图 3.16 在不同的 V-UE 下，穷举资源分配算法可以通过多次迭代最终收敛到近似最优解，但是穷举资源分配算法的复杂度与

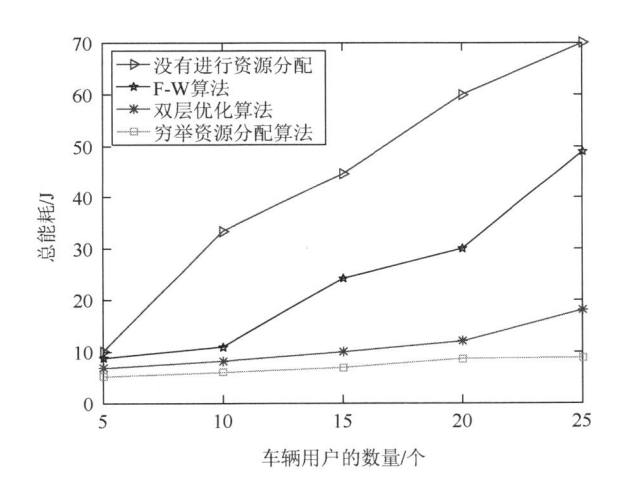

图 3.15 不同用户数的总能耗对比图

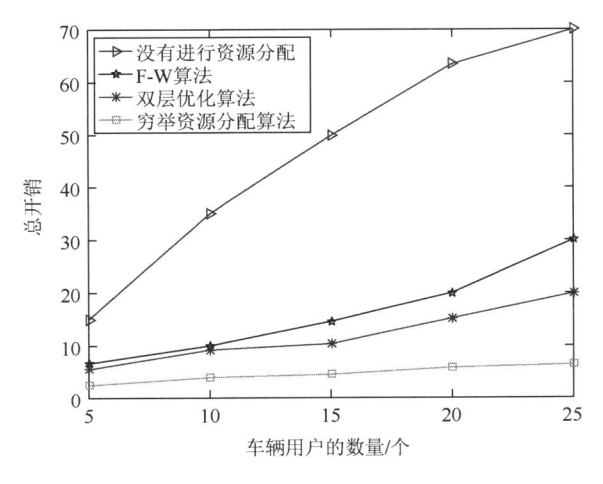

图 3.16 不同用户数的总开销对比图

其他算法相比是最高的。没有进行资源分配的能耗与总开销最高，因为车载单元的计算资源有限，并且电池容量无法持续用于计算大量的任务。所提出双层优化算法相比于 F-W 算法能够通过学习自身的行为做出接近最优的卸载决策，然后将获得的卸载决策作为下层问题进行资源分配，可以找到更好的功率分配和信道分配矩阵，从而降低了总时延。

图 3.17 显示了不同权重因子对 V-UE 总开销的影响，与主观权重因子相比，重新定义的权重因子 $\beta_1 = \beta r^E$ 在降低总开销方面可以达到更好的折中效果。在能量消耗方面，对比图 3.18 所示的 $\beta = 0.8$ 和 $\beta = 0.5$，$\beta_1 = \beta r^E$ 节省了更多的能量。在降低时延方面，从图 3.19 可以看出，与 $\beta = 0.2$ 相比，权重因子 $\beta_1 = \beta r^E$ 可以减少总时延。$\beta_1 = \beta r^E$ 将车载单元的剩余能量率引入权重因子的定义中，其考虑了电池的使用条件和实时能量消耗的情况，并有助于维持车辆的电池使用寿命，动态地调整权重，使车辆用户选择不同的卸载

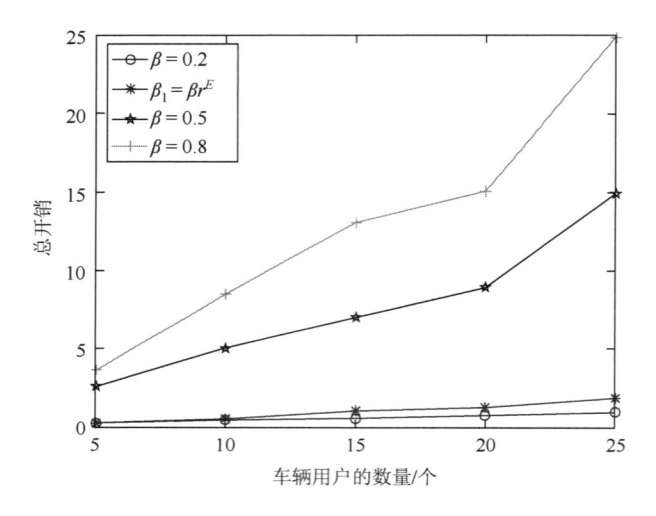

图 3.17 不同权重因子对总开销的影响

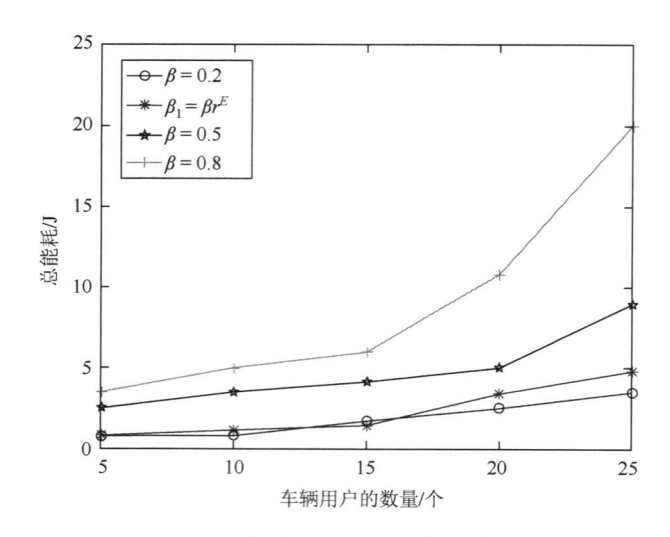

图 3.18 不同权重因子对总能耗的影响

决策。主观权重因子没有考虑能量的使用情况，不能进行动态的调整，无法判断当前剩余的电池容量是否满足处理下一个任务的能力，也就无法进行合理的卸载决策选择。因此采用剩余能量率 $\beta_1 = \beta r^E$ 重新定义的权重因子可以更好地达到时延与能耗之间的折中。

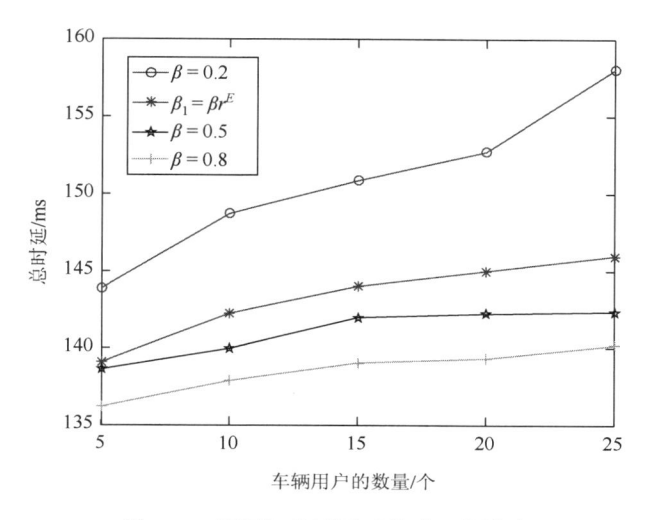

图 3.19　不同权重因子对总时延的影响

图 3.20 显示了在每个训练周期中通过学习卸载策略获得总奖励的学习曲线。训练周期包括 1000 次迭代，其中，V-UE 基于所提出的算法学习到的当前策略为每个状态选择的卸载动作。如图 3.20 所示，当学习周期从 1 增加到 200 时，每个周期获得的总奖励稳步增长。然后，当周期数大于 200 时，所有学习曲线变得稳定。此结果表明，提出的基于 DQN 的学习算法在 200 个周期后开始收敛。从图 3.20 还可以看出，当折扣系数 $\gamma = 0.4$ 时，收敛速度最快；当 $\gamma = 0.8$ 时，开销最大。由于最大开销是主要考虑因素，因此选择了 $\gamma = 0.8$。

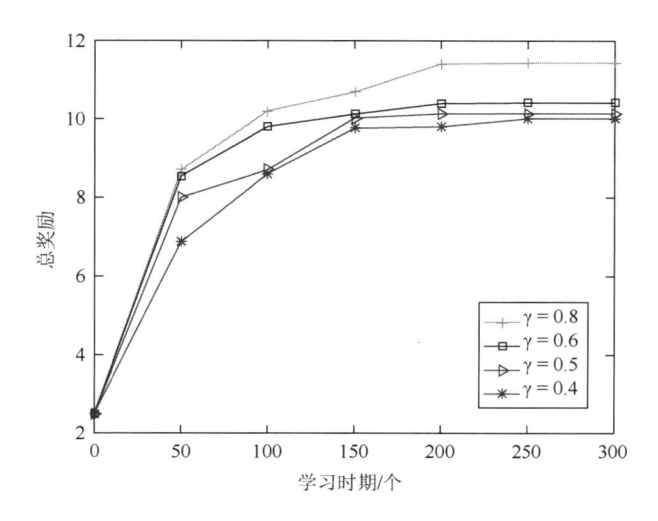

图 3.20　每个时期下不同折扣系数对总奖励的影响

3.4.5 小结

本节在基于 MEC 的车联网场景下，联合计算卸载和资源分配制定了时延与能耗之间的折中问题。考虑到车载设备的电池寿命，用剩余能量率定义权重因子，实时感知车辆能量的使用情况，最小化时延与能耗之间的加权和。由于优化目标是混合整数非线性优化问题（mixed integer non-linear problem，MINLP），因此，采用双层优化算法，将非凸问题近似为凸问题，在每次卸载决策下进行合理的功率与信道分配，又提出了基于 DQN 的卸载决策算法，使 V-UE 根据自己和边缘云的行为动态地做出最佳的卸载决策。

3.5 本章小结

本章对车联网中基于 MEC 的任务卸载进行概述，详细介绍了该场景下的问题和相关技术，用较大的篇幅对几个应用场景下的方案进行了分析，使读者可以在车联网卸载的实际情况中，有方法解决部分问题。

参 考 文 献

[1] Milanes V, Villagra J, Godoy J, et al. An intelligent V2I-based traffic management system[J]. IEEE Transactions on Intelligent Transportation Systems，2012，13（1）：49-58.

[2] Uhlemann E. The US and Europe advances V2V deployment[connected vehicles][J]. IEEE Vehicular Technology Magazine，2017，12（2）：18-22.

[3] 王子心. 车联网中基于 MEC 的 V2X 卸载与资源分配[D]. 重庆：重庆邮电大学，2020.

[4] Chen S Z, Hu J L, Shi Y, et al. A vision of C-V2X: technologies, field testing, and challenges with Chinese development[J]. IEEE Internet of Things Journal，2020，7（5）：3872-3881.

[5] 栾秋季. 车联网系统中基于 MEC 的任务卸载优化研究[D]. 重庆：重庆邮电大学，2019.

[6] Deng M F, Tian H, Lyu X C. Adaptive sequential offloading game for multi-cell Mobile Edge Computing[C]//2016 23rd International Conference on Telecommunications（ICT）. May 16-18，2016. Thessaloniki, Greece. IEEE，2016：1-5.

[7] Zhang K, Mao Y M, Leng S P, et al. Delay constrained offloading for Mobile Edge Computing in cloud-enabled vehicular networks[C]//2016 8th International Workshop on Resilient Networks Design and Modeling（RNDM）. September 13-15，2016. Halmstad, Sweden. IEEE，2016：288-294.

[8] Li S L, Du J B, Zhai D S, et al. Task offloading, load balancing, and resource allocation in MEC networks[J]. IET Communications，2020，14（9）：1451-1458.

[9] 程妍. 车联网中面向 MEC 的任务卸载和移动性管理[D]. 重庆：重庆邮电大学，2020.

[10] Zhang J, Hu X P, Ning Z L, et al. Energy-latency tradeoff for energy-aware offloading in mobile edge computing networks[J]. IEEE Internet of Things Journal，2018，5（4）：2633-2645.

[11] Zhang S H, Di B Y, Song L Y, et al. Sub-channel and power allocation for non-orthogonal multiple access relay networks with amplify-and-forward protocol[J]. IEEE Transactions on Wireless Communications，2017，16（4）：2249-2261.

第4章 车联网中基于 MEC 的任务调度机制研究

4.1 任务调度概述

4.1.1 任务调度概念

调度是一个广泛的概念,是车联网中最重要的问题之一,通常是指利用一种或多种策略将任务有效地映射到适当的资源上。数据中心当前最主要的挑战之一是优化总运营成本,同时保持所需的服务质量标准。使用不同的调度算法可以对数据中心的能源消耗和系统的整体性能产生不同的影响。调度算法提供了一种优化资源利用、降低能耗的替代机制,同时在工作之间实现 QoS 和公平性的平衡。在计算机科学中,调度是进程访问系统资源的方法。调度算法通常基于一种或多种策略构建,时间、成本、能量、服务质量和容错是重要的策略因素。

以往大量的研究集中在任务调度和资源分配方面。其中,文献[1]提出了一种整合可塑虚拟机的遗传算法,降低了资源消耗。文献[2]设计了一种新的基于代理的实时、独立和非周期任务调度算法。文献[3]提出了一种分布式计算系统中任务优化调度算法,从而可以得到最优的任务资源分配方案。文献[4]提出了一种基于区块链技术的新型云调度器模型,采用以调度执行时间为特权判据的非对称 Stackelberg 博弈模型求解调度优化问题。然而,上述算法大多需要精确的数学建模,不能有效地解决大规模动态调度问题,显然,在车辆环境中,任务和资源总是动态变化的,很难建模。

当然,对于计算系统中的并行任务调度问题也进行了一些研究。文献[5]为了在优化性能、能量和温度的同时确定帕累托最优解,提出了一种基于多目标进化算法的任务调度方法。文献[6]提出了一种双近似方案和快速整数线性规划相结合的算法,该算法确定了任务的划分和分配给可塑任务的 CPU 数量。文献[7]提出了一种为 DAG 作业的子任务分配固定优先级的简单方法,并引入了一种基于子任务优先级计算每个子任务响应时间的新技术。然而,这些并行任务调度算法大多是基于任务,利用 DAG 来解决并行调度问题。此外,与期望的智能调度算法相比,这些算法是复杂的,并需要对问题环境建模。

随着物联网和车载自组网的发展,车辆和被赋予服务器级计算能力的边缘计算节点如基站和路边单元构建了一个特殊的移动自组网,即汽车互联网。车联网中的节点可以为这些复杂的实时作业贡献自己的计算资源。例如,VANET 中的车辆可以发出请求,在多访问边缘计算节点和远程数据中心的协助下共同完成数据处理任务。这种作业分配方式帮助道路上或停车场的车辆充分利用车载计算资源,提供广泛的一致和可靠的实时服务。由于用于分析和处理繁杂数据的任务通常被划分为多个并行的子任务,因此选择合适的任务调度方案就成为自动驾驶汽车安全驾驶的重要因素。

特别是对于计算资源有限的车联网系统而言，任务调度一直是一个不可或缺且有益的研究课题，并取得了一定的进展。然而，IoV 并行任务调度问题，仍有一些问题没有解决：①车辆环境是动态的、复杂的，难以准确地对车辆的动态变化或异构计算节点处理任务的具体方式进行建模；②考虑到同一任务中并行任务之间的资源竞争，需要共同调度，但是由于不同的数据处理任务，并行子任务的数量可能不同，导致行动空间离散较大，各任务分配决策不一致；③对于车辆的一个请求，其并行数据处理工作要求达到最短的响应时间，但对于整个系统来说，最重要的是充分利用智能车辆、边缘计算节点和云数据中心的计算资源。需要考虑各种调度指标（如作业完成时间、总操作成本），并对不同的场景有不同的重点。对于一个自动驾驶过程中的数据处理作业，多个并行的子任务需要共享一个 VANET 中的计算资源，共同决定整个作业的最终执行结果。但是，如果需要同时确定所有子任务的分配，则随着计算节点和任务数量的增加，动作空间将呈指数增长。

车辆环境包括移动的车辆和静止的停放的车辆。移动车辆的动态变化和不稳定性给车辆的任务调度和资源分配带来了巨大的挑战。文献[8]提出了泊车辅助的思想，允许泊车作为静态计算节点加入 VANET，并研究了相应的任务调度策略。该方法发现了被忽略的计算资源，有助于解决 VANET 的连通性差的问题。其他许多研究人员关注的是计算资源在移动车辆中的使用。文献[9]设计了一个模型和一种算法，使用一个真实的大规模城市车辆移动轨迹来描述和评估移动车辆云的适用性。为了克服移动车辆的不确定性，提高服务的可靠性，设计了任务复制策略。然而，这种任务复制方法可能导致较高的资源成本。实际上，除了智能汽车，VANET 中的计算节点还包括各种形式的边缘计算节点（如 BS、RSU）和远程云计算中心。这些计算节点之间的异构性也是在车辆网络中调度作业时需要注意的问题。到目前为止，在车载环境下已经提出了很多任务调度解决方案，通常称为任务卸载。文献[10]将车辆边缘网络中的多车辆计算卸载问题表示为多用户计算卸载问题，并提出了一种分布式计算卸载算法来计算均衡，减少车辆计算卸载的延迟。文献[11]提出了基于容器虚拟化的泊车集装箱边缘计算（parking container edge computing，PVEC），在保证性能的情况下，在部署的集装箱中执行任务，并从社会福利最大化的角度研究了最优的任务调度方案。

以上介绍了任务调度的概念、任务调度和资源分配文献研究以及车载环境下的任务调度和资源分配文献研究。4.1.2 节详细阐述任务调度模型。

4.1.2 任务调度模型

本节在介绍任务调度模型前，先对处理节点和任务进行描述，再分析估计执行时间和任务空闲时间，进而对系统中的实时任务进行分类。

处理节点集 $P = \{P_1, P_2, \cdots, P_m\}$ 是所有可用于任务的计算资源。为了实现计算资源对任务的按需分配，最大限度地利用系统资源，简化管理调度过程，定义并描述处理节点的状态信息为 $P_i = \{r, f\}$，其中，r 为处理节点的数据处理速率；f 为处理节点的空闲标识符。

假设系统中有 n 个任务需要处理，任务集为 $T = \{T_1, T_2, \cdots, T_m\}$，对于任何任务，它都可以表示为：$P_i = \{a, d, l\}$。其中 a 为任务到达时间，d 为任务的截止时间，l 为任务中要处理的数据的大小。

估计执行时间是指以对应处理节点 P_i 的数据处理速率完成任务 T_j 所需要的时间。表示如下：

$$E_{i,j} = \frac{l}{r} \tag{4.1}$$

任务空闲时间是任务的截止日期与系统时间的差值。如果 τ 为系统的当前时间，那么任务 T_j 的空闲时间为

$$F_j = d - \tau \tag{4.2}$$

根据任务的执行状态和空闲时间，系统中的实时任务可以分为以下几类。①就绪任务：指在系统当前时间，数据传输已经完成，等待系统调度的任务。②挂起任务：指已经开始运行，但由于紧急任务抢占系统当前时间节点资源而暂时中止的任务。③执行任务：系统当前时间处理节点中正在执行但尚未完成的任务。另外，根据任务的空闲时间和相应节点的估计执行时间，将准备任务进一步划分为

$$T_j = \begin{cases} 日常任务, & F_j > \max_i(E_{i,j}) \\ 紧急任务, & \min_i(E_{i,j}) \leqslant F_j \leqslant \max_i(E_{i,j}) \\ 无效任务, & F_j < \min_i(E_{i,j}) \end{cases} \tag{4.3}$$

不难发现，对于系统中准备好的任务，随着系统时间的变化，任务执行的空闲时间逐渐减少，任务的紧迫性增加。定期任务会变成紧急任务，这也增加了紧急任务变成无效任务的风险。

任务调度模型主要由五个部分组成：任务接收队列、任务监控与传输模块、任务调度模块、节点任务队列和处理结果反馈模块[12]。任务接收队列负责接收来自不同作业的任务集，并将准备好的任务传输到任务监控与传输模块。任务监控与传输模块根据式(4.3)对系统中就绪任务的队列进行实时分析和动态调整，包括日常任务队列、紧急任务队列和无效任务队列。任务调度模块根据任务属性，采取相应的调度策略，选择相应的就绪任务或挂起任务在处理节点上执行。节点任务队列与处理节点一一对应，用于存储挂起任务的中间处理状态和分配给相应节点等待执行的紧急任务。处理结果反馈模块将任务的结果反馈给相应的作业。完整的任务调度模型如图 4.1 所示。

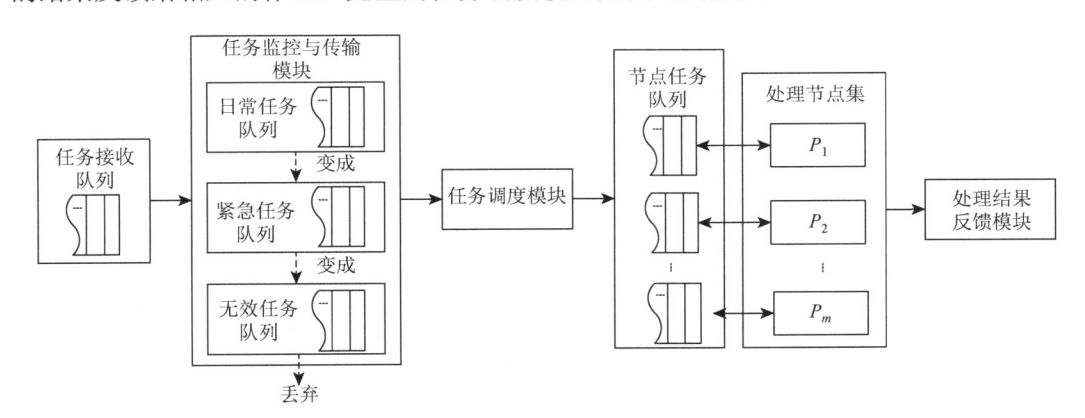

图 4.1 任务调度模型图

4.2 任务调度策略

4.2.1 任务调度策略的性能指标

有许多度量方法[13]可以用来定义调度算法的性能,并且必须在开发调度算法的过程中加以考虑。

（1）执行时间：从提交任务到任务执行为止的时间。

（2）响应时间：系统开始响应提交任务的时间，等于服务时间减去等待时间。

（3）执行成本：任务执行时使用的资源的总体成本。

（4）跨度时间：完成所有任务调度的总时间，等于完成时间减去开始时间。

（5）可靠性：用户能够接收一个持续正常的服务，不会出现任何类型的故障。

（6）可扩展性：随着需求的增长或数据量的增加，系统的发展也越来越快。

（7）公平性：意味着任务平等地共享 CPU 时间。

（8）工作拒绝率：拒绝的任务总数与提交的任务总数的比率。

（9）用户满意度：用户对存储和计算等资源的满意度。

（10）预算限制：处理所有任务的成本限制。

4.2.2 任务调度技术

任务调度是将特定的任务分配给适当的资源。分配工作应该以一种有效利用资源的方式进行。从而减少了执行时间，提高了性能和 QoS。各种调度模型根据调度标准运行。任务调度是系统的关键环节之一，对系统的整体性能起着至关重要的作用。调度算法的目标是将系统负载分配到处理器上，以最大化利用率和最小化总任务执行时间。调度技术可以根据六个标准进行分类：紧急性（即时与批量）、优先级（先发制人与非先发制人）、分布性（集中与分散）、协作性（独立与工作流）、先验知识（启发式与元启发式）、灵活性（静态与动态）[14]。

（1）即时（在线）调度与批量（离线）调度。实时业务中使用的即时（在线）调度。在任务参数不完全已知的事件触发系统中，会调用一个在线调度程序来根据预定义的规则做出决策。任务一到达就被调度，没有等待时间。批处理（离线）调度在时间触发系统中使用，当所有任务同时到达时应用。脱机调度通常使用一个调度表，其中列出了任务及其处理时间。它有一个特定的执行时间间隔，其中任务将保持到处理时间结束。

（2）抢占式调度与非抢占式调度。抢占式调度基于优先级，允许任务处理被中断并转移到其他资源上，如最短剩余时间优先或基于抢占式优先级的绿云作业调度算法。在剩余时间最短的情况下，优先选择剩余时间最少的任务开始处理，基于优先级优先的绿云作业调度算法，则根据任务的能量需求和服务器频率可用性，根据最适合的情况进行任务分配，并由 DVFS 控制器执行。非抢占式调度与抢占式调度不同，在这种技术中，一旦任务开始处理，它就不会停止，直到完成它的执行。对最短作业优先调度算法进行了改进，以减少任务失败率和优先级。第一种技术是一种改进的最短作业优先调度，调度程序按照任务到达的顺序将进程分配为最短的滚刀优先，并有可能改变优先级以减少任务的等待时间。第二种技术是优先级调度，该调度为每个任务分配一个优先级级别，并基于这个级别分配，以便优先处理优先级更高的任务[15]。

（3）集中调度与（分布式）分散调度。在集中调度中，系统中的任务使用一个中央调度程序，使资源的监控过程简单高效，复杂且容错。异构多数据中心的优先级任务调度策略就是集中调度的一个例子，集中调度的任务调度策略基于三个参数（任务的最后期限、任务长度和任务年龄），这些参数用于提高任务调度的优先级。分散调度没有中央控制，局部调度器保持调度状态，使得资源调度效率更高，但对调度过程的控制更少。

（4）独立调度与工作流调度。独立调度独立执行任务，并在处理器空闲时按照优先级列表给出的顺序将任务分配给处理器。云环境下的工作流调度成为一个重要的研究课题，也是该领域的突出问题之一。在这种类型的调度中，任务是相互依赖的，一个任务可以开始执行，直到它前面的所有任务都已经完成。工作流调度用有向无环图描述，其中每个任务用节点表示，流程用边表示。这种调度的主要优点是减少跨度和扩大资源的利用率。

（5）启发式调度与元启发式调度。启发式调度是从直觉中提取出来的，通常得到简单、快速的解，但不是最好的解。启发式调度是依赖于问题的技术。与启发式调度不同，元启发式调度使用基于引导随机搜索的过程来搜索解，是独立于问题的技术。元启发式调度比启发式调度具有更高的计算成本，但在调度质量方面具有更好的性能。

4.3 基于任务优先级的任务调度机制

随着汽车工业的发展与进步，通信设备在汽车上的应用也得到了大规模的普及与适配，车联网的发展也成为必然的趋势。基于车联网络的巨大流量需求，传统的无线网络系统也面临着巨大的挑战，如计算密集型任务所面临的流量资源缺口，以及各种新型的车联网服务应用对时延敏感度的严格需求。将移动边缘计算技术集成到无线通信网络模型是一种新型的解决策略，该网络能够自适应地支持多种通信模型，并且能够利用网络资源虚拟化技术高效地实现资源共享。

汽车终端用户可以将基于车联网络的服务请求卸载到网络系统的云端进行处理，该系统是通过实现分配云计算和本地卸载计算任务的网络模型，在支持云计算的车联网络架构中，汽车用户请求的服务应用既可以在本地计算，也可以卸载到远程云完成计算[16]。基于边缘云的 MEC 网络架构能够进一步降低任务卸载时延，该时延包括移动终端用户将任务卸载到边缘服务器的上行传输时延、服务器的执行时延以及边缘服务器传输计算结果到用户的下行时延，基于 MEC 的无线网络框架同时还能减少移动设备的能耗和传输成本[17]。

在任务处理方面，基于软件定义网络的系统架构能够有效地提高车联网络的性能以及任务卸载的灵活性。文献[18]提出了一种基于 SDN 的多目标网络优化模型，它主要是通过定制化资源分配策略，帮助用户实现信道选择和计算资源分配等。文献[19]提出了一种基于 SDN 的网络模型，主要思想是将网络设备的控制层和数据层分离，并详细研究了在该网络架构中任务卸载资源分配的问题。

上述文献主要研究的是解决无线通信网络中计算资源不足的问题，以及如何实现高效的资源分配策略，最大限度地保证用户的效益，但是关于终端用户如何进行卸载对象选择的研究较少，现有文献的卸载策略一般默认是建立在边缘服务器的基础上完成资源分配的，车辆用户在进行任务卸载的过程中，卸载场景往往是比较复杂的，卸载对象也不只是单一的 MEC 服务器。现有的文献研究成果很少涉及车辆请求卸载任务自身的属性，而在实际的卸载场景中，不同的卸载任务自身对时延敏感度、计算资源大小等需求程度是不同的。因此，面对上述应用场景下的挑战，本节提出了在车联网中一种基于优先级的任务调度机制，主要工作如下。

（1）在传统的车联网络体系架构中引入了 MEC 和 SDN 技术，并基于 SDN 的核心思想体系定义了软件定义车载网络（SDN-V）的概念，构建了一个新型的通信网络架构体系。通过使用 SDN-V 控制器实现对终端设备信息的统一调度管理，在汽车终端自身能量容量约束下联合时延、功耗等多个约束因子保证目标优化模型的合理化。

（2）当车辆用户请求任务卸载时，考虑到任务自身的属性，根据优化目标函数的影响因子定义了关于"重要度"的数学模型，对用户请求的任务进行分类，并且根据重要度的计算模型，设计了关于任务卸载序列的机制算法，实现一种高效且更加符合逻辑的任务卸载策略。

（3）证明了优化目标函数的非凸性质，在此基础上通过变量替换然后利用拉格朗日乘子法求出了关于优化目标函数资源分配最优策略。

该机制涉及的参数及定义如表 4.1 所示。

表 4.1　系统参数表

参数	含义
v_i	车辆组中的第 i 辆车
b_i	MEC 服务器组中的第 i 个 MEC 服务器
C_i	完成任务卸载所需周期数
S_i	完成任务卸载所需的计算资源
t_i^{max}	完成任务卸载最大的时延容忍度
e_i^{max}	车辆用户最大剩余电量
x_i	车辆用户的卸载决策
Imp_i	任务重要度
Q_i	任务 i
t_{mn}^1	卸载时延
f_v	车辆用户 v_i 自身的计算能力

续表

参数	含义
e_{mn}^{l}	完成车辆用户 v_i 任务卸载的能耗
p_v	车辆用户 CPU 的计算功率
$R_{m,n}$	上行速率
B	信道带宽
p_i	汽车用户功率
$h_{m,n}$	车辆用户 v_i 与 MEC 服务器 b_i 间的信道增益
σ^2	车辆用户的噪声
$I_{m,n}$	车辆用户与边缘服务器之间的干扰功率
d_{mn}	任务传输距离
t_{mn}^{b}	边缘卸载时延
θ_i	MEC 服务器分配给请求卸载用户的资源比例系数
f_b	MEC 服务器的计算能力
e_{mn}^{b}	车辆用户 v_i 进行任务卸载时的能耗
ζ	完成任务传输时延和所需计算资源量的权衡因子
$t_{Q_i}^{\max}$	完成任务 Q_i 卸载的最大时延约束范围
I_i^{C}	V2I 用户对 v_i 的干扰
I_i^{D}	V2V 用户对 v_i 的干扰

4.3.1 基于 MEC 的车联网系统模型

1. 系统分析

基于 SDN-V 辅助的车联网通信系统由车辆用户、基站、路边单元以及 MEC 服务器构成。定义车辆用户集 $V = \{v_1 \ v_2 \ \cdots \ v_m\}$，车辆用户服从泊松分布。MEC 服务器 $B = \{b_1 \ b_2 \ \cdots \ b_n\}$，MEC 服务器沿道路一侧为均匀分布。将车辆 v_i 请求卸载的任务定义为 $Q_i = \{C_i, S_i\}$，其中 C_i 表示完成任务卸载所需周期数，S_i 表示完成任务卸载所需的计算资源。$t_i^{\max}$ 表示完成任务卸载最大的时延容忍度，$e_i^{\max}$ 表示车辆用户最大剩余电量。x_i 表示车辆用户的卸载决策，卸载决策的选择是由 SDN-V 控制器完成统一调度管理，当 $x_i = 1$ 时，该决策表示车辆用户请求的任务卸载到 MEC 服务器 b_i；当 $x_i = 0$ 时，表示车辆用户请求的任务卸载到本地进行计算处理。

不同的车辆终端用户在请求任务卸载的过程中对任务传输时延、卸载能耗、误码率、计算资源大小等约束条件的需求存在差异。因此为了更好地满足用户的自身需求，根据任务自身的属性，需要对任务的优先级序列进行划分，定义任务 Q_i 的重要度为 $Imp_i = \{imp_1\ imp_2\cdots imp_i\}$，重要度越高表示任务卸载的优先级序列越高，也就是意味着在多任务竞争的过程中能够获得优先卸载权利。

本书定义的 SDN-V 的概念与 SDN 技术的核心思想是一致的，它们都是通过网络资源虚拟化技术实现数据层与控制层的分离。基于 MEC 与 SDN-V 辅助的车联网系统模型如图 4.2 所示。该系统模型图主要由三个平面构成，分别是控制平面、数据平面、用户平面。其中，控制平面主要由基于 SDN-V 控制器的基站构成，主要功能是完成车辆用户和基站信息采集、计算资源调度，并统一完成控制管理；数据平面主要由部署在道路一侧的路边单元及其附属的 MEC 服务器构成，主要是为移动终端用户提供边缘计算所需的资源；用户平面主要是指请求任务卸载的车辆用户。

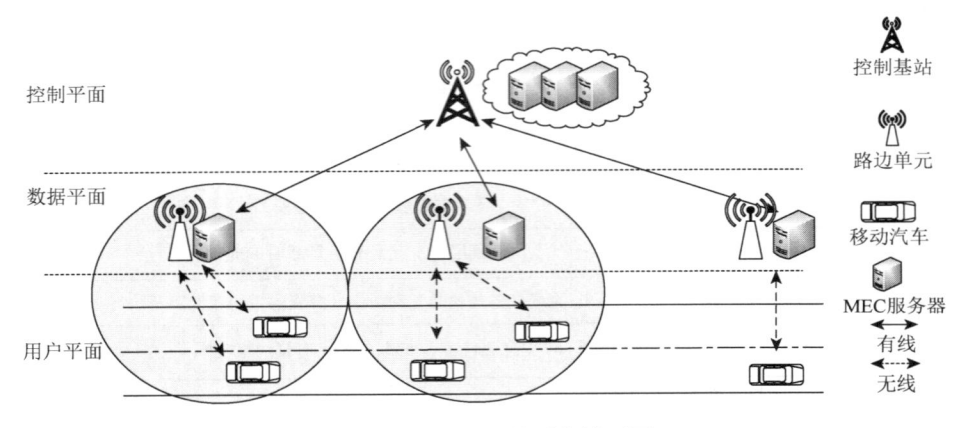

图 4.2　基于 SDN 的系统模型图

2. 计算与通信模型

1）本地卸载模型

当任务 Q_i 完成本地任务卸载时，其卸载时延 t_{mn}^l 为

$$t_{mn}^l = \frac{C_i}{f_v} \tag{4.4}$$

其中，f_v（单位时间内 CPU 周期数）表示车辆用户 v_i 自身的计算能力。完成车辆用户 v_i 任务卸载的能耗 e_{mn}^l 为

$$e_{mn}^l = p_v C_i \tag{4.5}$$

其中，p_v 为车辆用户 CPU 的计算功率。

2）边缘卸载模型

当任务 Q_i 在路边的 MEC 服务器完成卸载时，其中计算时延 t_{mn}^b 包括边缘服务器计算处理时延、任务上行传输时延和计算结果下行回传的时延。上行速率 $R_{m,n}$ 表达式如下：

$$R_{m,n} = B \log_2 \left(1 + \frac{p_i h_{m,n}}{\sigma^2 + I_{m,n}}\right) \tag{4.6}$$

式中，B 表示信道带宽；p_i 表示汽车用户功率；$h_{m,n}$ 表示车辆用户 v_i 与 MEC 服务器 b_i 之间的信道增益；σ^2 表示车辆用户的噪声；$I_{m,n}$ 表示车辆用户与边缘服务器之间的干扰功率。

$$h_{m,n} = 128.1 + 37.6\log_2(d_{mn}) \tag{4.7}$$

式中，d_{mn} 表示任务传输距离。

边缘卸载时延 t_{mn}^b 表示如下：

$$t_{mn}^b = \frac{C_i}{\theta_i f_b} + \frac{S_i}{R_{m,n}} \tag{4.8}$$

式中，θ_i 表示 MEC 服务器分配给请求卸载用户的资源比例系数；f_b 表示 MEC 服务器的计算能力（单位时间内 CPU 周期数）。式（4.8）不包含服务器计算结果下行回传的时延，原因是通常情况下 MEC 服务器将计算结果发送至移动终端用户的时间可以忽略。

车辆用户 v_i 进行任务卸载时的能耗 e_{mn}^b 表达式为

$$e_{mn}^b = p_i \frac{S_i}{R_{m,n}} \tag{4.9}$$

4.3.2 任务调度问题形成

前面已经定义了卸载决策变量 x_i，$B = \{b_1\,b_2\cdots b_n\}$ 是与决策变量 $X = \{x_1\,x_2\cdots x_n\}$ 相对应的 MEC 服务节点集合，其中每个 MEC 服务器所对应的资源分配比例系数集合为 $\theta = \{\theta_1\,\theta_2\cdots\theta_n\}$。根据上述总结，本书的优化目标建模函数如式（4.10）所示：

$$\min \sum_{i=1}^{n}\left\{(1-x_i)\left[\lambda_i\frac{C_i}{f_v} + (1-\lambda_i)p_v C_i\right] + x_i\left[\lambda_i\left(\frac{C_i}{\theta_i f_b} + \frac{S_i}{R_{m,n}}\right) + (1-\lambda_i)p_i\frac{S_i}{R_{m,n}}\right]\right\} \tag{4.10}$$

s.t. C1: $(1-x_i)e_{mn}^l \leqslant R_e E_{\max}^L$, $\forall i = 1,2,\cdots,n$ (4.10a)

C2: $x_i e_{mn}^b \leqslant R_e E_{\max}^L$, $\forall i = 1,2,\cdots,n$ (4.10b)

C3: $x_i \in \{0,1\}$, $\forall i = 1,2,\cdots,n$ (4.10c)

C4: $0 < \theta_i \leqslant 1$, $\forall i = 1,2,\cdots,n$ (4.10d)

C5: $t_{mn}^l \leqslant t_Q^{\max}$ (4.10e)

C6: $t_{mn}^e \leqslant t_Q^{\max}$ (4.10f)

C7: $0 < \lambda_i < 1$, $\forall i = 1,2,\cdots,n$ (4.10g)

其中，C1、C2 表示本地任务计算的功耗要小于车辆用户自身最大剩余能量 $R_e E_{\max}^L$；C3 表示车辆用户请求任务卸载的决策；C4 表示 MEC 服务器资源分配的比例系数应该在 0～1 的范围区间；C5 和 C6 表示任务在本地计算或者 MEC 服务器处理的时延要小于完成该任务所需的最大时延容忍度；C7 表示任务传输时延以及卸载能耗的权衡因子 λ_i 取值范围介于 0～1。

在约束条件不变的情况下，式（4.10）的数学模型可以进一步简化，新的优化目标函数如下所示：

$$\min \sum_{i=1}^{n} \{(1-x_i)[\lambda t_{mn}^l + (1-\lambda)e_{mn}^l] + x_i[\lambda t_{mn}^e + (1-\lambda)e_{mn}^b]\} \quad (4.11)$$

当车辆用户请求完成任务卸载时,系统控制平面在基于 SDN-V 控制器的调度管理下,首先通过重要度的模型对任务进行卸载优先级划分,并在此基础上确定卸载决策;然后对 MEC 服务器范围内的车辆用户以比例 θ_i 进行资源分配;接着利用黑塞矩阵证明优化目标函数属于非凸优化模型;最后通过变量替换再利用拉格朗日乘子法完成对目标函数最优解的计算。

4.3.3 任务调度机制与资源分配

1. 任务优先级

为了确定任务调度序列,根据车辆用户请求卸载任务的属性因子定义了关于"重要度"的数学模型。基于重要度的概念,完成了对车辆用户请求卸载任务的分类,并在此基础上进一步确定了任务卸载的优先级序列。关于卸载任务重要度的定义主要根据两个影响因子,分别是完成该任务传输的最大时延以及完成任务卸载所需的资源大小,因此定义了重要度的计算模型为

$$\text{imp}_i = \zeta \frac{C_i}{\sum_{i=1}^{n} C_i} + (1-\zeta) \frac{\sum_{i=1}^{n} t_{Q_i}^{\max}}{t_{Q_i}^{\max}}, \ 0 < \zeta < 1 \quad (4.12)$$

式中,ζ 表示完成任务传输时延和所需计算资源量的权衡因子;$t_{Q_i}^{\max}$ 表示完成任务 Q_i 卸载的最大时延约束范围。

前面提出了关于 SDN-V 控制器的概念,它的主要功能是完成对全局信息变量的采集以及整体资源的调度管理,因此通过 SDN-V 控制器能够详细地统计卸载任务请求接入的车辆用户信息,在此基础上完成对卸载任务重要度的计算,并根据重要度 imp_i 的数据大小,确定任务卸载优先等级和卸载顺序。关于车辆用户请求任务卸载优先级机制如算法 4.1 所示。

算法 4.1 任务卸载优先级机制

1:输入:车辆 i 的请求信息为 $\{C_i, S_i, t_{Q_i}^{\max}\}$,定义 ζ 的取值,$\text{Imp}_i = \{\text{imp}_1 \ \text{imp}_2 \ \cdots \ \text{imp}_i\}$;
2:输出:降序排列的重要度 imp_i;
3:for $i = 1; i < n; i++$
4: 将 $C_i, t_{Q_i}^{\max}$ 代入式(4.12)求出 imp_i;
5: $\text{Imp}_i = \{\text{imp}_1 \ \text{imp}_2 \ \cdots \ \text{imp}_i\}$;
6:end for
7:for $i = 1 : n$ do
8: if $\text{Imp}(i) < \text{Imp}(i+1)$
9:    $\text{temp} = \text{Imp}(i+1)$;
10:    $\text{Imp}(i+1) = \text{Imp}(i)$;$\text{Imp}(i) = \text{temp}$;

11:    end if
12: end for

利用算法 4.1 任务卸载优先级机制可以确定任务卸载顺序，然后在此基础上完成任务卸载对象匹配决策的研究。算法 4.1 主要由两部分构成：第一部分是第 2~6 行关于重要度的计算，第二部分是第 7~12 行关于优先级的排序。

2. 基于 Q 学习的卸载决策

传统的任务卸载决策研究，车辆用户选择卸载的对象比较单一，往往只涉及本地卸载或者 MEC 服务器卸载。但是在实际应用过程中，部分终端用户对任务传输时延的敏感度要求较低，同时对服务器计算资源的需求也相当有限。在这种应用场景下，基于 SDN-V 辅助的卸载决策可以将任务进行分布式计算，实现车辆用户的本地计算与边缘云服务器协同处理。这种卸载决策更加符合实际的应用场景，同时也能减少车辆用户的通信成本，保证用户的效益。卸载决策流程如图 4.3 所示。

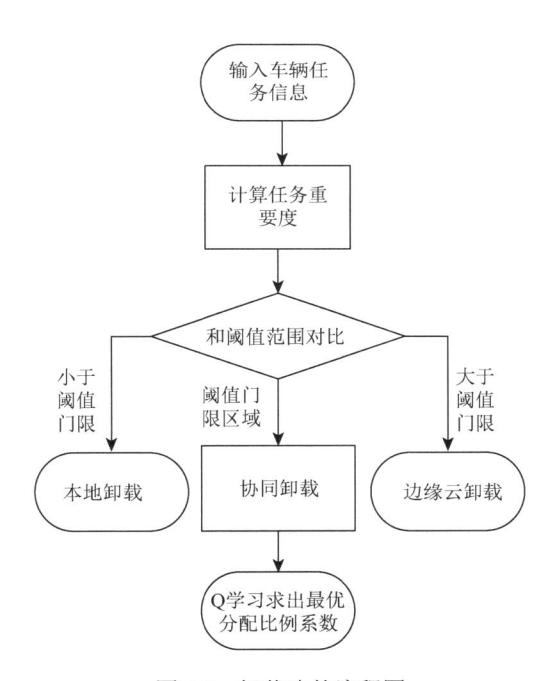

图 4.3 卸载决策流程图

关于上述应用场景的总结：用户完成任务卸载将由本地计算和 MEC 服务器协同处理，因此优化目标函数式（4.11）将进一步更新。引入新的决策变量 ψ_i 替换变量 x_i，其中 $\psi_i \in (0,1)$ 为比例系数。此时的目标函数表达式为

$$\min \sum_{i=1}^{n} \left\{ (1-\psi_i)\left[\lambda_i \frac{C_i}{f_v} + (1-\lambda_i)p_v C_i\right] + \psi_i \left[\lambda_i \left(\frac{C_i}{\theta_i f_b} + \frac{S_i}{R_{m,n}}\right) + (1-\lambda_i)p_i \frac{S_i}{R_{m,n}}\right] \right\} \quad (4.13)$$

本节通过引入 Q 学习策略来确定卸载决策变量 ψ_i 的最优取值范围。Q 学习是一种强化学习方法，其收敛性在现有文献已经得到证明，它使代理能够在给定环境中进行迭代学习进而确定最优策略。代理人能够估计每个状态-动作对的预期奖励，并选择使其奖励最大化的动作。预期奖励函数表达式为

$$Z^{\pi}(s) = E_{\pi}\left[\sum_{t=0}^{\infty} \eta^t g_t(s,a)\right] \tag{4.14}$$

其中，η^t 表示用户奖励函数的折损因子，式（4.14）具体是指用户奖励函数 g 从第 t 次迭代时，在状态 s 的情况下，通过策略 π 选择动作 a 获得的奖励。

基于对 Q 学习总结，可以引入一组行为和奖励来进行最优决策变量的选择。定义行为为 $a_i = [\psi_i, \lambda_i, \theta_i]$，由于每个行为都有被概率 p 选择的可能，因此可以定义为

$$a_i = \begin{cases} \arg\max_{i \in V} Q^*(a_i), & 1-p \\ 随机, & p \end{cases} \tag{4.15}$$

总预期的最大化收益函数表示为

$$Q^*(s) = E\left[g(s'|s,a) + \eta \max_{a'} Q^*(s',a') \big| s_0=s, a_0=a\right] \tag{4.16}$$

式（4.16）中 η 取值范围是（0~1），表示未来收益相对于当前收益的重要性。关于 Q 值的更新模型函数为

$$\hat{Q}_{t+1}(s,a) \leftarrow (1-\varsigma)\hat{Q}_t(s,a) + \varsigma\left(g + \eta \max_{a'} \hat{Q}_t(s',a')\right) \tag{4.17}$$

其中，$\varsigma(0 \leq \varsigma \leq 1)$ 为学习率，表示当前知识对先前学习知识的影响。因此，基于上述信息的阐述，每个车辆用户奖励函数可以定义为

$$g_i^t = \min \sum_{i=1}^{n}\left\{(1-\psi_i)\left[\lambda_i \frac{C_i}{f_v} + (1-\lambda_i)p_v C_i\right] + \psi_i\left[\lambda_i\left(\frac{C_i}{\theta_i f_b} + \frac{S_i}{R_{m,n}}\right) + (1-\lambda_i)p_i \frac{S_i}{R_{m,n}}\right]\right\} \tag{4.18}$$

根据上述模型，设计了基于 Q 学习的任务卸载策略机制，如算法 4.2 所示。

算法 4.2　基于 Q 学习的任务卸载策略

1: 输入：车辆 i 的请求信息 $\{Q_i, T_i\}$，$\tau_1, \tau_2, (0 < \tau_1 < \tau_2)$，$Imp_i = \{imp_1\ imp_2\ \cdots\ imp_i\}$；
2: 输出：x_i，ψ_i；
3: if $imp_i < \tau_1$
4: 　　$x_i = 0$；
5: else if $imp_i > \tau_2$
6: 　　$x_i = 1$；
7: else if $\tau_1 < imp_i < \tau_2$
8: 　　初始化 g，ς，p，$t=0$，$\hat{Q}(a_i)=0$，最大收敛次数 M；
9: 　　while $t < M$
10: 　　　按照重要度对车辆用户排序；
11: 　　　for $i=1:N$ do
12: 　　　　根据贪婪方法选择行为 a_i、根据式（4.18）求出用户奖励；

```
13:     更新 $\hat{Q}$ 数值矩阵通过 $\hat{Q}_{t+1}(s,a) \leftarrow (1-\varsigma)\hat{Q}_t(s,a) + \varsigma\left(g + \eta \max_{a'}\hat{Q}_t(s',a')\right)$；
14:     $p \leftarrow (p/\sqrt{t})$；
15:    end for
16:    $t = t+1$；
17:   end while
18: end if
```

在算法 4.2 中 τ_1，τ_2 表示阈值门限，第 3~7 行通过计算 imp_i 具体数值与 τ_1，τ_2 进行对比，进而确定卸载决策，当 imp_i 在阈值范围区间内时，用户将进行协同卸载。第 8~18 行伪代码表示当用户进行协同卸载时优化目标函数的具体更新过程，并通过 Q 学习算法求出以最优分配比例系数 ψ_i。在算法 4.2 中，车辆用户进行 M 次迭代学习，每次学习的过程中需要进行 N 次的遍历计算，因此每次迭代的时间复杂度为 $O(N)$。

3. 资源分配问题

根据式（4.11）可以证明优化目标函数是 MINLP。利用上述 Q 学习算法求出最优分配比例因子 ψ_i^*，因此新的优化目标函数表达式为

$$\min \sum_{i=1}^{n}\{(1-\psi_i^*)[\lambda t_{mn}^l + (1-\lambda)e_{mn}^l] + \psi_i^*[\lambda t_{mn}^e + (1-\lambda)e_{mn}^b]\} \tag{4.19}$$

可以将式（4.19）转化为关于变量 λ、θ_i 的二元一次函数，表示如下：

$$f(\lambda,\theta_i) = \sum_{i=1}^{n}\{(1-\psi_i^*)[\lambda t_{mn}^l + (1-\lambda)e_{mn}^l] + \psi_i^*[\lambda t_{mn}^e + (1-\lambda)e_{mn}^b]\} \tag{4.20}$$

引理 4.1：在满足给定的约束条件下，优化目标函数式（4.20）属于非凸优化问题。

证明：假设优化目标函数式（4.20）属于凸优化问题，当 $\psi_i=1$ 时，式（4.20）的函数表达式更新为

$$f(\lambda,\theta_i) = \sum_{i=1}^{n}\left[\lambda\left(\frac{C_i}{\theta_i f_b} + \frac{S_i}{R_{m,n}}\right) + (1-\lambda)p_i\frac{S_i}{R_{m,n}}\right] \tag{4.21}$$

式（4.21）的黑塞矩阵表达式为

$$H = \begin{bmatrix} 0 & \dfrac{2\lambda C_i}{\theta_i^2 f_b} \\ \dfrac{2\lambda C_i}{\theta_i^2 f_b} & \dfrac{-C_i}{\theta_i f_b} \end{bmatrix} \tag{4.22}$$

式（4.22）的余子式 $|H| = -\left(\dfrac{2\lambda C_i}{\theta_i^2 f_b}\right)^2$，由于余子式的值恒小于 0，因此目标函数式（4.21）属于非凸优化问题，函数式（4.20）也为非凸优化问题。然后通过变量替换之后转换为凸优化问题再利用拉格朗日乘子法求出优化目标函数的最优解。根据上述证明分析，首先要定义拉格朗日优化函数表达式为

$$L(\theta_i, \lambda, V_1, V_2) = \sum_{i=1}^{n} (1-\psi_i^*) \left[\lambda \frac{C_i}{f_v} + (1-\lambda) p_v C_i \right] + \psi_i^* \lambda \left[\left(\frac{C_i}{\theta_i f_b} + \frac{S_i}{R_{m,n}} \right) + (1-\lambda) p_i \frac{S_i}{R_{m,n}} \right] \quad (4.23)$$
$$+ V_1(1-\lambda) + V_2(1-\theta_i)$$

目标优化函数式（4.23）在 θ_i^*、λ^* 取得极值的必要充分条件为

$$\left. \begin{aligned} \frac{\partial F}{\partial \theta_i} &= \lambda \frac{\psi_i^* C_i}{\theta_i f_b} - V_2 = 0 \\ \frac{\partial F}{\partial \lambda} &= (1-\psi_i^*)\left(\frac{C_i}{f_v} - p_v C_i\right) + \psi_i^* \left(\frac{C_i}{\theta_i f_b} + \frac{S_i}{R_{m,n}}\right) - \psi_i^* p_i \frac{S_i}{R_{m,n}} - V_1 = 0 \\ \frac{\partial F}{\partial v_1} &= 1 - \lambda = 0 \\ \frac{\partial F}{\partial v_2} &= 1 - \theta_i = 0 \end{aligned} \right\} \quad (4.24)$$

其中，V_1、V_2 采用梯度下降法进行更新，具体表达式为

$$\left. \begin{aligned} V_1(m+1) &= V_1(m) + \mu_1 (1-\lambda) \\ V_2(m+1) &= V_2(m) + \mu_2 (1-\theta_i) \end{aligned} \right\} \quad (4.25)$$

$$\left. \begin{aligned} \frac{\partial F}{\partial \theta_i} &= \lambda \frac{\psi_i^* C_i}{\theta_i f_b} - [V_2(m) + \mu_2 (1-\theta_i)] = 0 \\ \frac{\partial F}{\partial \lambda} &= (1-\psi_i^*)\left(\frac{C_i}{f_v} - p_v C_i\right) + \psi_i^* \left[\left(\frac{C_i}{\theta_i f_b} + \frac{S_i}{R_{m,n}}\right) - p_i \frac{S_i}{R_{m,n}} \right] - [V_1(m) + \mu_1 (1-\lambda)] = 0 \end{aligned} \right\} \quad (4.26)$$

联立式（4.25）和式（4.26）可以得出一个关于变量 θ_i 的一元三次方程组，它的表达式为

$$(\mu_1 V_2(m) + \mu_1 \mu_2) \theta_i^2 - \mu_1 \mu_2 \theta_i^3$$
$$- \frac{C_i}{f_b} \left[(1-\psi_i^*)\left(\frac{C_i}{f_v} - p_v C_i\right) - (\mu_1 + \mu_2) - \psi_i^* p_i \frac{S_i}{R_{m,n}} \right] \theta_i + \left(\psi_i^* \frac{C_i}{f_b} \right)^2 = 0 \quad (4.27)$$

利用盛金公式对函数（4.27）进行重根判别，并求出最优比例 θ_i^* 以及最优权衡因子系数 λ^* 分别表示为

$$\left. \begin{aligned} \theta_i^* &= \frac{-b - (\sqrt[3]{Y_1} + \sqrt[3]{Y_2})}{3a} \\ \lambda^* &= \frac{f_b [V_2(m) + \mu_2 (1-\theta_i^*)] \theta_i^*}{\psi_i^* C_i} \end{aligned} \right\} \quad (4.28)$$

4.3.4 仿真分析

1. 仿真参数设定

本节的仿真分析是基于 MATLAB 平台完成的，其中相关参数是根据 IEEE 802.11p 标准下车联网应用场景设定的。详细的模拟参数如表 4.2 所示。

表 4.2 模拟参数表

参数	数值
计算任务 Q_i /MB	0～2
传输带宽 W/MHz	15
汽车用户发射功率 p_i /W	0.2
任务所需 CPU 周期数 C_i /GHz	0.1～1
MEC 服务器 CPU 周期频率 f_b /GHz	6
车辆用户的 CPU 周期频率 f_v /GHz	0.5～1
高斯噪声 σ^2 /dBm	−114
信道传输距离 d_{mn} /m	300～500
汽车 CPU 能耗功率系数 p_v /(W/GHz)	50

2. 仿真结果分析

关于对仿真结果的讨论分析，本节主要是以统一卸载策略、随机卸载策略、SDTO（service data transport offload，服务数据传输卸载策略）以及本节所设计的 SDN-V 卸载策略进行对比总结。统一卸载策略是指车辆用户在请求任务卸载过程中，只通过预先设定的阈值范围进行选择卸载，该决策主要通过和阈值数值对比确定如何进行任务卸载。随机卸载策略是指终端用户在请求任务卸载的过程中，卸载策略是通过程序代码随机产生的，并没有一个统一的卸载决策标准，因此每一种决策都有可能产生。为了保证仿真结果的可靠度，本节所有的模拟参数均是在满足约束条件的前提下随机产生的，并且为了最大限度地排除系统偶然性的误差分析，所有的模拟仿真结果都经过多次验证。

图 4.4 和图 4.5 主要是关于数据资源大小以及完成任务所需周期对于能耗的影响分析。仿真结果表明，随着数据资源大小和完成任务所需周期数的增加，任务卸载过程中产生的能耗也增加。由于随机卸载策略的不确定性，卸载能耗会出现较大的范围波动。SDN-V 卸载策略的能耗表现优于另外三种卸载决策，产生上述结果的原因是利用 SDN 技术优势能够更加全面地实现全局资源的合理调度。

图 4.6 和图 4.7 主要是关于数据资源大小以及完成任务所需周期对于任务卸载过程传输时延的影响分析。根据图 4.7 的分析总结，伴随着上述影响因子的增加，完成任务卸载所需时延也逐渐增大，本书所设计的 SDN-V 卸载策略关于时延目标的优化效果明显好于其他的卸载决策。该策略之所以能产生上述的优化效果，是因为基于 SDN 辅助的车联网络模型，在 MEC 计算服务资源调度方面相较于传统的机械式策略更加灵活，能够提高资源利用率，减少任务卸载阻塞。当数据资源大小和完成任务所需周期数持续增长时，SDN-V 卸载策略明显优于 SDTO 卸载策略，尽管都采用了基于 SDN 技术辅助的网络模型，但是由于 SDTO 的卸载决策优化目标较为单一，因此最终的优化效果不如 SDN-V 卸载策略。

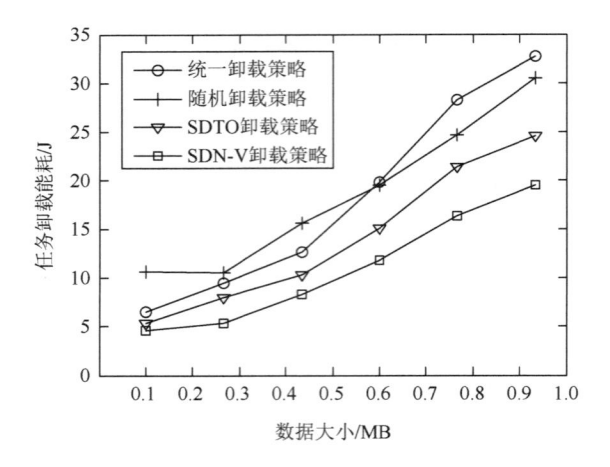

图 4.4　数据大小与任务卸载能耗关系图

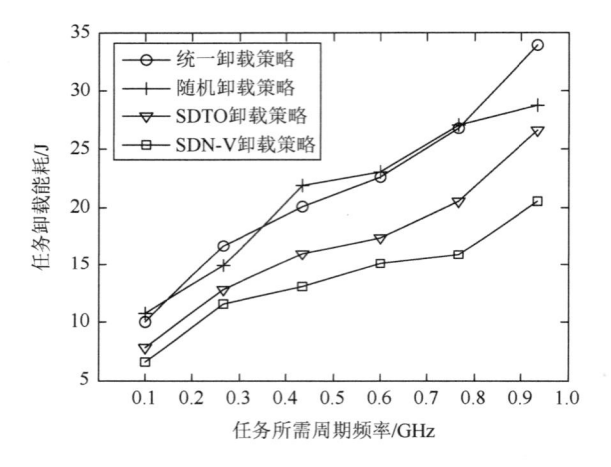

图 4.5　任务所需周期频率与任务卸载能耗关系图

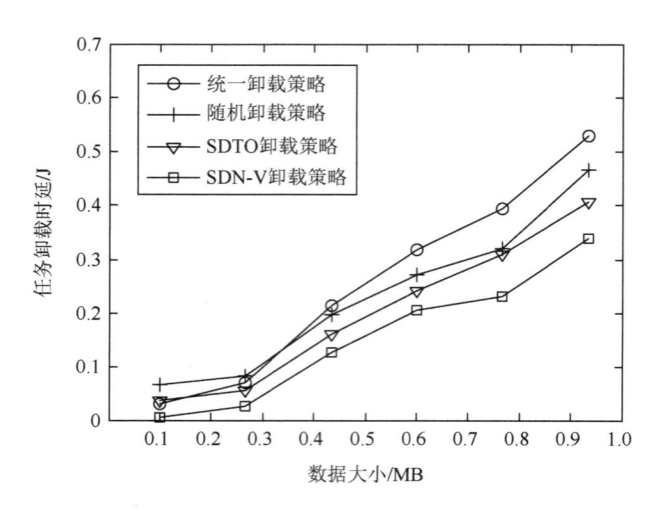

图 4.6　数据大小与任务卸载时延关系图

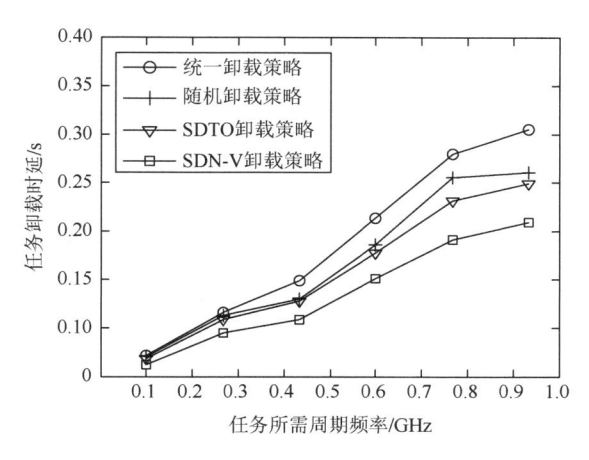

图 4.7　任务所需周期频率与任务卸载时延关系图

图 4.8 和图 4.9 是关于任务资源大小和所需周期对移动终端用户卸载总开销的影响分析，总开销的数值越小，表明该策略的优化效果越好。根据图 4.9 的分析总结：在任务卸载

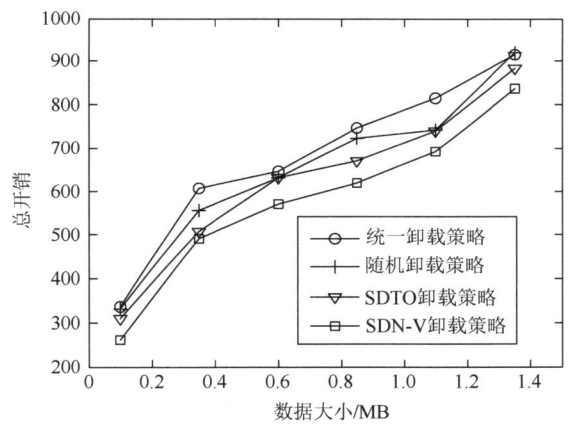

图 4.8　数据大小与总开销关系图

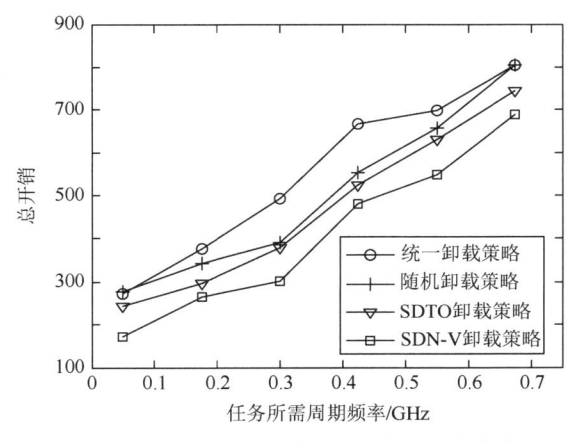

图 4.9　任务所需周期频率与总开销关系图

总的开销方面，SDN-V 卸载策略的优化效果明显是最好的，之所以产生上述的分析结果，是因为该策略对目标模型的影响因子做了更加全面的优化，同时融入了 SDN 对于该系统网络模型的技术支撑，因此基于 SDN-V 辅助的卸载策略能够为车辆用户提供一种更低传输时延以及卸载能耗的策略，有效地保证了用户的效益。

4.4 基于 V2X 通信模式选择的任务调度机制

随着无线通信技术的快速发展，车辆均配备有 OBU，因此具有计算和存储能力，然而车辆有限的计算和存储资源难以支撑计算密集型的任务计算，因此将任务卸载至云服务器计算可以扩展车载网络的计算能力[20]。但是，云服务器的远程部署带来传输时延波动，无法满足车载网络超低时延的需求。为了应对这一挑战，ETSI 于 2014 年提出了 MEC，将云计算服务下沉至无线网络边缘，在靠近用户侧提供计算存储服务[21]。

MEC 服务器的近用户侧部署，使得处理和存储能力接近终端用户，因此可以显著减少通信延迟和降低无线接入网的流量负荷。受益于此的主要应用程序是计算卸载和视频内容交付。MEC 能够有效扩展车辆计算能力，并且弥补远程云计算带来的长时延的不足[22]。部署在无线接入网中不同位置的 MEC 服务器可以获取详细的上下文信息，并且通过利用这些有用信息对网络内资源进行更加有效的管理与分配，从而提高用户 QoS。

车载网络的高速移动特性带来网络拓扑结构的动态变化，从而影响车辆信息交互与任务卸载质量。不断发展的 5G 接入技术已经应用到 V2X 通信中，基于蜂窝移动通信系统的 C-V2X 技术，包括 LTE-V2X 和 5G NR-V2X（5G new radio vehicle to everything）现阶段还不成熟，目前最可行的方案是结合不同的访问技术来保持网络可伸缩性和灵活性[22-24]。SDN 打破网络封闭式垂直架构，具有集成不同访问技术的潜力[25]。SDN 的可编程性使得网络更加灵活，可以更好地收集车辆动态信息，用户应用程序可以选择恰当的无线接入方式来进行数据传输[26]。MEC 异构车载网络体系结构中引入的 SDN 控制器允许在同一网络体系结构下集成多个网络协议、标准和灵活管理网络资源。

目前，关于 MEC 的研究已存在诸多研究成果，主要集中于卸载策略[27-30]、任务调度策略[31, 32]和资源分配方案[33, 34]。文献[27]提出了一种基于 MEC 的车载网络卸载框架，以减少计算卸载的时延和传输开销。文献[28]考虑了一个多 MEC 场景，并将卸载问题建模为自适应顺序卸载博弈。文献[29]在考虑负荷分布和成本预测的基础上，提出了一种负荷感知的 MEC 卸载方法，即每辆车根据预测的成本，更新 MEC 服务器的负荷分布知识来进行 MEC 服务器的选择。文献[30]提出了一种基于人工鱼群的计算卸载算法来优化系统的能耗。文献[31]提出了一种基于半定松弛的算法，通过优化任务调度来减少时延和能耗。文献[32]提出了一种具有随机时间开销的任务分配方法，并在考虑平均时延和延迟波动的基础上，建立了最小化最大可容忍时延的问题。文献[33]研究了联合优化任务卸载决策、用户上行传输功率和 MEC 服务器计算资源的分配问题，以实现用户任务卸载收益的最大化。文献[34]通过联合优化任务卸载决策和传输功率分配来降低计算时延与能耗。但是以上文献均集中于 V2I 通信模式，V2V 通信模式的闲置资源未被有效利用，同时忽略了复杂的 V2X 接入方式和初始卸载节点的合理选择对于系统性能的影响。由于 MEC 服务器的计算能力有限,传统的 V2I 通信模式不能完全胜任大规模计算任务。V2X 通信模式可以合理利用附近车辆的空闲资源,扩展边缘计算能力,提高资源利用率,减轻 RSU 接入压力。

SDN 作为一种新兴的网络范式,具备整合 VANET 的潜力[35]。文献[36]将 SDN 引入 MEC 异构车载网络,可提高车载网络的灵活性和可靠性,保持良好的可扩展性和响应性。文献[37]通过结合 SDN 与 MEC 网络,为 V2V 卸载寻找最佳卸载路径。文献[38]在基于 SDN 与 MEC 的车载网络中,通过将时延可容忍数据传输与卸载节点选择过程建模为部分可观测马尔可夫决策过程,从而最小化系统开销。然而以上场景忽略了有效的资源分配,并且车辆与 MEC 服务器的计算资源均存在有限性。因此,在移动车辆任务交付过程中,仍然存在与计算开销相关的挑战:①如何选择恰当的交付节点;②如何在资源有限的情况下合理分配资源,方便车辆以最小成本完成任务计算。

基于以上问题,本节构建了一种基于 SDN 辅助的 MEC 车载网络架构,提出一种联合任务卸载与资源分配(joint task offloading and resource allocation,JTORA)机制,对网络中卸载决策、通信与计算资源进行优化。将 SDN 扩展至车载网络,SDN 控制器可以在全局视野下感知网络状态、收集设备信息,为车辆选择合适的接入方式进行任务卸载。由于问题的 NP 难属性,本节将优化问题转化为三个子算法的相互迭代进行有效求解,将卸载决策建模为分布式博弈,利用 Q 学习对通信与计算资源进行合理分配,通过层次聚类匹配初始卸载节点。

4.4.1 车联网中任务卸载问题描述

本小节首先对研究场景进行了介绍,然后详细描述了所用的通信模型与计算模型,最后是本节的研究问题描述。

1. 系统分析

系统模型如图 4.10 所示,本节构建了基于 SDN 辅助的 MEC 车载网络模型。在这个模型中,道路一侧一共部署有 M 个 RSU,表示为 $\mathcal{R} = \{RSU_1, RSU_2, \cdots, RSU_M\}$,且每个 RSU 都配备有一个 MEC 服务器。MEC 服务器中的 SDN 控制模块将控制平面与数据平面解耦,基于 SDN 的车载网络中的 SDN 控制器可以收集设备的信息,从全局视野感知网络状态。该网络架构分为三层。在用户数据区域,车辆可以通过 V2X 通信模式进行信息传输。道路上有 N 辆服从泊松分布的车辆,表示为 $\mathcal{N} = \{v_1, v_2, \cdots, v_N\}$。假设 RSU_m 覆盖范围内共 n 个车辆,则车辆集合可以表示为 $\mathcal{RV}_m = \{v_1, v_2, \cdots, v_n\}$。由于车辆和 MEC 服务器均可提供计算服务,因此将它们统一定义为服务节点,表示为 $\mathcal{G} = \{g_1, g_2, \cdots, g_M\}$。在控制区域,部署有 SDN 控制器,可灵活管理网络资源,全面掌握网络信息[39]。在应用区域,由多种网络应用填充而成,通常涉及数据和资源的交换,网络设计的目标就是为了满足这些应用的要求。

由于频谱资源短缺,为了提高频谱利用率,V2I 模式和 V2V 模式在同一频段工作。系统总频谱被均匀分为 K 个正交子信道,表示为 $\mathcal{K} \equiv \{1, 2, \cdots, K\}$,每个子信道带宽为 B,

且每个任务请求车辆至多可以被分配一个上行子信道用于任务卸载。任务请求车辆 v_i 的计算任务可以表述为 $\mathcal{T}_i = \{d_i, d_i^{out}, s_i, t_i^{max}\}, i \in \mathcal{N}$，其中 d_i 为 $\mathcal{T}_i$ 的输入数据大小，包括程序代码和输入参数；d_i^{out} 为任务计算完成后的输出大小；s_i 为完成 $\mathcal{T}_i$ 所需的 CPU 周期数；t_i^{max} 为 $\mathcal{T}_i$ 的时延容忍阈值。车辆卸载策略集合表示为 $\mathcal{A} = \{a_1, a_2, \cdots, a_N\}$，若 $a_i = 1$，则表示 v_i 将任务卸载至服务节点进行处理；若 $a_i = 0$，则表示 v_i 将在本地执行任务计算。

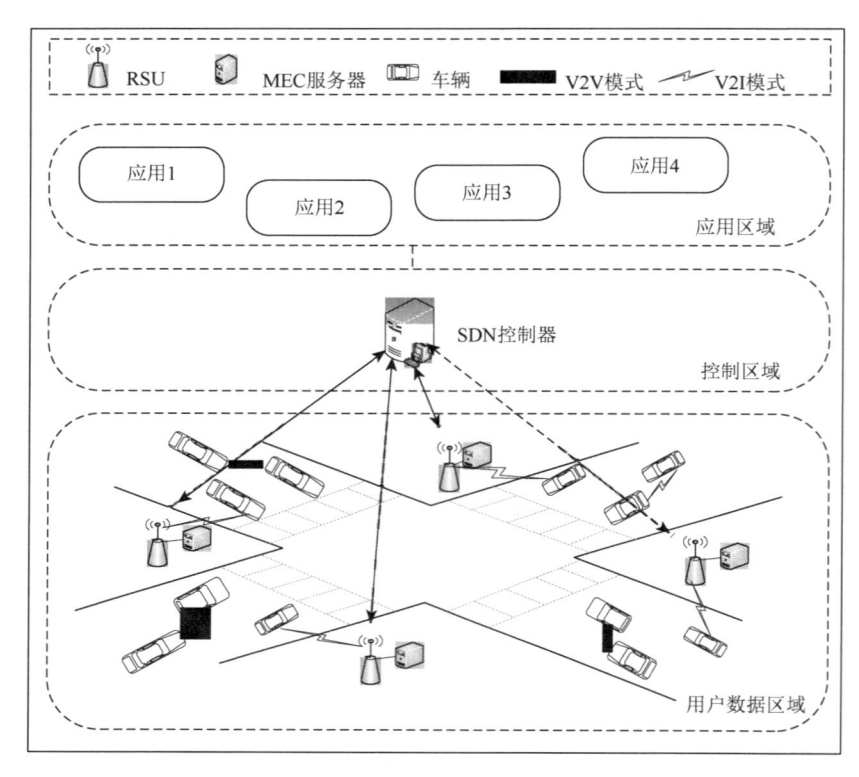

图 4.10　系统模型图

2. 通信模型

在基于 SDN 辅助的 MEC 车载网络架构中，用户数据区域的每个车辆 v_i 均可通过 RSU 将其计算任务 $\mathcal{T}_i$ 卸载到 MEC 服务器进行处理，也可卸载至邻近车辆执行计算，或者在本地执行其任务计算。为了有效地复用频谱资源，V2V 通信模式复用 V2I 通信模式的上行传输信道。因此，车辆 v_i 将任务卸载至服务节点 g_j 的过程中，在子信道 k 上的信号与干扰加噪声比（signal to interference plus noise ratio，SINR）可以表示为

$$\text{SINR}_{i,j}^k = \frac{p_i h_{i,j}^k}{N_0 + I_i^C + I_i^D} \tag{4.29}$$

式中，N_0 表示白高斯噪声功率；p_i 表示 v_i 的上行传输发送功率；$h_{i,j}^k$ 表示 v_i 与服务节点 g_j 在子信道 k 上的信道增益；I_i^C 表示 V2I 用户对 v_i 的干扰；I_i^D 表示 V2V 用户对 v_i 的干扰。

为了更好地描述信道分配状况，引入信道连接矩阵 C 与 C'，分别为 $N_C \times K$ 和 $N_D \times K$

的二元变量矩阵。其二元变量 $c_{x,k}$ 和 $c'_{y,k}$ 分别表示子信道 k 是否被分配给 V2I 用户 x 或 V2V 用户 y。若 $c_{x,k}=1$（$c'_{y,k}=1$），则表示子信道 k 被分配给用户 $x(y)$ 以进行上行数据传输；若 $c_{x,k}=0$（$c'_{y,k}=0$），则表示子信道 k 未被分配给用户 $x(y)$。

在 V2X 车载网络中，干扰环境复杂，不可避免地存在跨层干扰。对用户 v_i 来说，若选择的服务节点 g_j 为 MEC 服务器，则 I_i^C 和 I_i^D 可以分别表示为 $I_i^C = \sum_{x=1,x\neq i}^{N_C} c_{x,k} p_x h_{x,j}^k$ 和 $I_i^D = \sum_{y=1}^{N_D} c'_{y,k} p_y h_{y,j}^k$；若其选择的服务节点 g_j 为车辆，则选择 V2V 通信模式，I_i^C 和 I_i^D 可以分别表示为 $I_i^C = \sum_{x=1}^{N_C} c_{x,k} p_x h_{x,j}^k$ 和 $I_i^D = \sum_{y=1,y\neq i}^{N_D} c'_{y,k} p_y h_{y,j}^k$。其中 N_C 和 N_D 分别表示 V2I 通信模式和 V2V 通信模式的用户数量。

根据上述信息，车辆 v_i 至服务节点 g_j 的上行传输速率表示为

$$r_{i,j} = B\log_2(1+\text{SINR}_{i,j}^k) \tag{4.30}$$

3. 计算模型

假设每个任务请求车辆 v_i 均有一个计算任务 $\mathcal{T}_i$ 需要完成，并且 v_i 可以通过文献[40]的方法来获得任务信息。任务卸载计算或本地执行均会带来时延和能量消耗，接下来将具体讨论在不同任务处理方式下的时延和能耗计算模型。

1）本地计算

假设 f_i^l 为车辆 v_i 的计算能力，且不同车辆的计算能力各不相同，则在本地进行任务计算所需的时延为

$$t_i^{\text{local}} = \frac{s_i}{f_i^l} \tag{4.31}$$

根据文献[41]，本地执行任务时所需的能量消耗为

$$e_i^{\text{local}} = \kappa s_i (f_i^l)^2 \tag{4.32}$$

其中，κ 为能耗参数[42, 43]，设置为 $\kappa = 10^{-28}$。

通过以上分析，本地执行方案的总开销定义为

$$Z_i^{\text{local}} = \alpha t_i^{\text{local}} + \beta e_i^{\text{local}} \tag{4.33}$$

其中，α 与 β 分别表示时延和能耗的权重因子，且满足 $\alpha+\beta=1, 0\leq\alpha\leq 1, 0\leq\beta\leq 1$。

2）卸载计算

当车辆 v_i 选择将其计算任务卸载至服务节点 g_j 时，将不可避免地产生传输时延、传输能耗和计算时延。本节为了简化模型，省略了服务节点的计算能耗[44]。

其中，上行传输所消耗的时间为

$$t_i^{\text{trans}} = \frac{d_i}{r_{i,j}} \tag{4.34}$$

传输过程所需的能量消耗表示为

$$e_i^{\text{off}} = p_i t_i^{\text{trans}} \tag{4.35}$$

卸载传输以后，服务节点 g_j 将进行任务计算。计算过程所需的计算时延表示为

$$t_i^{\text{exe}} = \frac{s_i}{f_j^i} \tag{4.36}$$

其中，f_j^i 表示服务节点 g_j 分配给任务请求车辆 v_i 的计算资源（表征为每秒 CPU 周期）。

回程时延[45]表示为

$$t_i^{\text{down}} = \frac{d_i^{\text{out}}}{r_{i,j}} \tag{4.37}$$

基于以上分析，卸载计算方案的总开销表示为

$$Z_i^{\text{off}} = \alpha t_i^{\text{off}} + \beta e_i^{\text{off}} = \alpha(t_i^{\text{trans}} + t_i^{\text{exe}} + t_i^{\text{down}}) + \beta p_i t_i^{\text{trans}} \tag{4.38}$$

4. 问题描述

对于车辆 v_i，若需要完成任务 $\mathcal{T}_i$ 的计算，则计算总开销为

$$Z_i = (1 - a_i) Z_i^{\text{local}} + a_i Z_i^{\text{off}} \tag{4.39}$$

本节的优化目标为在 SDN 控制器中以系统效益最优为目标，获得最优卸载决策 $\mathcal{A}^*$、上行信道分配 $\mathcal{C}^*$、传输功率分配 $\mathcal{P}^*$ 和计算资源分配 $\mathcal{F}^*$，使得最小化系统开销。因此，将优化问题制定为

$$\min_{\mathcal{A},\mathcal{C},\mathcal{P},\mathcal{F}} Z(\mathcal{A},\mathcal{C},\mathcal{P},\mathcal{F}) = \sum_{i=1}^{N} (1 - a_i) Z_i^{\text{local}} + a_i Z_i^{\text{off}} \tag{4.40}$$

$$= \sum_{i=1}^{N} (1 - a_i) \left[\alpha \frac{s_i}{f_i^l} + \beta \kappa s_i (f_i^l)^2 \right] + a_i \left[\alpha \left(\frac{d_i}{r_{ij}} + \frac{s_i}{f_j^i} + \frac{d_i^{\text{out}}}{r_{ij}} \right) + \beta p_i \frac{d_i}{r_{ij}} \right]$$

s.t. $\text{C1}: a_i \in \{0,1\}, \forall i \in N$ \hfill (4.40a)

$\text{C2}: c_{i,k} \in \{0,1\}, \forall i \in N, k \in \mathcal{K}$ \hfill (4.40b)

$\text{C3}: c'_{i,k} \in \{0,1\}, \forall i \in N, k \in \mathcal{K}$ \hfill (4.40c)

$\text{C4}: 0 < p_i < p_{\max}, \forall i \in N$ \hfill (4.40d)

$\text{C5}: 0 \leq f_j^i \leq a_i F_j^{\max}, \forall i \in N$ \hfill (4.40e)

$\text{C6}: \sum_{i \in N} a_i f_j^i \leq F_j^{\max}, \forall i \in N, j \in M$ \hfill (4.40f)

$\text{C7}: \sum_{k=1}^{K} c_{i,k} \in \{0,1\}, \forall i \in N, k \in \mathcal{K}$ \hfill (4.40g)

$\text{C8}: \sum_{k=1}^{K} c'_{i,k} \in \{0,1\}, \forall i \in N, k \in \mathcal{K}$ \hfill (4.40h)

$\text{C9}: (1 - a_i) \frac{s_i}{f_i^l} + a_i \left(\frac{d_i}{r_{ij}} + \frac{s_i}{f_j^i} + \frac{d_i^{\text{out}}}{r_{ij}} \right) \leq t_{\max}, \forall i \in N$ \hfill (4.40i)

其中，f_j^i 为服务节点 g_j 分配给车辆 v_i 的计算资源；约束条件 C1 确定卸载决策为二元变

量，表示车辆可以将其卸载至服务节点计算或者在本地执行计算任务；C2 和 C3 表示信道分配矩阵元素是二进制变量；C4 固定了上行传输功率的变化范围；C5 和 C6 表示服务节点分配给任务请求车辆的计算资源为非负数值，且分配的计算资源之和不能超过服务节点的最大计算能力；C7 和 C8 表示任务请求车辆至多可以分配一个上行子信道；C9 表示时延控制，即无论本地计算还是卸载至服务节点进行任务处理，任务传输与计算所消耗的总时延不可超过任务所能容忍的最大时延。

整数约束 C1~C3 使得问题（4.40）成为一个混合整数非线性规划。由于该优化问题具有 NP 难性质和非凸性，求解困难且不切实际。因此，本节提出了一个联合任务卸载和资源分配机制。

4.4.2　任务调度策略和资源分配解决方案

本节介绍联合任务卸载和资源分配机制。JTORA 机制由三个子算法相互迭代组成，即层次聚类、势博弈和 Q 学习算法。层次聚类是根据任务偏好选择初始卸载节点。势博弈由于其有限改进性质而受到广泛关注并能取得较好的效果，因此将卸载策略建模为势博弈。利用 Q 学习算法获得传输功率控制、子信道分配和计算资源分配。

1. 基于层次聚类的通信模式选择

层次聚类作为机器学习中非监督学习的一类方法，可以灵活地控制不同层次的聚类粒度，能满足不同的应用场景。层次聚类算法[46]采用"自底向上"聚类的思路，能够保证距离近的对象被聚类到一个簇中。

在本节系统模型下结合车辆任务时延要求进行聚类，将其时延要求作为特征输入，最后输出划分簇列表。其中，距离度量函数采用平均连锁进行计算：

$$d_{\text{avg}}(h_i, h_j) = \frac{1}{|h_i||h_j|} \sum_{x_i \in h_i} \sum_{x_j \in h_j} d(x_i, x_j) \tag{4.41}$$

其中，$|h_i|$ 与 $|h_j|$ 表示簇类的样本个数；$d(x_i, x_j)$ 表示点 x_i 与 x_j 之间的欧氏距离。

通过层次聚类，将道路上的任务请求车辆进行模式分割。若车辆 v_i 为 V2I 模式，则选择本小区内 RSU 进行通信；若为 V2V 模式，则根据距离选择就近车辆为服务节点。通过模式选择，在初始阶段即为车辆选择较为合适的服务节点匹配。通信模式选择算法如算法 4.3 所示。

算法 4.3　通信模式选择算法

1：输入：车辆任务时延要求数据集 TD $= \{x_i\}$，聚类簇距离度量函数，聚类簇数量 $J = 2$；
2：输出：簇划分 $H = \{h_{\text{V2I}}, h_{\text{V2V}}\}$；
3：将数据集中的每一个对象生成一个簇，得到簇列表 $H = \{h_1, h_2, \cdots, h_N\}$；其中，每个簇只包含一个数据对象，即 $h_i = \{x_i\}$；
4：　while length(H) $\neq 0$　do

5:　　　根据距离度量函数（4.40）计算其距离，在簇列表 H 中找出距离最近的两个簇 $\min\{TD(h_i,h_j)\}$；
6:　　　合并簇 h_i 与 h_j，形成新的簇；
7:　　　在簇列表 H 中删除簇 h_i 与 h_j，并添加簇 $h(i+j)$；
8:　end while
9:　if　$v_i \in h_{V2I}$
10:　　　$g_j = RSU_m$，其中 v_i 距离 v_j 最近；
11:　else
12:　　　$g_j = v_j$，其中 v_i 距离 v_j 最近；
13:　end if

2. 卸载博弈建模

对于一个势博弈存在性质，任何异步更新过程必须是有限的，并收敛于纳什均衡（Nash equilibrium，NE）。将 JTORA 机制卸载决策建模为势博弈，表示为 $G=\{\mathcal{N},(a_i)_{i\in N},(u_i)_{i\in N}\}$，其中，$\mathcal{N}$ 为任务请求车辆集合，a_i 为 v_i 的卸载决策，u_i 为 v_i 的代价函数。

在 JTORA 博弈模型中，每个任务请求车辆均为一个资源竞争者，因此存在 N 辆车竞争网络内的有限资源，每辆车都可以选择卸载计算或者本地执行其任务计算。其中，$a_i \in \{0,1\}$ 为 v_i 的卸载决策，$\mathcal{A}$ 为所有任务请求车辆的卸载决策集合，$a_i=1$ 表示 v_i 将卸载其计算任务至选定的卸载节点进行计算，$a_i=0$ 则表示 v_i 将在本地执行其任务。当 v_i 的卸载决策为 a_i 时，其代价函数表示为 $u_i(a_i,a_{-i})$，其中 a_{-i} 表示除 v_i 以外的任务请求车辆的卸载决策集合。每辆车都希望通过恰当的卸载决策来最小化其自身开销，如式（4.42）所示：

$$\min_{a_i \in \{0,1\}} u_i(a_i,a_{-i}) = (1-a_i)Z_i^{local} + a_i Z_i^{off} \quad (4.42)$$

势博弈收敛于纳什均衡，意味着不存在任何玩家有更改当前卸载决策的动机。具体描述如下。

定义 4.1: 在博弈 $G=\{a_1,a_2,\cdots,a_N:u_1,u_2,\cdots,u_N\}$ 中，存在一个策略集合 $\mathcal{A}^*=\{a_1^*,a_2^*,\cdots,a_N^*\}$ 使得所有参与者均没有偏离现有策略的动机，则称 $\mathcal{A}^*$ 为 G 的一个纳什均衡，即

$$u_i(a_i^*,a_{-i}^*) \leqslant u_i(a_i,a_{-i}^*), \quad a_i \in \{0,1\}, i \in N \quad (4.43)$$

纳什均衡的自稳定性使得处于平衡状态的参与者可以获得一个双方均满意的策略，因此所有参与者均没有偏离平衡点的动机[47]。由于每一个任务请求车辆都满足自身理性与利己性，因此均以最小化自身计算代价为目标。

卸载策略制定以后，Q 学习将进行通信和计算资源分配，以降低系统开销。

3. 基于 Q 学习的通信与计算资源分配

Q 学习是一种典型的强化学习方法，具有收敛性，能够使代理在给定的环境下学习最优策略[36]。将每个请求车辆视作一个代理，状态、动作、奖励设置如下。

状态：包括三个部分 $s=(t_c,h_c,f_c)$。t_c 为当前系统总开销，即 $t_c = Z_{all}$；h_c 定义为当

前信道分配状态；f_c 定义为当前服务节点的有效计算资源。

动作：包括三个部分，表示为信道、功率和计算资源矩阵的集合 $at = [ch, p, cr]$。

奖励：在 t 时刻，代理 v_i 在执行每一个可能的动作 at 后，在一定的状态 s 下会得到一个奖励 $r_i^t = \dfrac{\hat{Z}_{i,t}^{\text{off}}}{Z_{i,t}^{\text{off}}}$，其中，$Z_{i,t}^{\text{off}}$ 为卸载车辆 v_i 在 t 迭代时刻的卸载开销，$\hat{Z}_{i,t}^{\text{off}}$ 为卸载车辆 v_i 在 t 迭代时刻的无干扰卸载开销。

Q 学习采用 Q 函数作为评价函数，并将其定义为状态-动作值函数，利用 Bellman 最优性方程给出最大化总期望收益的最优策略 π^* [48-50]：

$$Q^\pi(s, at) = \mathbb{E}^\pi \left[r(s'|s, at) + \gamma \max_{at'} Q(s', at') \Big| s_0 = s, at_0 = at \right] \quad (4.44)$$

其中，$\gamma(0 < \gamma < 1)$ 为折扣因子，表示未来收益对于当前收益的重要性。若其趋近于 0，则表示代理倾向于考虑即时回报。如果趋近于 1，则意味着代理更关注未来收益。

其最优策略表示为

$$\pi^* = \arg\max_{at} Q^\pi(s, at) \quad (4.45)$$

在迭代过程中，需要对 Q 值进行更新，但是无法遍历所有状态-动作对，因此通过学习速率 μ 对有限样本进行操作。Q 值的更新公式则可以表示为

$$\hat{Q}_{t+1}(s, at) \leftarrow (1 - \mu)\hat{Q}_t(s, at) + \mu \left(r + \gamma \max_{at'} \hat{Q}_t(s', at') \right) \quad (4.46)$$

其中，$\mu(0 \leqslant \mu \leqslant 1)$ 为学习速率，表示当前学习知识对之前学习知识的影响。

迭代过程中的动作选择通过 ε-greedy 贪婪算法来实现[42]。其中，每辆车的行为表示为信道、功率和计算资源矩阵，即

$$at_i = [ch_i, p_i, cr_i] \quad (4.47)$$

动作选择机制可以表示为

$$at_i = \begin{cases} \arg\max_{i \in N} \hat{Q}(s_i, at_i), & 1 - \varepsilon \\ \text{随机}, & \text{其他} \end{cases} \quad (4.48)$$

ε-greedy 机制中每一个动作都有非零的概率被选择，随机选择行为的概率是 ε，选择与最大 Q 值相关的动作的概率则是 $1 - \varepsilon$。Q 学习资源分配算法如算法 4.4 所示。

算法 4.4　Q 学习资源分配算法

1：输入：学习速率 μ，折扣因子 γ，贪婪系数 ε，最大收敛次数 E，卸载车辆集合 $\hat{N}$，服务节点状态信息；
2：输出：车辆开销 Z_i^{off}；
3：初始化：$t = 0$，$Q(s, at) = 0$
4：while $t < E$ do
5：　　根据时延要求顺序排列车辆；
6：　　for $i = 0 : \hat{N}$ do
7：　　　　根据式（4.48）选择动作；

8:　　　根据式（4.46）更新 Q 矩阵；
9:　　　$s \leftarrow s'$；
10:　　$t = t+1$；
11:　end for
12: end while

4. 纳什均衡证明

定义 4.2：若一个势博弈 $G=\{\mathcal{N},(a_i)_{i\in N},(u_i)_{i\in N}\}$ 遵从势函数 $\zeta(\mathcal{A})$，满足式（4.49），则此博弈为完全势博弈。

$$u_i(a_i, a_{-i}) - u_i(a_i', a_{-i}) = \zeta_i(a_i, a_{-i}) - \zeta_i(a_i', a_{-i}), \quad i \in N, a_i, a_i' \in \mathcal{A}, a_{-i} \in \mathcal{A} \setminus a_i \quad (4.49)$$

定理 4.1：JTORA 博弈模型是一个完全势博弈，并且总是存在纳什均衡，满足有限改进性质。其遵从的势函数 $\zeta(\mathcal{A})$ 为

$$\zeta(\mathcal{A}) = (1-a_i)\left\{\sum_{i'\neq i}^{N}\left[\frac{d_{i'}(\alpha+\beta p_{i'})+\alpha d_{i'}^{\text{out}}}{B\log_2\left(1+\frac{p_{i'}h_{i'}}{N_0+I_{i'}^C+I_{i'}^D+p_ih_i}\right)}+\alpha t_{i'}^{\text{exe}}\right]+Z_i^{\text{local}}\right\}+a_i\sum_{i=1}^{N}Z_{i'}^{\text{off}} \quad (4.50)$$

证明：根据式（4.50），可以得到

$$\zeta(0, a_{-i}) = \sum_{i'\neq i}^{N}\left[\frac{d_{i'}(\alpha+\beta p_{i'})+\alpha d_{i'}^{\text{out}}}{B\log_2\left(1+\frac{p_{i'}h_{i'}}{N_0+I_{i'}^C+I_{i'}^D+p_ih_i}\right)}+\alpha t_{i'}^{\text{exe}}\right]+Z_i^{\text{local}} \quad (4.51)$$

$$\begin{aligned}\zeta(1, a_{-i}) &= \sum_{i=1}^{N}Z_i^{\text{off}} = Z_i^{\text{off}} + \sum_{i'\neq i}^{N}Z_{i'}^{\text{off}} \\ &= Z_i^{\text{off}} + \sum_{i'\neq i}^{N}\left[\frac{d_{i'}(\alpha+\beta p_{i'})+\alpha d_{i'}^{\text{out}}}{B\log_2\left(1+\frac{p_{i'}h_{i'}}{N_0+I_{i'}^C+I_{i'}^D+p_ih_i}\right)}+\alpha t_{i'}^{\text{exe}}\right]\end{aligned} \quad (4.52)$$

由式（4.52）可得

$$u(0, a_{-i}) = Z_i^{\text{local}} \quad (4.53)$$

$$u(1, a_{-i}) = Z_i^{\text{off}} \quad (4.54)$$

因此，联系式（4.53）和式（4.54）可得

$$u(0, a_{-i}) - u(1, a_{-i}) = Z_i^{\text{local}} - Z_i^{\text{off}} \quad (4.55)$$

组合式（4.51）和式（4.52）可知：

$$\zeta(0,a_{-i}) - \zeta(1,a_{-i}) = \left(\sum_{i' \neq i}^{N} \left[\frac{d_{i'}(\alpha + \beta p_{i'}) + \alpha d_{i'}^{\text{out}}}{B \log_2 \left(1 + \frac{p_{i'} h_{i'}}{N_0 + I_{i'}^C + I_{i'}^D + p_i h_i}\right)} + \alpha t_{i'}^{\text{exe}} \right] + Z_i^{\text{local}} \right)$$

$$- \left(Z_i^{\text{off}} + \sum_{i' \neq i}^{N} \left[\frac{d_{i'}(\alpha + \beta p_{i'}) + \alpha d_{i'}^{\text{out}}}{B \log_2 \left(1 + \frac{p_{i'} h_{i'}}{N_0 + I_{i'}^C + I_{i'}^D + p_i h_i}\right)} + \alpha t_{i'}^{\text{exe}} \right] \right) \quad (4.56)$$

$$= Z_i^{\text{local}} - Z_i^{\text{off}}$$

因此，根据式（4.55）和式（4.56）可得

$$u(0,a_{-i}) - u(1,a_{-i}) = \zeta(0,a_{-i}) - \zeta(1,a_{-i}) \quad (4.57)$$

$$u(1,a_{-i}) - u(0,a_{-i}) = \zeta(1,a_{-i}) - \zeta(0,a_{-i}) \quad (4.58)$$

基于上述信息，JTORA 博弈模型为一个完全势博弈，满足式（4.50）表示的势函数，因此至少存在一个纯策略纳什均衡并具有有限改进性质，这意味着车辆卸载决策可以达到一个有效的平衡，即任何车辆的单方面改变现有卸载决策都不会使得自身开销进一步降低。

5. 联合优化机制总结

JTORA 机制将初始卸载策略设置为全卸载，即所有车辆将其计算任务卸载至每个请求车辆通过层次聚类选择的服务节点。然后计算本地计算开销，通过 Q 学习得到相应的卸载代价。由于车辆均满足自身理性与利己主义，都希望能够降低自身任务计算的成本，因此每辆车将自身计算成本和卸载成本的差异作为权衡标准，以此来修改卸载决策 $\mathcal{A}$。之后进入循环阶段，逐次检查卸载策略中的零元素，重新分配最优资源，直到所有的车辆没有改变现有决策的动机。联合任务卸载与资源分配机制如算法 4.5 所示。

算法 4.5 联合任务卸载与资源分配机制

1：输入：任务请求车辆数量 N，服务节点数量 M，初始卸载决策集合 $\mathcal{A}_0$，$\mathcal{T}_i$，b，k，α，β，μ，γ；
2：输出：$\mathcal{A}^*$，$\mathcal{C}^*$，$\mathcal{P}^*$，$\mathcal{F}^*$，$\mathcal{Z}^*$；
3：初始化：$\mathcal{A}_0 = 1$；
4：for $i = 1:N$ do
5：　　层次聚类，以确定通信模式；
6：　　计算 Z_i^{local}；
7：　　通过 Q 学习获得 Z_i^{off}；
8：　　if $Z_i^{\text{off}} > Z_i^{\text{local}}$
9：　　　　$a_i = 0$；
10：　　else
11：　　　　$a_i = 1$；
12：　　end if
13：　　更新 $\mathcal{A}$；
14：end for

```
15:  while  𝒜 ≠ 𝒜₀  do
16:      𝒜 → 𝒜₀ ;
17:      for  i = 1 : N  do
18:          aᵢ =1 ;
19:          通过 Q 学习获得 Zᵢ^off ;
20:          if  Zᵢ^off > Zᵢ^local
21:              aᵢ =0 ;
22:          else
23:              aᵢ =1 ;
24:          end if
25:          更新 𝒜 ;
26:      end for
27:  end while
```

4.4.3 仿真验证与性能评估

本小节对本节所提机制进行仿真分析，通过 MATLAB 仿真平台对 SDN 和 MEC 环境下的 V2X 卸载与资源分配机制进行验证，给出了仿真结果，并评估了所提出机制的性能。本节在 IEEE 802.11p 标准和 MEC 白皮书的背景下展开，采用 3GPP 标准化中提出的信道增益模型。考虑路边有两个小区，每个小区均配备有 RSU 和 MEC 服务器，RSU 的覆盖半径为 250 m。信道带宽为 20 MHz，高斯白噪声功率为 $N_0 = -60$ dBm，时延与能耗的权重因子设置为 $\alpha = \beta = 0.5$，车辆 v_i 的计算能力变换范围为 $f_i^l \in [0.7,1]$ GHz，MEC 服务器的计算能力为 $F_j^{max} = 4$ GHz，车辆 v_i 的最大发射功率 $p_{max} = 20$ dBm，任务计算大小变化范围为 $d_i \in [400,500]$ KB，计算任务所需 CPU 周期数取值范围为 $s_i \in [1200,2000]$ Megacycles，上行传输信道数量为 10，单小区车辆数量设置为 18。

为了评估当前提出机制的性能，将其与其他几种算法进行比较，如所有本地计算机制（all local computing mechanism，ALCM）、全卸载计算机制（all offloading computing mechanism，AOCM）、无聚类的 Q 学习资源分配机制（Q-learning resource allocation without clustering，QRNC）、基于干扰管理的资源分配机制（joint computation offloading and interference management，JCOIM）、初始节点筛选但随机资源分配机制（agglomerative clustering with random resource allocation，ARRA）、多用户计算卸载机制（multi-user computation offloading，MCO）。

图 4.11 为基于层次聚类的通信模式选择图，将车辆通过层次聚类来进行模式分割，以确定其为 V2I 通信模式还是 V2V 通信模式。可以看出，距离 RSU 较远的车辆由于其时延需求更倾向于进行 V2V 通信模式，而距离 RSU 距离较近的用户，根据其对计算能力的需求选择 V2I 通信模式。此外部分车辆由于其对时延要求高于计算能力需求，因此选择 V2V 通信模式，如图 4.11（b）中圆圈处。

图 4.12 显示了任务大小与系统总开销的关系。随着数据大小的增加，卸载所消耗的传输时间、计算时间和计算能耗相应增加，系统开销逐步增长。本节 JTORA 机制在任务数据变化的情况下仍能取得较好的效果，原因在于：ARRA 由于其随机资源分配而未对

(a) 聚类前车辆分布图   (b) 聚类后车辆分布图

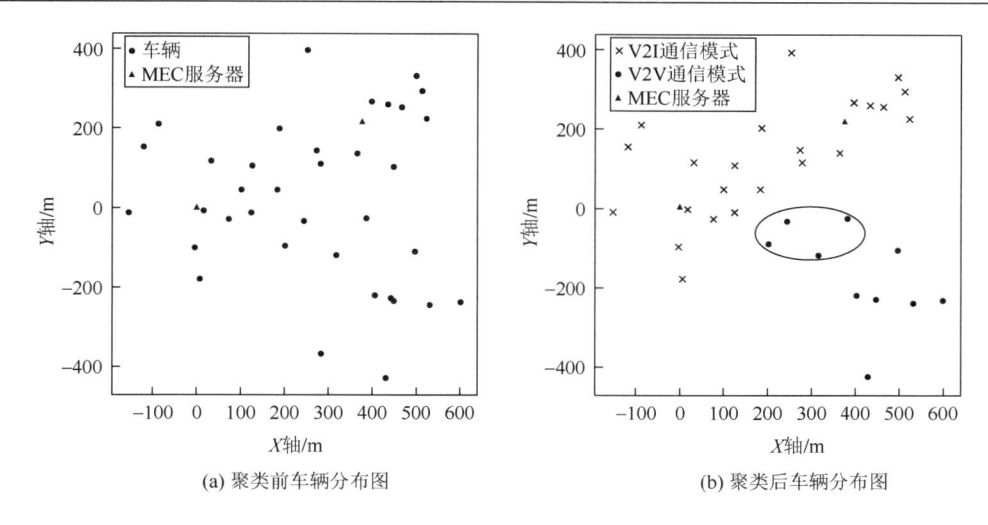

图 4.11　基于层次聚类的通信模式选择图

资源进行有效管理，从而带来较大干扰，使得性能较差；JCOIM 应用于本节场景，由于其忽略功率分配对系统开销的影响，从而效果稍有不理想；AOCM 即使对资源进行了合理分配，但是由于其全卸载机制带来信道干扰，因此随着任务量增长而导致系统开销逐渐增大。本书基于 SDN 辅助的 JTORA 机制由于其有效的卸载与资源管理，使得系统开销降低，同时可以看出卸载任务的数据量越大，从卸载计算中获得的时延和能耗收益就越大。

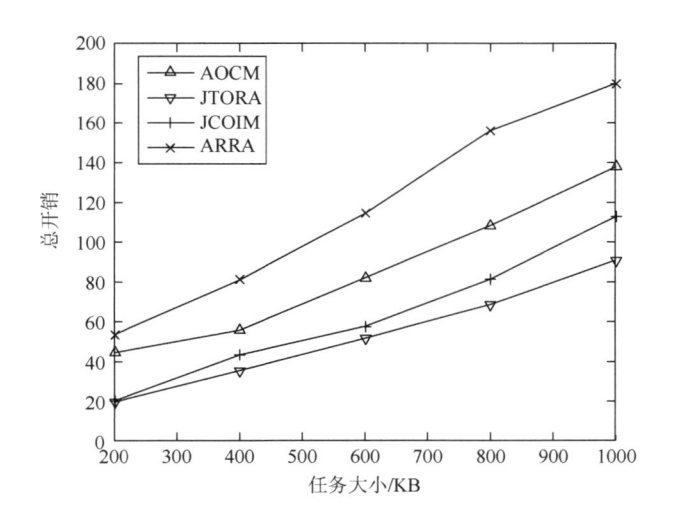

图 4.12　任务大小与系统总开销关系图

图 4.13 显示了车辆数量与系统总开销之间的关系。车辆用户增加，带来时延与能耗增加，因此系统开销均不断增长。当车辆数量较少时，因为信道数量足够，信道间相互干扰较小，所以几种算法的性能接近。随着车辆的增加，信道复用使得干扰逐渐严重，

这些机制之间的性能差异逐渐明显。其中，JTORA 的增长趋势最慢，原因在于车辆本身计算能力有限，随着数据量逐渐增大，ALCM 曲线快速增长；MCO 方案只关注移动云计算中的卸载策略，不涉及动态资源分配；JCOIM 忽略了传输功率对于系统开销的影响；而 JTORA 不仅执行卸载决策，还进行通信与计算资源的分配，能够有效管理资源，降低系统开销。与其他几种算法相比，本节 JTORA 机制能取得较好的效果。

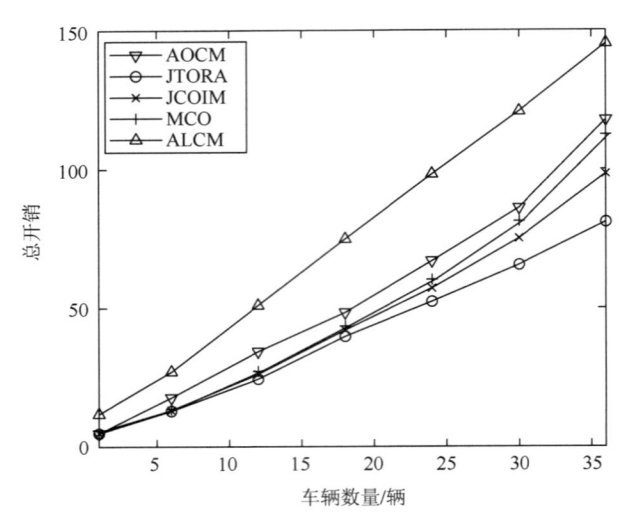

图 4.13　车辆数量与系统总开销关系图

图 4.14 显示了算法的收敛性。随着迭代次数的增加，系统开销逐渐趋于稳定，算法收敛。AOCM 和本节提出的 JTORA 机制经过约 600 次迭代后趋于收敛，而 QRNC 在约 800 次迭代后收敛。这是因为在选择初始卸载节点时，使用层次聚类可以选择一个相对满意的服务节点，从而使服务请求者在初始阶段获得一定的满意度，因此可以加快收敛。

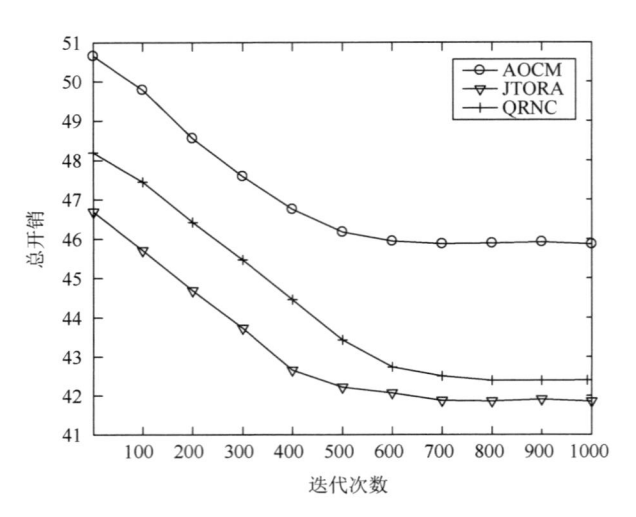

图 4.14　算法收敛图

图 4.15 显示了信道数量和系统总开销之间的关系。随着信道数量的增加,干扰逐渐减小,带来传输时延的降低,从而使得系统开销逐渐减少。由于 AOCM 受信道数量的影响较大,对于信道干扰更加敏感,因此 AOCM 曲线相比 JTORA 曲线下降速度更快。MCO 机制由于其仅考虑卸载决策的优化,却未曾考虑资源分配,所以随着信道数量增加,干扰减小,车辆更倾向于卸载计算,因此在信道数量大于 19 时,MCO 机制开销略大于 AOCM。由此可以看出,本节基于 SDN 辅助的 JTORA 机制能够更加灵活地管理资源,控制卸载流量,保证资源有效利用,降低系统开销。

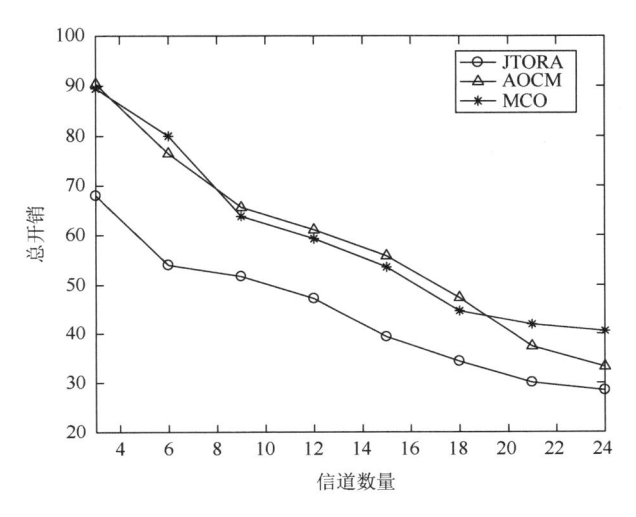

图 4.15 信道数量与系统总开销关系图

图 4.16 显示了通信模式与系统总开销的关系。车辆数量增加,意味着更多的任务需要被执行,网络资源竞争加重,因此两种通信模式的系统开销均持续增长。车辆数量较

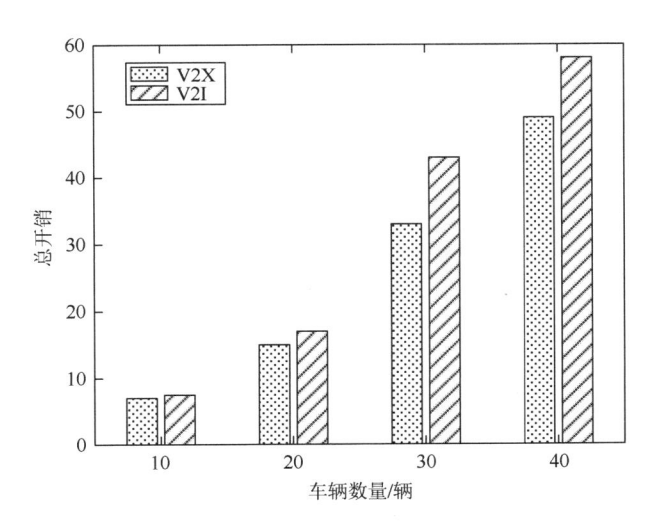

图 4.16 通信模式与系统总开销关系图

小时，两种通信模式的差距并不明显，这是因为在计算压力不大时，MEC 服务器可以胜任所有的计算服务。随着车辆数量增加，V2X 通信模式的优势逐渐显现。由于 MEC 服务器计算能力有限，当任务繁重时，资源竞争变大，开销增长幅度较大。V2X 通信模式可以灵活利用周围车辆的闲置资源，提高资源利用率，使得任务就近处理，可以有效节省时延和能量消耗。

4.5 本章小结

本章首先介绍任务的概念和任务调度模型，分析任务调查的性能指标和任务调度技术。然后提出基于任务优先级的任务调度机制，该机制能够满足车联网络中任务卸载对低时延、低能耗的需求，帮助用户进行更加合理的卸载对象选择。基于任务多样性的属性基础，定义了关于重要度的概念和数学模型，并在此基础上设计了关于任务调度机制的算法。仿真结果表明，本节所提出的 SDN-V 策略在优化时延和能耗方面效果明显。最后提出基于 V2X 通信模式选择的任务调度机制，该机制通过考虑车载网络复杂的网络环境，构建了一种基于 SDN 辅助的 MEC 车载网络架构，通过引入 SDN 控制器，可灵活管理网络资源，易于收集车辆状态信息，应用程序可以选择合适的无线接口进行数据传输。在此基础上，提出了一种基于 MEC 的 V2X 任务调度和资源分配机制，通过初始卸载节点的选择、计算卸载决策、无线资源和计算资源的合理分配来最小化系统开销。仿真结果表明，该机制在不同参数变化下均能取得较好效果。

参 考 文 献

[1] He L G, Zou D Q, Zhang Z, et al. Developing resource consolidation frameworks for moldable virtual machines in clouds[J]. Future Generations Computer Systems，2014，32（C）：69-81.

[2] Zhu X M, Chen C, Yang L T, et al. ANGEL：agent-based scheduling for real-time tasks in virtualized clouds[J]. IEEE Transactions on Computers，2015，64（12）：3389-3403.

[3] Mao X J, Li C L, Yan W, et al. Optimal scheduling algorithm of MapReduce tasks based on QoS in the hybrid cloud[C]//2016 17th International Conference on Parallel and Distributed Computing，Applications and Technologies（PDCAT）. December 16-18，2016. Guangzhou，China. IEEE，2016：119-124.

[4] Wilczyński A, Kołodziej J. Modelling and simulation of security-aware task scheduling in cloud computing based on Blockchain technology[J]. Simulation Modelling Practice and Theory，2020，99：102038.

[5] Sheikh H F, Ahmad I, Fan D R. An evolutionary technique for performance-energy-temperature optimized scheduling of parallel tasks on multi-core processors[J]. IEEE Transactions on Parallel and Distributed Systems，2016，27（3）：668-681.

[6] Bleuse R, Kedad-Sidhoum S, Monna F, et al. Scheduling independent tasks on multi-cores with GPU accelerators[J]. Concurrency and Computation：Practice & Experience，2015，27（6）：1625-1638.

[7] Pathan R, Voudouris P, Stenström P. Scheduling parallel real-time recurrent tasks on multicore platforms[J]. IEEE Transactions on Parallel and Distributed Systems，2018，29（4）：915-928.

[8] Liu N B, Liu M, Lou W, et al. PVA in VANETs：stopped cars are not silent[C]//2011 Proceedings IEEE INFOCOM. April 10-15，2011. Shanghai，China. IEEE，2011：431-435.

[9] Wang C, Li Y, Jin D P, et al. On the serviceability of mobile vehicular cloudlets in a large-scale urban environment[J]. IEEE Transactions on Intelligent Transportation Systems，2016，17（10）：2960-2970.

[10] Liu Y J, Wang S G, Huang J, et al. A computation offloading algorithm based on game theory for vehicular edge networks[C]//2018 IEEE International Conference on Communications (ICC). May 20-24, 2018. Kansas City, MO. IEEE, 2018: 1-6.

[11] Huang X M, Li P C, Yu R. Social welfare maximization in container-based task scheduling for parked vehicle edge computing[J]. IEEE Communications Letters, 2019, 23 (8): 1347-1351.

[12] Li J P, Zheng G W, Zhang H B, et al. Task scheduling algorithm for heterogeneous real-time systems based on deadline constraints[C]//2019 IEEE 9th International Conference on Electronics Information and Emergency Communication (ICEIEC). July 12-14, 2019. Beijing, China. IEEE, 2019: 113-116.

[13] Alshathri S. Contemporary perception of task scheduling techniques in cloud: a review[C]//2018 2nd European Conference on Electrical Engineering and Computer Science (EECS). December 20-22, 2018. Bern, Switzerland. IEEE, 2018: 201-205.

[14] Panwar N, Rauthan M S. Analysis of various task scheduling algorithms in cloud environment: review[C]//2017 7th International Conference on Cloud Computing, Data Science & Engineering - Confluence. January 12-13, 2017. Noida, India. IEEE, 2017: 255-261.

[15] Nager S K, Gill N S. An improved shortest job first scheduling algorithm to decrease starvation in cloud computing[J]. International Journal of Computer Science and Mobile Computing (IJCSMC), 2016, 5 (8): 155-161.

[16] Sasaki K, Suzuki N, Makido S, et al. Layered vehicle control system coordinated between multiple edge servers[C]//2017 IEEE Conference on Network Softwarization (NetSoft). July 3-7, 2017. Bologna, Italy. IEEE, 2017: 1-5.

[17] Yu Y F. Mobile edge computing towards 5G: vision, recent progress, and open challenges[J]. China Communications, 2016, 13 (Supplement 2): 89-99.

[18] 鲍楠, 左加阔, 胡晗, 等. 基于SDN的网络资源选择多目标优化算法[J]. 通信学报, 2019, 40 (2): 51-59.

[19] Li B Z, Zhao X H, Han S Y, et al. New SDN-based architecture for integrated vehicular cloud computing networking[C]//2018 International Conference on Selected Topics in Mobile and Wireless Networking(MoWNeT). June 20-22, 2018. Tangier. IEEE, 2018: 1-4.

[20] 彭鑫, 邓清勇, 田淑娟, 等. 多信道车联网V2R/V2V数据传输调度算法[J]. 通信学报, 2019, 40 (3): 92-101.

[21] Zhang K, Mao Y M, Leng S P, et al. Delay constrained offloading for Mobile Edge Computing in cloud-enabled vehicular networks[C]//2016 8th International Workshop on Resilient Networks Design and Modeling(RNDM). September 13-15, 2016. Halmstad, Sweden. IEEE, 2016: 288-294.

[22] 田辉, 范绍帅, 吕昕晨, 等. 面向5G需求的移动边缘计算[J]. 北京邮电大学学报, 2017, 40 (2): 1-10.

[23] MacHardy Z, Khan A, Obana K, et al. V2X access technologies: regulation, research, and remaining challenges[J]. IEEE Communications Surveys & Tutorials, 2018, 20 (3): 1858-1877.

[24] Liu J Q, Wan J F, Zeng B, et al. A scalable and quick-response software defined vehicular network assisted by mobile edge computing[J]. IEEE Communications Magazine, 2017, 55 (7): 94-100.

[25] 邵雯娟, 沈庆国. 软件定义的D2D和V2X通信研究综述[J]. 通信学报, 2019, 40 (4): 179-194.

[26] 陈兴蜀, 滑强, 王毅桐, 等. 云环境下SDN网络低速率DDoS攻击的研究[J]. 通信学报, 2019, 40 (6): 210-222.

[27] Hu F, Hao Q, Bao K. A survey on software-defined network and OpenFlow: from concept to implementation[J]. IEEE Communications Surveys & Tutorials, 2014, 16 (4): 2181-2206.

[28] Zhang K, Mao Y M, Leng S P, et al. Mobile-edge computing for vehicular networks: a promising network paradigm with predictive off-loading[J]. IEEE Vehicular Technology Magazine, 2017, 12 (2): 36-44.

[29] Deng M F, Tian H, Lyu X C. Adaptive sequential offloading game for multi-cell Mobile Edge Computing[C]//2016 23rd International Conference on Telecommunications (ICT). May 16-18, 2016. Thessaloniki, Greece. IEEE, 2016: 1-5.

[30] Li L J, Zhou H M, Xiong S X, et al. Compound model of task arrivals and load-aware offloading for vehicular mobile edge computing networks[J]. IEEE Access, 2019, 7: 26631-26640.

[31] Yang L C, Zhang H L, Li M, et al. Mobile edge computing empowered energy efficient task offloading in 5G[J]. IEEE Transactions on Vehicular Technology, 2018, 67 (7): 6398-6409.

[32] Dinh T Q, Tang J H, La Q D, et al. Offloading in mobile edge computing: task allocation and computational frequency scaling[J]. IEEE Transactions on Communications, 2017: 65 (8): 3571–3584.

[33] Zhang W Y, Zhang Z J, Zeadally S, et al. Efficient task scheduling with stochastic delay cost in mobile edge computing[J]. IEEE Communications Letters, 2019, 23 (1): 4-7.

[34] Tran T X, Pompili D. Joint task offloading and resource allocation for multi-server mobile-edge computing networks[J]. IEEE Transactions on Vehicular Technology, 2019, 68 (1): 856-868.

[35] Mao Y Y, Zhang J, Letaief K B. Joint task offloading scheduling and transmit power allocation for mobile-edge computing systems[C]//2017 IEEE Wireless Communications and Networking Conference(WCNC). March 19-22, 2017. San Francisco, CA, USA. IEEE, 2017: 1-6.

[36] Chen M, Hao Y X. Task offloading for mobile edge computing in software defined ultra-dense network[J]. IEEE Journal on Selected Areas in Communications, 2018, 36 (3): 587-597.

[37] Wan J F, Tang S L, Shu Z G, et al. Software-defined industrial Internet of Things in the context of industry 4.0[J]. IEEE Sensors Journal, 2016, 16 (20): 7373-7380.

[38] Huang X M, Yu R, Kang J W, et al. Exploring mobile edge computing for 5G-enabled software defined vehicular networks[J]. IEEE Wireless Communications, 2017, 24 (6): 55-63.

[39] Huang C M, Chiang M S, Dao D T, et al. V2V data offloading for cellular network based on the software defined network (SDN) inside mobile edge computing (MEC) architecture[J]. IEEE Access, 2018, 6: 17741-17755.

[40] 李萌, 司鹏搏, 孙恩昌, 等. 基于车联网和移动边缘计算的时延可容忍数据传输[J]. 北京工业大学学报, 2018, 44 (4): 529-537.

[41] Wang C M, Yu F R, Liang C C, et al. Joint computation offloading and interference management in wireless cellular networks with mobile edge computing[J]. IEEE Transactions on Vehicular Technology, 2017, 66 (8): 7432-7445.

[42] Yang L, Cao J N, Tang S J, et al. A framework for partitioning and execution of data stream applications in mobile cloud computing[J]. ACM SIGMETRICS Performance Evaluation Review, 2013, 40 (4): 23-32.

[43] Li T Z, Wu M Q, Zhao M. Consumption considered optimal scheme for task offloading in mobile edge computing[C]//2016 23rd International Conference on Telecommunications (ICT). May 16-18, 2016. Thessaloniki, Greece. IEEE, 2016: 1-6.

[44] Guo S T, Xiao B, Yang Y Y, et al. Energy-efficient dynamic offloading and resource scheduling in mobile cloud computing[C]//IEEE INFOCOM 2016 - The 35th Annual IEEE International Conference on Computer Communications. ACM, 2016: 1-9.

[45] Wen Y G, Zhang W W, Luo H Y. Energy-optimal mobile application execution: Taming resource-poor mobile devices with cloud clones[C]/2012 Proceedings IEEE INFOCOM. March 25-30, 2012. Orlando, FL, USA. IEEE, 2012: 2716-2720.

[46] Pham V Q, LeAnh T, Tran N H, et al. Decentralized computation offloading and resource allocation for mobile-edge computing: A matching game approach networks with mobile edge computing[J]. IEEE Access, 2018, 6: 75868-75885.

[47] Liu A N, Su Y T, Nie W Z, et al. Hierarchical clustering multi-task learning for joint human action grouping and recognition[J]. IEEE Transactions on Pattern Analysis and Machine Intelligence, 2017, 39 (1): 102-114.

[48] Zhang J, Xia W W, Yan F, et al. Joint computation offloading and resource allocation optimization in heterogeneous networks with mobile edge computing[J]. IEEE Access, 2018, 6: 19324-19337.

[49] 林晓升. 基于强化学习的缓存策略研究[D]. 广州: 广州大学, 2019.

[50] Yang T Y, Hu Y L, Gursoy M C, et al. Deep reinforcement learning based resource allocation in low latency edge computing networks[C]//2018 15th International Symposium on Wireless Communication Systems (ISWCS). August 28-31, 2018. Lisbon. IEEE, 2018: 1-5.

第 5 章　车联网中基于 MEC 的移动性管理研究

5.1　车联网中基于 MEC 的移动性问题描述

5.1.1　基站间切换问题

由于车载节点的高速移动会导致网络拓扑频繁变化，无线链路质量急剧下降，车联网中的信息传输随时可能会中断。故当车辆用户离开原始 MEC 主机的服务区域时，需要将服务切换到新的 MEC 主机上。同时，当车辆用户驶出该车载云或者路边单元云的覆盖范围时，为了保证服务的连续性，需要做虚拟机（virtual machine，VM）迁移。因此，小区间的切换和 VM 迁移是重要的研究对象，也是衡量系统性能的重要标准。

当车辆用户进行任务卸载时，由于车辆高速行驶，将会出现用户连接不上基站的情况，导致服务不连续，从而影响用户体验。针对这种情况，提出了移动性管理。移动性管理可分为小区间切换和 VM 迁移两个过程。如图 5.1 所示，当移动用户在同一个边缘云不同 RSU 之间移动时，需要进行小区间的切换，如果在不同的边缘云之间移动，则需要进行 VM 迁移来保证服务的连续性。

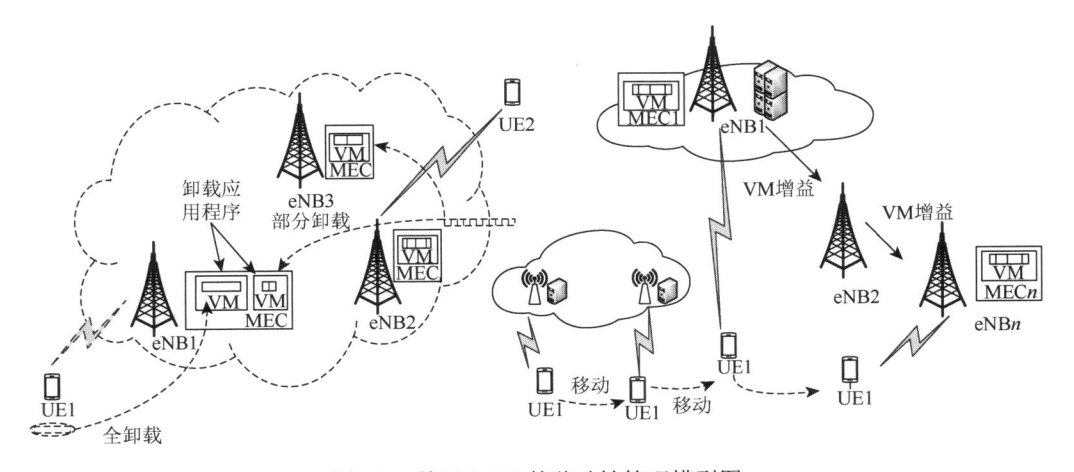

图 5.1　基于 MEC 的移动性管理模型图

5.1.2　任务迁移问题

当移动车辆卸载任务时会面临任务迁移问题，虚拟化是任务迁移的关键技术，它允许在共享的硬件平台上同时执行各种任务。VM 依靠软件实现，可以在其中安装和运行操作系统或程序。在云计算中，应用程序和服务托管在虚拟机上，并为这些 VM 分配了专用资源，包括 CPU 内核和磁盘空间等，以紧密匹配应用程序需求。虚拟化可以提高资源利用率，增加应用程序的可移植性、可靠性、可管理性和容错性。实时迁移是虚拟化的一个非常重要的功能，正在运行的 VM 在不同的物理主机之间无缝移动，源 VM 的 CPU 状态、存储、内存和网络资源可以完全移到目标 VM，并且不会中断应用程序。

  任务迁移，也就是 VM 迁移，是将虚拟机从其当前物理机转移到新物理机的过程。

  在车辆云中，VM 迁移的主要功能之一是确保不会因为网络断开连接或节点故障而丢失正在处理的任务。当资源节点失去与云用户或云控制器的网络连接时，正在处理的任务可能会丢失。通过 VM 迁移，可以在与车辆云断开连接之前将正在其上执行任务的 VM 迁移到新的虚拟机，从而保证任务可以正常运行。

  由于节点的高度移动性和间歇性连接，在车辆云中会发生大量的 VM 迁移。如果没有有效的 VM 迁移方案，丢失与云或客户端连接的节点启动的任务必须由另一个节点重新启动，这将导致任务完成时间延迟较高，性能下降和资源利用效率低下。由此研究团队一直致力于探索有效的 VM 迁移方案。

  任务迁移如图 5.2 所示。当 RSU-1 通信范围内的车辆 A 要使用云服务时，它将对 VM-A 进行定制。如果车辆行驶到 RSU-2，则有两种方法可以连续使用云服务。一种是 VM 迁移，它将引入迁移成本（与 VM 的映像大小相对应），但会大大降低正常流量数据成本。另一个是将 VM-A 永久保留在 RSU-1 中，并使车辆 A 与 RSU-1 通信以获取 VM-A 上的服务。显然，后一种方法的迁移成本为零，但由于通信距离（或跳数）更长，可能会带来更高的执行成本。因此，最重要的是找到合适的 VM 迁移方案来提高任务完成效率。

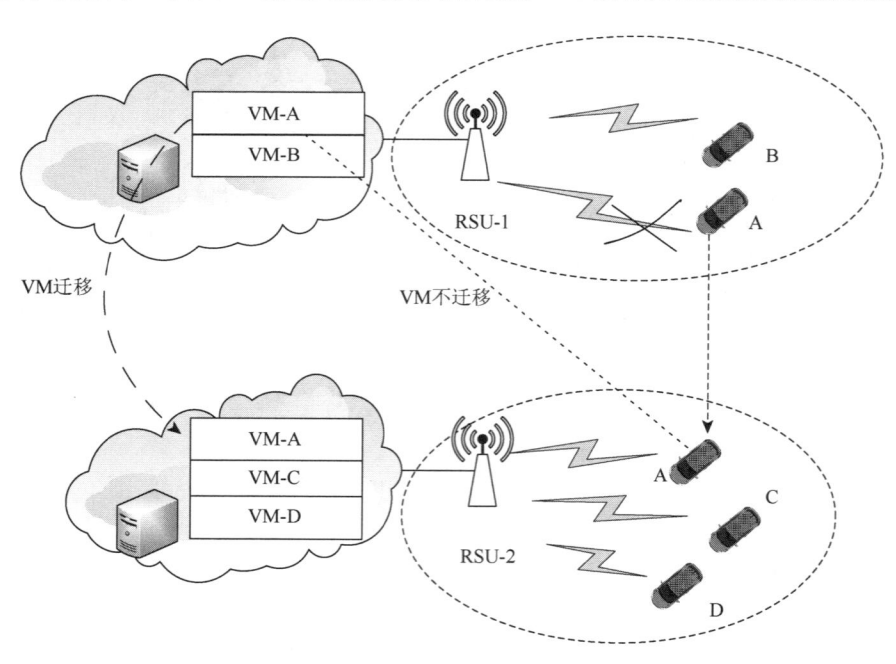

图 5.2 任务迁移示意图

5.1.3 路径问题

车辆路径问题（vehicle routing problem，VRP）是交通运输、配送和物流行业中的优化问题的总称。路线规划技术是 VRP 的主要任务之一，其目的是在路线图上找到从起点到目的地的最佳路线。由于道路交通状况可能会在汽车行驶过程中发生变化（例如，交通拥堵程度的增加/减少，道路事故等），因此只要有交通状况的更新，就应该重新评估最佳路线。在已有的路线规划算法中，选择合适的路线规划算法，将其应用于实际路网中，是车辆移动性管理的重要课题。

经典路径算法如下。

（1）Dijkstra 算法。经典的 Dijkstra 算法是查找从城市地图中的一个节点到所有节点的成本最低的路径（通常是指最短路径）的过程。它的计算复杂度为 $O(n^2)$。Dijkstra 是基于标记方法的最佳算法之一。此外，还使用其他标记算法（如 Bellman-Ford-Moore、增量图、阈值、拓扑顺序等）来查找最短路径。文献[1]指出，要找到一对一问题的最短路径，值得考虑使用 Dijkstra 算法，因为一旦标记了目标节点，该算法就会终止，这也意味着最短路径成立。其他算法仅在计算完整的最短路径树时才能找到最佳路径，这意味着找到了图中所有节点的最短路径。因此，对于搜索最短路径的一对一问题，增量图更为有效。

（2）禁忌搜索算法。禁忌搜索已被文献[2]应用于路径规划问题。它是一种基于本地搜索的元启发式方法，在每次迭代过程中，即使求解成本增加，仍然选择当前附近的最佳解作为新的当前解。因此，减轻了不良的局部最优解。为了避免短期循环，需要短期记忆（称为禁忌表）来存储最近访问的解决方案的属性。但是在达到固定次数的迭代之后或在一系列连续的迭代之后，搜索便会停止。

（3）遗传算法。遗传算法用于解决路径搜索和优化问题，它是受自然隐喻启发的元启发式方法。根据达尔文的自然选择原则，模拟了物种进化和适应环境的方式。首先，生成随机或启发式的种群。然后，重复此循环数代。文献[3]将经典的遗传算法应用到车辆路径问题中，对遗传算法进行了改进。由于遗传算法在搜索过程中始终具有路线，因此有可能在短时间内使用总体中的另一条路线重新评估该路线，并且在搜索中可以反映出与所有驾驶便利性有关的约束。

（4）混合遗传算法。文献[4]提出了一种混合方法，该方法将遗传算法与 Dijkstra 结合起来以解决动态多目标问题。该算法可同时针对三个目标函数找到解决方案：路线长度、行驶时间和驾驶便利性。

5.2 VM 迁移技术

5.2.1 脱机迁移与联机迁移

VM 迁移可以在虚拟机正在处理任务时完成，这称为实时或联机 VM 迁移。脱机 VM

迁移是指在迁移之前暂停 VM 任务，然后进行迁移。

5.2.2 迁移模型

对于 VM 迁移，目前普遍采取的是基于内存预复制（pre-copy）的在线迁移机制。由文献[5]可知，数学表示如下。

1）迁移时间

$$T_{\text{mig}} = \frac{D_{\text{id}}}{L} \times \frac{1-\lambda^{N+1}}{1-\lambda} \tag{5.1}$$

式中，$\lambda = \frac{R}{L}$，R 为迁移期间的脏页率；L 为虚拟机所处的数据中心的网络带宽；N 为迭代次数；D_{id} 为目的路边单元的任务数据大小。

2）宕机时间

$$T_{\text{down}} = \frac{D_{\text{id}}}{L} \cdot \lambda^N + t_{\text{res}} \tag{5.2}$$

式中，t_{res} 为虚拟机在目的物理机的重启时间。

所以总迁移时间消耗为

$$T_M = T_{\text{mig}} + T_{\text{down}} = \frac{D_{\text{id}}}{L} \times \frac{1-\lambda^{N+1}}{1-\lambda} + \frac{D_{\text{id}}}{L} \cdot \lambda^N + t_{\text{res}} \tag{5.3}$$

5.2.3 迁移优化目标

目前关于 VM 迁移的一些研究考虑了有关物理节点资源的问题，如将 CPU 和内存相似的虚拟机放置在一个物理机中，以减少总的内存占用，最大限度地减少了虚拟机的数量。文献[6]可以根据动态网络流量数据对 VM 进行群集，并将群集放入由物理服务器组成的机架中。将频繁通信的 VM 放到同一位置，或尽可能近的位置，以此来减少位置之间的流量，同时根据平均通信路径长度来最大限度地减少服务器的数量。文献[7]提出了基于粒子群优化的 VM 分配方法，该方法优化了应用程序的执行效率和数据中心节点之间的数据传输效率。文献[8]和文献[9]考虑了 VM 放置和迁移优化策略，该策略可以选择出在计算节点和存储节点之间数据传输时间最短的计算节点，并为其分配 VM。文献[10]提出了基于程序密集型的 VM 迁移，对目标文件仍驻留在同一存储节点中的 VM 重新分配，着重将 VM 迁移到适当的计算节点来最大限度地提高文件访问效率。文献[11]研究了 VM 的流量感知功能，在计算节点上分配高流量的 VM 来降低总通信成本。然而，这些方法的局限性在于没有考虑 CPU 属性、CPU 完成应用程序速度和队列等待时间，这可能导致应用程序性能下降。

关于 VM 迁移的安全性研究也是重点。云计算服务的动态性质，使攻击者能够增加其攻击面，使漏洞管理复杂化，事件响应时间呈指数增长，并提高了攻击的复杂性[12]。文献[13]提出了一种虚拟防火墙系统，旨在保护 VM 免受虚拟网络的侵害。文献[14]为

VM 建立共享内存通道,可以降低入侵概率。文献[15]认为通过监视缓存使用情况,攻击者可以轻松地确定目标 VM。一方面,通过监视缓存和行为分析可以避免跨 VM 的信息泄露[16]。于是相关文献中旨在减少与缓存监视相关的漏洞,例如,文献[17]认为数据中心虚拟化和中间件共享可以有效地减少缓存监视漏洞,但是该方案共享资源利用效率较低。另一方面,采用 VM 监控策略,可以隔离来自其所监控系统的攻击[18]。因此,文献[19]提出了虚拟化的入侵容忍系统方案,在恶意攻击导致安全漏洞的虚拟机监控环境下,提高了 VM 请求的成功概率。

上述工作旨在研究任务迁移过程中的设备能耗问题、服务效率问题、资源分配问题和安全性问题,但是没有考虑到若卸载时间或迁移时间过长,会对某些时延敏感型程序造成不利的影响,因此本节对卸载时间和 VM 迁移时间的优化工作进行相关研究。

5.3 基于 NOMA-MEC 的车联网任务迁移策略

5.3.1 背景介绍

随着无线网络和车联网的快速发展,预计未来几年移动数据流量将呈现爆炸式增长。为了在各种应用中实现低延迟和高可靠性,V2X 技术需要合适的协议,为未来的生活提供可靠的安全服务[20, 21]。然而在用户密集的环境中,车联网存在严重的数据拥塞,难以为用户提供高质量的服务[22-24]。为此在车联网中引入 MEC 技术,用户可以将计算密集型任务卸载到网络边缘,缓解计算压力,进而减少能耗和任务延迟。然而 MEC 场景下依然存在多用户卸载时延较高以及迁移缓存联合时延未得到优化等问题。

为了提高多用户场景下的资源利用率,NOMA 技术[25, 26]被提出并应用于车联网,不少学者对基于 NOMA 技术的车联网开展研究。在 V2X 系统中,文献[27]和文献[28]考虑到车辆的集中式和分布式功率分配问题,提出了基于 NOMA 的 V2X 广播系统的混合集中式/分布式方案,实现了最优功率分配。文献[29]提出了 D2D 通信增强的 V2X 网络架构,对 NOMA-V2X 系统中的资源共享方案进行了优化。但是,以上文献没有考虑到,在 NOMA 系统中,如果没有最优化子载波的用户分配,容易出现多用户卸载时延较高的问题。因此,本节的研究工作针对基于 NOMA-MEC 的车联网用户分组优化展开。

在基于 NOMA-MEC 的车联网用户任务卸载过程中,当多个用户产生相同的任务卸载请求时,没有必要进行重复计算,由此引入一种新的计算模式,称为计算(或任务)缓存[30]。它将用户卸载到边缘云的计算结果存储在位于网络边缘的缓存池中,从而简化卸载过程,减少卸载时延并提高资源利用率。缓存系统的主要性能参数是命中率,即用户在缓存池中找到请求文件的概率。目前,大量学者开始研究在小区基站中的数据缓存问题。文献[31]根据文件的流行程度随机缓存文件。文献[32]基于每个链路的传输效率优化缓存命中率。上述的缓存研究工作旨在最大限度地提高命中率,但是忽略了数据缓存方面的时延成本。

资源虚拟化是车联网资源分配和管理的关键支持技术之一。它允许以 VM 的形式在共享的硬件平台上同时执行各种用户的任务。较低的 VM 迁移时延[33,34]可以促进负载平衡、方便故障管理和服务器维护。但是，基于路边云的 VCC 具备云资源高度分散和用户高度动态等特点，因此任务迁移时延成本较高，用户服务质量较差。SDN 有助于解决这一难题[35]。SDN 有两个主要优势：①能够最快地选择合适的路径进行数据传输。②通过集中的 SDN 控制器，可以实时监视和收集网络状态，从而使支持 SDN 的网络设备变得透明且可控，进而可以更加合理地分配资源以优化缓存时延。因此，SDN 架构有助于优化任务迁移缓存联合时延。

虽然关于缓存与任务迁移的研究工作较多，但是共同考虑任务卸载、迁移与缓存的工作较少。由于车辆的移动性和车联网中可下载内容的不断增长，多个用户同时进行任务卸载、迁移与缓存的场景出现，这很容易造成数据拥堵，进而导致时延过高。为此本节引入 NOMA 技术并通过合作博弈算法为用户分组，实现多用户高效卸载以优化卸载时延，并集成 SDN 架构管理车联网中任务迁移的网络重定向问题和缓存资源分配问题，利用 Q 学习算法优化任务迁移缓存联合时延。综上所述，本节主要的工作如下。

（1）构建一个多小区多用户的软件定义车联网网络场景，引入 NOMA 系统。利用 SDN 控制器可以集中调度车辆与基站信息，其中基站配置 MEC 服务器和缓存容器。

（2）研究用户在车辆移动期间任务协作卸载时延以及任务迁移缓存联合时延优化的问题，将任务时延建模为一个混合整数非线性问题。

（3）为了解决上述问题，提出一个两阶段算法。首先，通过合作博弈建模，对车辆用户进行分组处理，优化了任务卸载时延。然后，对用户分组后上传至 MEC 服务器的任务进行空间状态集的建模，使用 Q 学习算法优化其迁移缓存联合时延。图 5.3 为车联网任务卸载、迁移与缓存策略流程框图。

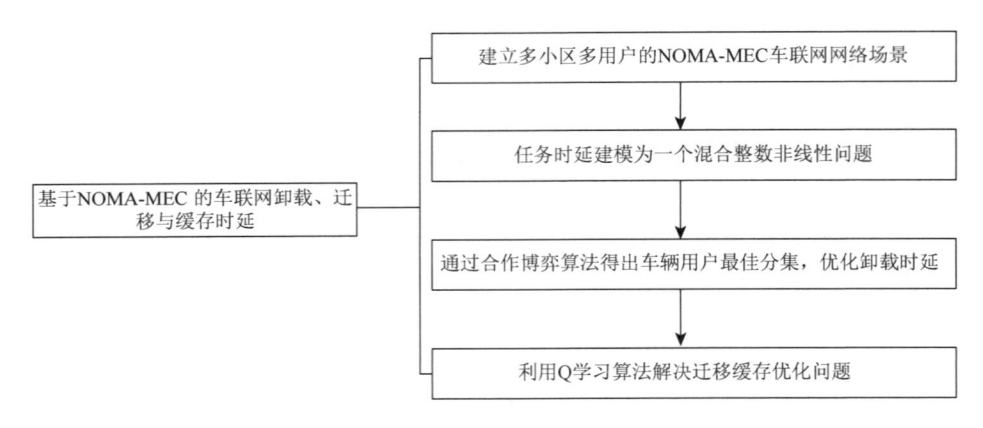

图 5.3 车联网任务卸载、迁移与缓存策略流程框图

5.3.2 系统模型

1. 网络模型

系统模型如图 5.4 所示。有 M 个基站，每个基站部署一个 MEC 服务器，MEC 服务

器可以提供缓存或迁移服务，表示为 $Z = \{z_1, z_2, \cdots, z_m, \cdots, z_M\}$，其中 $1 \leq m \leq M$，z_m 为第 m 个服务器（基站）。附近有 A 个车辆用户，表示为 $V = \{v_1, v_2, \cdots, v_A\}$，且 $A \geq M$。车辆的任务模型为 $\Gamma_i(D_i, C_i)$。其中 D_i 为计算任务 Γ_i 的输入数据大小；C_i 为完成任务 Γ_i 所需的 CPU 周期数。

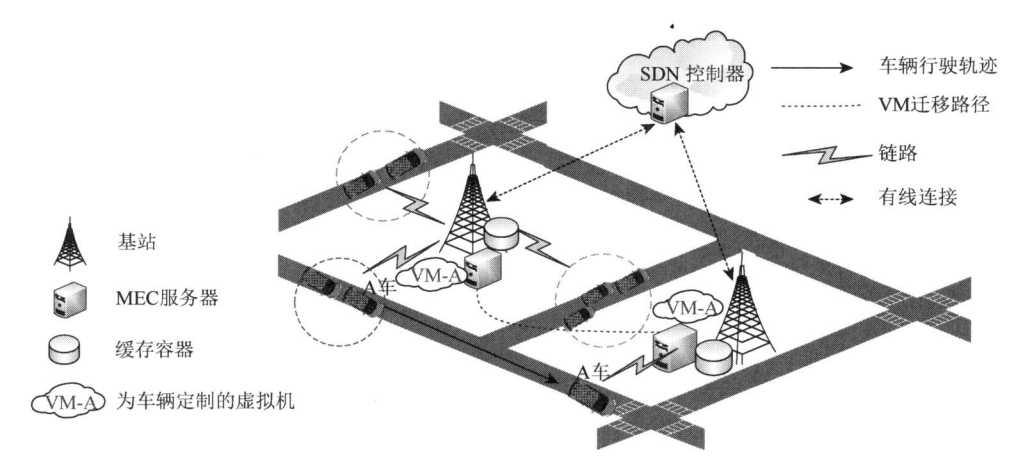

图 5.4 系统模型图

在基于 NOMA 技术的车联网中，多个车辆用户向同一个基站 z_m 卸载任务时，可以共享同一个子载波。MEC 服务器接收到的用户信号不仅包含该用户的信号，还包含使用同一子载波的其他用户的干扰信号。假设有 N 个子载波，把车辆用户分成 N 组，每组用户共享同一子载波。也就是将向同一个服务器卸载任务的多个用户分成一个组，车辆用户分组集为 $S = \{S_1, S_2, \cdots, S_n, \cdots, S_N\}$，其中 S_n 为使用第 n 个子载波的车辆用户分组，该分组中车辆用户数为 A_n，并且满足 $\sum_{n=1}^{N} A_n = A$。信道增益为 $h_{n,z_m} = \{h_{1,n,z_m}, h_{2,n,z_m}, \cdots, h_{A_n,n,z_m}\}$，其中 h_{a,n,z_m} 为车辆用户 a（$a \in S_n$）在基站 z_m 卸载任务时，在子载波 n 上的信道增益。

2. 传输模型与卸载模型

当多个车辆用户向同一个基站 z_m 卸载任务时，假设基站具有 N 个子载波的全信道状态信息（channel state information，CSI）。在用户分组 S_n 中，根据信道增益对用户进行排序，即 $|h_{1,n,z_m}|^2 \leq |h_{2,n,z_m}|^2 \leq \cdots \leq |h_{A_n,n,z_m}|^2$。

服务器应用 CSI 来解码每个用户的信号，在第一阶段，解码信道增益最高的用户数据，将来自所有其他用户的信号视为干扰。接收机对该用户的数据解码后，就可以重构出其信号，并从接收到的总信号中减去该信号。下一阶段解码增益次高的用户数据，重复此步骤直到最后一个用户，即最后一个用户只有高斯噪声干扰。因此，当用户 a 将信号上传给服务器时，用户的信干噪比（SINR）描述为

$$\text{SINR}_{a,n,z_m} = \frac{p_a \left|h_{a,n,z_m}\right|^2 d_{a,z_m}^{-\mu}}{\sum_{i=1}^{a-1} p_i \left|h_{i,n,z_m}\right|^2 d_{i,z_m}^{-\mu} + \sigma^2} \tag{5.4}$$

式中，p_a 为用户 a 向基站 z_m 上传任务时的发射功率；p_i 为其他用户的发射功率；σ^2 为汽车终端的高斯白噪声功率；$d_{a,z_m}^{-\mu}$ 为车辆用户 a 到 MEC 服务器的路径损耗；$\mu > 2$ 为路径损耗指数；$d_{i,z_m}^{-\mu}$ 为其他用户 i 到 MEC 服务器的路径损耗。

用户 a 向基站 z_m 卸载任务的上行传输速率为 $R_{a,z_m} = w\log_2(1+\text{SINR}_{a,n,z_m})$，$w$ 为用户的信道传输带宽。

$$T^L = \frac{D_i}{R_{a,z_n}} \tag{5.5}$$

车辆本地计算任务为 $\varGamma_i$ 时，车辆本身计算能力为 F_i，且 $F_i > 0$。本地计算时延为

$$t^l = \frac{C_i}{F_i} \tag{5.6}$$

MEC 服务器计算任务为 $\varGamma_i$ 时，MEC 服务器分配给该任务的计算资源为 F_M。服务器计算时延为

$$t^M = \frac{C_i}{F_M} \tag{5.7}$$

3. 迁移模型与缓存模型

当车辆将任务上传给路边单元的服务器时，服务器会划分出一个虚拟机为其服务，帮助其进行任务计算。在服务期间，随着车辆的行驶，为了服务的连续性，服务器可以跨路边单元传输定制的虚拟机，此过程称为虚拟机迁移。由于内存预复制迁移是最常见、使用最广泛的方法，所以本节主要采用基于预复制迁移的虚拟机迁移模型[36]。

虚拟机迁移时间分为两个部分。第一部分为内存迁移时间：

$$T_{\text{mig}} = \frac{D_i}{L} \times \frac{1-\lambda^{E+1}}{1-\lambda} \tag{5.8}$$

式中，$\lambda = \frac{R}{L}$，R 为脏页率；L 为网络带宽；E 为数据复制的迭代次数。

第二部分为迁移过程中的停机复制时间：

$$T_{\text{down}} = \frac{D_i}{L} \cdot \lambda^E + t_{\text{res}} \tag{5.9}$$

式中，t_{res} 为虚拟机在目的物理机的重启时间。

当车辆用户向 MEC 服务器请求任务内容时，若请求的内容 MEC 服务器已缓存，则可以减少回程延迟和回程带宽。基于文献[37]可知，任务请求内容流行程度满足 Zipf 分布。对于任务 $\varGamma_i$，其缓存命中率为

$$P(\varGamma_i) = \frac{I(\varGamma_i)^{-\zeta}}{\sum_{i=1}^{N_f} I(\varGamma_i)^{-\zeta}} \tag{5.10}$$

式中，$I(\Gamma_i)$ 为任务 Γ_i 受欢迎的等级；N_f 为内容总数；ζ 为 Zipf 分布参数，一般设置为 0.56[38]。

用户所请求的内容缓存的回报（减轻的回程带宽）可以给出为

$$R_C = \varpi P(\Gamma_i) \tag{5.11}$$

式中，ϖ 为缓存容器中数据平均传输速率。

若任务内容的大小为 D_i，则其缓存回报时延为

$$t^b = \frac{D_i}{R_C} \tag{5.12}$$

4. 问题形成

本节的目的是优化用户的任务卸载时延、任务迁移时延和任务缓存时延。当多个用户同时进行任务卸载、迁移和缓存时，用户首先会检查自身能力是否可支持计算，若不能，会通过 NOMA 系统将任务上传给附近的 MEC 服务器。然后，MEC 服务器将会检查缓存池，若任务结果存在，MEC 服务器会将任务结果回传给用户。这一过程中，由于车辆用户的移动性，MEC 服务器同时也会进行任务迁移，根据 SDN 控制器提供的车辆位置信息，将任务迁移到车辆目的地附近的服务器进行任务回传。整个任务时延包括任务卸载时延、任务缓存时延和任务迁移时延，具体如下：

$$\min U(p_a, \lambda, E, \varpi) = \min \sum_{i=1}^{A_n} \left(\frac{D_i}{w \log_2(1+\mathrm{SINR}_{\alpha n, z_m})} + \frac{C_i}{F_M} + \frac{D_i}{L} \times \frac{1-\lambda^{E+1}}{1-\lambda} + \frac{D_i}{L} \times \lambda^E + t_{\mathrm{res}} + \frac{D_i}{\varpi P(\Gamma_i)} \right) \tag{5.13}$$

$$\mathrm{s.t.} \; \mathrm{C1}: 0 < F_M < F_B \tag{5.13a}$$
$$\mathrm{C2}: 0 \leqslant p_a \leqslant P_{\mathrm{MAX}} \tag{5.13b}$$
$$\mathrm{C3}: D_i < A_{\mathrm{LINK}} \tag{5.13c}$$
$$\mathrm{C4}: 0 < \lambda < 1 \tag{5.13d}$$
$$\mathrm{C5}: 0 < E < E_{\mathrm{MAX}} \tag{5.13e}$$
$$\mathrm{C6}: N_f \leqslant C_{\mathrm{MEC}} \tag{5.13f}$$
$$\mathrm{C7}: 50 < \varpi < 100 \tag{5.13g}$$

式中，C1 表示 MEC 服务器分配给该任务的计算资源要小于 MEC 服务器总计算资源 F_B；C2 表示发射功率 p_a 在允许的最大范围内且非负；C3 表示在虚拟机迁移时传输的数据量要小于链路的容量 A_{LINK}；C4 和 C5 表示虚拟机迁移时间模型参数 λ 和迭代次数 E 的取值范围；C6 表示缓存内容总和 N_f 不宜超过服务器的存储范围 C_{MEC}；C7 表示数据平均传输速率 ϖ 的取值范围。

5.3.3　基于 NOMA-MEC 的车联网任务迁移与缓存策略

在基于 NOMA-MEC 的车联网系统中，当用户面对计算密集型和时延敏感型任务时，任务时延尤为重要，是用户服务质量的重要保障。任务时延主要分为任务卸载时延和任

务迁移缓存联合时延两个部分，将优化算法分为两个阶段。第一阶段为基于 NOMA 的合作博弈卸载决策算法，通过子载波之间的协作来提供用户分组方案，从而优化卸载时延。第二阶段，在用户分组后，当任务传至服务器时，使用 Q 学习算法优化任务迁移缓存联合时延。基于 NOMA-MEC 的车联网任务迁移与缓存策略流程框图如图 5.5 所示。

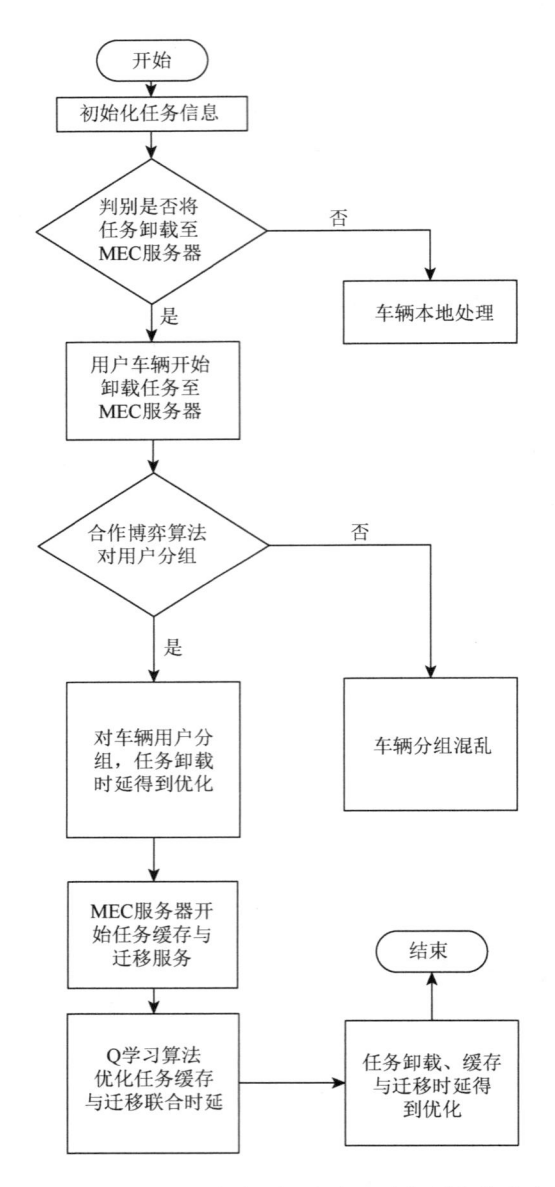

图 5.5　基于 NOMA-MEC 的车联网任务迁移与缓存策略流程框图

1. 基于 NOMA 的合作博弈卸载决策算法

当多个用户同时向基站 z_m 卸载任务时，将用户进行高效分组，即为每个子载波合理地分配用户。合理分组使得 NOMA 系统整体卸载效率提高，实现多用户卸载时延优化。本节采用合作博弈算法，建立博弈论模型 (V,S,ψ)。V 为车辆用户集合；$S=\{S_1,S_2,\cdots,S_n,\cdots,S_\vartheta,\cdots,S_N\}$ 为每个子载波的用户分组集合；ψ 为效用函数，是用户 a（$\forall a\in S_n$）在分组 S_n 的回报价值函数，与卸载时延成反比，即效益越大，卸载时延越小。合作博弈可实现效用函数的最大化，进而优化卸载时延。假设有 N 个子载波，子载波集合为 Y。分组集合 S 满足 $S_n\cap S_\vartheta=\varnothing$，$n,\vartheta\in Y$，$\forall n\neq\vartheta$。

效用函数为

$$\psi(S_n)=\sum_{i=1}^{A_n}\frac{1}{\dfrac{D_i}{R_{a,z_m}}+\dfrac{C_i}{F_M}} \tag{5.14}$$

为了解释说明合作博弈过程，进行相关定义与证明。

定义 1：拆分与合并。在两个分组 S_ϑ 和 S_n 中，如果用户 a 离开 S_n 加入 S_ϑ，其中 $\vartheta\neq n,\vartheta,n\in Y$。

$$\{S_\vartheta,S_n\}\to\{S_\vartheta\cup\{a\},S_n\setminus\{a\}\} \tag{5.15}$$

定义 2：$\succ_a$ 表示车辆用户 a 对于分组 S_ϑ 和 S_n 的偏移度。用户 a 偏移某个分组取决于其效用提升程度。

$$S_\vartheta\succ_a S_n\Leftrightarrow \psi(S_n\setminus\{a\})+\psi(S_\vartheta\cup\{a\})>\psi(S_n)+\psi(S_\vartheta) \tag{5.16}$$

定义 3：交换。当定义 2 的条件双方都满足时，会产生交换行为，相应地更新分组。

$$\{S_\vartheta,S_n\}\to\{S_\vartheta\cup\{a'\}\setminus\{a\},S_n\{a\}\cup\{a\}\setminus\{a'\}\} \tag{5.17}$$

在本节基于 NOMA 的合作博弈卸载决策算法中，车辆用户最初随机分配给可用的子载波。在每次迭代中再次随机选择子载波，并且与上次子载波不同，随着分组的不同，相继进行上述定义的操作，直到出现最佳的分组，实现了多用户卸载时延的优化。

引理 1：从随机分区开始，算法的合作博弈保证收敛于最终分区状态。

证明：为了达到效用函数 ψ 的最优值，车辆用户会不断进行交换、合并、离开操作，进而分区集不断地进行改变。在第 n 次和第 $n+1$ 次迭代中，分区从 S_n 变为 S_{n+1}。这种操作当且仅当博弈效用 ψ 严格增加时发生，即

$$S_n\to S_{n+1}\Leftrightarrow \psi(S_n)<\psi(S_{n+1}) \tag{5.18}$$

因此博弈效用值 ψ 总是递增的，即

$$S_{\text{START}}\to S_1\to S_2\to\cdots\to S_{\text{END}} \tag{5.19}$$

其中，S_{START} 和 S_{END} 分别为初始分区集和最终分区集。A 个用户在每个新分区集上的时延有所降低。因为车辆用户是有限的，所以分区集也是有限的且基于贝尔数[39]。因此，上述递增顺序会收敛于最终态 S_{END}。

引理 2：最终态 S_{END} 是趋于稳定的。

证明：假设最终态 S_{END} 不是趋于稳定的。那么，必定会存在用户 $a\in A$ 趋向于离开当前所在分区加入新的分区，形成新的分区集 S_{current}，即 $S_{\text{current}}\succ_a S_{\text{END}}$。这与 S_{END} 是最终态

相矛盾，因此最终态 S_{END} 是趋于稳定的。算法 5.1 为合作博弈卸载决策算法，图 5.5 为合作博弈卸载决策算法流程图。

算法 5.1　合作博弈卸载决策算法

1：用户初始化，采用随机分组 S_{START}；
2：定义当前分组 S_{NOW}；
3：从分组 $S_n \in S_{NOW}$ 随机挑选用户 a；
4：从分组 $S_g \in S_{NOW}$ 随机挑选用户 a'；
5：if　假设交换用户形成分组 S_{new}
6：　　if $S_{new} \succ_{a'} S_{NOW}$ then
7：　　　　用户 a 离开 $S_n \in S_{NOW}$ 加入 $S_g \in S_{NOW}$；
8：　　　　用户 a' 离开 $S_g \in S_{NOW}$ 加入 $S_n \in S_{NOW}$；
9：　　　　更新 S_{NOW}；
10：　　　 $S_{NOW} \leftarrow \{S_{NOW} \setminus \{S_n, S_g\}\} \cup \{S_g \cup \{a\} \setminus \{a'\}, S_n \cup \{a'\} \setminus \{a\}\}$；
11：　else　假设用户 a' 加入 $S_n \in S_{NOW}$ 形成 S_{new}
12：　　if $S_{new} \succ_{a'} S_{NOW}$ then
13：　　　　用户 a' 离开 $S_g \in S_{NOW}$ 加入 $S_n \in S_{NOW}$；
14：　　　　更新分组 S_{NOW}；
15：　　　 $S_{NOW} \leftarrow \{S_{NOW} \setminus \{S_n, S_g\}\} \cup \{S_g \setminus \{a'\}, S_n \cup \{a'\}\}$；
16：　　end if
17：　end if
18：end if

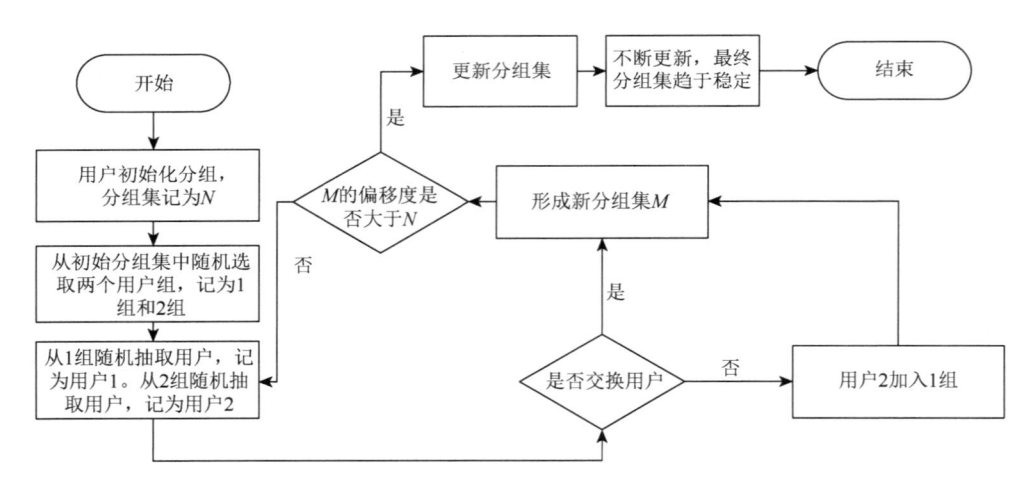

图 5.6　合作博弈卸载决策算法流程图

2. 基于 Q 学习的任务迁移与缓存优化算法

通过前面的合作博弈，得到最佳车辆用户分组，在此基础上，用户会将任务上传给服务器，本节采用 Q 学习算法优化服务器上的任务迁移缓存联合时延。Q 学习[40]作为一种增强学习方法，将奖励设置为任务迁移缓存联合时延的倒数，通过奖励最大化得出最

小时延。任务迁移缓存联合时延函数为

$$\chi(\lambda, E, \varpi) = \sum_{i=1}^{A_n} \left(\frac{D_i}{L} \times \frac{1-\lambda^{E+1}}{1-\lambda} + \frac{D_i}{L} \times \lambda^E + \frac{D_i}{\varpi P(\Gamma_i)} \right) \quad (5.20)$$

引理：$\chi(\lambda, N, \varpi) = \frac{1-\lambda^{N+1}}{1-\lambda} + \lambda^N + \frac{1}{\varpi}$ 为非凸优化问题。

证明：

$$\frac{\partial^2 \chi}{\partial \lambda^2} = \frac{2\lambda^{(E-1)E(E+1)} - \lambda^{E(E-2)(E-1)}}{\lambda - 1} - \frac{2(\lambda^E - 2\lambda^{E+1} + 1)}{(\lambda-1)^3} + \frac{2\lambda^{E(E-1)} - 2\lambda^{E(E+1)}}{(\lambda-1)^2} \quad (5.21)$$

$$\frac{\partial^2 \chi}{\partial \lambda \partial E} = 2\lambda^E - \lambda^{E-1} - \lambda^{(E-1)E\ln(\lambda)} + \frac{2\lambda^{E(E+1)\ln(\lambda)}}{\lambda-1} - \frac{2\lambda^{(E+1)\ln(\lambda)} - \lambda^{E\ln(\lambda)}}{(\lambda-1)^2} \quad (5.22)$$

$$\frac{\partial^2 \chi}{\partial E \partial \lambda} = 2\lambda^E - \lambda^{E-1} - \lambda^{(E-1)E\ln(\lambda)} + \frac{2\lambda^{E(E+1)\ln(\lambda)}}{\lambda-1} - \frac{2\lambda^{(E+1)\ln(\lambda)} - \lambda^{E\ln(\lambda)}}{(\lambda-1)^2} \quad (5.23)$$

$$\frac{\partial^2 \chi}{\partial E^2} = -\frac{\lambda^{E\ln\lambda^2} - 2\lambda^{(E+1)\ln\lambda^2}}{\lambda-1} \quad (5.24)$$

$$\frac{\partial^2 \chi}{\partial \varpi^2} = \frac{2}{\varpi^3} \quad (5.25)$$

其黑塞矩阵为

$$H = \begin{bmatrix} \dfrac{\partial^2 \chi}{\partial \lambda^2} & \dfrac{\partial^2 \chi}{\partial \lambda \partial E} & 0 \\ \dfrac{\partial^2 \chi}{\partial E \partial \lambda} & \dfrac{\partial^2 \chi}{\partial E^2} & 0 \\ 0 & 0 & \dfrac{\partial^2 \chi}{\partial \varpi^2} \end{bmatrix} \quad (5.26)$$

在 $0 < \lambda < 1$，$0 < \varpi < \varpi_{\max}$，$0 < N < N_{\text{MAX}}$ 且 N 为整数的条件下，$\frac{\partial^2 f}{\partial N^2} < 0$，$\frac{\partial^2 f}{\partial \lambda^2} > 0$，$\frac{\partial^2 f}{\partial \lambda \partial N} = \frac{\partial^2 f}{\partial N \partial \lambda}$，$\frac{\partial^2 \chi}{\partial \varpi^2} > 0$。得出：

$$|H| = \frac{\partial^2 f}{\partial N^2} \times \frac{\partial^2 f}{\partial \lambda^2} \times \frac{\partial^2 \chi}{\partial \varpi^2} - \frac{\partial^2 f}{\partial \lambda \partial N} \times \frac{\partial^2 f}{\partial N \partial \lambda} \times \frac{\partial^2 \chi}{\partial \varpi^2} < 0 \quad (5.27)$$

所以该问题为非凸优化问题。采用 Q 学习算法来优化此问题，建立状态模型、动作模型，奖励设为建立状态模型 $\zeta = \{R, L, S_{\text{END}}\}$，$A = \{\lambda, N, \varpi\}$，奖励设为

$$r = \frac{1}{\chi(\lambda, E, \varpi)} \quad (5.28)$$

这样 Q 学习算法奖励最大化即为时延最小化。

Q 学习数学模型为

$$Q(\xi, a) \leftarrow (1-\alpha)Q(\xi, a) + \alpha[r(\xi, a) + \gamma \max Q(\xi', a')] \quad (5.29)$$

式中，ξ 为当前的状态；a 为选择的行为；α 为学习率，值在 0 到 1 之间；$r(\xi, a)$ 为在状态 ξ 下执行动作 a 将得到的回报；γ 为折扣因子，决定时间的远近对回报的影响程度；ξ

为下一个时刻的状态；a' 为下一个时刻的行为；$Q(\xi',a')$ 为状态 ξ' 下采取行动 a' 所获得的即时奖励。

为了提高算法的稳定性，采用状态集和行为集分别收敛的方法，MEC 服务器记录状态动作对应的执行次数及其状态动作值。当这个状态动作值收敛时，把之前值的平均值视为状态动作值，并停止对这个状态动作值的更新。即

$$|Q_n(\xi,a) - Q_{n-1}(\xi,a)| \leqslant \mho \quad (5.30)$$

$$\phi_{n-1}(\xi,a) = \sum_{m=1}^{n-1} Q_m(\xi,a) \quad (5.31)$$

$$Q(\xi,a) = \frac{\phi_{n-1}(\xi,a)}{n-1} \quad (5.32)$$

式中，$Q_n(\xi,a)$ 为第 n 次的价值回报；$\mho \approx 1$ 为收敛误差参数；$Q(\xi,a)$ 为收敛后固定的状态行为回报；$\phi_{n-1}(\xi,a)$ 为记录前 $n-1$ 次迭代的效益累计值。当某个状态-动作值与上一次值的差异足够小时，就认为该状态-动作值达到收敛状态。

由第一个算法得知车辆用户的最佳分组 S_{END}，在此基础上，建立状态集 ξ，通过行为集 a 的不断更新，得到奖励集 r。最后不断迭代学习，系统会得到最佳的行为参数指标，得到最优的奖励，从而优化迁移缓存联合时延。

算法 5.2 为基于 Q 学习的任务迁移与缓存优化算法。

算法 5.2　基于 Q 学习的任务迁移与缓存优化算法

1：输入：根据合作博弈算法得到最后分组 S_{END}，更新状态集 ξ，加入行为集 a；
2：输出：奖励 r；
3：初始化 Q 矩阵；
4：for 每一次探索
5：　随机选择一个初始状态 ξ；
6：　随机选择行为；
7：　利用选择的行为进入下一个状态 ξ'；
8：　$\xi \leftarrow \xi'$；
9：end for

3. 时间复杂度

本节通过一个两阶段算法来优化任务时延函数。第一阶段利用基于 NOMA 的合作博弈卸载决策算法优化卸载时延，每次迭代进行 n 次计算操作，当算法迭代 n 次时，时间复杂度为 $O(n^2)$。第二阶段通过 Q 学习算法优化分组用户的任务迁移缓存联合时延，算法时间复杂度为 $O(n)$。整个算法时间复杂度为 $O(n^2+n)=O(n^2)$。

5.3.4　仿真分析

本节基于 MATLAB 平台对基于 NOMA-MEC 的车联网任务卸载、迁移与缓存策略进行验证。根据 MEC 白皮书和 IEEE 802.11p 标准，相关仿真参数如表 5.2 所示。

表 5.1 仿真参数表

参数	值
输入数据的大小/KB	1～700
噪声功率/dBm	−114
车辆用户的 CPU 周期频率/GHz	0.5～1
传输带宽/MHz	20
最小脏页率/(Mbit/s)	5
车辆最大传输功率/dBm	20
RSU 覆盖半径/m	250
任务所需 CPU 周期频率/GHz	0.1～1
最小 λ	0.2
最大迭代次数	30
MEC 服务器 CPU 周期频率/GHz	6
路径损耗指数 α	3
子载波个数 N	4
缓存内容总数 Γ_N	10～50
平均单用户数据传输率 ϖ /(Mbit/s)	50～100

图 5.7 是迭代次数与本节方案、全部本地计算方案和全部卸载方案的平均时延对比，由于车辆本地计算不涉及迭代运算，因此不受迭代次数影响。迭代次数较少时，全部卸载到 MEC 服务器时延最高。这是因为车辆自身有计算能力可以应对目前的计算程度。随着迭代次数的增加，车辆用户计算能力的弊端会凸显出来。因此，卸载的确会产生时延的降低。本节方案不是单一的全部卸载，通过合作博弈，车辆用户关联会发生变化，迭代次数越多，分区集趋于最优，时延会小于单一的全部卸载。

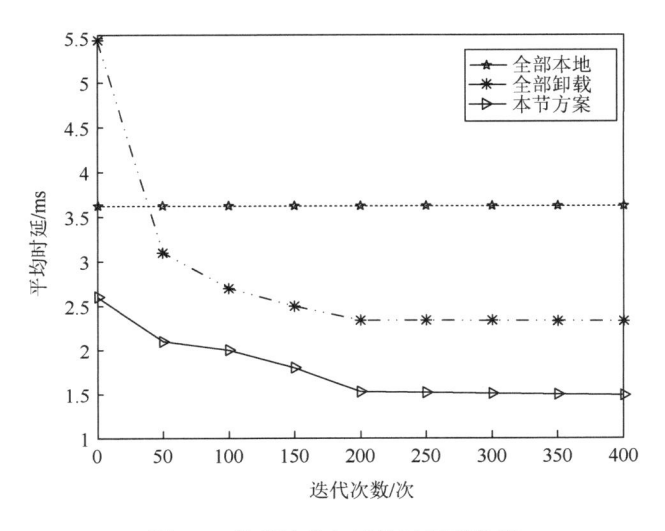

图 5.7 迭代次数与平均时延对比图

图 5.8 为基于 NOMA-MEC 系统部分卸载方案（本节方案）、基于 NOMA-MEC 系统全部卸载方案及基于 OFDM-MEC 系统部分卸载和全部卸载方案的性能对比，即时延与用户数量的关系。首先，可以观察到，对于所有方案，计算所涉及的网络延迟都随着用户数量的增加而增加。最重要的是，在基于 NOMA 的方案中，可以观察到，与部分卸载方案相比，将计算完全卸载到 MEC 服务器会导致更大的延迟。因此，将计算任务划分为卸载计算和本地计算有助于更快地完成任务。如果用户拥有较高的计算能力，则会导致净卸载数据的减少。如果每个用户都有更好的计算能力，网络延迟将进一步最小化。

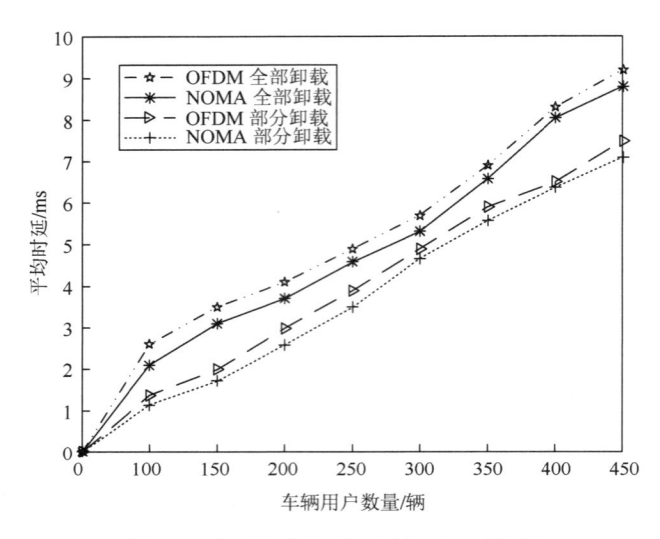

图 5.8 车辆用户数量与平均时延对比图

图 5.9 为任务数据大小与平均时延的关系图。本节对比方案为无缓存迁移方案，仅迁移无缓存方案以及基于 GA 的缓存迁移方案。首先，从图中得知，随着任务数据大小的

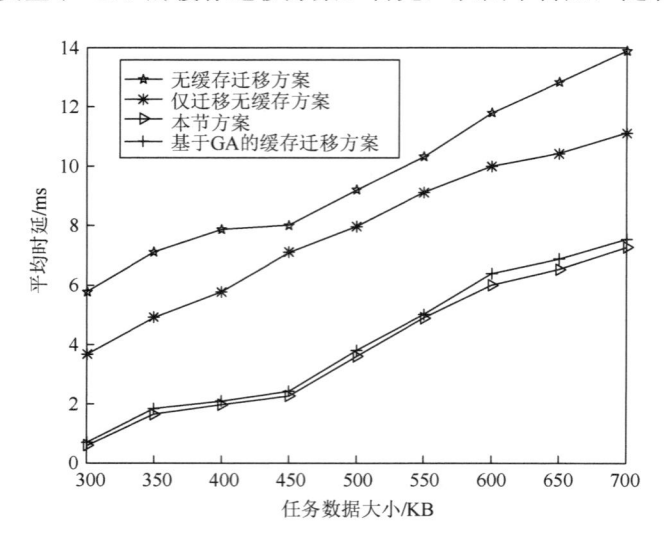

图 5.9 任务数据大小与平均时延关系图

增加，时延会增多。无缓存迁移方案时延是最大的，因为它没有合理地利用 MEC 服务器的计算资源，其次，若仅迁移无缓存，会增加服务器的计算量进而导致时延增多。本节方案通过 Q 学习算法优化迁移缓存时延，通过查看 Q 表来找到最佳策略，以使累积奖励最大化。基于 GA 的缓存迁移方案，选择当前状态下的最佳决策，而不考虑整个系统的最佳决策，容易陷入局部最优，因此性能差于本节方案。

图 5.10 为 NOMA 模式和 OFDM 模式中缓存内容总数与用户平均时延关系图，从图中得知，随着缓存内容总数的增多，用户平均时延会减少，这是因为随着缓存内容的增多，为避免重复执行相同任务，简化卸载过程，减少了 MEC 服务器计算资源的消耗，因此用户的时延会逐渐减少。从图 5.10 还可以看出 NOMA 模式的时延会小于 OFDM 模式的，这是因为在相同条件下，NOMA 可以承载更多用户，那么相同内容的访问概率会增加，进而减少重复运算，因此其平均时延会小于 OFDM 模式的平均时延。

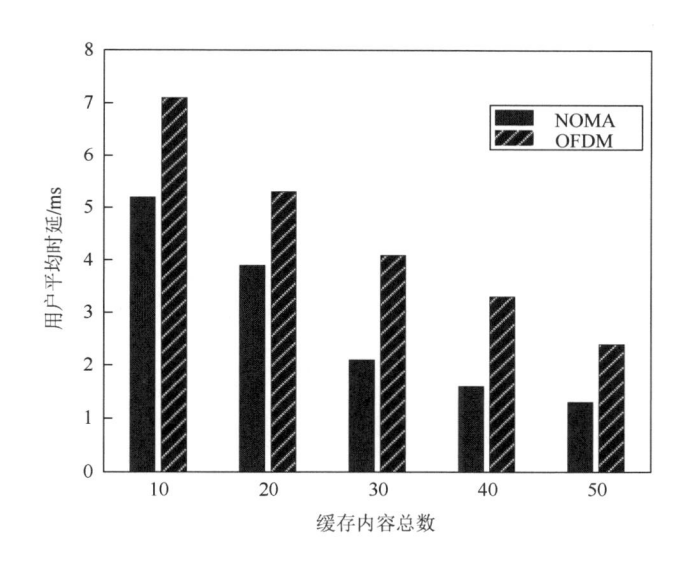

图 5.10　缓存内容总数与用户平均时延关系图

本节方案与任务缓存卸载方案[41]、协作边缘计算方案[42]和安全任务卸载方案进行比较[43]。任务缓存卸载方案将流行的任务缓存于基站，关键任务缓存于就近的 MEC 服务器，提高了缓存命中率。协作边缘计算方案通过 MEC 服务器协作计算来减少能量消耗。安全任务卸载方案利用加密算法对任务进行加密解密，提高了任务的安全性。但是它们都忽略了任务时延的影响。

图 5.11 是本节方案与任务缓存卸载方案、协作边缘计算方案、安全任务卸载方案在不同任务数据大小下的卸载时延对比图。由图可以得知，与其他方案相比，本节方案时延消耗较小，这是因为本节通过合作博弈得到的最佳车辆分组集来进行任务卸载，使得卸载过程更加智能高效，因此效率高于对比方案。

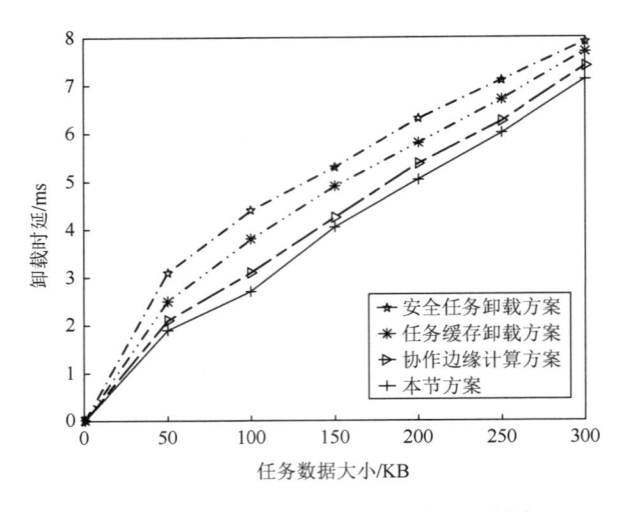

图 5.11　任务数据大小与卸载时延对比图

图 5.12 是本节方案与任务缓存卸载方案、协作边缘计算方案、安全任务卸载方案在不同车辆用户数量下的总体时延对比图。从图中可以得知，随着车辆用户数量的增加，本节方案与协作边缘计算方案时延会低于其他方案，这是因为协作边缘计算方案采用了 MEC 服务器之间的协作计算技术，在车辆用户数量增多的情况下，效率会高于其他方案，但是时延依然不是最优，原因在于本节方案在多用户场景下，不仅考虑到基站之间的协作计算，还采用了任务迁移技术，使得服务器计算资源得到充分合理地分配，因此时延性能会优于其他方案。

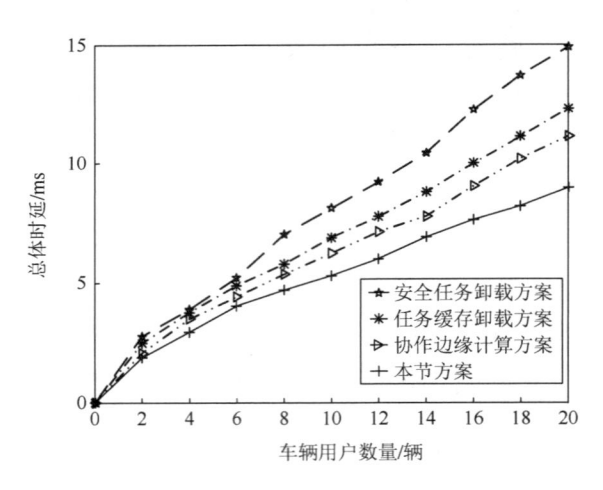

图 5.12　车辆用户数量与总体时延对比图

5.4　车联网中整合 MEC 与 CDN 的移动性管理策略

5.4.1　背景介绍

随着物联网技术的飞速发展，车联网已经成为智能交通系统中不可或缺的一部分。

车联网支持车辆和用户等众多复杂的应用程序，如自动驾驶、AR 智能辅助驾驶、在线互动游戏等，这些应用对计算和时延十分敏感，而当前车联网系统无法满足日益增长的车载应用对时延的要求[44-46]。在车联网中，要确保这些高复杂性服务是一项巨大的挑战。随着交通密度的迅速增加，通信和计算服务需求与车辆有限能力之间的差距也成为一个严重的问题。先进车载应用的出现，使得高速计算和快速通信的需求日益突出。

基于 MEC 的车联网被设想为一个潜在的满足应用需求的解决方案[47, 48]。通过将计算、存储和服务功能从云中心迁移到网络边缘、RAN 内部以及与车辆非常接近的路边单元云，减轻核心网的流量并且扩展车联网的计算能力。MEC 不仅可以将应用程序、服务和内容以分布式的方式部署在本地，还可以将网络上下文信息开放给第三方应用程序。因此，MEC 被公认为 5G 的关键技术之一[49]，并且 MEC 为实现 CDN 融合提供了新的可能性。首先，为了支持 MEC，5G 核心网络允许用户平面功能（user plane function，UPF）被灵活地部署，并且 5G UPF 可以在靠近网络边缘的用户处被实例化[50]。其次，MEC 在网络边缘提供云计算功能和 IT 服务环境，MEC 可以直接部署在 CDN 网络边缘。最近，ETSI 通过在移动网络边缘提供存储和计算能力来支持 CDN 的实施，例如，将车载云服务部署在 CDN 上。

MEC 与 CDN 融合之后面临的最大挑战就是用户移动性。由于车载节点的高速移动会导致网络拓扑频繁变化，无线链路质量急剧下降，车联网中的信息传输随时可能会中断。当车辆用户离开原始 MEC 主机的服务区域时，需要将服务切换到新的 MEC 主机上。同时，当车辆用户驶出该车载云或者路边单元云的覆盖范围时，为了保证服务的连续性，需要做 VM 迁移。因此，小区间的切换和 VM 迁移是重要的研究对象，也是衡量系统性能的重要标准。文献[51]研究了 MEC 中移动云应用程序的 VM 放置和工作负载分配问题，制定了混合整数线性规划（mixed integer linear program，MILP）模型，以最小化部署 VM 的硬件消耗，同时满足不同应用的异构延迟要求。文献[52]研究了一种 VM 切换方法，通过在用户移动时自适应地减少数据传输，从而减少服务迁移期间的性能下降。上述都是在 MEC 场景下研究用户移动性带来的服务迁移问题，并没有在融合 MEC 与 CDN 的场景下进行研究。

本节利用现有的 CDN 框架，把 MEC 服务器部署在 CDN 网络边缘，将 MEC 与 CDN 整合成一个三层架构来管理车联网资源，包括中心云、路边云和车载云，车辆可以利用该架构动态地获取云服务。中心云可以向路边云同步资源，将资源缓存在路边云供车辆用户访问，车载应用也可以将信息上传给路边云后一并上传至中心云，实现整个车联网中的信息共享。中心云距离用户较远，端到端的时延高，不适合直接给车辆提供服务，主要用于统一的调度和资源管理，中心云部署有 TCS 调度系统，该系统监测全网节点的健康状态和负载情况，所有终端请求先经过 TCS，由 TCS 调度至健康的节点。TCS 也支持监测内容的分布状态，根据终端业务请求的内容调度至最佳边缘节点的 RSU；路边云和车载云距离用户近，但是车载云资源有限，当要处理的任务量较大时，需要考虑小区间的切换和 VM 迁移问题。因此，采用 ODCA 算法选择适合用户切换的 RSU，不仅可以减少切换时间，还可以避免乒乓效应。采用基于 RSU 调度的合作博弈算法来判断是否进行任务迁移，从而保证服务的连续性。

5.4.2 系统模型和问题规划

系统模型如图 5.25 所示，在整合 MEC 与 CDN 的车联网场景中，有 L 个任务车辆 $V=\{v_1,v_2,\cdots,v_L\}$ 服从泊松分布，有 K 个虚拟机 $\text{vm}=\{\text{vm}_1,\text{vm}_2,\cdots,\text{vm}_k\}$ 来处理在线车辆任务 $A_{i,j}$，表示为 $A_{i,j}=\{d_{i,j},c_{i,j},T^{\text{th}}\}$。$d_{i,j}$、$c_{i,j}$ 和 T^{th} 分别是输入数据的大小、任务所需的 CPU 周期数和最大时延限制。有 M 个 RSU，即 M 个边缘节点（edge node，EN），为了提高频谱利用率，假定多个 RSU 共用一个频谱资源，那么小区间存在干扰。带宽 W 被分成 N 个子信道，V-UE 采用 OFDMA 方式与 RSU 相连。每个 RSU 部署一个 MEC 服务器，并将 MEC 服务器部署到 CDN 边缘节点，利用 CDN 中的 TCS，根据调度策略将用户请求调度至全局最优的边缘节点。可以实现负载均衡，解决 MEC 资源分布不均匀、可能存在高并发压力等问题。

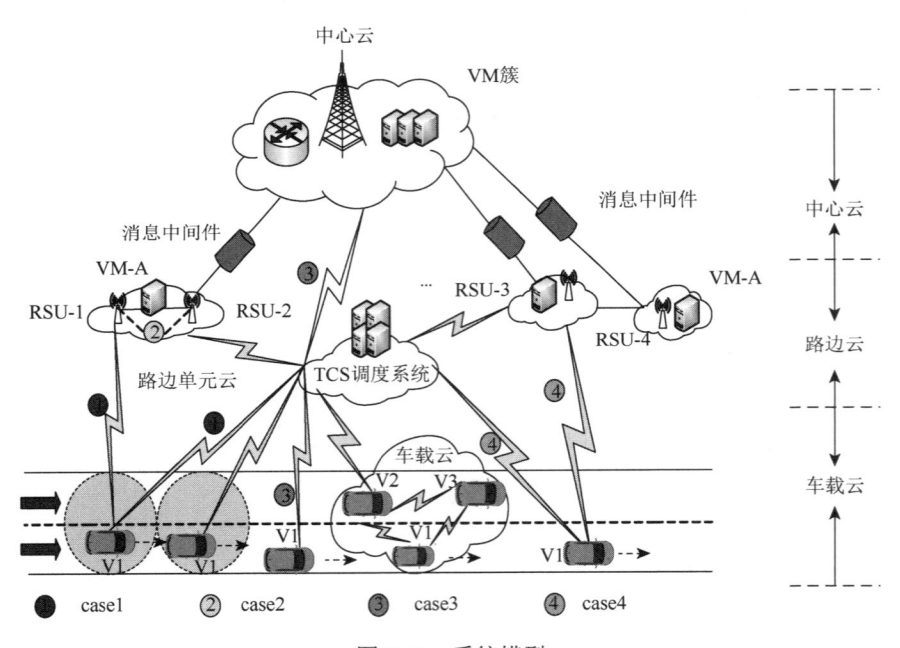

图 5.13　系统模型

从图 5.13 可看出，整合 MEC 与 CDN 的架构由三层组成。①车载云：通过 VANET 构成一组合作车辆，可以直接建立 V2V 通信的本地云，从而共享车辆间的信息。②路边单元云（路边云）：由 RSU 和 MEC 服务器之间建立的本地云，车辆将通过 V2I 通信访问。③中心云：包括一组集群的服务器，通过 4G/5G 模式提供远程接入，主要做调度服务、海量数据存储和数据同步。利用 TCS 调度系统给车辆提供计算服务，并通过消息中间件进行数据同步。

当车辆在行驶过程中，会出现以下四种情况：①当车辆 v_1 驶入 RSU-1 的服务范围时，首先向 TCS 调度系统发起服务请求，TCS 调度系统根据 v_1 所在的位置，将 v_1 的请求调度至距离该车辆最近的 RSU，即 RSU-1，此时不进行 VM 迁移也不进行 RSU 间的切换；②当车辆 v_1 从 RSU-1 的服务范围驶入 RSU-2 的服务范围时，由于 RSU-1 和 RSU-2 位于同一个路边单元云，共用一套虚拟设备（VM-A），不涉及 VM 迁移，只会进行 RSU 间的切换；③当车辆 v_1 驶出 RSU-2 的服务范围并未进入 RSU-3 的服务范围时，TCS 无法获取到最近的 RSU 信息，直接由中心云给 v_1 提供服务，因此不需要进行 VM 迁移和小区间的切换。数据通过消息中间件上传到中心云，并且中间不会出现服务中断的问题；④当车辆 v_1 驶入 RSU-3 的服务范围时，需要进行 VM 迁移。因为整个过程中的数据都是通过消息中间件的方式上传到中心云，所以只需要在 RSU-3 所在的路边云创建虚拟机并从云中心同步数据即可。

1. 通信和计算模型

对于卸载到 MEC 服务器的任务，假定软件实时同步已与边缘云中的每个应用程序相关联，此时仅有最新的卸载数据需要在 V-UE 和 MEC 服务器之间传输。当输入数据通过 RSU 被传输到 MEC 服务器时，在 RSU 与 MEC 之间的费用可忽略不计。当 V-UEi 通过信道 l 接入到 RSUj 时，其上行传输速率可表示为

$$R_{i,j,l} = w\log_2\left(1 + \frac{p_{i,j,l}L_{i,j,l}}{\sigma^2 + I}\right) \tag{5.33}$$

式中，w 为带宽；$w = \dfrac{W}{N}$；$p_{i,j,l}$ 为发射功率；$L_{i,j,l}$ 为 V-UEi 在信道 l 上接入到 RSUj 的路径损耗；σ^2 为加性高斯白噪声功率；I 为在 RSU 覆盖范围中的 V-UE 受到来自相邻 RSU 中其他 V-UE 的干扰，I 为常数。

因此，V-UE 的总上行传输速率为

$$R_{i,j} = \sum_{l=1}^{L} a_{i,j,l} R_{i,j,l} \tag{5.34}$$

其中，$a_{i,j,l} = 1$ 表示信道 l 被分配给 RSUj 中的 V-UEi 去卸载任务，否则，$a_{i,j,l} = 0$。f^C 为 MEC 服务器的 CPU 周期频率。任务在边缘计算的总时间由传输时间和在 MEC 服务器上的计算时间组成，表示为

$$t_{i,j}^C = \frac{d_{i,j}}{R_{i,j}} + \frac{c_{i,j}}{f^C} \tag{5.35}$$

式中，$c_{i,j}$ 为完成计算任务所需的 CPU 周期数；$R_{i,j}$ 为车辆 i 到 RSUj 的上行速率；f^C 为 MEC 服务器的 CPU 周期频率。

相应地，任务卸载到 MEC 服务器进行计算的能耗为

$$e_{i,j}^C = \sum_{l=1}^{L} a_{i,j,l} p_{i,j,l} \frac{d_{i,j}}{R_{i,j}} \tag{5.36}$$

2. 切换模型

1）估算 V-UEi 接收信号的信噪比 S_i

f 为工作频率，其单位是 MHz，在 3GPP 标准中一般取 2 GHz。若 f、V-UEi 的天线

高度 h_i 和 RSUj 的天线高度 h_j 均已知时，路径损耗 $L_{i,j,l}$ 只与 RSUj 和 V-UEi 之间的距离 d 有关。路径损耗 $L_{i,j,l}$ 可表示为

$$L_{i,j,l} = 69.55 + 26.16\lg f - 13.82\lg(h_j) - 3.2[\lg(11.75 \times h_i)]^2 \\ - 4.97 - [44.9 - 6.55\lg(h_j)]\lg d \tag{5.37}$$

用 Nagel-Shreckenberg CA 离散模型进行交通仿真[53]，获得 V-UE 接收信号的信噪比 $S_i = \dfrac{p_{i,j,l}L_{i,j,l}}{\sigma^2 + I}$。

2) 切换位置 $(X_{i,j}, Y_{i,j})$ 的确定

切换位置由 V-UEi 从当前发送信号分别到达相邻 RSU 的 S_i 来确定。(X_{j1}, Y_{j1})、(X_{j2}, Y_{j2}) 分别是 RSU$_{j1}$ 和 RSU$_{j2}$ 的坐标。V-UEi 的切换参考位置坐标 (X_{h1}, Y_{h1}) 应满足：

$$\sqrt{(X_{h1} - X_{j1})^2 + (Y_{h1} - Y_{j1})^2} = \sqrt{(X_{h2} - X_{j2})^2 + (Y_{h2} - Y_{j2})^2} \tag{5.38}$$

若找不到 S_i 刚好相等的位置，则要考虑到达 RSU 的质量指标，即预设一个功率损耗门限 P^{th}，计算出 V-UEi 的切换参考位置 (X_{h2}, Y_{h2})：

$$P^{th} = k\log\left(\sqrt{(X_{h2} - X_{j1})^2 + (Y_{h2} - Y_{j1})^2}\right) \tag{5.39}$$

V-UEi 在 RSUj 覆盖范围内的切换位置 $(X_{i,j}, Y_{i,j})$ 由式（5.38）和式（5.39）确定：

$$(X_{i,j}, Y_{i,j}) = \min[(X_{h1}, Y_{h1}), (X_{h2}, Y_{h2})] \tag{5.40}$$

3) V-UEi 当前位置 (x, y)

根据 V-UEi 发送的信号到达两个 RSU 之间的时间差来确定 V-UEi 的当前位置 (x, y)：

$$\Delta T = \frac{\left|\sqrt{(X_{i,j1} - x)^2 + (Y_{i,j1} - y)^2} - \sqrt{(X_{i,j2} - x)^2 + (Y_{i,j2} - y)^2}\right|}{c} \tag{5.41}$$

其中，$c = 3 \times 10^8$。

4) 切换时间

切换时间 $t_{i,j}^h$ 是 V-UEi 从当前位置到达切换位置的时间：

$$t_{i,j}^h = \frac{\sqrt{(x - X_{i,j})^2 + (y - Y_{i,j})^2}}{v} \tag{5.42}$$

3. 迁移模型

若虚拟机 vm_k 占用存储的大小为 v_k^{mem}；迁移期间的内存脏页率为 D_k^{mem}；虚拟机 vm_k 所处数据中心的网络带宽为 W_k；迁移过程中的迭代次数设置为 y。根据文献[54]，令 $\alpha = \dfrac{D_k^{\mathrm{mem}}}{W_k}$，迁移时间 t_k^{vm} 的表示如下：

$$t_k^{\mathrm{vm}} = \sum_{k=1}^{K} \frac{v_k^{\mathrm{mem}}}{W_k} \times \frac{1 - \alpha^{y+1}}{1 - \alpha} \tag{5.43}$$

迁移能耗为

$$e_k^{\text{vm}} = \sum_{k=1}^{K}(\beta v_{i,k}^{\text{vm}} + \gamma) \tag{5.44}$$

式中，β 和 γ 为模型需要训练的参数；$v_{i,k}^{\text{vm}}$ 为迁移数据量。其计算公式为

$$v_{i,k}^{\text{vm}} = v_k^{\text{mem}} \times \frac{1-\alpha^{n+1}}{1-\alpha} \tag{5.45}$$

由于在 CDN 网络下，边缘云和中心云之间部署了消息中间件。当 V-UE 向边缘服务器发送请求时，边缘服务器会通过消息中间件将服务请求同步到中心服务器。因此消息请求是实时同步的，与传统的迁移相比，只需要迁移最后 1 次，而不是 y 次，其迁移时间为 $\dfrac{v_{i,k}^{\text{vm}}}{W_k}$。

因此，总时延由传输时延、计算时延、切换时延和迁移时延组成。可得到总时延 $t_{i,j,k}^{\text{total}}$：

$$t_{i,j,k}^{\text{total}} = t_{i,j}^{C} + t_{i,j}^{h} + t_k^{\text{vm}} \tag{5.46}$$

总能耗 $e_{i,j,k}^{\text{total}}$ 由传输能耗和迁移能耗组成：

$$e_{i,j,k}^{\text{total}} = e_{i,j}^{C} + e_k^{\text{vm}} \tag{5.47}$$

由于从 MEC 回传到 V-UE 的数据远小于输入数据，故忽略了回传的时间和能耗。结合式（5.46）和式（5.47）可以得到时延与能耗的加权和，即总开销 $G_{i,j,k}^{\text{total}}$：

$$G_{i,j,k}^{\text{total}} = w_{i,j} t_{i,j,k}^{\text{total}} + (1-w_{i,j}) e_{i,j,k}^{\text{total}} \tag{5.48}$$

式中，$w_{i,j}$ 为权重因子。令 $w_{i,j}^{t} = w_{i,j}$，则 $w_{i,j}^{e} = (1-w_{i,j})$，式（5.48）可化简为

$$G_{i,j,k}^{\text{total}} = w_{i,j}^{t} t_{i,j,k}^{\text{total}} + w_{i,j}^{e} e_{i,j,k}^{\text{total}} \tag{5.49}$$

5.4.3 开销选择的动态信道分配方案

在一个多 RSU、多 V-UE 的车联网场景中，当车辆高速行驶时，考虑小区间的切换和 VM 迁移问题，优化时延与能耗的加权和。将优化问题表述为

$$\text{P1}: \min F(p,a,\alpha) = \sum_{i=1}^{L}\sum_{j=1}^{M}\sum_{k=1}^{K} w_{i,j}^{t}\left(\frac{d_{i,j}}{R_{i,j}} + \frac{c_{i,j}}{f^{C}} + t_{i,j}^{h} + \frac{v_{i,k}^{\text{vm}}}{W_k}\right)$$
$$+ \sum_{i=1}^{L}\sum_{j=1}^{M}\sum_{k=1}^{K} w_{i,j}^{e}\left(\sum_{l=1}^{L} a_{i,j,l} p_{i,j,l} \frac{d_{i,j}}{R_{i,j}} + \beta v_{i,k}^{\text{vm}} + \gamma\right) \tag{5.50}$$

$$\text{s.t.} \quad \frac{d_{i,j}}{R_{i,j}} + \frac{c_{i,j}}{f^{C}} + t_{i,j}^{h} + \frac{v_{i,k}^{\text{vm}}}{W_k} \leqslant T^{\text{th}} \tag{5.50a}$$

$$\sum_{l=1}^{L} a_{i,j,l} p_{i,j,l} \frac{d_{i,j}}{R_{i,j}} + \beta v_{i,k}^{\text{vm}} + \gamma \leqslant E^{\max} \tag{5.50b}$$

$$0 \leqslant p_{i,j,l} \leqslant p^{\max} \tag{5.50c}$$

$$\sum_{l=1}^{L} a_{i,j,l} \leqslant 1 \quad (5.50\text{d})$$

$$a_{i,j,l} \in \{0,1\} \quad (5.50\text{e})$$

其中，约束条件（5.50a）反映了任务的延迟容忍度；约束条件（5.50 b）是任务执行时对总能耗的约束；约束条件（5.50c）保证了最大的传输功率；约束条件（5.50d）确保最多只能分配一个子信道给 V-UE；约束条件（5.50e）表示信道分配是一个二进制变量。由于决策变量是一个二元变量并且存在其他变量，故问题 P1 是一个 MINLP 问题。考虑到实际情况，车辆在高速行驶时，需要来回切换选择通信质量好的 RSU。因此，先采用 ODCA 算法计算切换时间并找到通信质量好的 RSU*，然后使用基于 RSU 调度的合作博弈算法解决 VM 迁移机制问题。

算法 5.3 对 RSU* 进行选择，解决小区间的切换问题，减少切换时间。

算法 5.3 开销选择的动态信道分配算法（ODCA）

1: 输入：迭代次数 I_{dd}，车辆速度 v，车辆当前位置 (X,Y)；
2: 输出：车辆切换位置 $(X_{i,j}, Y_{i,j})$，切换时间 $t_{i,j}^h$，RSU*；
3: 初始化权值矩阵 (X,Y)；
4: $m \leftarrow 0$；
5: while $m \leqslant I_{dd}$
6: for $j = 1:M$
7:   L 辆车同时进行分布式计算；
8:   每个连接到 RSU 的 V-UE 仅报告未定期使用信道的开销；
9:   如果许多用户同时改变其信道，可能导致乒乓效应，RSU 可通过 $a_{i,j,\hat{l}} = 1 \big| \hat{l} = \max\left(p_{i,j,l} L_{i,j,l}/(\sigma^2+I)\right)$ 改变信道；
10:   根据式（5.49）计算开销，根据开销最小来选择最优、次最优、次优三个 RSU；
11:   V-UE 实时上报其位置信息 (X,Y) 和功率损耗门限 P^{th}，TCS 根据式（5.38）、式（5.39）和式（5.40）计算切换位置 $(X_{i,j}, Y_{i,j})$；
12:   根据 $(X_{i,j}, Y_{i,j})$ 和式（5.42）分别计算切换到三个 RSU 的时间，如果能使 $t_{i,j}^C$ 和 $e_{i,j}^C$ 最小，则 RSU* 性能最优，且最优切换时间为 $t_{i,j}^h$；
13: end for
14: end while

5.4.4 基于 RSU 调度的合作博弈算法

1. 博弈的第一阶段（竞争）

TCS 通过计算得到 RSU*，如果 V-UE 最先连接的不是 RSU* 所在的路边单元云，那么需要进行 VM 迁移。一般 VM 迁移要考虑三个过程：是否迁移；分配多少 MEC 资源；这些资源的最佳价格。

第一阶段中 EN 通过计算和通信资源来决定是否迁移特定的 VM，对于 VM 迁移过程，其中一个决策标准是时延。当 V-UEi 从 EN$_j$ 移动到 EN$_s$ 时，时延间隔 ΔT 可表示为

$$\Delta T = N - M \tag{5.51}$$

$$N = \frac{d_{i,j}(t_1)}{R_{i,j}(t_1)} + \frac{d_{i,j}(t_2)}{R_{i,j}(t_2)} \tag{5.52}$$

$$M = \frac{d_{i,j}(t_1)}{R_{i,j}(t_1)} + \frac{d_{i,j}(t_2)}{R_{i,s}(t_2)} + t_{i,k}^{vm} \tag{5.53}$$

$$\text{s.t.} \ \Delta T > \delta (\delta > 0) \tag{5.54}$$

其中，N 为没有进行迁移时程序运行的总时间，M 为迁移时程序运行的总时间。$d_{i,j}(t_1)$ 为 V-UEi 在 t_1 时刻 EN$_j$ 通信范围内的数据量，$d_{i,j}(t_2)$ 为 V-UEi 在 t_2 时刻 EN$_j$ 通信范围内的数据量。$R_{i,j}(t_1)$ 为 V-UEi 在 t_1 时刻 EN$_j$ 通信范围内的传输速率，$R_{i,s}(t_2)$ 为 V-UEi 在 t_2 时刻 EN$_s$ 通信范围内的传输速率。δ 为安全迁移的时间缓冲间隙，当满足式（5.54）的约束条件时，EN$_j$ 可将 vm$_k$ 从源物理机迁移到目标物理机。

2. 博弈的第二阶段（合作）

在第二阶段，通过 EN 的报价计算迁移与未迁移的收益。在合作过程中，每个 EN$_j$ 都是提议者，V-UEi 是响应者，他们互相交互以进行 VM 迁移。此时，提议者提供价格为 vm$_k$ 迁移。有以下两种情况。

1）无迁移

$\theta_i^{EN_j}(t)$ 为 EN$_j$ 在 t 时刻的报价，x 为 V-UEi 收到效益的控制因子，τ 为程序超时时间，φ^{EN_j} 为额外的延迟因子，因此其收益函数如下：

$$U_{\text{utility}} = U_{\text{income}} - U_{\text{cost}} \tag{5.55}$$

$$U_{\text{income}} = \frac{x^\omega}{N} \tag{5.56}$$

$$\omega = \max[(\tau - N), 0] \times [d_{i,j}(t_1) + d_{i,j}(t_2)] \tag{5.57}$$

$$U_{\text{cost}} = \frac{\theta_i^{EN_j}(t) \times d_{i,j}(t_1) + \theta_i^{EN_j}(t) \times d_{i,j}(t_2) \times \varphi^{EN_j}}{N} \tag{5.58}$$

2）迁移

迁移时的收入与成本函数定义如下：

$$U_{\text{income}} = \frac{x^\omega}{M} \tag{5.59}$$

$$\omega = \max[(\tau - M), 0] \times [d_{i,j}(t_1) + d_{i,j}(t_2)] \tag{5.60}$$

$$U_{\text{cost}} = \frac{\theta_i^{EN_j}(t)[d_{i,j}(t_1) + d_{i,j}(t_2) + v_{i,k}^{vm}]}{N} \tag{5.61}$$

3. 博弈的第三阶段（用 DQN 来调整价格）

第三阶段，EN 学习 V-UE 的行为并且以在线的方式调整其价格策略。这是一种无模型深度学习算法的在线学习方案，称为深度 Q 网络。为了学习最优的价格策略，使用 DQN 方法来学习随机任务，每个 EN 可以调整其价格策略分布。在这项研究中，价格决策问题被认为是在线学习问题之一，通过观察 V-UE 的反应，每个 EN 都可以了解他们的动作倾向。当前合同的输出是 EN 价格决策过程的输入，这种互动合同反馈的动态有助于决定实时价格。

DQN 包括状态、动作和奖励函数，其中状态空间由输入数据的大小 $d_{i,j}$ 和迁移数据量 $v_{i,k}^{vm}$ 组成，可表示为

$$S = \left\{ d_{i,j}, v_{i,k}^{vm} \right\} \tag{5.62}$$

行为空间是价格策略数，其表示如下：

$$A = \left\{ a = (a_0, a_1, \cdots, a_x, \cdots, a_X) \mid a_x \in (0, 1, \cdots, a_{\max}) \right\} \tag{5.63}$$

其中，a_0 为不进行迁移的价格策略数；a_x 为进行迁移的价格策略数；$a_{\max}$ 为不进行迁移或迁移时的最大价格策略数。

奖励矩阵 $R_{\text{reward}} = A_{\text{utility}} - B_{\text{cost}}$ 是 V-UE 接收 EN 提供价格的收益，其效用矩阵 A_{utility} 和奖励矩阵 B_{cost} 分别定义为

$$A_{\text{utility}} = \sum_{x=1}^{X} a_x \left(\frac{x^\omega}{M} \right) + a_0 \left(\frac{x^\omega}{N} \right) \tag{5.64}$$

$$B_{\text{cost}} = a_0 \left\{ \frac{\theta_i^{\text{EN}_j}(t) \times [d_{i,j}(t_1) + d_{i,j}(t_2) \times \varphi^{\text{EN}_j}]}{N} \right\} \\
+ \sum_{x=1}^{X} a_x \left\{ \frac{\theta_i^{\text{EN}_j}(t)[d_{i,j}(t_1) + d_{i,j}(t_2) + v_{i,k}^{vm}]}{N} \right\} \tag{5.65}$$

$Q^*(s,a)$ 为在时间步长 t 处的状态 s 下做出动作 a 后采取价格策略 π 的最小奖励 r_t，$E[.]$ 为期望函数。

$$Q^*(s,a) = -\max_{\pi} E\left[r_t + \sum_{k=1}^{\infty} \varepsilon^k r_{t+k} \mid s_t = s, a_t = a, \pi \right] \tag{5.66}$$

算法 5.4 给出了基于 RSU 调度的合作博弈算法进行 VM 迁移。

算法 5.4　基于 RSU 调度的合作博弈算法

1：输入：状态空间 S，输入数据的大小 $d_{i,j}$，计算所需的 CPU 周期数 $c_{i,j}$，迭代次数 I_{dd}，RSU*；
2：输出：行为空间 A；
3：初始化：最初的状态空间 S 和行为空间 A；
4：$m \leftarrow 0$；
5：while $m \leq I_{dd}$
6：　for $j = 1:M$
7：　　L 辆车同时进行分布式计算；
8：　　利用梯度下降算法求出最优功率分配值 $p_{i,j,l}^*$；
9：　　根据式（5.54）判断是否迁移；
10：　根据博弈论第二阶段计算出未迁移与迁移的收益；
11：　根据动作 a_t 观察下一刻的状态 s_{t+1}；
12：　根据式（5.64）、式（5.65）和式（5.66）可算出奖励函数，通过不断学习，找到使奖励函数最大的策略；
13：end for
14：end while

4. 算法复杂度分析

对于 ODCA 算法，由于采取的是分布式计算，其复杂度是 $O(M \times I_{dd})$，I_{dd} 是迭代次数，那么迭代一次的复杂度是 $O(M)$。

对于基于 RSU 调度的合作博弈算法，第 8 行是梯度下降算法，其算法的复杂度为 $O(N^c \times \text{max\_iteration})$，max_iteration 是最大迭代次数，$N^c$ 是样本集，那么迭代一次的复杂度是 $O(N^c)$。第 12 行是合作博弈论的第三阶段，用到了 DQN 算法，其复杂度是 $O(N^c \times \varepsilon)$，$\varepsilon$ 是学习次数，那么学习一次的复杂度是 $O(N^c)$，所以总的复杂度是 $O(2M \times N^c)$。两个算法结合的复杂度是 $O(M) + O(2MN^c)$，由于样本集的数量远大于 M，因此复杂度是 $O(N^c)$。

5.4.5 仿真分析

1. 仿真场景与参数分析

在系统性能评估阶段，将利用 MATLAB 仿真平台对整合 MEC 与 CDN 场景下的移动性管理机制进行验证，给出了仿真结果，并评估了所提出机制的性能。高速公路的参数遵循 3GPP TR 36.885 中的设置，并且系统模型按照 MEC 白皮书中的规定建立。其中，RSU 部署在高速公路道路两旁，MEC 服务器部署在 RSU 上，车辆的行驶速度为 100 km/h，信号覆盖范围为 250 m。仿真场景中车辆的坐标、数目以及车辆发布任务类型都随机产生。MEC 服务器的仿真部分参考 MEC 白皮书，仿真具体参数如表 5.2 所示。

表 5.2 仿真参数表

参数	值
最大传输功率 $p^{\max}$ /dBm	23
系统带宽 W/MHz	20
MEC 服务器 CPU 周期频率 f^c /GHz	6
最大延迟容限 T^{th} /s	4
最大迭代次数 I_{dd}	600
噪声功率 σ^2 /dBm	−114
任务执行时所需的 CPU 周期数 $c_{i,j}$ /GHz	0.1～1
输入数据的大小 $d_{i,j}$ /KB	300～1600

2. 仿真结果分析

图 5.14 显示了基站数量对 V-UE 切换时间的影响，当基站数量增加时，V-UE 的切换时间减少。图 5.26 分析了 ODCA 与固定信道分配（fixed channel allocation，FCA）、

动态信道分配（dynamic channel allocation，DCA）[55]和能量感知移动性管理-本状态信息（energy aware mobility management-local state information，EMM-LSI）算法[56]在相同基站数目下的性能比较。在车辆高速行驶的情况下，由于 TCS 能够根据 ODCA 算法将用户请求调度至全局最优边缘节点的 RSU 且避免了乒乓效应，不需要来回切换，故切换时间最少。DCA 算法可以根据每个 RSU 的负载动态地分配信道，该算法相对于 FCA 算法而言，更能适应不断变化的交通情况和 RSU 的分布情况。FCA 算法是以静态的方式进行信道分配的，每个车辆的信道都是固定不变的，因此信道使用不均衡，切换时延比 DCA 算法高。EMM-LSI 则是通过不断地学习来得到最佳的 RSU 信息，但是该算法的学习次数越多，越能获取到准确的信息，导致学习时间很长，最终切换时间会比 ODCA 长。

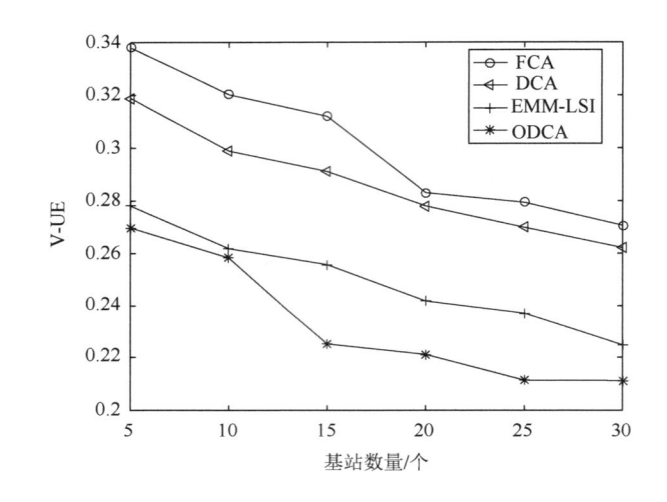

图 5.14 基站数量对 V-UE 切换时间的影响

图 5.15 显示了 V-UE 的密度对平均时延的影响，当 V-UE 的密度小于 2 辆/km 时，随着 V-UE 密度的增加，不同数据量的平均时延也逐渐增加，而且数据量大的时延越高。当 V-UE 的密度大于 2 辆/km 时，平均时延开始趋于稳定甚至出现下降趋势。这是因为 V-UE 的密度刚开始增加时，RSU 提供服务的用户数在增加，而 RSU 的计算能力有限，所以时延不断增加。但随着 V-UE 的密度进一步增加，每个 RSU 覆盖范围内的用户可以等效地呈现均匀分布，V-UE 与 RSU 之间的最小距离将减小，所以平均时延会趋于稳定或下降。

图 5.16 对比了不同负载量对迁移时间的影响，从图中可以看出，不管负载量的大小，迁移后的总时延总是小于迁移前的总时延，并且负载量越高，迁移时间就越长。由此可说明迁移可以降低时延，同时迁移前后，降低率呈下降趋势正好也反映了迁移后总时延降低。当负载量增加时，MEC 服务器的资源和计算能力有限，同时处理的请求数增加了，为了不增加额外的时延，需要将任务迁移到空闲的且有足够计算能力的 MEC 服务器上执行。因此，负载量大的任务，迁移的时间会增加。

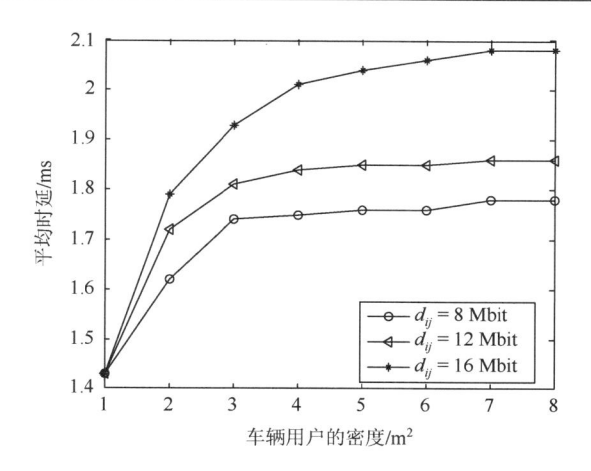

图 5.15　车辆用户的密度对平均时延的影响

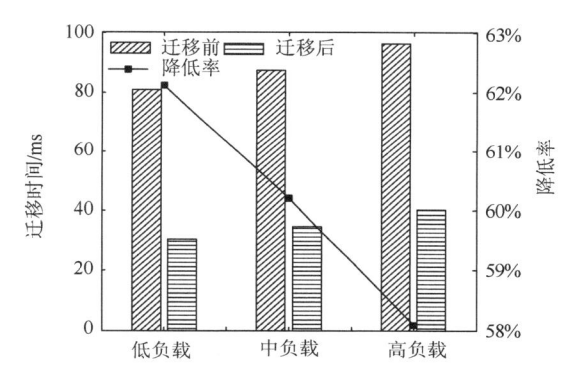

图 5.16　不同负载量对迁移时间的影响

图 5.17 显示了迁移虚拟机个数和资源利用率的关系，将基于 RSU 调度的合作博弈算法与移动预测算法[57]、虚拟机重部署算法[58]和马尔可夫链[59]比较。从图中可看出，随着虚拟机个数的增加，所有方案的资源利用率都是先增加后趋于稳定，这是因为迁移虚拟机增加到一定程度时，会遇到资源瓶颈。基于 RSU 调度的合作博弈算法相比于其他方案可以获得更高的资源利用率，主要是该方案采用 TCS 对 RSU 进行调度，并通过合作博弈进行 VM 迁移，从而提高资源利用率。尤其是该方案运用 Q 学习来监控当前的状态并适应高速动态的环境。因此，EN 从环境中获取信息与知识，并以自适应的方式做出明智的决策。

图 5.18 对比了不同算法下需要迁移的虚拟机个数和服务失败率之间的关系。从图中可以看出，各种算法的服务失败率都随着虚拟机个数的增加而增加。主要是因为虚拟机个数增加时迁移的请求数量也在增加，出现失败的概率也就更大了。与其他三种算法相比，基于 RSU 调度的合作博弈算法产生的服务失败率最低，主要原因是基于 RSU 调度的合作博弈算法支持 TCS 动态获取 RSU 的健康状态和负载状态，将业务均匀地调度至最优的 RSU，并使用 Q 学习来学习 V-UE 的行为，动态地调整价格策略，通过反复的学习探索来保持较低的服务失败率。

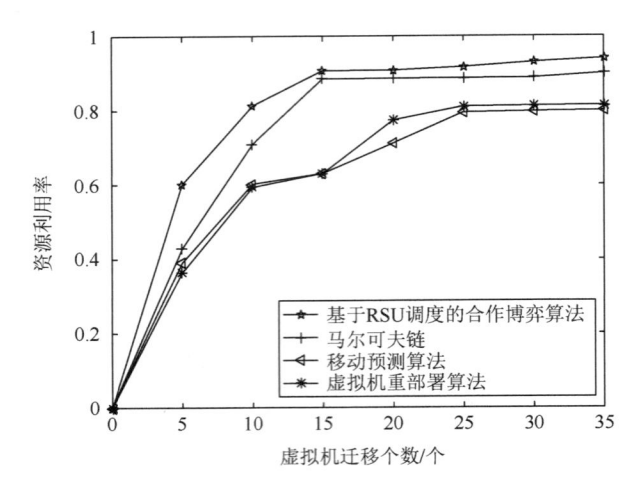

图 5.17 迁移虚拟机个数和资源利用率的关系

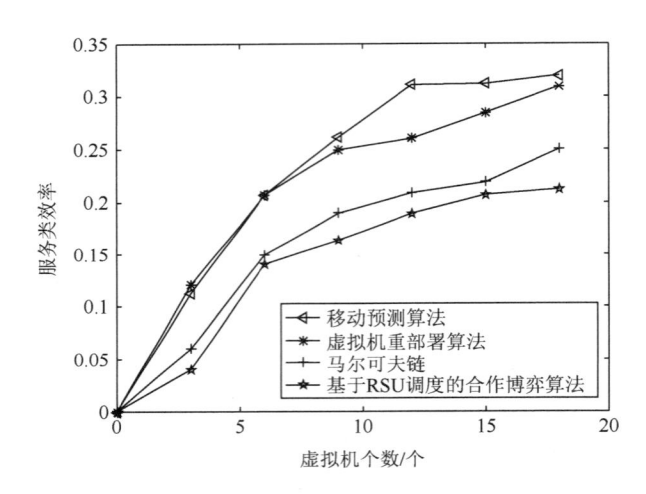

图 5.18 虚拟机个数和服务失败率的关系

5.5 本章小结

本章对车联网中基于 MEC 的移动性管理进行概述，详细介绍了该场景下的问题和相关技术，用较大的篇幅对相关技术进行说明，以帮助读者在后续内容了解部分原理，对后续章节的理解进行铺垫。

首先研究基于 MEC 的软件定义车联网服务迁移问题，研究目标是针对基于 MEC 的软件定义车联网中的服务时延，旨在减少服务时延。考虑到车辆用户在移动期间的任务迁移时延问题，通过 Dijkstra 路由算法找到本次任务迁移的最佳路径，并通过 Q 学习算法来优化本次任务迁移时延。仿真结果表明本章的算法效果良好，服务延迟显著降低。未来将继续开展车联网中关于服务迁移的工作，优化除时延外关乎用户体验的其他因素。

其次研究基于 NOMA-MEC 的车联网任务卸载、迁移与缓存策略问题，研究目标是针对基于 NOMA-MEC 的软件定义车联网中任务卸载、迁移与缓存时延。本章通过合作博弈得出最佳的车辆用户分组，从而优化卸载时延，并通过 Q 学习算法来优化 MEC 服务器中任务迁移缓存联合时延。仿真结果表明，本章的算法效果良好，任务时延得到优化。未来将继续开展车联网中关于服务质量的研究，优化除时延外关乎用户体验的其他因素。

最后整合 CDN 与 MEC 框架，在车辆高速移动的情况下，考虑小区间的切换和 VM 迁移来解决服务连续性的问题。本章采用 ODCA 算法将车辆用户的请求通过 TCS 调度至最优边缘节点的 RSU，以此来减少切换时间。并采用基于 RSU 调度的合作博弈算法判断是否需要进行 VM 迁移、根据 EN 和 V-UE 之间的合作关系制定价格策略、EN 通过 Q 学习来学习 V-UE 的行为并且以在线的方式调整其价格策略，从而减少时延与能耗的加权和，并且提高资源利用率。

参 考 文 献

[1] Zhan F B, Noon C E. Shortest path algorithms: an evaluation using real road networks[J]. Transportation Science, 1998, 32（1）: 65-73.

[2] Liao T Y, Hu T Y. An object-oriented evaluation framework for dynamic vehicle routing problems under real-time information[J]. Expert Systems with Applications, 2011, 38（10）: 12548-12558.

[3] Gendreau M, Potvin J Y, Bräumlaysy O, et al. Metaheuristics for the vehicle routing problem and its extensions: a categorized bibliography[M]//Golden B, Raghavan S, Wasil E, eds. Operations Research/Computer Science Interfaces. Boston, MA: Springer US, 2008: 143-169.

[4] Kanoh H, Hara K. Hybrid genetic algorithm for dynamic multi-objective route planning with predicted traffic in a real-world road network[C]//Proceedings of the 10th annual conference on Genetic and evolutionary computation. July 12-16, 2008, Atlanta, GA, USA. ACM, 2008: 657-664.

[5] Cerroni W. Multiple virtual machine live migration in federated cloud systems[C]//2014 IEEE Conference on Computer Communications Workshops （INFOCOM WKSHPS）. April 27-May 2, 2014. Toronto, ON, Canada. IEEE, 2014: 25-30.

[6] Yapicioglu T, Oktug S. A traffic-aware virtual machine placement method for cloud data centers[C]//2013 IEEE/ACM 6th International Conference on Utility and Cloud Computing. December 9-12, 2013. Dresden, Germany. IEEE, 2013: 299-301.

[7] Chen Y, Tsai S. Optimal provisioning of resource in a cloud service[J]. International Journal of Computer Science Issues, 2010, 7（6）: 95.

[8] Piao J T, Yan J. A network-aware virtual machine placement and migration approach in cloud computing[C]//2010 Ninth International Conference on Grid and Cloud Computing. November 1-5, 2010. Nanjing, China. IEEE, 2010: 87-92.

[9] Chang D C, Xu G C, Hu L, et al. A network-aware virtual machine placement algorithm in mobile cloud computing environment[C]//2013 IEEE Wireless Communications and Networking Conference Workshops（WCNCW）. April 7-10, 2013. Shanghai. IEEE, 2013: 117-122.

[10] Sato K, Sato H, Matsuoka S. A model-based algorithm for optimizing I/O intensive applications in clouds using VM-based migration[C]//2009 9th IEEE/ACM International Symposium on Cluster Computing and the Grid. May 18-21, 2009. Shanghai, China. IEEE, 2009: 466-471.

[11] Meng X Q, Pappas V, Zhang L. Improving the scalability of data center networks with traffic-aware virtual machine placement[C]//2010 Proceedings IEEE INFOCOM. March 14-19, 2010. San Diego, CA, USA. IEEE, 2010: 1-9.

[12] Abuhussein A, Bedi H, Shiva S. Towards a stakeholder-oriented taxonomical approach for secure cloud computing[C]//2013 IEEE Sixth International Conference on Cloud Computing. June 28-July 3, 2013. Santa Clara, CA. IEEE, 2013: 958-959.

[13] Anwar M. Virtual firewalling for migrating virtual machines in cloud computing[C]//2013 5th International Conference on

Information and Communication Technologies. December 14-15, 2013. Karachi, Pakistan. IEEE, 2013: 1-11.

[14] Zhang Q, Liu L, Ren Y, et al. Residency aware inter-VM communication in virtualized cloud: performance measurement and analysis[C]//2013 IEEE Sixth International Conference on Cloud Computing. June 28-July 3, 2013. Santa Clara, CA. IEEE, 2013: 204-211.

[15] Ristenpart T, Tromer E, Shacham H, et al. Hey, you, get off of my cloud: exploring information leakage in third-party compute clouds[C]//Proceedings of the 16th ACM conference on Computer and communications security. Chicago Illinois USA. ACM, 2009: 199-212.

[16] Khari M, Gupta S, Kumar M. Security outlook for cloud computing: a proposed architectural-based security classification for cloud computing[C]// 2016 3rd International Conference on Computing for Sustainable Global Development (INDIACom). New Delhi: IEEE Press, 2016: 2153-2158.

[17] Krebs R, Momm C, Kounev S. Architectural concerns in multi-tenant SaaS applications[J]. Closer, 2012, 12: 426-431.

[18] Bauman E, Ayoade G, Lin Z Q. A survey on hypervisor-based monitoring: approaches, applications, and evolutions[J]. ACM Computing Surveys, 2015, 48 (1): 10.

[19] Zheng J J, Okamura H, Dohi T. Survivability analysis of VM-based intrusion tolerant systems[J]. IEICE Transactions on Information and Systems, 2015, 98 (12): 2082-2090.

[20] Karagiannis G, Altintas O, Ekici E, et al. Vehicular networking: a survey and tutorial on requirements, architectures, challenges, standards and solutions[J]. IEEE Communications Surveys & Tutorials, 2011, 13 (4): 584-616.

[21] Yang H J, Zheng K, Zhang K, et al. Ultra-reliable and low-latency communications for connected vehicles: challenges and solutions[J]. IEEE Network, 2020, 34 (3): 92-100.

[22] Sun S H, Hu J L, Peng Y, et al. Support for vehicle-to-everything services based on LTE[J]. IEEE Wireless Communications, 2016, 23 (3): 4-8.

[23] Sadio O, Ngom I, Lishou C. Controlling WiFi direct group formation for non-critical applications in C-V2X network[J]. IEEE Access, 2020, 8: 79947-79957.

[24] Soni T, Ali A R, Ganesan K, et al. Adaptive numerology—a solution to address the demanding QoS in 5G-V2X[C]//2018 IEEE Wireless Communications and Networking Conference (WCNC). April 15-18, 2018. Barcelona. IEEE, 2018: 1-6.

[25] Saito Y, Kishiyama Y, Benjebbour A, et al. Non-orthogonal multiple access (NOMA) for cellular future radio access[C]//2013 IEEE 77th Vehicular Technology Conference (VTC Spring). June 2-5, 2013. Dresden, Germany. IEEE, 2013: 1-5.

[26] Di B Y, Song L Y, Li Y H, et al. V2X meets NOMA: non-orthogonal multiple access for 5G-enabled vehicular networks[J]. IEEE Wireless Communications, 2017, 24 (6): 14-21.

[27] Di B Y, Song L Y, Li Y H, et al. Non-orthogonal multiple access for high-reliable and low-latency V2X communications in 5G systems[J]. IEEE Journal on Selected Areas in Communications, 2017, 35 (10): 2383-2397.

[28] Di B Y, Song L Y, Li Y H, et al. NOMA-based low-latency and high-reliable broadcast communications for 5G V2X services[C]//GLOBECOM 2017 - 2017 IEEE Global Communications Conference. December 4-8, 2017. Singapore. IEEE, 2017: 1-6.

[29] Wang B J, Zhang R Q, Chen C, et al. Interference hypergraph-based 3D matching resource allocation protocol for NOMA-V2X networks[C]//ICC 2019 - 2019 IEEE International Conference on Communications (ICC). May 20-24, 2019. Shanghai, China. IEEE, 2019: 90789-90800.

[30] Abdelhamid S, Hassanein H S, Takahara G. On-road caching assistance for ubiquitous vehicle-based information services[J]. IEEE Transactions on Vehicular Technology, 2015, 64 (12): 5477-5492.

[31] Blaszczyszyn B, Giovanidis A. Optimal geographic caching in cellular networks[C]//2015 IEEE International Conference on Communications (ICC). June 8-12, 2015. London, UK. IEEE, 2015: 3358-3363.

[32] Hieu N T, Di Francesco M, Yla-Jaaski A. Virtual machine consolidation with multiple usage prediction for energy-efficient cloud data centers[J]. IEEE Transactions on Services Computing, 2020, 13 (1): 186-199.

[33] Liu F G, Ma Z J, Wang B, et al. A virtual machine consolidation algorithm based on ant colony system and extreme learning machine for cloud data center[J]. IEEE Access, 2020, 8: 53-67.

[34] Sadio O, Ngom I, Lishou C. Design and prototyping of a software defined vehicular networking[J]. IEEE Transactions on Vehicular Technology, 2020, 69 (1): 842-850.

[35] Dehghan M, Seetharam A, Jiang B, et al. On the complexity of optimal routing and content caching in heterogeneous networks[C]//2015 IEEE Conference on Computer Communications (INFOCOM). April 26-May 1, 2015. Hong Kong, China. IEEE, 2015: 936-944.

[36] Wang H D, Li Y, Zhang Y, et al. Virtual machine migration planning in software-defined networks[J]. IEEE Transactions on Cloud Computing, 2019, 7 (4): 1168-1182.

[37] Li J, Chen W, Xiao M, et al. Efficient video pricing and caching in heterogeneous networks[J]. IEEE Transactions on Vehicular Technology, 2016, 65 (10): 8744-8751.

[38] Wang C M, Liang C C, Yu F R, et al. Computation offloading and resource allocation in wireless cellular networks with mobile edge computing[J]. IEEE Transactions on Wireless Communications, 2017, 16 (8): 4924-4938.

[39] Rota G C. The number of partitions of a set[J]. The American Mathematical Monthly, 1964, 71 (5): 498-504.

[40] Huang Y F, Tan T H, Wang N C, et al. Resource allocation for D2D communications with A novel distributed Q-learning algorithm in heterogeneous networks[C]//2018 International Conference on Machine Learning and Cybernetics (ICMLC). July 15-18, 2018. Chengdu. IEEE, 2018: 533-537.

[41] Hao Y X, Chen M, Hu L, et al. Energy efficient task caching and offloading for mobile edge computing[J]. IEEE Access, 2018, 6: 11365-11373.

[42] Misra S, Saha N. *Detour*: dynamic task offloading in software-defined fog for IoT applications[J]. IEEE Journal on Selected Areas in Communications, 2019, 37 (5): 1159-1166.

[43] Elgendy I A, Zhang W Z, Tian Y C, et al. Resource allocation and computation offloading with data security for mobile edge computing[J]. Future Generation Computer Systems, 2019, 100 (C): 531-541.

[44] Menouar H, Aissaoui R, Filali F, et al. Cellular-based location service to support GeoUnicast communications in vehicular wireless networks[C]//ICT 2013. May 6-8, 2013. Casablanca. IEEE, 2013: 1-5.

[45] Ahmed E, Gharavi H. Cooperative vehicular networking: a survey[J]. IEEE Transactions on Intelligent Transportation Systems, 2018, 19 (3): 996-1014.

[46] Yuan Q, Zhou H B, Li J L, et al. Toward efficient content delivery for automated driving services: an edge computing solution[J]. IEEE Network, 2018, 32 (1): 80-86.

[47] Boukerche A, De Grande R E. Vehicular cloud computing: Architectures, applications, and mobility[J]. Computer Networks, 2018, 135: 171-189.

[48] Tran T X, Hajisami A, Pandey P, et al. Collaborative mobile edge computing in 5G networks: new paradigms, scenarios, and challenges[J]. IEEE Communications Magazine, 2017, 55 (4): 54-61.

[49] Abbas N, Zhang Y, Taherkordi A, et al. Mobile edge computing: a survey[J]. IEEE Internet of Things Journal, 2018, 5 (1): 450-465.

[50] Wang C X, Haider F, Gao X Q, et al. Cellular architecture and key technologies for 5G wireless communication networks[J]. IEEE Communications Magazine, 2014, 52 (2): 122-130.

[51] Wang W, Zhao Y L, Tornatore M, et al. Virtual machine placement and workload assignment for mobile edge computing[C]//2017 IEEE 6th International Conference on Cloud Networking (CloudNet). September 25-27, 2017. Prague, Czech Republic. IEEE, 2017: 1-6.

[52] Ravi A, Peddoju S K. Handoff strategy for improving energy efficiency and cloud service availability for mobile devices[J]. Wireless Personal Communications, 2015, 81 (1): 101-132.

[53] Bette H M, Habel L, Emig T, et al. Mechanisms of jamming in the Nagel-Schreckenberg model for traffic flow[J]. Physical Review E, 2017, 95: 012311.

[54] Zhang J, Ren F Y, Lin C. Delay guaranteed live migration of Virtual Machines[C]//IEEE INFOCOM 2014 - IEEE Conference on Computer Communications. April 27-May 2, 2014. Toronto, ON, Canada. IEEE, 2014: 574-582.

[55] Joshi G, Vig R, Singh S. DCA-based unimodal feature-level fusion of orthogonal moments for Indian sign language dataset[J]. IET Computer Vision, 2018, 12（5）: 570-577.

[56] Sun Y X, Zhou S, Xu J. EMM: energy-aware mobility management for mobile edge computing in ultra dense networks[J]. IEEE Journal on Selected Areas in Communications, 2017, 35（11）: 2637-2646.

[57] Plachy J, Becvar Z, Strinati E C. Dynamic resource allocation exploiting mobility prediction in mobile edge computing[C]//2016 IEEE 27th Annual International Symposium on Personal, Indoor, and Mobile Radio Communications （PIMRC）. September 4-8, 2016. Valencia, Spain. IEEE, 2016: 1-6.

[58] Chen X J, Ni W, Collings I B, et al. Automated function placement and online optimization of network functions virtualization[J]. IEEE Transactions on Communications, 2019, 67（2）: 1225-1237.

[59] Frangoudis P A, Ksentini A. Service migration versus service replication in Multi-access Edge Computing[C]//2018 14th International Wireless Communications & Mobile Computing Conference （IWCMC）. June 25-29, 2018. Limassol, Cyprus. IEEE, 2018: 124-129.

第 6 章　车联网中基于 MEC 的计算资源分配研究

随着无线通信、物联网以及传感器等技术的蓬勃发展，物联网应用已经渗透到生活各处，与此同时，车联网作为物联网的一个重要应用场景，也催生了各种计算密集型以及延迟敏感型的应用程序，如地理信息收集、智能交通管理和安全预警等。支撑这些应用程序正常运行的一个基本条件就是强大的计算能力，这给本就稀缺的网络计算资源带来了严峻的挑战，为了应对爆炸式的数据请求和计算任务，利用移动边缘计算服务器对于有限的资源进行合理分配被认为是一种有效的方法。

6.1　车联网中计算资源分配技术概述

6.1.1　背景介绍

车联网技术把车、路、网和云或者边缘服务器相互连接在一起，全方位实施全时空动态交通信息融合与交互，充分实现人、车、路、云的有效协同，可以实现大量的道路智能化服务。基于车联网服务主要包括低时延、高可靠、高频率协同的视距认知安全驾驶服务以及超大规模数据分发的车载移动互联网服务。在支撑这些服务的过程中，由于服务对数据传输的时延、可靠性、带宽等不同，服务所处的协同范围不同。服务所需的协同对象等不同，对网络资源的调度也有不同的要求。例如，面向驾驶安全的协同驾驶需要低时延、高可靠、高频率的小范围车与车、车路协同通信。研究表明，当用户使用无人驾驶服务时，每秒至少产生 2 GB 的图像音频等数据信息，而为了保证无人驾驶的安全性，这些信息的处理时延仅仅只能在 1 ms 内[1]。如果将数据传给中心云服务器，再由云服务器处理结束返回来，则需要一定的传输时间，还会增加中心云服务器的压力，造成网络拥塞等问题。

伴随着车辆用户的爆炸式增长，传统的车辆云计算已经不能满足车辆任务处理的需求。为了解决这个问题，MEC 技术应运而生，MEC 是面向车载环境的移动边缘计算。MEC 将移动云计算资源边缘化，拉近服务器与终端用户之间的距离，减少上下行链路传输时延，利用本地服务器高效满足网络边缘用户的需求。欧洲电信标准组织对于移动边缘计算的定义为"移动边缘计算被嵌套于无线电接入网内部，对应的服务器非常接近用户，其存在直接赋予用户所在的移动网络边缘处一个高效的 IT 服务和云计算环境"。移动边缘计算技术可以很好地服务大量的且密集的车辆用户，用户上传的数据可以直接在靠近用户的本地 MEC 服务器进行快速、便捷处理，这样既减轻了远端云服务器的压力也提高了车联网的效率。同时，MEC 服务器也便于监控周围的交通环境，可以提供更加准确可信的实时交通信息。

基于上述讨论，MEC 技术可以应用于车联网领域，可以支持用户移动性以及对用户请求的高效快捷处理。引入 MEC 技术为车联网领域带来的益处可以分为以下三个方面：①让用户可以持续不间断地请求服务并得到及时的响应；②MEC 服务器的本地化，相对于中心云服务器，可以大量减少时延和带宽损耗等；③由于 MEC 服务器的地理位置接近用户终端，可以结合当地环境，提供更好的用户服务质量，提高用户的驾驶体验等。

6.1.2 资源分配面临的问题

车辆用户的指数型增长带来了海量的数据处理任务，这给车联网负荷带来了极大压力，车联网处理信息的能力面临着严峻的挑战。车辆用户自身的计算资源有限，将车载计算任务迁移到路边单元（RSU）和基站（BS）或者其他 MEC 服务器上进行计算是车联网计算资源分配的典型应用场景。用户将繁重的计算任务迁移到其他本地设施处理，满足了服务时延，提高了车联网效率。针对车辆用户上传的计算任务，合理分配计算资源十分重要。

目前有许多学者对关于车联网边缘计算的架构设计已经进行了大量且卓越的研究工作。然而车联网具有高度移动性的特点，相应地，车联网的应用场景也是千变万化的，车联网边缘计算作为一种新的计算范例，可应用于不同需求的车联网场景中，仍然不可避免地具有许多应用场景下的具体问题。本章将针对不同的场景可能存在的问题进行介绍以及给出相应的解决方案。

6.2 基于 MEC 的通信模式选择与资源分配策略

车辆在将任务传输给 MEC 服务器或者是其他车辆用户进行计算时，主要涉及两种通信技术，即 V2V 通信和 V2I 通信。V2V 通信利用了车辆的移动性，利用车辆之间的多跳继电器来扩展自身的通信范围。V2I 通信需要车辆在 RSU 覆盖范围内，才能与 RSU 建立通信关系。本节将从基于 MEC 的车载异构网络环境描述任务卸载和资源分配问题。首先按照不同的任务请求将任务车辆的通信模式（V2I 或 V2V）进行区分；然后根据分簇的结果，在每一个簇内对车辆进行基于 MEC 的通信模式选择与资源分配策略研究资源分配。车辆的任务类型决定了车辆自身的通信方式，物理量上体现为将任务车辆的 QoS 建模为传输速率和延迟因子的组合（本节定义为"有效容量"），将有效容量作为 K-means 分簇算法的判别指标，确定车辆的任务卸载方案。结合基于 CFP 的 LTE-U 模式，利用分布式无状态 Q 学习算法对无线资源进行分配，实现在满足纯授权频带车辆质量要求的同时，最大化整个授权频带的遍历容量。

6.2.1 传输速率和时延因子联合建模

系统模型图如图 6.1 所示，在基于 MEC 的车联网中，部署有多台车辆，多个路边单元，以及 Wi-Fi 节点，MEC 服务器通过有线连接到路边单元侧提供服务，车辆的部署服从泊松分布。考虑任务车辆发布的任务请求会影响通信质量与用户体验，将车辆进行分类，不同类型的车辆通信模式不同。由于频谱资源的稀缺性，采用授权频带与非授权频带结合的途径提高系统性能，在 OFDMA 技术支持的授权频段，RSU 对车辆进行多路访问与控制，在 Wi-Fi 存在的非授权频带，使用 CSMA/CA 机制增加资源利用率。

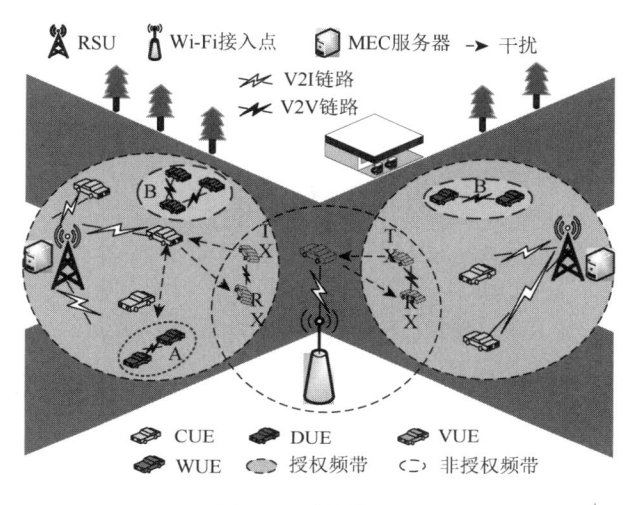

图 6.1 系统模型图

按照车辆类型与频谱覆盖区域的差别，这里存在四种车辆：①在授权频带覆盖区域，有高容量要求的 M 个 V2I 通信车辆（CUE），集合表示为 $C=\{1,2,\cdots,M\}$；②授权频带对时延要求高的 K 个 V2V 通信车辆（DUE），用 $D=\{1,2,\cdots,K\}$ 表示；③在非授权频带，共存有 Wi-Fi 节点，Wi-Fi 节点服务的用户（WUE）有 U 个，表示为 $W=\{1,2,\cdots,U\}$；④在路边单元与 Wi-Fi 节点共同覆盖区域，部署有 L 个 V2V 通信车辆（VUE），表示为 $V=\{1,2,\cdots,L\}$。

RSU 核心调度无线资源，这里用无线资源块（RB）表示，共有 F 个，表示为 $R=\{1,2,\cdots,F\}$。CUE 可以将自己的请求任务 n_i 卸载到 MEC 服务器，具体表现为：CUE 使用 RB 将任务上传，在 MEC 服务器端进行任务的处理，然后将结果回传给 CUE。DUE 用户将计算任务卸载到具有计算能力的邻居车辆，V2V 链路的运用满足 DUE 链路低时延的通信要求。对于 DUE 的无线资源，按照与 CUE 的距离分为两种情况，距离短的考虑到干扰较大的情况，使用的 RB 与 CUE 正交，如图中 B 区域所示，距离远的 DUE（图中 A 区域）与 CUE 复用 RB，因此两种车辆之间需要进行干扰控制。在 CP 期间，VUE 与 WUE 竞争非授权频谱，在 CFP 期间，由于信道是空闲的，因此 VUE 可以基于 LTE-U 技术使用非授权频谱。本节假设 VUE 对任务执行时延的容忍度较大，VUE 使用载波聚合技术使用授权频谱和非授权频谱。

在车辆进行任务卸载时，路边单元覆盖区域内的 DUE1（A 区域 DUE）复用 CUE 的 RBf，VUE 通过载波聚合（carrier aggregation，CA）技术感知空闲时段的非授权频谱，也复用 CUE 的 RBf。因此 DUE1 和 VUE 都和 CUE 存在干扰，考虑到 RB 是正交的，而且由 RSU 统一调度，因此假设 VUE 与 DUE 彼此间无干扰。CUEm 与 RSU 之间的信道增益 $h_{B,m}$ 为

$$h_{B,m} = g_{B,m} \beta_{B,m} A L_{B,m}^{-\alpha} \tag{6.1}$$

其中，$g_{B,m}$ 为小尺度快速衰落功率参数，服从指数分布；$\beta_{B,m}$ 为标准差为 ς 的对数正态阴影衰落随机变量；A 为路径损耗常数，$L_{B,m}$ 为第 m 个 CUE 与 RSU 之间的距离，α 为衰减指数；第 k 个 DUE1 到 RSU 的信道增益 $h_{B,m}$ 以及从第 m 个 CUE 到第 k 个 DUE1 的干扰信道增益 $h_{k,m}^{C,D}$ 的定义表达式与 $h_{B,m}$ 类似。

对于资源块 f，CUEm 在 RSU 侧接收 SINR，$\gamma_{m,f}^{C}$ 表示为

$$\gamma_{m,f}^{C} = \frac{P_{m,f}^{C} h_{B,m}}{\sigma^2 + \sum_{k=1}^{K} \rho_{k,m} P_{k,f}^{D} h_{k,m}^{C,D}} \tag{6.2}$$

其中，$P_{m,f}^{C}$ 与 $P_{k,f}^{D}$ 分别为 CUEm 与 DUEk 的发射功率；σ^2 为噪声功率；$\rho_{k,m}=1$ 为第 k 个 DUE 复用第 m 个 CUE 的 RB，否则为 0。同理，可类似定义 DUEk 在 RSU 侧接收 SINR $\gamma_{k,f}^{D}$，以及非授权频带中 V2V 链路的 VUEl 复用 CUEm' 的资源块 f' 时的接收 SINR $\gamma_{l,f'}^{V}$。

因此，用 b_0 表示授权频带每个 RB 的带宽，b_1 表示非授权频带每个 RB 的带宽，则 CUEm、DUEk、VUEl 的容量 $R_{m,f}^{C}$、$R_{k,f}^{D}$、$R_{l,f'}^{V}$ 分别表示为

$$R_{m,f}^{C} = b_0 \log_2(1 + \gamma_{m,f}^{C}) \tag{6.3}$$

$$R_{k,f}^{D} = b_0 \log_2(1 + \gamma_{k,f}^{D}) \tag{6.4}$$

$$R_{l,f'}^{V} = (b_0 + b_1) \log_2(1 + \gamma_{l,f'}^{V}) \tag{6.5}$$

本节没有考虑 VUE 与 WUE 之间的干扰，只考虑 VUE 复用 CUE 资源时两者之间的干扰。

下面对于容量与时延因子联合建模。

如公式（6.6）所示，为了量化 QoS，将时延与容量联合建模，定义为有效容量 EC。

$$\text{EC}(\psi) = \log_2 E\left\{e^{-\psi Q(t)}\right\} \tag{6.6}$$

其中，ψ 为时延参数，假设在时隙 t 内信道参数无波动，而且时隙之间相互没有影响，所以 $R(t)$ 为常数，因此 $R(t)$ 的累积和 $Q(t)$ 可以表示为 $Q(t) = \int_0^t R(t) dt$，公式（6.6）可以表示为

$$\text{EC}(\psi) = \log_2 E\left\{e^{-\psi t R}\right\} \tag{6.7}$$

车辆的任务执行最大时延约束为 $E_{\max}$，因此定义车辆时延条件为

$$\Pr(E(\infty) > E_{\max}) \approx e^{-\psi E_{\max}} \tag{6.8}$$

其中，ψ 的值与链路质量成正比，当 $\psi \approx 0$ 时，EC 收敛于遍历容量。

车辆通过路边单元将任务卸载到 MEC 服务器时 V2I 通信链路具有大容量特点，而车辆将任务卸载到周边车辆时的 V2V 链路具有高可靠性的特点，利用链路不同的特点并将其与差异化的车辆任务请求结合，本节制定了实现整个授权频带遍历容量最大化的同时保证纯授权频带车辆质量要求的策略。系统的遍历容量是通过快衰落的长期平均值来计算的，这意味着在慢衰落的时间范围内码字长度跨越几个相干周期。车辆的信道更新速

度与车辆发布的任务对时延的最大容忍度决定了系统性能与遍历容量的匹配性高低，在时隙 t 内，信道变化越快，两者也就越接近，因此平均衰落效应需要码字遍历大部分信道的状态。基于此，将优化目标表示如下：

$$\max \sum_{m \in C} \sum_{k \in D} \sum_{l \in V} \sum_{f \in F} \sum_{f' \in F} E\left[R_{m,f}^C + R_{k,f}^D + R_{l,f'}^V\right] \tag{6.9}$$

$$\text{s.t.} \quad \Pr\left\{\gamma_{m,f}^C \leqslant \gamma_0^C\right\} \leqslant p_0 \tag{6.9a}$$

$$\Pr\left\{\gamma_{k,f}^D \leqslant \gamma_0^D\right\} \leqslant p_1 \tag{6.9b}$$

$$0 \leqslant P_{m,f}^C \leqslant P_{\max}^C \tag{6.9c}$$

$$0 \leqslant P_{k,f}^D \leqslant P_{\max}^V \tag{6.9d}$$

$$0 \leqslant P_{l,f'}^V \leqslant P_{\max}^V \tag{6.9e}$$

$$\sum_{m \in C} \sum_{l \in V} \rho_{m,l} \leqslant 1, \ \rho_{m,l} \in \{0,1\} \tag{6.9f}$$

$$\sum_{m \in C} \sum_{k \in D} \rho_{m,k} \leqslant 1, \ \rho_{m,k} \in \{0,1\} \tag{6.9g}$$

优化目标前两部分都是由 RSU 覆盖的授权频带所在区域的容量，第一部分表示 CUE 容量（V2I 链路），第二部分为 DUE 的容量，它们复用 V2I 链路的无线资源；第三部分为在 RSU 覆盖范围内的授权频带与非授权频带重叠区域的容量，也就是 VUE 复用 CUE 无线资源时的容量。

如约束条件式（6.9a）和式（6.9b）所示，对于保证 CUE/DUE 的 QoS，使用中断概率 p_0 / p_1 进行约束，给出阈值 γ_0^C / γ_0^D，让接收端的 SINR 小于该值；约束条件式（6.9c）、式（6.9d）、式（6.9e）为发射功率限制，约束条件式（6.9c）为 V2I 链路 CUE 的最大功率（$P_{\max}^C$）限制，约束条件式（6.9d）、式（6.9e）中 $P_{\max}^V$ 表示车辆（DUE、VUE）之间进行任务卸载时最大发射功率；约束条件式（6.9f）中 $\rho_{m,l}$ 表示 CUE 与 VUE 至多可以同时复用一个资源块；约束条件（6.9g）中 $\rho_{m,k}$ 表示 CUE 与 DUE 至多同时复用一个资源块。

6.2.2 基于 V2X 模式选择的 Q 学习资源分配

随着通信场景中车辆的数量增大，车辆请求任务类型越来越复杂，D2D 对与 CUE 之间的资源复用更频繁，两者之间的干扰也越来越严重，因此兼顾任务类型的资源管理方案是必需的。本节使用分簇的思想对不同的任务类型进行区分，采用的是 K-means 算法；对于资源管理，采用分布式无状态 Q 学习算法进行资源的优化配置。

首先进行基于改进的 K-means 算法的通信模式选择。将 RSU 覆盖范围内的车辆进行聚类，使用的是 K-means 聚类算法，分簇依据是将每辆车请求任务类型的差异性，这种差异性建模为有效容量 EC，将车辆分为 V2I 链路簇与 V2V 链路簇，对于 V2V 链路簇，建模车辆任务卸载为匹配模型来选择邻近车辆形成 D2D 对，从而确定了车辆的通信模式。

将车辆的请求信息建模为特征因子 EC，将其归一化，然后集合所有车辆的 EC 作为 K-means 算法的输入：

$$X = U^1 \cup U^2 \cup \cdots \cup U^E, U^i \cap U^j = \varnothing, i \neq j \tag{6.10}$$

其中，X 为簇集合，j 为簇的编号，E 为最多可以分的簇的数目，簇 j 中一共有 j 个车辆，簇 j 的簇心 u^j 表示为

$$u^j = \frac{\sum_{x^i \in U^j} x^i}{\text{num}(U^j)} \tag{6.11}$$

两辆车之间的特征差用 tr 表示，计算 tr 运用欧氏距离的理论。tr 的计算表达式如下：

$$\text{tr} = \sqrt{\sum_{d=1}^{E}(x^{id} - x^{jd})^2} \tag{6.12}$$

其中，x^{id}、x^{jd} 为欧氏空间中待分簇的两辆车。分簇的准则是找到与簇心的平方误差和（sum of squares due to error，SSE）最小的车辆，SSE 计算如下：

$$\text{SSE} = \sum_{x^i \in U^j}\sum_{d=1}^{d=E}(x^{id} - u^{jd})^2 \tag{6.13}$$

改进的 K-means 算法如算法 6.1 所述。

算法 6.1 改进的 K-means 算法

1: 输入：任务车辆 QoS 数据集合为 $\{EC_1, EC_2, \cdots, EC_{max}\}$，最大簇为 E；
2: 输出：簇集合 $\{U^1, U^2, \cdots, U^E\}$，且 $U^i = \{x^1, x^2, \cdots\}$；
3: 所有数据集分为一个簇；
4: for $r = 1:\text{it}$
5:   while $\text{num}(U) \leqslant E$
6:     for $i = 1:E$
7:       随机选择 u^i 作为初始簇心；
8:       while u^i
9:         根据式（6.12）计算从车辆 j 到 u^i 之间的特征差 tr，并划分 j 到 tr 最短的簇，重新计算每个簇的簇心；
10:       end while
11:       根据式（6.13）计算 E 个簇两两之间的 SSE；
12:     end for
13:     选择最小的 M 作为划分的簇；
14:   end while
15: end for

算法 6.1 中，M 为车辆的数量，E 为簇的数量，T 为迭代次数，最大迭代次数为 it。

接下来，使用分布式无状态 Q 学习算法对有限的无线资源进行分配，控制干扰，增加系统吞吐量。对于算法各个元素建模如下：Q 学习三大关键输入因素为车辆的状态与该车辆的动作，这两者一一对应形成 Q 矩阵，状态用 $S = \{s_1, s_2, \cdots\}$ 表示，动作用 $A = \{a_1, a_2, \cdots\}$ 表示，第三个关键因素是由该时刻动作与状态所产生的奖励函数 $r(s,a)$。算法中各影响参数定义如下：折扣因子用 θ 表示，$0 < \theta < 1$，θ 的物理含义是接下来动作产生的奖励对此刻行为所产生奖励的重要程度，学习速率 δ（$0 < \delta < 1$）表示此刻动作受到之前行为结果作用的程度，车辆每一步所执行的策略为 π。车辆基于策略 π 作出相

应的行动 a，输出奖励函数 $r(s,a)$ 并反馈，学习车辆根据反馈值更新下一时刻的策略、状态和动作。这个过程遍历多次以后，学习车辆会得出最佳策略 π^*，预期累计函数 $\mho^\pi(s,a)$ 表达式为

$$\mho^\pi(s) = \lim_{N\to\infty} E\left[\sum_{t=1}^{N} r_t^\pi(s,a)\right] \tag{6.14}$$

使优化目标函数最大的策略为最优策略，表示为 $\pi^*(s) = \arg\max \mho(s,\pi)$，矩阵 $Q(s,a)$ 更新表达式如下：

$$Q^*(s,a) = E\{r_{t+1} + \theta \max_{a'} Q^*(s_{t+1}, a') | s_t = s, a_t = a\} \tag{6.15}$$

t 时刻的状态矩阵为 (s_t, a_t)，得到的奖励函数用 r_t 表示，预测下一时刻（$t+1$）的状态为 s_{t+1}，Q 矩阵更新的表达式为

$$Q(s_t, a_t) = (1-\delta)Q(s_t, a_t) + \delta[r(s_t, a_t) + \theta \max_{a_{t+1}} Q(s_{t+1}, a_{t+1})] \tag{6.16}$$

学习车辆彼此之间不会知道对方的状态信息，他们经过自身的学习机制依据自己状态产生策略执行动作，基于该动作产生奖励函数，遍历直至实现性能最优。采用 ε 贪婪算法来更新动作，该算法既考虑了遍历效率，又使所有的状态动作组合进行了完全的遍历。车辆的动作集合用 $a_i = [a_{i,\text{channel}}, a_{i,\text{power}}]$ 表示，是信道与功率组成的二维矩阵，动作函数表示如下：

$$a_i = \begin{cases} \arg\max_{i=1,2,\cdots,I} Q^*(a_i), & 1-\varepsilon \\ a_i \sim u(1, I), & \text{其他} \end{cases} \tag{6.17}$$

在 ε 贪婪算法中，学习车辆搜索的概率是 ε，在存在的动作中选择使 Q 值最大的概率是 $1-\varepsilon$。车辆 t 时刻的奖励函数 $r_{i,t}$ 定义为此刻吞吐量与最大吞吐量的比值：

$$r_{i,t} = \frac{R_{i,t}}{R_{i,t}^*} \tag{6.18}$$

其中，最大吞吐量是车辆的发射功率最大并且所使用无线资源与其他车辆都正交时的情况，表示为 $R_{i,t}^* = B\log_2(1+\text{SNR}_i)$。

算法 6.2　分布式无状态 Q 学习算法

1：输入：可用信道 channel，可用功率 power，SNR，$\{U^1, U^2, \cdots, U^E\}$，$U^i = \{x^1, x^2, \cdots, x^G\}$；
2：输出：每个车辆吞吐量 $R_{i,t}$；
3：初始化：$t=1$；折扣因子 θ；学习率 δ；探索速率 ε；$Q=0$；最大迭代 max_convergence_time；
4：for $e = 1:1:E$
5：　　while $t <$ max_convergence_time $+1$
6：　　　　顺序排列每一个车辆；
7：　　　　for $g = 1:1:G$
8：　　　　　　根据式（6.17）给车辆 $a_g = [a_{g,\text{channel}}, a_{g,\text{power}}]$ 选择行为 $a_g = [a_{g,\text{channel}}, a_{g,\text{power}}]$，更新状态矩阵 S；
9：　　　　　　更新 $\varepsilon = \dfrac{\varepsilon}{\sqrt{t}}$；
10：　　　　　根据式（6.18）计算回报函数；根据式（6.16）更新 Q 矩阵；
11：　　　end for
12：　　　计算车辆 x^g 的遍历吞吐量；

13:	$A=\{a_1,a_2,\cdots\}$;
14:	end while
15:	end for

如算法 6.2 所示，假设车辆以一种有序的方式进行遍历、学习，首先学习车辆进行参数初始化，以初始化参数得出此刻的动作和下一时刻的动作 $A=\{a_1,a_2,\cdots\}$，更新 S，随之更新 $Q(s,a)$，并继续进行学习直到满足迭代停止条件。算法流程图如图 6.2 所示。

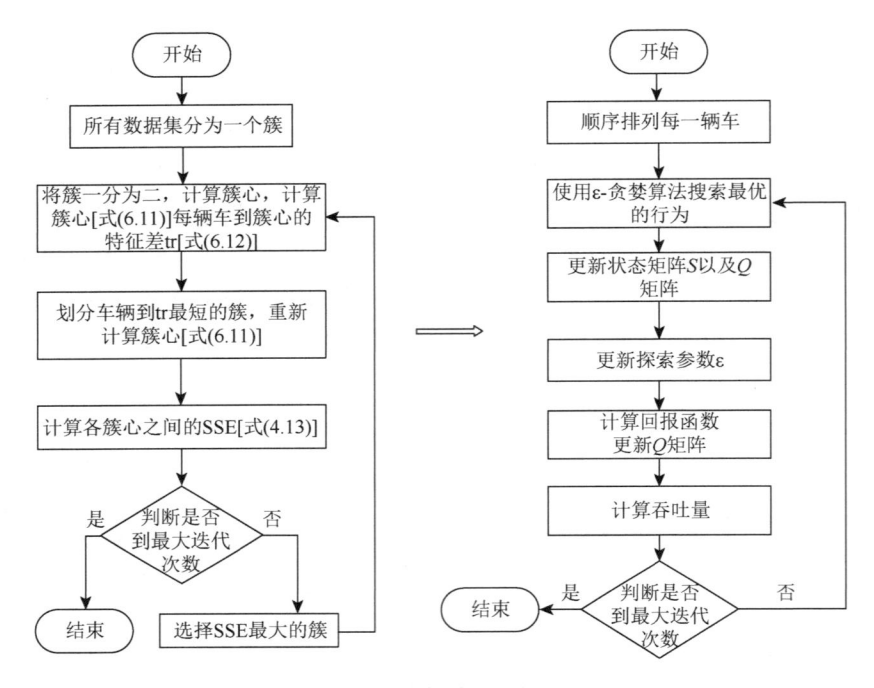

图 6.2 算法流程图

6.2.3 仿真与评估

为了验证所提算法的效果与性能，在 MATLAB 平台上进行操作。场景建模部分服从 3GPP TR 36.885 中所提的参数，MEC 服务器的仿真部分参考移动边缘计算白皮书，仿真具体参数如表 6.1 所示。

表 6.1 仿真参数表

参数	值
最大发射功率 P_{max}^C / P_{max}^V /dBm	24/17
系统带宽/MHz	10
载波频率/GHz	2
阴影衰落标准差 V2I/V2V/dB	8/4

续表

参数	值
路径损耗 V2I	$128.1+37.6\log d$
路径损耗 V2V	Los in winner + B1
D2D 用户 SINR 门限 γ_0^C/dB	5
噪声功率 σ^2/dBm	−100
V2V 链路可靠性	0.9999
中断概率 P_0/P_1	0.1/0.1

路边单元部署于道路两旁，信号覆盖范围为 250 m。仿真场景中车辆的坐标、数目以及车辆发布任务类型都随机产生。车辆分簇形成的 V2V 簇中车对车的通信按照参考文献[2]形成。

从最大化路边单元覆盖区域的授权频带的容量，同时保证纯授权频带通信质量的优化目标出发，按照任务车辆所请求的任务类型利用 k-means 分簇算法将车辆分类，如图 6.3 所示。位于 RSU 周边的通信车辆具有容量大的特点，因此将具有大容量需求的车辆（CUE）分为一簇，这些任务车辆通过 V2I 链路将任务卸载到 RSU。在 RSU 附近的另一种类型车辆时延要求小且对容量也有一定的要求，因此将这类车（DUE）分到 V2V 链路通信的簇内，任务车辆将任务卸载到周边车辆节省了时延，而且他们复用 CUE 的无线资源，图 6.3 中 DUE1 簇与 DUE2 簇复用的 CUE 信道之间正交，所以 DUE1 簇与 DUE2 簇之间不需要干扰管理。在 RSU 覆盖区域的周边，在 RSU 与 Wi-Fi 覆盖的非授权区域，VUE 对时延与容量要求都较低，因此他们对空闲频谱进行感知并采用 CA 技术实现资源的利用，增大系统容量。

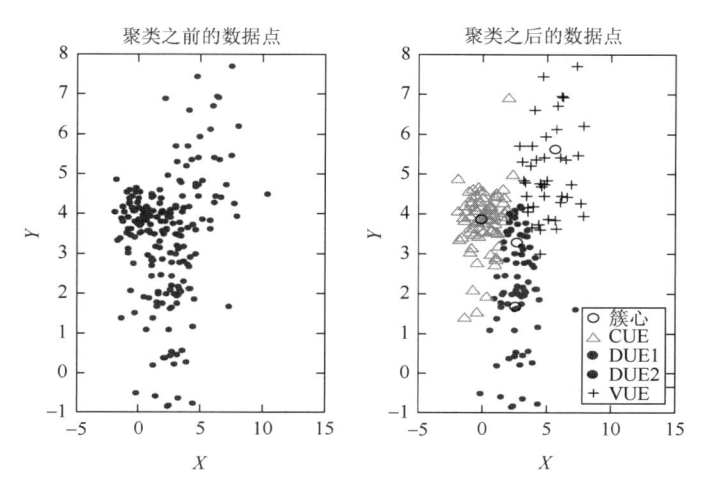

图 6.3 基于 K-means 模式选择图

图 6.4 分析了分布式 Q 学习算法中参数因子（θ、ε、δ）对网络性能的作用程度。仿真结果是遍历了 10000 次（一次为 100 次遍历结果的均值）的结果。从图 6.4 可以看出，当 θ=0.95、ε=0.9、δ=1 时，遍历容量接近网络最优遍历容量（图 6.4 上方虚线所示），从中可以得出，当前行为的立即回报（δ=1）相比上一阶段的回报值对性能的作用大，当折扣因子与学习速率近似相等时，贪婪算法搜索概率大于 0.5 时有较可观的系统性能。

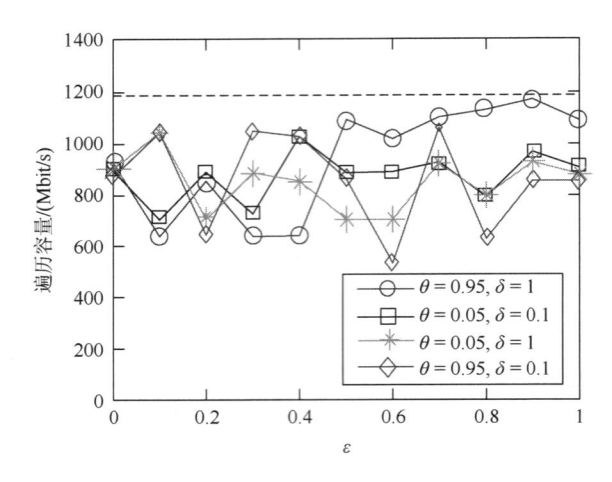

图 6.4 参数因子（θ、ε、δ）对网络性能影响图

图 6.5 将 QLRA 算法与随机资源分配算法（RRA）、穷举资源分配算法（EARA）进行资源分配时的遍历容量做了对比。由对比结果可知，QLRA 算法可以进行自发的增强学习，根据学习经验给当前状态执行产生合适的动作，分配资源使性能提升，从而接近最优至收敛。EARA 算法迭代了所有可能的情况，在迭代结果中找出使性能最优的分配值，因此 EARA 算法的结果最接近理想值。RRA 算法对资源没有有效的管理，因此存在较大的干扰，性能也就最不理想。

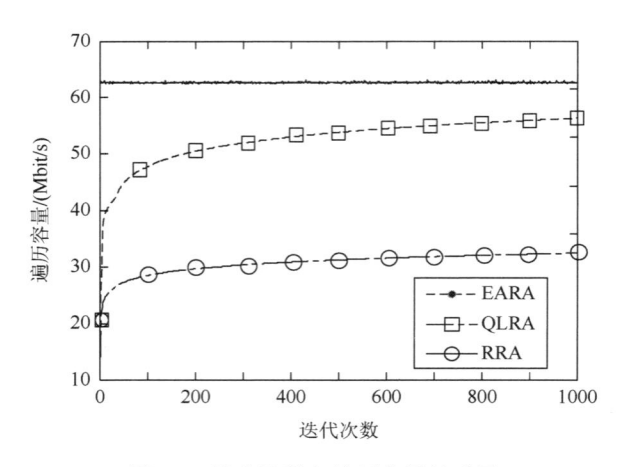

图 6.5 迭代次数与遍历容量关系图

在时刻 t，RSU 覆盖区域内的授权频带与 Wi-Fi 节点覆盖的非授权频带重叠区域，有 T 个车辆，通过感知技术利用空闲频段的 VUE 车辆占总车辆的比重为 β，也就是说 VUE 有 βT 辆。图 6.6 上下两部分都表明，随着车辆数量的增加，稀缺的资源得到多次复用，也就产生更大的干扰使性能降低。VUE 工作在基于 CFP 的 LTE-U 模式下，这种类型车辆的存在增加了系统吞吐量，因此从 $\beta=0.2$ 到 $\beta=0.4$ 的变化会大幅提升系统性能。随机调度实现资源分配致使 RRA 算法性能最差。EARA 算法遍历所有因此复杂度最高。综上，QLRA 不仅具有降低算法复杂度的优势，而且有效的资源分配机制使其性能相比 RRA 算法有很大的优化，接近 EARA 算法。

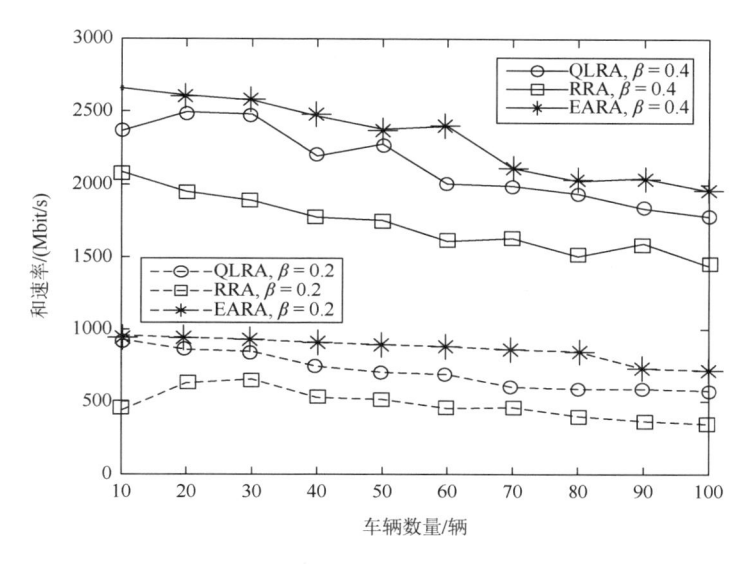

图 6.6 不同 β 下车辆数量与系统性能关系图

本节在 MEC 有效部署的车辆异构资源下，研究了基于分簇的 V2X 任务卸载和资源分配问题，所提的资源分配机制能够进一步优化系统性能，提高服务质量。

6.3 车联网中基于 MEC 的资源优化方案

6.3.1 通信模型与计算模型形成

考虑多车辆和宏基站共存的车辆异构网络，MEC 服务器和缓存容器部署于宏基站一侧，系统模型如图 6.7 所示。该场景中包括一个宏基站和 N 辆车。MEC 服务器是一个具有计算和存储资源的小型数据中心，计算资源通过蜂窝通信系统的核心网络连接到互联网提供任务处理，内容缓存容器提供任务内容和代码处理，并且可以决定是否存储内容。如果内容已存储，则可以重复使用。使用正交频分复用将车辆与宏基站相关联，其中分配给每个车辆的频谱资源无法重复使用。车辆遵循泊松分布，车辆集合定义为

$\mathcal{N}=\{1,2,\cdots,N\}$。本节假设每个车辆 $v\in\mathcal{N}$ 每次有一个计算任务，记为 $T_v=\{s_v,c_v,T_v^{\max}\}$，该任务不可分割。$s_v$ 为输入数据的大小，c_v 为工作负载，即完成任务的计算量，$T_v^{\max}$ 为最大容限等待时间。对于任务卸载问题，定义 $x_v\in\{0,1\}$ 为车辆 v 的卸载决策，$x_v=1$ 为车辆 v 选择卸载到 MEC 服务器执行，$x_v=0$ 为车辆选择在本地计算。对于任务缓存问题，定义 $\alpha_v\in\{0,1\}$ 为车辆 v 的缓存决策，$\alpha_v=1$ 为 MEC 服务器选择缓存车辆 v 请求的内容，$\alpha_v=0$ 为 MEC 服务器不选择缓存车辆 v 请求的内容。

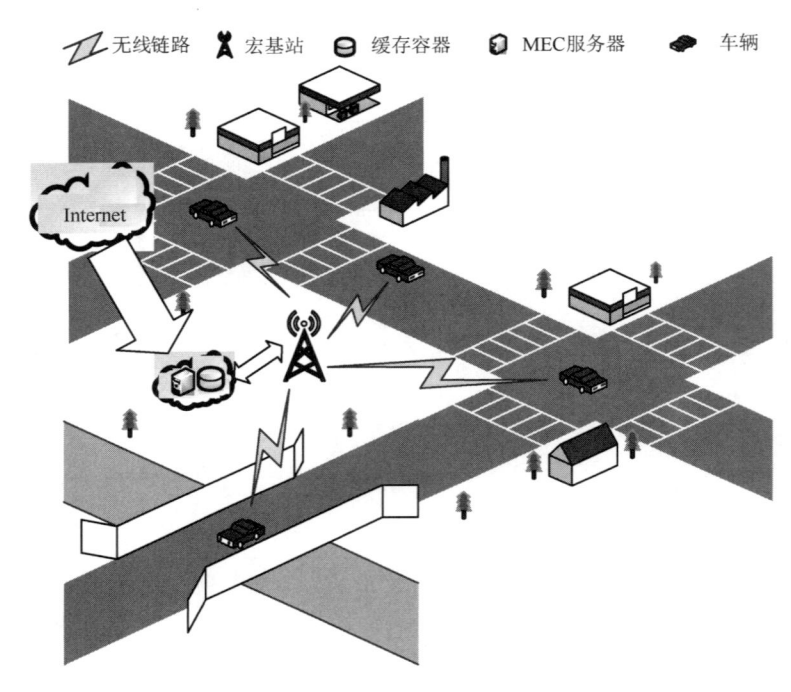

图 6.7 系统模型

下面开始建立通信模型。当车辆 v 选择将计算任务卸载到 MEC 服务器时，任务的输入数据需要发送到 MEC 服务器。车辆 v 上行传输频谱效率为

$$r_v = \log_2\left(1+\frac{p_v h_v}{\sigma^2}\right) \quad (6.19)$$

其中，p_v 为车辆的传输功率，h_v 为车辆和宏基站的信道增益，σ^2 为噪声功率。

考虑整个系统可用带宽为 B，并且整个带宽可通过一定的比率划分给每个车辆。定义 $d_v\in(0,1)$ 为频率带宽的百分比，则车辆 v 的上行传输速率为

$$R_v^u = d_v B r_v \quad (6.20)$$

当车辆选择将任务进行卸载计算时，通过无线传输接入到相应的宏基站，然后将任务卸载到 MEC 服务器进行计算。对于任务卸载的车辆，传输到 MEC 时会产生相应的传输时延，根据通信模型，车辆 v 的上行传输时延为

$$t_v^{\text{tra}} = \frac{s_v}{R_v^u} \tag{6.21}$$

计算模型如下。

(1) 本地计算。车辆自身具有计算能力 f_v^l，且 $f_v^l > 0$，当用户 v 在本地执行任务 T_v 时，计算执行时间 t_v^l 为

$$t_v^l = \frac{c_v}{f_v^l} \tag{6.22}$$

(2) 边缘计算。每个宏基站上的 MEC 服务器能够同时向多个车辆提供计算卸载服务，每个 MEC 服务器提供给关联车辆共享的计算资源最大为 $f_{\max}$。从车辆接收到卸载的任务后，服务器将代替车辆执行任务，定义 $q_v \in (0,1)$ 为 MEC 服务器分给车辆 v 的计算资源百分比，则边缘计算时延为

$$t_v^{\text{exe}} = \frac{c_v}{q_v f_{\max}} \tag{6.23}$$

(3) 缓存模型。缓存是指在 MEC 服务器中缓存具有执行任务的所有基本程序代码。由于 MEC 服务器的存储是有限的，本节假设 MEC 服务器的最大缓存是 C_e。如果任务已卸载到 MEC 服务器，则服务器可以从互联网请求内容。本节假设所请求内容的受欢迎程度遵循 Zipf 分布。因此，车辆 v 请求任务 k 的受欢迎程度为

$$p_v(k) = \frac{1/k^\tau}{\sum_{k=1}^{N_f} 1/k^\tau} \tag{6.24}$$

其中，N_f 为互联网中内容的总类型，τ 为 Zipf 分布参数，本节设置为常数 0.56。

如果请求的内容已被缓存，则可以获得宏基站和互联网之间的回程时间与回程带宽回报。当定义在互联网数据平均传输速率为 Q，车辆 v 请求缓存任务 k 的回程带宽为

$$R_v^b = p_v(k)Q \tag{6.25}$$

当给定任务内容请求大小 K 时，回程时延可以表示为

$$t_v^b = \frac{K}{R_v^b} \tag{6.26}$$

当 MEC 服务器中缓存具有执行任务的所有基本程序代码，MEC 服务器可以直接进行任务计算，不需要向互联网进行任务请求，获得回程时间回报。因此当车辆 v 将任务卸载到 MEC 服务器时，车辆 v 总时延 t_v 包括上行传输时延、边缘计算时延和回程时延。

$$t_v^u = t_v^{\text{tra}} + t_v^{\text{exe}} + (1-\alpha_v)t_v^b \tag{6.27}$$

本节主要考虑车辆端的系统总时延问题，所以忽略了将任务结果发送回车辆的时间延迟，这是因为任务结果的大小远小于任务输入数据的大小。

6.3.2 基于广义 Benders 分解算法的时延优化

根据以上讨论，考虑到任务在本地和边缘计算，单个车辆的总任务持续时间可以表示为 $x_v t_v^u + (1-x_v) t_v^l$，本节的目标是在保证服务质量的同时，降低整个系统的总时延。通过部署任务缓存、卸载和资源分配策略以最小化车辆的总系统时延。综合式（6.19）～式（6.27），问题制定如下：

$$J(x,\alpha,d,q) = \min \sum_{v=1}^{N} x_v \left[\frac{s_v}{d_v B r_v} + \frac{c_v}{q_v f_{\max}} + (1-\alpha_v) \frac{K}{\frac{1/k^\tau}{\sum_{k=1}^{N_f} 1/k^\tau} Q} \right] + (1-x_v)\frac{c_v}{f_v^l} \quad (6.28)$$

$$\text{s.t.} \quad C1: x_v \in \{0,1\}, \forall v \quad (6.28a)$$

$$C2: \alpha_v \in \{0,1\}, \forall v \quad (6.28b)$$

$$C3: 0 \leqslant d_v \leqslant x_v, \forall v \quad (6.28c)$$

$$C4: \sum_{v=1}^{N} d_v < 1 \quad (6.28d)$$

$$C5: 0 \leqslant q_v \leqslant x_v, \forall v \quad (6.28e)$$

$$C6: \sum_{v=1}^{N} q_v < 1 \quad (6.28f)$$

$$C7: 0 \leqslant \alpha_v \leqslant x_v, \forall v \quad (6.28g)$$

$$C8: \sum_{v=1}^{N} \alpha_v K \leqslant C_e \quad (6.28h)$$

$$C9: x_v t_v^u + (1-x_v) t_v^l \leqslant T_v^{\max}, \forall v \quad (6.28i)$$

其中，约束条件 C1 和 C2 分别表示卸载决策和缓存决策时二进制变量，C3 表示具有卸载任务的车辆进行频谱决策，C4 表示分配给具有卸载任务的车辆的频谱资源总和不能超过总频谱带宽，C5 表示具有卸载任务的车辆进行计算资源决策，C6 表示卸载任务分配的计算资源总和不能超过 MEC 服务器的总计算能力，C7 表示具有卸载任务的车辆才需要从互联网请求内容。C8 表示从互联网缓存的内容总和不能超过 MEC 服务器的存储能力。C9 表示每个车辆计算任务的总时延应满足最大容忍时延。

通过观察优化问题，卸载决策 x 和缓存决策 α 是整数变量，而资源分配 d 和 q 是连续变量。同时，整数变量与连续变量耦合。因此，该优化问题为 MINLP，求解最优解通常需要较高的时间复杂度。本节的目标是设计一个低复杂性、次优的解决方案，并且该解决方案在实现时与其他方案相比存在竞争优势。

为了减少计算复杂度，引入广义 Benders 分解方法。广义 Benders 分解方法将整数变量和连续变量分别分解为一个主问题和一个子问题。主问题是混合整数线性规划问题，子问题是非线性规划问题。原始问题的最优解可以通过迭代求解主问题和子问题来获得。

根据广义 Benders 分解方法的定义，通过对原始优化问题中的二进制变量固定来获得子问题。

$$J(d,q,x_v^*,\alpha_v^*) = \min \sum_{v=1}^{N} x_v^* \left[\frac{s_v}{d_v B r_v} + \frac{c_v}{q_v f_{\max}} + (1-\alpha_v^*) \frac{K}{\frac{1/k^\tau}{\sum_{k=1}^{N_f} 1/k^\tau} Q} \right] + (1-x_v^*) \frac{c_v}{f_v^l} \quad (6.29)$$

$$\text{s.t.} \quad C3: 0 \leq d_v \leq x_v^*, \forall v \quad (6.29\text{a})$$

$$C4: \sum_{v=1}^{N} d_v < 1 \quad (6.29\text{b})$$

$$C5: 0 \leq q_v \leq x_v^*, \forall v \quad (6.29\text{c})$$

$$C6: \sum_{v=1}^{N} q_v < 1 \quad (6.29\text{d})$$

$$C7: 0 \leq \alpha_v^* \leq x_v^*, \forall v \quad (6.29\text{e})$$

$$C8: \sum_{v=1}^{N} \alpha_v^* K \leq C_e \quad (6.29\text{f})$$

$$C9: x_v^* t_v^u + (1-x_v^*) t_v^l \leq T_v^{\max}, \forall v \quad (6.29\text{g})$$

通过对卸载决策 x 和缓存决策 α 二进制变量的固定，子问题是凸的。如果子问题有可行解，那么它具有唯一的连续解，其对应的拉格朗日乘数约束 λ 也可以获得。此外，子问题的最优目标函数值是原始问题的有效上界。

本节定义 $H(x,\alpha,d,q)$ 为子问题约束的集合，如下所示：

$$H(x^*,\alpha^*,d,q) = \begin{pmatrix} d_v - x_v^*, \forall v \\ \sum_{v=1}^{N} d_v - 1 \\ q_v - x_v^*, \forall v \\ \sum_{v=1}^{N} q_v - 1 \\ \alpha_v^* - x_v^*, \forall v \\ \sum_{v=1}^{N} \alpha_v^* K - C_e \\ x_v^* t_v^u + (1-x_v^*) t_v^l - T_v^{\max}, \forall v \end{pmatrix} \quad (6.30)$$

此时，子问题可转换为以下形式：

$$J(d,q,x_v^*,\alpha_v^*) = \min \sum_{v=1}^{N} x_v^* \left[\frac{s_v}{d_v B r_v} + \frac{c_v}{q_v f_{\max}} + (1-\alpha_v^*) \frac{K}{\frac{1/k^\tau}{\sum_{k=1}^{N_f} 1/k^\tau} Q} \right] + (1-x_v^*) \frac{c_v}{f_v^l} \quad (6.31)$$

$$\text{s.t. } H(x^*,\alpha^*,d,q) \leqslant 0 \quad (6.31a)$$

令 $L(x^*,\alpha^*,d,q) = J(d,q,x_v^*,\alpha_v^*) + \lambda^T H(x^*,\alpha^*,d,q)$，当子问题有可行解时，可行割可以得到，并将其作为约束条件添加到主问题中，为了方便表示，本节用 e 和 o 分别代替集合 (x,α) 和 (d,q)。

$$F^f(e) = L(o^i,e^*) + \nabla_e^T L(o^i,e^*)(e-e^*) \quad (6.32)$$

如果子问题没有可行解，将子问题进行放缩得到新的子问题。

$$J(o,e^*) = \min \sum_{v=1}^{4N+3} \eta_v \quad (6.33)$$

$$\text{s.t. } H(o,e^*) - \eta_v \leqslant 0 \quad (6.33a)$$

$$\eta_v \geqslant 0, \forall v \quad (6.33b)$$

其中，η 为引入的松弛变量，η 和其对应约束 $H(o,e^*)$ 的长度都是 $4N+3$，在这种情况下，将没有可行解的子问题变为有可行解的子问题，同样使用拉格朗日法，求解上述问题，此时对应的拉格朗日乘数约束为 γ，同样，为了加速松弛子问题的收敛，减少优化问题的计算时间复杂度，本节采用外逼法求解问题的不可行割。

$$F^{if}(e,o) = \gamma^T \left\{ H(o^i,e^*) + \nabla_{o,e}^T H(o^i,e^*)[(o,e) - (o^i,e^*)] \right\} \quad (6.34)$$

基于上述可行割和不可行割，解决二元变量的主问题为

$$\min_e G \quad (6.35)$$

$$\text{s.t. } F^f(e) - G \leqslant 0 \quad (6.35a)$$

$$F^{if}(e,o) \leqslant 0 \quad (6.35b)$$

$$\sum_{j \in A^{if}} e_j - \sum_{j \in NA^{if}} e_j \leqslant |A^{if}| - 1 \quad (6.35c)$$

其中，主问题的前两个约束为所有可行割和不可行割的满足条件，第三个约束是一个整数割，用来排除不可行割的二进制变量。在第三个约束中，$A^{if} = \{j: e_j^{if} = 1\}$，$NA^{if} = \{j: e_j^{if} = 0\}$，其中 $e_j \in \{0,1\}, \forall j \in 2N$。经过有限次迭代，可以得到主问题的最优目标函数值，这也是原始问题的有效下界。

基于广义 Benders 分解算法，本节给出车联网中基于 MEC 缓存服务的资源优化方案，如算法 6.3 所示。该方案主要由两部分组成，即决策和回查。通过固定二元变量，求解有

可行解的子问题和没有可行解的新子问题，然后在所有的可行割和不可行割满足的条件下求解主问题，在有限次迭代中终止。然后根据原始优化问题回查每个卸载决策和缓存决策。如果删除卸载任务可以减少总延迟，则将相应的任务转换为本地执行。直到总延迟停止减少时检查操作终止。检查操作完成后，可以同时确定最优卸载、缓存决策和资源分配策略。

算法 6.3 车联网中基于 MEC 缓存服务的资源优化方案

1：初始化：e^0，上界 $u = +\infty$，下界 $l = -\infty$，$T_s = +\infty$ 等；
2：while $|u-l|/l > \tau$ do
3：　求解子问题，如果子问题有可行解，可以得到连续解 o^i 以及对应的拉格朗日乘数 λ；
4：　计算 $u = J(d, q, x_v^*, \alpha_v^*)$ 和可行割 $F^f(e)$；
5：　如果子问题没有可行解，通过解决新子问题，得到连续解 o^i 以及拉格朗日乘数 γ；
6：　计算不可行割 $F^{if}(e, o)$；
7：　通过解决主问题得到二元变量 o 和下界 $l = G^i$；
8：　更新 i, f, if；
9：end while
10：通过迭代可以得到二元变量 o；
11：for $n = 1 : \sum_{j=1}^{N} e_j$ do
12：　基于二元变量 o 求解原始优化问题；
13：　如果原始优化问题有可行解，连续变量 o 和优化函数值 T 可以得到；
14：　如果原始优化问题无可行解，$T = T_s$；
15：　if $T \leqslant T_s$
16：　　$T_s = T$，$o_s = o$，$e_s = e$；
17：　　将所有具有卸载任务车辆的偏导数 $\nabla_e^T L(o_s, e_s)$ 进行排序；
18：　　将最大偏导数卸载决策设置为 0，然后根据 C7 和 C8 的约束条件修改缓存决策；
19：　　更新变量 e；
20：　end if
21：end for
22：输出：o_s，e_s，T_s；

6.3.3　性能分析

本节基于广义 Benders 分解算法分离二进制和连续变量的思想来解决车联网中基于 MEC 的缓存服务的资源分配。通过多次迭代找到最优的二进制连续解，计算复杂度受迭代次数的影响。假设本节方案通过 M 次迭代停止，即 M 个非线性子问题，M 个混合整数线性主问题被解决。如果检查操作的数量是 N，那么 N 个非线性凸问题需要解决，并且满足 $N \leqslant \sum_{v=1}^{N} e_v$。因此，通过求解 $M + N$ 个非线性凸问题和 M 个混合整数线性主问题，可以得到多项式复杂度的最优决策和资源分配策略。

为了进一步验证本节所提算法的有效性，笔者设计了仿真场景进行试验，假设车辆在基站半径 500 m 的区域中泊松分布。系统带宽为 20 MHz，车辆的传输功率为 23 dBm，使用给定的距离相关路径损耗模型 $128.1 + 37.6\log_{10}d_{[km]}$ 生成上行链路信道增益，对数正态阴影标准偏差设置为 8 dB，背景噪声–114 dBm。任务的输入数据大小随机分布在[100，1000]KB 内，所需 CPU 周期数随机对应分布在[0.2, 1]Gcycles 内，MEC 服务器和车辆 CPU 计算能力分别为 50 GHz 和 1.25 GHz。任务请求的内容大小为 0.1Mb，MEC 服务器中缓存能力为 0.6 Mb。互联网内容的总类型为 50 种，互联网与 MEC 服务器之间的平均传输速率为 100 Mbit/s。仿真对比试验如下：①车辆选择全部本地；②车辆选择全部卸载；③基于贪婪策略的启发式算法[3]；④穷举法。

图 6.8 是本节提出的方案与其他算法在车辆数量方面对整个系统总时延的影响。随着车辆数量的增加，系统总时延增加。当车辆的所有任务都在本地执行时，系统总时延始终高于本节所提方案。原因是车辆的计算能力有限，MEC 服务器计算能力没有充分地利用。随着车辆数量的增加，车辆选择全部卸载的系统总时延都大大增加，甚至超过了所有本地的等待时间消耗。原因是通信和计算资源是有限的，分配给每个卸载任务的资源较少，导致系统总时延大大增加。本节方案和穷举法之间的系统总时延差距很小，且在 0.2 ms 之内，启发式算法和系统总时延之间的等待时间差在 0.3 ms 之内，进而证明了本节方案的优越性。

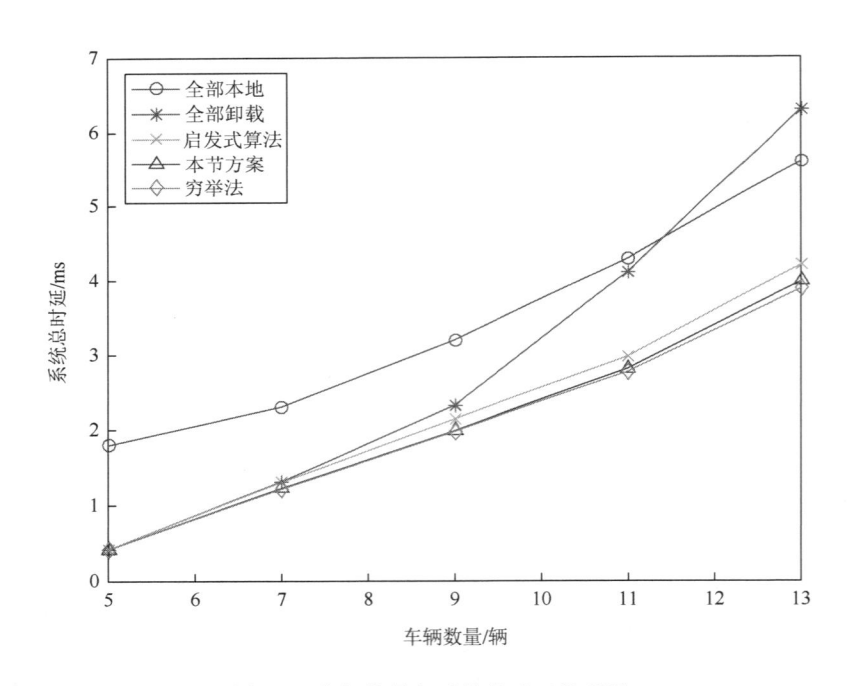

图 6.8　车辆数量与系统总时延关系图

为了进一步分析所提方案的复杂度，图 6.9 将所提方案与穷举法在运行时间方面进行了对比。从图 6.9 可以看出，无缓存算法的运行时间总是比有缓存算法的运行时间短，这归因于无缓存的算法具有更少的二进制变量，从而导致整个计算过程大大减少。此外，本节所提方案的运行时间相比于穷举法，无论在有缓存还是无缓存的情况下都显示出较为缓慢的上升趋势。

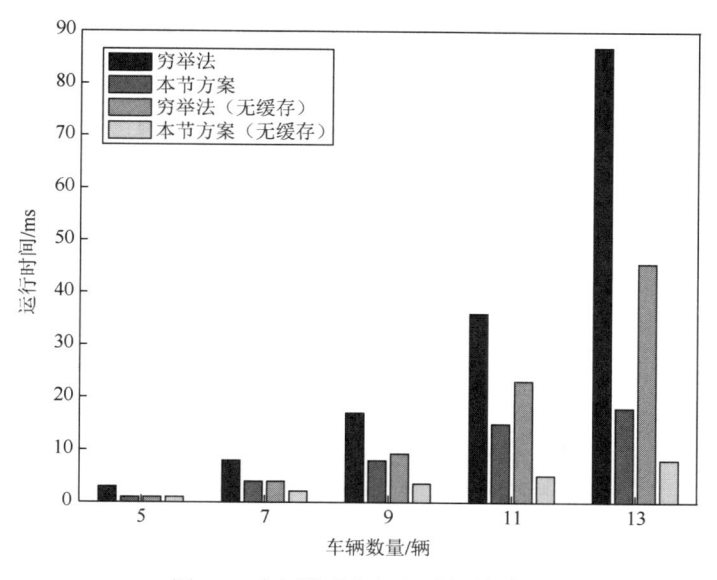

图 6.9　车辆数量与运行时间关系图

本节综合考虑了频谱和计算资源的分配。为了研究资源分配对延迟性能的影响，在车辆数量为 10 的前提下，图 6.10 是本节方案与其他方案在系统带宽方面，对整个系统总时延的影响。在图 6.10 中，系统总时延随着系统带宽的增加而减少，并且四种方案之间的时间间隙总体上具有减小的趋势，原因是更多的频谱资源增加了车辆的传输速率，进而减少了系统总时延。此外，相等频谱资源分配方案的系统总时延比其他三种方案都要大，这是由于底层的任务众多，相等频谱资源分配方案无法为大型计算任务提供更多的资源，而为小型计算任务提供过多的资源，从而导致额外的延迟和资源浪费。

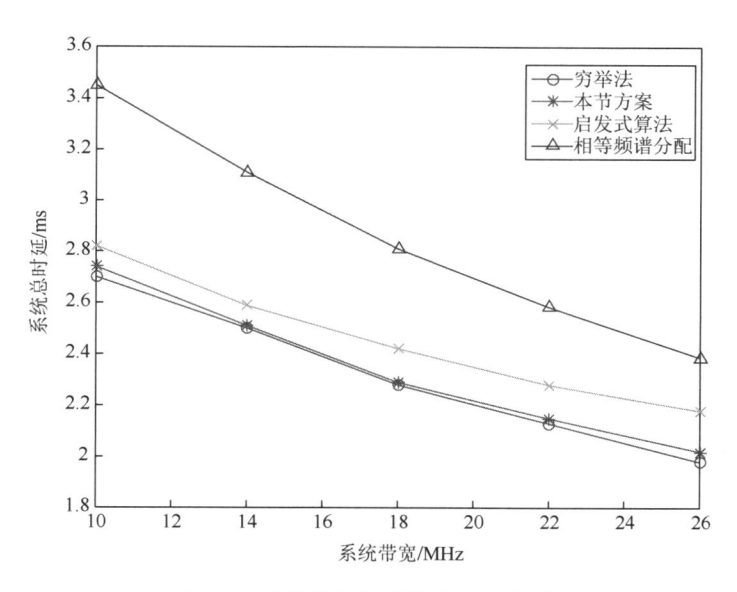

图 6.10　系统带宽与系统总时延关系图

图 6.11 显示的是本节方案与其他方案在 MEC 服务器计算能力方面，对整个系统总时延的影响。系统总时延随着 MEC 服务器计算能力的增加而减少。原因是更多的计算资源可以节省更多的任务执行时间。然而，随着 MEC 服务器计算能力的提高，系统总时延下降速度远小于随着频谱资源增加而下降的速度。原因是 MEC 服务器的计算能力大于车辆自身的计算能力，边缘计算的任务执行时间少于本地计算的任务执行时间，MEC 服务器中任务执行时间在总的时延中比重太小。

本节研究了车联网中基于 MEC 缓存服务的资源优化问题，同时考虑任务计算卸载、缓存和资源分配策略，以最小化车辆系统总时延为目标制定优化问题。为了解决该问题，本节通过改进广义 Benders 分解方法以解决资源分配和任务执行选择策略。具体而言，该方案主要由两部分组成，即决策和检查。通过固定二元变量，求解有可行解的子问题和没有可行解的新子问题，然后在所有的可行割和不可行割满足的条件下求解主问题，在有限次迭代中终止。然后，根据原始优化问题检查每个卸载决策和缓存决策。如果删除卸载任务可以减少总延迟，则将相应的任务转换为本地执行。直到总时延停止减少时检查操作终止。最后通过仿真分析，以验证所提方案的有效性。

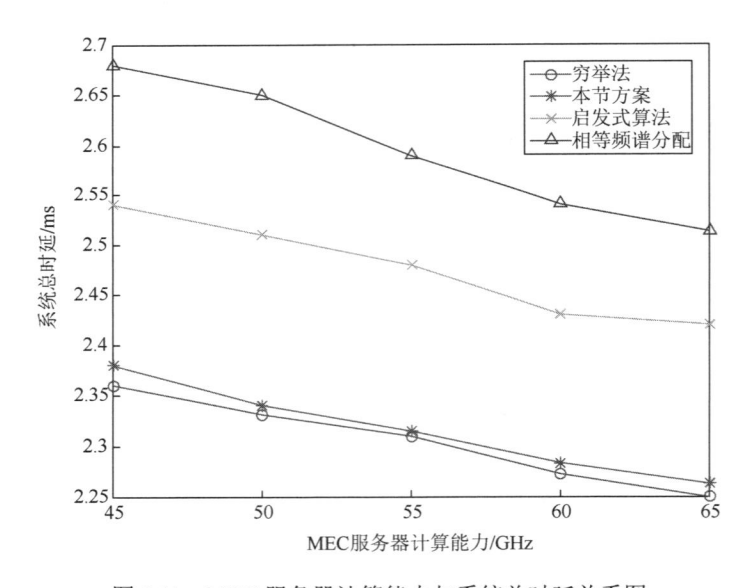

图 6.11 MEC 服务器计算能力与系统总时延关系图

6.4 车联网中基于 MEC 的多服务器任务卸载和资源分配

6.4.1 任务卸载与资源分配问题相关描述

假设小区中的车辆遵循泊松分布，车辆集合表示为 $\mathcal{V} = \{1, 2, \cdots, V\}$，MEC 服务器集合表示为 $\mathcal{M} = \{1, 2, \cdots, M\}$。假设每个车辆每次有一个计算任务，记为 $T_v = \{d_v, c_v\}$，该任务不可分割，d_v 为输入数据的大小，c_v 为工作负载，即完成任务的计算量。每个任务既可以在车辆上进行本地执行也可以将任务卸载到远端的 MEC 服务器上执行。当车辆通过无线传输将计算任务卸载到远端 MEC 服务器时，车辆将充分利用 MEC 服务器的资源，以节省自身的计算资源和能源消耗。然而，计算任务在上传过程中会产生额外的延迟和功耗。所以对于车辆来说卸载决策影响着最终的能耗，对于 MEC 服务器来说，需要提高资源分配效率。

6.4.2 资源分配与任务卸载问题

本节考虑一个正交频分多址系统作为上行传输多址的接入方案[2]，其中工作频段 B 被划分为 N 个大小为 $W=B/N$ 的等子带宽。基站可以服务的车辆最大数量被定义为 q_m。定义每个基站可用子带宽的集合为 $\mathcal{N}=\{1,2,\cdots,N\}$。定义任务的卸载决策变量为 $x_{vm}^j=\{0,1\}, v\in\mathcal{V}, m\in\mathcal{M}, j\in\mathcal{N}$，$x_{vm}^j=1$ 为车辆 v 将任务 T_v 卸载到基站的子带宽 j 上，否则 $x_{vm}^j=0$，定义 $\mathcal{G}=\{x_{vm}^j|v\in\mathcal{V},m\in\mathcal{M},j\in\mathcal{N}\}$ 为所有卸载变量的集合，任务卸载策略 X 的集合定义为 $X=\{x_{vm}^j\in\mathcal{G}|x_{vm}^j=1\}$。除此之外，定义 $\mathcal{V}_v=\{v\in\mathcal{V}|\sum_{j\in\mathcal{N}}x_{vm}^j=1\}$ 为车辆将任务卸载到服务器 m 的集合，$\mathcal{V}_{off}=V_{m\in\mathcal{M}}\mathcal{V}_v$ 为卸载车辆的集合。车辆传输功率分配决策定义为 $\mathcal{P}=\{p_v|0<p_v\leqslant P_v,v\in\mathcal{V}_{off}\}$，$P_v$ 为最大传输功率，P_v 为车辆 v 将任务卸载到 MEC 服务器的传输功率。计算资源分配策略为 $\mathcal{F}=\{f_{vm}|v\in\mathcal{V},m\in\mathcal{M}\}$，$f_{vm}$ 为 MEC 服务器 m 分配给车辆 v 的计算资源。

由于传输到同一基站的车辆使用不同的子频带，因此上行小区内干扰得到了有效的缓解，但这些车辆仍然受到小区间干扰的影响。在这种情况下，车辆 v 的信噪比为

$$\gamma_{vm}^j = \frac{p_v h_{vm}^j}{\sum_{r\in\mathcal{M}\setminus\{m\}}\sum_{k\in\mathcal{V}_r} x_{kr}^j p_k h_{km}^j + \sigma^2}, \forall v\in\mathcal{V}, m\in\mathcal{M}, j\in\mathcal{N} \quad (6.36)$$

其中，h_{vm}^j 为车辆 v 到 MEC 服务器 m 在子频段 j 上的信道增益，σ^2 为背景噪声，$\sum_{r\in\mathcal{M}\setminus\{m\}}\sum_{k\in\mathcal{V}_r} x_{kr}^j p_k h_{km}^j$ 为在同一子频带车辆 v 受到其他小区车辆的干扰和。由于每个车辆只能在一个子频带上传输，定义 $\gamma_{vm}=\sum_{j\in\mathcal{N}}\gamma_{vm}^j$，因此车辆 v 的上行传输速率可以表示为

$$R_{vm}(X,\mathcal{P}) = W\log_2(1+\gamma_{vm}) \quad (6.37)$$

1）本地执行

车辆自身具有计算能力 f_v^l，且 $f_v^l>0$，当车辆 v 在本地执行任务 T_v 时，计算执行时间 t_v^l 为

$$t_v^l = \frac{c_v}{f_v^l} \quad (6.38)$$

当车辆 v 在本地执行任务 T_v 时，能量消耗 E_v^l 为

$$E_v^l = \kappa (f_v^l)^2 c_v \quad (6.39)$$

其中，κ 为能量系数，与芯片硬件结构有关，设 $\kappa = 10^{-27}$。

2）远端执行

每个基站上的 MEC 服务器能够同时向多个车辆提供计算卸载服务，每个 MEC 服务器提供给关联车辆最大的计算资源为 f_m。从车辆接收到卸载任务后，服务器将代替车辆执行任务，完成后将输出结果返回给车辆。当车辆将任务卸载到远端的 MEC 服务器时，车载终端会产生一定的时延和能耗成本。当给定卸载决策 X、传输功率 $\mathcal{P}$ 以及计算资源分配 $\mathcal{F}$ 时，任务在远端执行的总时间延迟 t_v 是固定的，包括传输时间和 MEC 服务器的计算时间，其表达式为

$$t_v = t_{\text{up}}^v + t_{\text{exe}}^v = \sum_{m \in \mathcal{M}} x_{vm} \left(\frac{d_v}{R_{vm}(X,\mathcal{P})} + \frac{c_v}{f_{vm}} \right), \forall v \in \mathcal{V} \quad (6.40)$$

其中，x_{vm} 为车辆 v 所占子载波，$x_{vm} = \sum_{j \in \mathcal{N}} x_{vm}^j, \forall v \in \mathcal{V}, m \in \mathcal{M}$。

当车辆 v 在远端执行任务 T_v 时，能量消耗 E_v 为

$$E_v = p_v t_{\text{up}}^v = \frac{p_v}{\xi} d_v \sum_{m \in \mathcal{M}} \frac{x_{vm}}{R_{vm}(X,\mathcal{P})}, \forall v \in \mathcal{V} \quad (6.41)$$

其中，ξ 为车辆 v 的功率放大效率。

在车联网中影响用户体验质量的主要是时延和能耗，为了讨论总时间延迟和能量消耗之间的偏好，引入权重因子 δ。可以根据不同车辆的要求定义不同的权重值。例如，如果车辆对延迟的要求比较高，则权重因子可以设置为 $\delta = 1$，反之如果车辆对能耗的要求比较高，对时延的要求比较低，则权重因子可以设置为 $\delta = 0$，如果车辆对能耗和时延都有要求，权重因子可以设置为 $0 < \delta < 1$。

考虑到车辆对时延和能耗的要求，本节的主要内容是通过优化卸载决策 X、上行功率分配 $\mathcal{P}$ 和计算资源分配 $\mathcal{F}$ 最大化系统效益，具体目标函数如下所示：

$$\max_{X,\mathcal{P},\mathcal{F}} Q = \sum_{v \in \mathcal{V}} \sum_{m \in \mathcal{M}} x_{vm} \left[\delta \frac{t_v^l - t_v}{t_v^l} + (1-\delta) \frac{E_v^l - E_v}{E_v^l} \right] \quad (6.42)$$

$$\text{s.t. } C1: x_{vm}^j \in \{0,1\}, \forall v \in \mathcal{V}, m \in \mathcal{M}, j \in \mathcal{N} \quad (6.42\text{a})$$

$$C2: \sum_{m \in \mathcal{M}} \sum_{j \in \mathcal{N}} x_{vm}^j \leq 1, \forall v \in \mathcal{V} \quad (6.42\text{b})$$

$$C3: \sum_{v \in \mathcal{V}} x_{vm}^j \leq 1, \forall m \in \mathcal{M}, j \in \mathcal{N} \quad (6.42\text{c})$$

$$C4: \sum_{v \in \mathcal{V}} \sum_{j \in \mathcal{N}} x_{vm}^j < q_m, \forall m \in \mathcal{M} \quad (6.42\text{d})$$

$$C5: 0 < p_v \leq P_v, \forall v \in \mathcal{V}_{\text{off}} \quad (6.42\text{e})$$

$$C6: f_{vm} > 0, \forall v \in \mathcal{V}_m, m \in \mathcal{M} \quad (6.42\text{f})$$

$$C7: \sum_{v \in \mathcal{V}} f_{vm} \leq f_m, \forall m \in \mathcal{M} \quad (6.42\text{g})$$

其中，C1 表示卸载决策为二元变量。C2 表示车辆要么将任务卸载到 MEC 服务器，要么在本地执行。C3 表示每个子通道最多可以分配给一个车辆。C4 表示最多可向 MEC 服务

器卸载的车辆数量。C5 表示车辆的功率约束。C6 表示 MEC 服务器分配给车辆的计算资源必须为正。C7 表示卸载任务所需的计算资源总和不应超过 MEC 服务器的计算能力。

6.4.3 求解方案与复杂度分析

由于卸载决策 X 是一个二进制变量，功率分配 $\mathcal{P}$ 和计算资源分配 $\mathcal{F}$ 是连续变量，因此上述问题是一个混合整数非线性问题。由于该问题的 NP 难[4]性质，很难设计出有效的解决方案。通过观察上述约束，卸载约束 C1、C2、C3、C4 与资源分配约束 C5、C6、C7 是解耦的，原始优化问题可以分解为在特定卸载决策下的资源优化以及基于资源优化结果的卸载决策优化，因此原始优化问题可以分解为

$$\max_{X} Q^*(X) \tag{6.43}$$

$$\text{s.t. C1: } x_{vm}^j \in \{0,1\}, \forall v \in \mathcal{V}, m \in \mathcal{M}, j \in \mathcal{N} \tag{6.43a}$$

$$\text{C2: } \sum_{m \in \mathcal{M}} \sum_{j \in \mathcal{N}} x_{vm}^j \leq 1, \forall v \in \mathcal{V} \tag{6.43b}$$

$$\text{C3: } \sum_{v \in \mathcal{V}} x_{vm}^j \leq 1, \forall m \in \mathcal{M}, j \in \mathcal{N} \tag{6.43c}$$

$$\text{C4: } \sum_{v \in \mathcal{V}} \sum_{j \in \mathcal{N}} x_{vm}^j \leq q_m, \forall m \in \mathcal{M} \tag{6.43d}$$

其中，$Q^*(X)$ 对应资源分配问题的最优值，如下所示：

$$Q^*(X) = \max_{\mathcal{P}, \mathcal{F}} J(X, \mathcal{P}, \mathcal{F}) \tag{6.44}$$

$$\text{s.t. C5: } 0 < p_v \leq P_v, \forall v \in \mathcal{V}_{\text{off}} \tag{6.44a}$$

$$\text{C6: } f_{vm} > 0, \forall v \in \mathcal{V}_s, m \in \mathcal{M} \tag{6.44b}$$

$$\text{C7: } \sum_{v \in \mathcal{V}} f_{vm} \leq f_v, \forall m \in \mathcal{M} \tag{6.44c}$$

首先，给定满足约束条件 C1, C2, C3, C4 的可行任务卸载决策 X，目标函数（6.44）可以改写为

$$\max_{\mathcal{P}, \mathcal{F}} \sum_{m \in \mathcal{M}} \sum_{v \in \mathcal{V}_m} 1 - \sum_{m \in \mathcal{M}} \sum_{v \in \mathcal{V}_m} \left(\frac{\delta t_v}{t_v^l} + \frac{(1-\delta) E_v}{E_v^l} \right) \tag{6.45}$$

$$\text{s.t. C5: } 0 < p_v \leq P_v, \forall v \in \mathcal{V}_{\text{off}} \tag{6.45a}$$

$$\text{C6: } f_{vm} > 0, \forall v \in \mathcal{V}_s, m \in \mathcal{M} \tag{6.45b}$$

$$\text{C7: } \sum_{v \in \mathcal{V}} f_{vm} \leq f_v, \forall m \in \mathcal{M} \tag{6.45c}$$

对于一个特定的卸载决策，由于式（6.45）中存在常数项，因此可以等价为

$$\min_{\mathcal{P}, \mathcal{F}} \sum_{m \in \mathcal{M}} \sum_{v \in \mathcal{V}_s} \frac{\phi_v + \psi_v p_v}{\log_2(1 + \gamma_{vm})} + \frac{\beta_v^t f_{vm}^l}{f_{vm}} \tag{6.46}$$

$$\text{s.t. C5: } 0 < p_v \leq P_v, \forall v \in \mathcal{V}_{\text{off}} \tag{6.46a}$$

$$\text{C6: } f_{vm} > 0, \forall v \in \mathcal{V}_s, m \in \mathcal{M} \tag{6.46b}$$

$$\text{C7: } \sum_{v \in \mathcal{V}} f_{vm} \leq f_v, \forall m \in \mathcal{M} \tag{6.46c}$$

其中，$\phi_v = \frac{\delta d_v}{t_v^l W}$，$\psi_v = \frac{(1-\delta)d_v}{\xi E_v^l W}$，在目标函数（6.41）中，$\frac{\phi_v + \psi_v p_v}{\log_2(1+\gamma_{vm})}$ 为车辆的传输功率分配，$\frac{\beta_v^t f_{vm}^l}{f_{vm}}$ 为 MEC 服务器的计算资源分配，此外由于约束条件 C5，C6，C7 是解耦的，因此，问题（6.46）可以进一步解耦为两个独立的子问题，即车辆的传输功率分配和 MEC 服务器的计算资源分配。

由上述讨论可知，车辆传输功率 $\mathcal{P}$ 的优化问题如下所示：

$$\min_{\mathcal{P}} = \sum_{m \in \mathcal{M}} \sum_{v \in \mathcal{V}_m} \frac{\phi_v + \psi_v p_v}{\log_2(1+\gamma_{vm})} \tag{6.47}$$

$$\text{s.t.} \quad 0 < p_v \leq P_v, \forall v \in \mathcal{V} \tag{6.47a}$$

子问题（6.47）是一个非线性分式问题，车辆卸载到不同 MEC 服务器的同一个子信道上时会存在小区间干扰 $I_{vm}^j = \sum_{r \in \mathcal{M} \setminus \{m\}} \sum_{k \in \mathcal{V}_r} x_{kr}^j p_k h_{km}^j$，使得该问题非常复杂。类比于其他文献，本节利用近似上限 $I_{vm}^j(\text{upper}) \triangleq \sum_{r \in \mathcal{M} \setminus \{m\}} \sum_{k \in \mathcal{V}_r} x_{kr}^j P_k h_{ks}^j, \forall v \in \mathcal{V}, m \in \mathcal{M}, j \in \mathcal{N}$ 代替 I_{us}^j，令 $\vartheta_{vm} = \sum_{j=N} h_{vm}^j / (I_{vm}^j(\text{upper}) + \sigma^2)$，$K_m(p_v) = \frac{\phi_v + \psi_v p_v}{\log_2(1+\vartheta_{vm} p_v)}$。此时，目标函数和每个用户的发射功率对应的约束现在是解耦的。所以，问题（6.47）可化简为子问题 $\sum_{m \in \mathcal{M}} |\mathcal{V}_m|$，优化每个用户的发射功率，如下所示：

$$\min \sum_{v \in \mathcal{V}_s} K_m(p_v) \tag{6.48}$$

$$\text{s.t.} \quad 0 < p_v \leq P_v \tag{6.48a}$$

由于目标函数（6.48）求解的复杂性，本节可以使用拟凸优化技术来解决基于以下引理的问题。

引理 6.1：目标函数（6.48）是拟凸的。

证明：因为拟凸函数的条件是存在一点 p 使得 $K_m'(p) = 0$ 和 $K_m''(p_v) > 0$，所以首先对目标函数求一阶导数和二阶导数。

$$K_m'(p_v) = \frac{\psi C_v(p_v) - \frac{\vartheta_{vm} D_v(p_v)}{A_v(p_v) \ln 2}}{C_v^2(p_v)} \tag{6.49}$$

$$K_m''(p_v) = \frac{\vartheta_{vm}[G_{vm}(p_v) C_{vm}(p_v) + 2\vartheta_{vm} D_{vm}(p_v) / \ln 2]}{A_{vm}^2(p_v) C_{vm}^3(p_v) \ln 2} \tag{6.50}$$

其中，$A_{vm}(p_v) = 1 + \vartheta_{vm} p_v$，$C_{vm}(p_v) = \log_2(1+\vartheta_{vm} p_{vm})$，$D_{vm}(p_v) = \phi_v + \psi p_v$，$G_{vm}(p_v) = \vartheta_{vm} D_{vm}(p_v) - 2\psi_v A_{vm}(p_v)$，假设 $\tilde{p_v} \in (0, P_v]$，为了满足 $K_m'(\tilde{p_v}) = 0$，令

$$O_m(\tilde{p_v}) = \psi_v \log_2(1 + \vartheta_{vm} \tilde{p_v}) - \frac{\vartheta_{vm}(\phi_v + \psi_v \tilde{p_v})}{(1+\vartheta_{vm} \tilde{p_{vm}}) \ln 2} = 0 \tag{6.51}$$

将 $\tilde{p_v}$ 代入式（6.50），可得

$$K_m''(p_v) = \frac{\vartheta_{vm}^3 D_{vm}^2(p_v^{\sim})}{A_{vm}^2(p_v^{\sim})C_{vm}^3(p_v^{\sim})\psi_v \ln^2 2} \tag{6.52}$$

由于 ϑ_{vm} 和 $D_{vm}^2(p_v^{\sim})$ 在 $p_v^{\sim} \in (0, P_v]$ 是严格的正数，因此，$K_m''(p_v) > 0$，所以综上所述，目标函数（6.48）是拟凸的。

解决拟凸优化问题的一种方法是二等分算法，该算法为每一步求解凸问题的可行解。然而，为了进一步降低复杂性，本节认为最优解 p_v^* 要么在约束边界 $p_v^* = P_v$ 要么满足 $K_m'(p_v) = 0$。并且由于 $O_m'(p_v) = \frac{\vartheta_{vm}^2(\phi_v + \psi_v p_v)}{(1 + \vartheta_{vm} p_{vm})^2 \ln 2} > 0$ 且 $O_m(0) = -\frac{\vartheta_{vm}\phi_v}{\ln 2} < 0$，所以 $O_m(p_v)$ 是起始为负的单调递增函数，因此，通过在每次迭代中计算 $O_m(p_v)$ 设计一种低复杂度的二分法，如算法 6.4 所示。

算法 6.4　传输功率分配的二分优化算法

1: 初始化：设置容忍度 ε，$p_v^1 = 0$，$p_v^2 = P_v$；
2: 计算 $O_m(p_v)$；
3: if $O_m(p_v^2) \leq 0$ then
4: 　　$p_v^* = p_v^2$；
5: else
6: 　　$p_v^* = (p_v^2 + p_v^1)/2$；
7: 　　if $O_m(p_v^*) \leq 0$ then
8: 　　　　$p_v^1 = p_v^*$；
9: 　　else
10: 　　　$p_v^2 = p_v^*$；
11: 　end if
12: 　until $p_u^2 - p_u^1 \leq \varepsilon$
13: end if
14: 输出：p_v^*；

MEC 服务器计算资源 $\mathcal{F}$ 的优化问题如下所示：

$$\begin{aligned}\min_{\mathcal{F}} &\sum_{m \in \mathcal{M}} \sum_{v \in \mathcal{V}_m} Z(\mathcal{F}) \\ \text{s.t.} \quad & f_{vm} > 0, \forall v \in \mathcal{V}_m, m \in \mathcal{M} \\ & \sum_{v \in \mathcal{V}} f_{vm} \leq f_m, \forall m \in \mathcal{M}\end{aligned} \tag{6.53}$$

其中，$Z(\mathcal{F}) = \delta f_v^l / f_{vm}$，通过观察约束，注意到可行解集是凸的，下面判断目标函数的凸性。求目标函数二次偏导如下所示：

$$\frac{\partial^2 Z(\mathcal{F})}{\partial f_{vm}^2} = \frac{2\delta f_v^l}{f_{vm}^3} > 0, \ \forall v \in \mathcal{V}_m, m \in \mathcal{M} \tag{6.54}$$

$$\frac{\partial^2 Z(\mathcal{F})}{\partial f_{vm} \partial f_{uw}} = 0, \ \forall (v,m) \neq (u,w) \tag{6.55}$$

由上式可知目标函数的黑塞矩阵是正定的，因此优化问题（6.53）是一个凸优化问题，因此上述问题可以利用 KKT 条件求解。设 $\lambda = [\lambda_m]_{m \in \mathcal{M}}$ 是与第二个约束相关的对偶变量，则拉格朗日函数 $L(Z(\mathcal{F}), \lambda)$ 为

$$L(Z(\mathcal{F}), \lambda) = \sum_{m \in \mathcal{M}} \sum_{v \in \mathcal{V}_m} \delta f_v^l / f_{vm} + \sum_{m \in M} \lambda_m \left(\sum_{v \in \mathcal{V}} f_{vm} - f_m \right) \quad (6.56)$$

然后，本节定义拉格朗日对偶函数 $G(\lambda)$ 为

$$G(\lambda) = \min_{\mathcal{F} > 0} (L(Z(\mathcal{F}), \lambda)) \quad (6.57)$$

由于优化问题是凸的，最优计算资源 f_{vm}^* 可以通过拉格朗日函数 $L(Z(\mathcal{F}), \lambda)$ 对 f_{us} 的一阶偏导数并令其等于零求得

$$f_{vm}^* = \sqrt{\delta f_v^l / \lambda_m}, \forall v \in \mathcal{V}_m, m \in \mathcal{M} \quad (6.58)$$

将式（6.53）代入式（6.52），可以得到关于 λ 的对偶性问题。这个对偶问题也是凸的，同上，可得对偶变量 $\lambda_m^* = (\sum_{v \in \mathcal{V}_m} \sqrt{\delta f_v^l} / f_m)^2$，将其代入式（6.58），可得最优计算资源如下：

$$f_{vm}^* = \frac{f_m \sqrt{\delta f_v^l}}{\sum_{v \in \mathcal{V}} \sqrt{\delta f_v^l}}, \forall v \in \mathcal{V}_m, m \in \mathcal{M} \quad (6.59)$$

最优目标函数可通过下式计算：

$$Z(\mathcal{F}^*) = \sum_{m \in \mathcal{M}} \frac{1}{f_m} \left(\sum_{v \in \mathcal{V}} \sqrt{\delta f_v^l} \right)^2 \quad (6.60)$$

在上面的分析中，对于给定的任务卸载决策，获得了用户功率和 MEC 服务器计算资源的解决方案，结合式（6.44）~式（6.60），此时任务卸载问题（6.43）为

$$\max_{X} \sum_{m \in \mathcal{M}} \sum_{v \in \mathcal{V}_m} 1 - K(\mathcal{P}^*) - Z(\mathcal{F}^*) \quad (6.61)$$

$$\text{s.t. } C1: x_{vm}^j \in \{0,1\}, \forall v \in \mathcal{V}, m \in \mathcal{M}, j \in \mathcal{N} \quad (6.61a)$$

$$C2: \sum_{m \in \mathcal{M}} \sum_{j \in \mathcal{N}} x_{vm}^j \leq 1, \forall v \in \mathcal{V} \quad (6.61b)$$

$$C3: \sum_{v \in \mathcal{V}} x_{vm}^j \leq 1, \forall m \in \mathcal{M}, j \in \mathcal{N} \quad (6.61c)$$

$$C4: \sum_{v \in \mathcal{V}} \sum_{j \in \mathcal{N}} x_{vm}^j \leq q_m, \forall m \in \mathcal{M} \quad (6.61d)$$

首先整个车联网是由多个车辆、多个 MEC 服务器组成的异构资源池。任务卸载策略 X 是 C2、C3、C4 约束下 C1 集合 $\mathcal{G}$ 的子集，这使得问题（6.61）具有组合性和复杂性的特点，因此解决该问题具有很大的挑战。为了克服上述困难，本章提出一种低复杂度的多维组合卸载调度机制，可以找到优化问题的局部最优解，如算法 6.5 所示。具体来说，算法从任意初始集合 $X = \{x_{cf}^l\}$ 开始，然后，将整个潜在问题的可行解分为两部分，一部分是给定初始集内的最优解，另一部分是初始集外潜在的可行解。特别地，由于两部分的互斥性，每一部分都可以单独执行，有效地提高了任务决策的效率。在算法 6.5 中，步骤 1 设置初始卸载策略 $X = \{x_{cf}^l\}$，阈值 τ，其他变量 a, b 等，步骤 2~步骤 5 是第一部分，

主要通过删除操作对初始集合内某些元素（$x_{vm}^j \in X$）进行优化。步骤6～步骤29是第二部分，优化对象是与给定初始卸载策略相互排斥的子集（$x_{vm}^j \in \mathcal{G} \setminus X$）。主要操作是在初始卸载策略集之外添加一个元素，然后根据约束从集合中删除不满足约束的元素。经过多次迭代，得到满足目标函数的最优值（步骤11检查约束C2和C4是否满足，步骤17检查约束C2是否满足）。

算法6.5　多维组合卸载调度机制

1：初始化：$X = \{x_{cf}^i\}$，a，b，阈值τ等；
2：if $x_{vm}^j \in X$ then
3：　if $J^*(X - x_{vm}^j) - J^*(X) > \tau$ then
4：　　$X = X - x_{vm}^j$；
5：　else
6：　　$x_{vm}^j \in \mathcal{G} \setminus X$；
7：　　$X^1 = X + x_{vm}^j$；
8：　　for $m \in \mathcal{M}$ do
9：　　　for $i \in \mathcal{N}$ do
10：　　　　for $u \in \mathcal{V}$ do
11：　　　　　if $\sum_{u \in \mathcal{V}} x_{um}^i > 1 \ \&\& \sum_{u \in \mathcal{V}} \sum_{i \in \mathcal{N}} x_{um}^i > q'$ then
12：　　　　　　$b = 1$；
13：　　　　　else
14：　　　　　　$b = 0$；
15：　　　　　end if
16：　　　　end for
17：　　　if $\sum_{w \in \mathcal{M}} \sum_{i \in \mathcal{N}} x_{uw}^i > 1$ then
18：　　　　$a = 1$；
19：　　　else
20：　　　　$a = 0$；
21：　　　end if
22：　　end for
23：　　if $J^*(X^1 - ax_{uw}^i - bx_{uw}^i) - J^*(X) > \tau$
24：　　　$X = X^1 - ax_{uw}^i - bx_{uw}^i$；
25：　　end if
26：　end for
27：　end if
28：end if
29：输出：X；

下面做复杂度分析，在资源分配中，用户的传输功率分配$\mathcal{P}$和MEC服务器的计算资源分配$\mathcal{F}$，可由算法6.5和式（6.60）的封闭表达式分别求得。主要的时间复杂度为算法6.4，其时间复杂度为$O(p_v^2 - p_v^1 \leqslant \varepsilon)$，任务卸载问题可由算法6.5求得，算法6.5时间复杂度与初始目标函数$J_1^*(X)$和最终目标函数$J_2^*(X)$数值有关，令$J_1^*(X) = A$，$J_2^*(X) = B$，则算法6.5的时间复杂度为$O\left(\tau \log_2 \dfrac{A}{B}\right)$，综上所述，总时间复杂度为$O\left[(p_v^2 - p_v^1 \leqslant \varepsilon)\tau \log_2 \dfrac{A}{B}\right]$。

为了验证本小节所提算法的有效性，笔者设计了仿真场景对于算法进行模拟仿真。假设基站的通信半径设为 1 km，车辆遵循泊松分布，其余的仿真参数如表 6.2 所示。

表 6.2 仿真参数

参数	值
服务器数量功率 M	7
系统带宽 B	20 MHz
背景噪声 σ^2	−114 dBm
路径损耗	$128.1+37.6\log_{10}d_{[km]}$
车辆的计算能力 f_v^l	1 GHz
MEC 的计算能力 f_m	20 GHz
计算任务大小 d_v	420 KB
工作负载 c_v	2000 Mcycles
最大传输功率 P_v	23 dBm
权重因子 δ	0.2

通过仿真表明，本节提出的多轮组合卸载调度机制和联合资源分配策略（multi-dimensional combined offloading and joint resource allocation，MCOJRA）是可行的，并与其他三种算法进行性能比较：①全部卸载和联合资源分配（all offloading and joint resource allocation，AOJRA），所有任务都可以在基站允许的最大数量限制下卸载。具体来说，在每个小区中，卸载车辆被贪婪地分配给具有最高信道增益的子频带，直到所有车辆被接纳或所有子频带被占用。采用上述提到的联合资源分配。②启发式卸载和资源分配（heuristic offloading and joint resource allocation，HORA），每个 MEC 服务器使用半分布式思想，优化其自身小区车辆任务卸载决策和资源分配。③随机卸载和联合资源分配（random offloading and joint resource allocation，ROJRA），MEC 服务器首先对车辆进行随机排序，然后车辆随机选择一个信道与附近的基站进行通信，采用上述提到的联合资源分配。

从图 6.12 可以看出，MCOJRA 的性能总是最好的，并且随着任务工作量的增加，所有方案的性能都有显著提高。这是因为当任务需要更多的计算资源时，车辆将任务卸载到 MEC 服务器中获益更多。除此以外，当车辆数量较小时，平均系统效益随着车辆数量的增加而增加；但是，当车辆数量超过某个阈值时，平均系统效益开始减少。原因是当有大量车辆争用无线电和计算资源来卸载任务时，在 MEC 服务器上发送和执行任务的开销会更高，从而降低平均系统效益。

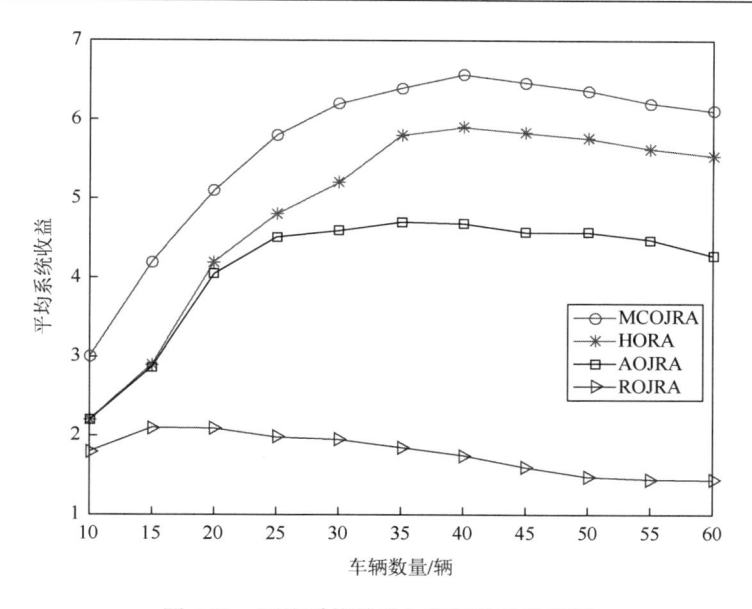

图 6.12　平均系统效益与车辆数量关系图

图 6.13 和图 6.14 分别从输入数据大小和工作负载来评估平均系统效益。可以看出，各方案的平均系统效益随工作负载的增加而增加，随输入数据的增大而减少。这意味着，与输入数据越大、工作负载越低的任务相比，输入数据越小、工作负载越高的任务从卸载中获益更多。

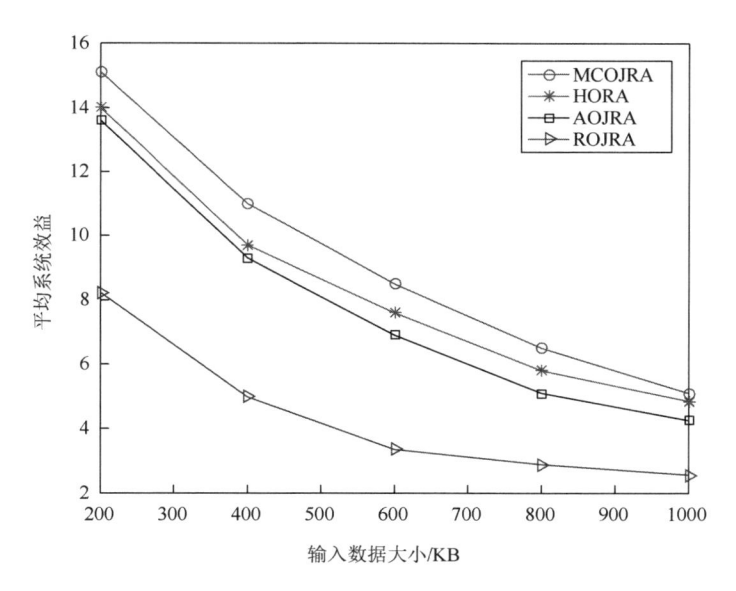

图 6.13　平均系统效益与输入数据大小关系图

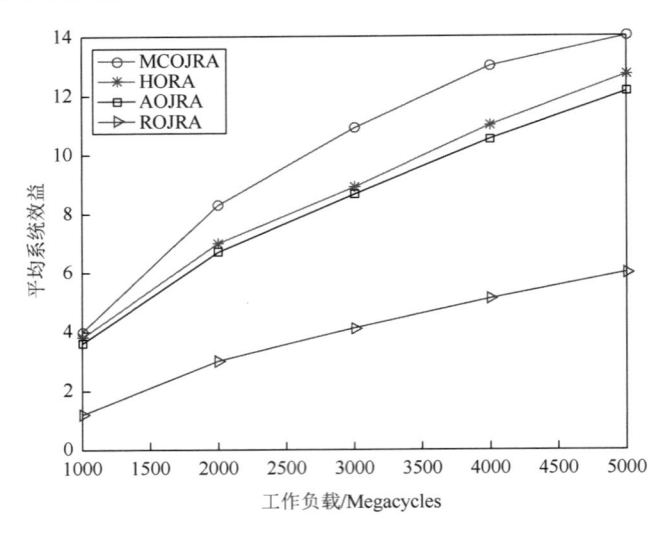

图 6.14 平均系统效益与工作负载关系图

从图 6.12～图 6.14 可以看出，ROJRA 算法只在一定程度上考虑了资源分配，但是车辆进行随机卸载和随机信道分配造成了大量的资源拥塞和资源浪费。AOJRA 算法在卸载决策中利用贪心算法的思想充分利用远端的计算资源，虽然利用整体的思想考虑了 MEC 服务器资源的联合优化，但是忽略了在本地计算资源的收益。HORA 算法考虑了每个基站对每个小区车辆的联合任务卸载和资源分配，但没有利用整体的思想考虑整个系统资源池的联合优化，忽略了单个 MEC 服务器计算资源的拥塞。综上所述，本节提出的 MCOJRA 算法要比其他三种算法的性能好。

图 6.15 和图 6.16 显示平均系统时延和平均系统能耗与权重因子的关系。当权重因子由 0.1 变为 0.9 时，平均系统时延减少，平均系统能耗增加。此外，纵向分析系统中车辆

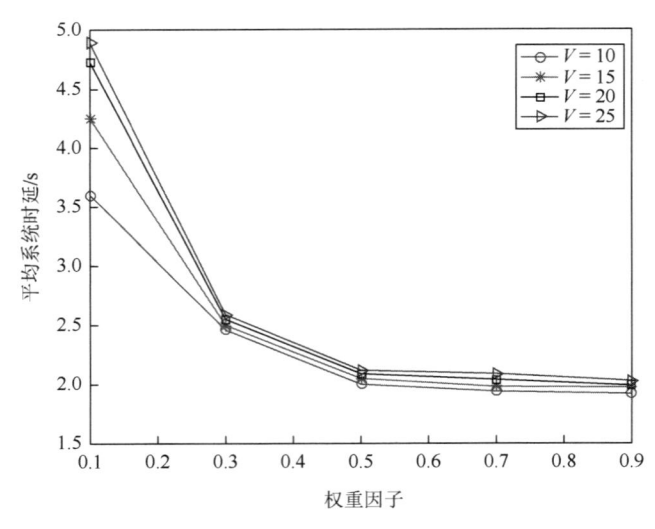

图 6.15 平均系统时延与权重因子关系图

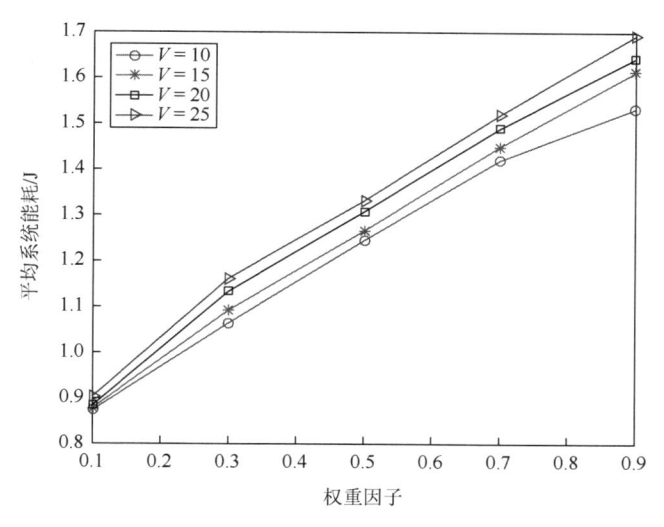

图 6.16 平均系统能耗与权重因子关系图

数量，随着车辆数量的增加，车辆的平均时延和能耗变大。这是由于当有更多的车辆竞争有限的资源时，车辆从卸载任务中获益的机会更低。

综上，本节研究了车联网中基于 MEC 的多服务器资源优化问题，通过优化异构资源池中的卸载决策，传输功率和计算资源来最大化平均系统效益。针对原始优化问题求解的复杂性，将原始问题分解为资源分配问题和任务卸载问题。同时，本节研究了一种多轮组合卸载调度机制解决任务卸载问题。最后对性能进行分析，仿真结果表明，所提方案有效地提升了系统的整体性能。

6.5 本 章 小 结

本章对车联网 MEC 场景下的计算资源分配等进行概述，详细介绍了该场景下的问题和相关技术，使用几个具体场景下的计算资源分配问题，并对其进行求解，详细表述了算法流程和相关结果，这对于在此方向的科研人员具有一定的参考意义。

参 考 文 献

[1] Lutin J，Kornhauser A，Lerner-Lam E. The revolutionary development of self-driving vehicles and implications for the transportation engineering profession[J]. Institute of Transportation Engineers. ITE Journal，2013，83（7）：28.

[2] Tse D，Viswanath P. Fundamentals of wireless communication[M]. Cambridge：Cambridge University Press，2005.

[3] Zhao H Y，Wang Y，Sun R J. Task proactive caching based computation offloading and resource allocation in mobile-edge computing systems[C]//2018 14th International Wireless Communications & Mobile Computing Conference（IWCMC）. June 25-29，2018. Limassol. IEEE，2018：232-237.

[4] 罗贵阳. 车路协同环境下通信资源调度方法研究[D]. 北京：北京邮电大学，2020.

第 7 章　车联网中基于 MEC 的缓存服务研究

7.1　缓存的概念

1. 缓存技术的发展

术语"缓存"最早出现在计算机系统中,用来指代接入速度快但容量极小的存储器。通过分析存储器使用的规律,即使容量很小的缓存也可以极大地提高系统性能。随着互联网的出现与发展,互联网的设计极大程度借鉴了缓存的思想。不同于传统的中央服务器传输网页到计算机的模式,网络缓存技术将较流行的网页复制到较小的服务器存储单元中,从而降低了网络带宽的使用、文件的接入时延并缓解了服务器的拥塞状况。

随着 5G、6G 技术的发展,网络的部署呈密集化趋势发展,海量数据传输对回程链路(backhaul)的压力急剧增大,随之而来的是链路拥塞导致的传输时延高、丢包率高等问题,极大地降低了用户体验。为了减缓上述链路压力,移动边缘缓存的概念被提出。

2. MEC 缓存的基本概念

移动边缘缓存的核心思想是将网络的存储功能下沉到网络边缘(如小区基站、移动设备终端等),就近为用户提供所需的内容或服务,缓解网络回程链路压力,降低传输时延,提升系统吞吐量等[1]。

对于移动边缘缓存过程,有以下三个重要环节,即存什么、存在哪、怎么存。下面将分别针对缓存内容、缓存位置和策略进行详细的介绍。

7.2　缓　存　内　容

根据过往的研究,网络中不同的请求类型以及请求内容模式将直接影响边缘缓存策略的设计。因此,了解用户请求的内容类型以及内容模式对指导边缘缓存策略的设计具有重要的意义。

1. 内容类型

用户请求内容的类型主要可以分为服务类(如移动应用和软件等)和文件类(如视频、音乐、图片、物联网数据等),其中,文件类请求又可根据请求内容对时延的敏感程度分为时延敏感型请求(如观看在线视频、在线直播等)[2-5]、时延容忍型请求(如下载图片、音乐、视频等)[6-8]和物联网数据请求,该类型的请求多与下行链路传输相关,当基站侧缓存了用户请求的内容时便可及时为用户提供服务。

其中,物联网数据具有生命周期短的特点,因此需要设计更加智能灵活的缓存方案。

有文献研究表明生命周期较短的物联网数据应该具有更加频繁的更新周期,但也会就此加重网络负载,因此文献[9]提出了一种权衡网络负载和数据新鲜度的物联网数据缓存方案。文献[10]考虑到快速变化的边缘网络环境,通过设置物联网数据生命周期计时器来衡量数据的新鲜程度,当物联网数据的生命周期超过某一阈值时就被移出缓存,从而最大化缓存命中率。

2. 内容模式

研究表明,极大部分的用户请求集中在极少部分的内容上,因此,用户请求内容的流行度分布对指导边缘缓存策略的设计具有重要的意义。目前大部分关于移动边缘缓存技术的研究均是假设用户请求内容已知或服从特定的流行度分布[11-13],如 Zipf 分布[14]。文献[15]主要集中于流行度预测的研究上。传统的时间序列预测模型,如差分自回归移动平均模型(autoregressive integrated moving average model,ARIMA)[16]、回归模型(regression model)[17]、分类模型(classification model)[18]等,在机器学习算法的辅助下广泛地应用于用户请求内容流行度的预测中。文献[19]利用历史社交信息提出了一种新型的迁移学习框架并设计了相应的流行度预测算法。文献[20]将流行度预测问题构建为一个多阶段序贯决策问题,并提出了在线学习算法。然而,上述模型对历史信息的依赖性较强,但是边缘网络中存在用户移动性强、网络覆盖范围小和预测样本少等问题,导致上述方法难以准确刻画移动边缘网络中的内容流行度变化。此外,随着智能移动终端和新型移动应用的不断涌现,移动边缘网络侧用户的请求内容类型更加多样化、异构化。与此同时,边缘网络用户的移动性和抖音、快手等新兴短视频社交软件的出现也导致请求内容到达模式更加随机化、动态化[21],进一步加大了移动边缘网络侧的流行度预测难度。

7.3 缓存的位置

1. 基站缓存

基站缓存通常指将用户可能请求的内容缓存至边缘基站的无线接入侧,如小基站(small base station,SBS)等,用户可以直接从基站侧获取请求的内容,而不需通过回程链路由远端服务器传输内容,从而可以有效减轻蜂窝网络中的回程链路负载。SBS又可分为微微基站(pico base station,PBS)、家庭基站(femto base station,FBS)等。文献[22]在流行度动态变化的情况下研究了 SBS 缓存更新问题,并设计了一种基于在线学习的缓存更新算法,通过更新 SBS 缓存部署,可以有效减轻网络的回程链路负载。文献[23]研究了 SBS 协作缓存部署和资源分配方案,SBS 间可以相互通信,若用户请求的文件不被任意一个 SBS 存储,则该用户由宏基站(macro base station,MBS)服务,通过 SBS 间的协作,可以进一步提升网络吞吐量。文献[24]考虑了由 MBS 和 PBS 组成的异构网络,并设计了混合缓存方案,研究表明在 PBS 侧缓存不同内容可以有效提升组播调度增益。

2. 用户缓存

用户缓存是指将用户可能请求的内容提前缓存至用户终端（user equipment，UE），其他 UE 请求的内容以终端直通（D2D）通信方式从缓存该内容的终端设备处获取，从而进一步卸载小区基站负载。为解决移动终端设备存储容量以及电池容量有限的问题，文献[25]从减少电池能量消耗的角度出发，提出了一种由 SBS 和 UE 构成的多层缓存部署和内容分发架构，通过进行多跳 D2D 通信来减少 UE 侧的能量消耗。文献[26]从提升 UE 存储容量效率的角度出发，通过研究编码缓存部署方案来提高网络容量，并分析了缓存部署方案的局限性。进一步，文献[27]研究了协作 D2D 缓存方案，具体地，如果两个用户需要缓存两个相同的文件，则由两个用户分别缓存其中一个，然后进行协作共享，从而有效地提升 UE 侧的缓存效率。考虑到用户社交关系对 D2D 缓存部署以及内容分发策略的影响，文献[28]研究了基于社交关系的 D2D 缓存方案，研究表明，距离较近的用户分享信息的可能性更大，同时用户簇的形成通常由用户的兴趣决定。

7.4 车联网中基于 MEC 的 V2X 协同缓存及资源分配

7.4.1 车联网中基于 MEC 的 V2X 协同缓存卸载模型

1. 系统模型

系统模型如图 7.1 所示。考虑一个车载云协同边缘缓存模型。在这个模型中，道路周围部署有 L 个路边单元（RSU），表示为 $\mathcal{L} = \{\mathcal{M}_1, \mathcal{M}_2, \cdots, \mathcal{M}_L\}$，每个 RSU 都配有一个 MEC 服务器。道路上 N 个车辆呈泊松分布，表示为 $\mathcal{V} = \{v_1, v_2, \cdots, v_N\}$。由于 MEC 服务器与邻近车辆均具有计算与缓存能力，因此将其统称为服务节点 $\mathcal{W} = \{w_1, w_2, \cdots, w_M\}$。每个 RSU 覆盖范围内随机分布 n 辆车辆，小区 j 的车辆集合 $\mathcal{V}_j = \{v_1, v_2, \cdots, v_n\}$。车载 802.11p OBU 具有 802.11p 网络接口和蜂窝网络接口，车辆可以通过 RSU 将任务卸载至 MEC 服务器进行计算，或者卸载至邻近车辆进行 V2V 通信[29]。为了有效地复用频谱，V2I 模式和 V2V 模式在同一频段工作。频谱被分成 K 个子信道，表示为 $\mathcal{K} = \{1, 2, \cdots, K\}$，每个子信道带宽为 B。车辆卸载策略集合表示为 $\mathcal{A} = \{a_1, a_2, \cdots, a_N\}$，若 $a_i = 1$，则表示 v_i 将任务卸载到服务节点进行计算；若 $a_i = 0$，则表示 v_i 将在本地执行计算任务。假设在 f_j 时刻，缓存池存在一部分任务，当车辆有任务请求时，如果任务缓存在服务节点上，则服务节点通知车辆任务存在于服务节点上，因此，车辆不必卸载，当服务节点计算完成后直接回传给车辆，通过这种方式，用户不需要在缓存相同的任务时将其卸载到服务节点，因此，通过任务缓存可以降低移动设备的能量消耗和任务卸载的延迟。若服务节点上没有请求任务的缓存，则车辆进行卸载决策以及资源分配。当服务节点第一次计算完成请求任务后，考虑缓存决策。服务节点的缓存策略集合表示为 $\mathcal{G} = \{g_1, g_2, \cdots, g_M\}$；若 $g_M = 1$，则表示服务节点 w_M 将计算任务进行缓存，以便下次请求，减少网络传输，降低计算时延。

第 7 章 车联网中基于 MEC 的缓存服务研究

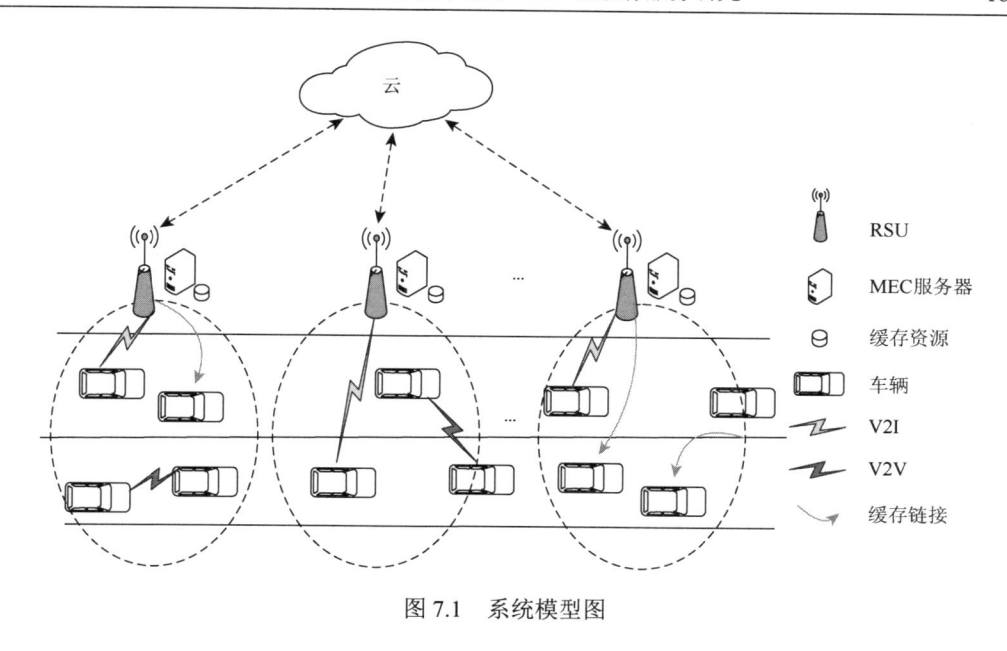

图 7.1 系统模型图

2. 通信模型

在基于 MEC 的 V2X 协同缓存模型中，任务请求车辆 v_i 均可向 MEC 服务器或者邻近车辆进行任务缓存请求，若服务节点不存在任务缓存，则将其计算任务 $\mathcal{Z}_i$ 卸载到 MEC 服务器进行 V2I 模式通信，或卸载到邻近车辆进行 V2V 模式通信，或者在本地执行其计算任务。为了提高频谱利用率，V2V 通信模式复用 V2I 模式的上行传输信道。车联网环境对于时延要求苛刻，因此考虑一辆车可以分配多个上行信道。为了更好地描述信道分配情况，引入信道连接矩阵 $\mathcal{C}$，分别为 $N_{\text{off}} \times K$ 的二元变量矩阵。其中 N_{off} 为卸载用户数量。信道连接矩阵 $\mathcal{C}$ 的二元变量 $c_{x,k}$ 代表子信道 k 是否被分配给用户 x。若 $c_{x,k} = 1$，则表示子信道 k 被分配给用户 x 以进行上行数据传输；若 $c_{x,k} = 0$，则表示子信道 k 未被分配给用户 x。v_i 的上行传输速率为

$$r_{i,j} = \sum_{k \in \mathcal{K}} B \log_2 (1 + c_{i,k} \text{SINR}_{i,j}^k) \tag{7.1}$$

由于 V2X 车载网络在卸载情况下的干扰环境复杂，考虑同层干扰与跨层干扰，因此任务请求车辆 v_i 在子信道上 k 的 SINR 表示为

$$\text{SINR}_{i,j}^k = \frac{p_i h_{i,j}^k}{\sigma^2 + I_i} \tag{7.2}$$

其中，p_i 为 v_i 的上行传输发送功率，$h_{i,j}^k$ 为 v_i 与服务节点 g_j 在子信道 k 上的信道增益，σ^2 为高斯白噪声功率。

将车辆 v_i 受到的干扰表示为 V2V 用户与 V2I 用户对车辆 v_i 的干扰之和，即 $I_i = I_i^C + I_i^D$。若车辆 v_i 选择的服务节点为 MEC 服务器，由于小区内采用 OFDM 进行正交子信道分配，V2V 用户复用 V2I 用户上行信道，因此本小区内仅考虑 V2V 用户的信道复用干扰，本小区内 V2V 用户数为 $N_{D,i}$。则 I_i^C 和 I_i^D 可以分别表示为

$$I_i^C = \sum_{j \in \mathcal{M}} \sum_{i \in V_j, x \in V_{j'}, j' \neq j} c_{x,k}^C p_x h_{x,j}^k \tag{7.3}$$

$$I_i^D = \sum_{y=1}^{N_{D,j}} c_{y,k}^D p_y h_{y,j}^k \tag{7.4}$$

其中，$c_{x,k}^C$ 为子信道 k 是否被分配给 V2I 用户 x，$c_{y,k}^D$ 为子信道 k 是否被分配给 V2V 用户 y，$c_{x,k}^C$ 与 $c_{y,k}^D$ 的集合则为 $\mathcal{C}$。

若车辆 v_i 选择的服务节点为车辆，则进行 V2V 模式通信，I_i^C 和 I_i^D 可以分别表示为

$$I_i^C = \sum_{x=1}^{N_C} c_{x,k}^C p_x h_{x,j}^k \tag{7.5}$$

$$I_i^D = \sum_{y=1, y \neq i}^{N_D} c_{y,k}^D p_y h_{y,j}^k \tag{7.6}$$

3. 计算模型

假设每个任务请求车辆均有一个计算任务 $\mathcal{Z} = \{d_i, s_i, t_i^{max}\}$，$i \in N$ 需要处理，其中 d_i 为任务 $\mathcal{Z}_i$ 的输入大小；s_i 为完成计算任务 $\mathcal{Z}_i$ 所需的 CPU 周期数；t_i^{max} 为计算任务 $\mathcal{Z}_i$ 所能容忍的最大延迟。车辆可以通过 RSU 将任务卸载至 MEC 服务器进行计算，或者卸载至邻近车辆处理，也可以在本地车辆执行。

1）卸载计算

当车辆自身计算能力有限，不足以支持任务的时延要求时，需要将任务卸载至服务节点进行计算。任务处理过程将带来时延和能量消耗。由于回传的处理结果数据量较小，因此本节忽略回传过程的时延和能耗，仅考虑上传时延、计算时延和传输能耗。

本节将任务请求车辆 v_i 将任务卸载至服务节点 w_j 计算过程产生的开销定义为时延与能耗的加权组合，表示为

$$u_i^{off} = \alpha t_i^{off} + \beta e_i^{off} \tag{7.7}$$

其中，α 与 β 分别为非负的时延与能耗的权重因子，且满足 $\alpha + \beta \leq 1$。$t_i^{off} = \dfrac{d_i}{r_{i,j}} + \dfrac{s_i}{f_j^i}$ 为卸载时延与计算时延之和，f_j^i 为服务节点 w_j 分配给车辆 v_i 的计算资源。$e_i^{off} = p_i \dfrac{d_i}{r_{i,j}}$ 为传输过程的能量消耗。

2）本地计算

假设车辆 v_i 计算能力为 F_i^l，不同车辆具有不同的计算能力。当车辆任务 $\mathcal{Z}_i$ 在本地计算时，车辆 v_i 所需要负担的开销为

$$u_i^l = \alpha t_i^l + \beta e_i^l \tag{7.8}$$

其中，$t_i^l = \dfrac{s_i}{F_i^l}$ 为计算所需时延，$e_i^l = \varphi s_i$ 为执行任务的能量消耗，φ 为每 CPU 周期消耗的能量的功率系数，设置为 $\varphi = 90 \text{ W / Gigacycles}$。

4. 缓存模型

缓存模型包括两个部分：当前存在缓存 $\text{hit}_{i,j}$ 与缓存更新 $h_{i,j}$。$\text{hit}_{i,j}=1$ 表示服务节点 g_j 已缓存车辆 v_i 的内容；$\text{hit}_{i,j}=0$ 表示服务节点 g_j 缓存池中不存在车辆 v_i 的内容，车辆需要进行卸载或本地计算。假设在一定时间间隔内，服务节点的缓存池中存在 X 个内容，表示为 $\mathcal{X}=\{1,2,\cdots,X\}$。对于内容 $x \in \mathcal{X}$，其流行程度跟随 Zipf 分布，内容 x 被请求的概率为

$$q_x = \frac{I(x)^{-\delta}}{\sum_{m=0}^{X} I(x)^{-\delta}}, \quad \forall x \in X \tag{7.9}$$

其中，将缓存池中已缓存内容按照降序排列，$I(x)$ 为内容 x 在缓存内容集合中受欢迎的等级。参数 δ 反映出流行分布倾斜，这意味着更大的 δ 指数对应更高的内容复用，即前几个流行的内容占了大部分的请求，设置为 0.56。

缓存更新参数 $h_{i,j}$ 表示服务节点 g_j 是否会缓存有车辆 v_i 的内容。当服务节点 g_j 计算完成车辆 v_i 的任务 $\mathcal{Z}_i$ 以后考虑缓存更新，$h_{i,j}=1$ 意味着服务节点 g_j 将会缓存任务 $\mathcal{Z}_i$，$h_{i,j}=0$ 则表示不会缓存任务 $\mathcal{Z}_i$。

不同的服务车辆拥有不同的缓存能力，由于缓存能力有限，服务节点 w_j 缓存内容总量不能超过其自身的最大缓存容量 H_j。

7.4.2 基于 MEC 的 V2X 协同缓存决策

当智能车辆请求一个任务计算时，首先检查自身缓存池是否存在内容缓存。如果内容在本地可用，则不需要发布任务请求。否则扫描周围服务节点是否存在内容缓存，若存在，则在服务节点计算完成后回传；若不存在，则需要考虑是否卸载。当任务卸载至服务节点计算完成后，服务节点考虑缓存的更新，之后内容回传，服务结束。本节旨在通过恰当的卸载与缓存决策以及通信和计算资源的分配，使得系统开销最小化。因此，优化目标表示为

$$\begin{aligned}\min_{\mathcal{A},\mathcal{C},\mathcal{P},\mathcal{F},\mathcal{H}} U(\mathcal{A},\mathcal{C},\mathcal{P},\mathcal{F},\mathcal{H}) &= \sum_{i=1}^{N} \text{hit}_i u_i^{\text{cache}} + (1-\text{hit}_i) h_i \left[(1-a_i) u_i^l + a_i u_i^{\text{off}} \right] \\ &= \sum_{i=1}^{N} \text{hit}_i \alpha \frac{s_i}{f_j^i} + (1-\text{hit}_i) h_i \left\{ (1-a_i) \left[\alpha \frac{s_i}{F_i^l} + \beta \kappa s_i (f_i^l)^2 \right] + a_i \left[\alpha \left(\frac{d_i}{r_{ij}} + \frac{s_i}{f_j^i} \right) + \beta p_i \frac{d_i}{r_{ij}} \right] \right\} \end{aligned} \tag{7.10}$$

$$\text{s.t. } C1: a_i \in \{0,1\}, \quad \forall i \in \mathcal{N} \tag{7.10a}$$

$$C2: c_{i,k} \in \{0,1\}, \quad \forall i \in \mathcal{N}, k \in \mathcal{K} \tag{7.10b}$$

$$C3: h_i \in \{0,1\}, \quad \forall i \in \mathcal{N} \tag{7.10c}$$

$$C4: 0 < p_i < p_{\max}, \quad \forall i \in \mathcal{N} \tag{7.10d}$$

$$C5: f_j^i > 0, \quad \forall i \in \mathcal{N} \tag{7.10e}$$

$$C6: \sum_{i \in N} a_i f_j^i \leqslant F_j^{\max}, \quad \forall i \in \mathcal{N}, j \in \mathcal{M} \tag{7.10f}$$

$$C7: (1-a_i)t_i^{\text{local}} + a_i t_i^{\text{off}} \leqslant \min\left\{t_i^{\max}, \frac{L_j}{V_u}, \frac{d_{\text{interrupt}}}{|V_u - V_v|}\right\}, \quad \forall i \in \mathcal{N} \tag{7.10g}$$

$$C8: \sum_{i=1}^{N} h_i d_i \leqslant H_j \tag{7.10h}$$

其中，$\mathcal{A}$ 为所有任务请求车辆的卸载决策集合；$\mathcal{C}$ 为信道分配状态；$\mathcal{P}$ 为卸载车辆的任务发送功率集合；$\mathcal{F}$ 为计算资源分配策略，$\mathcal{H}$ 为服务节点的缓存决策。

约束条件 C1 与 C3 表示卸载决策为 0-1 决策。C2 表示信道分配矩阵为二进制变量。C4 表示保证了功率分配为非负值且不超过上行传输功率变化范围。C5 与 C6 表示计算资源分配不超过服务节点的最大计算能力。C7 表示时延约束，其中 L_j 为 RSU 覆盖范围，V_u 为任务请求车辆的移动速度，V_v 为服务车辆的移动速度，$d_{\text{interrupt}}$ 为最大中断距离。C8 表示服务节点的缓存内容不能超过其最大缓存容量。

7.4.3 基于 MEC 的 V2X 协同缓存资源分配

为了应对现代化车载网络中移动数据服务的爆炸性增长需求，开发高效的内容缓存和资源分配方案非常重要，其目标是显著减少冗余数据传输，提高内容交付效率。因此提出了一种基于 MEC 的车载网络 V2X 协同缓存和资源分配机制。根据不同任务请求车辆对传输速率的需求，通过图着色模型为用户分配合适信道。针对最小化系统开销的目标，采用拉格朗日乘子法对功率与计算资源进行分配。考虑到任务重复性，利用 MEC 服务器与邻近车辆资源增强边缘缓存能力，将缓存模型表示为背包问题，使用动态规划法对其进行缓存决策。

1. 基于图着色的信道分配

本节采用部分频率复用的方式进行子信道分配，小区内 V2I 用户通过 OFDM 分配正交子信道，V2V 用户复用 V2I 用户上行信道；相邻小区之间的用户由于频率复用而产生信道干扰。将子信道分配转化为图着色模型，建立加权干扰图 $G = (\mathcal{V}^{\text{off}}, \mathcal{E})$，其中，$\mathcal{V}^{\text{off}}$ 表示卸载车辆集合，$\mathcal{E} = \{e_{i,j}\}_{i,j \in v}$ 表示用户车辆之间的干扰权重。车辆 v_i 对应的服务节点 g_x 可能为 MEC 服务器（$g_x \in \mathcal{M}$），或者是邻近车辆（$g_x \in \mathcal{V}$）。基于此，干扰权重计算如下：

$$e_{i,j} = \begin{cases} 0, & i = j \text{ or } i, j \in \mathcal{V}_x \text{ and } g_x, g_y \in \mathcal{M} \\ p_i h_{i,j}, & i \neq j \text{ and } i \in \mathcal{V}_x, j \in \mathcal{V}_y, x \neq y \end{cases} \tag{7.11}$$

其中，第一行表示当车辆 v_i 与车辆 v_j 处于同一小区且同为 V2I 用户或者 $i = j$ 时，相互无干扰；第二行表示车辆 v_i 与车辆 v_j 处于不同小区时，存在复用干扰。

引入信道连接矩阵 $\mathcal{C}$，分别为 $N_{\text{off}} \times K$ 的二元变量矩阵。其中 $N_{\text{off}} \times K$ 为卸载用户数量。信道连接矩阵 $\mathcal{C}$ 的二元变量 $c_{x,k}$ 为子信道 k 是否被分配给用户 x。建立干扰矩阵 $O = [o_{n,k}]_{N_{\text{off}} \times K}$，$o_{n,k}$ 为用户 n 在信道 k 上受到的干扰总和：

$$o_{n,k}=\sum_{\mathcal{V}^{\text{off}}}c_{mk}\cdot\rho_{mn}=\sum_{m\in\mathcal{V}^{\text{off}}}c_{mk}\cdot p_{m}h_{mn} \qquad (7.12)$$

基于图着色的信道分配算法伪代码如算法 7.1 所述。

算法 7.1　基于图着色的信道分配算法

1：输入：卸载任务车辆集合为 $\mathcal{V}^{\text{off}}$，信道矩阵集合 $\mathcal{K}$，待分配集合 $\Phi=\mathcal{V}^{\text{off}}$；
2：输出：信道分配矩阵 $\mathcal{C}$；
3：建立加权干扰图 $G=(\mathcal{V}^{\text{off}},\mathcal{E})$，计算 $e_{i,j}$；
4：建立信道连接矩阵 $\mathcal{C}=[c_{n,k}]_{N^{\text{off}}\times K}$；
5：计算相互干扰 $e_{n,k}$，建立干扰矩阵 $O=[o_{n,k}]_{N^{\text{off}}\times K}$；
6：对 $\rho_{n,k}$ 排序，得到 Order$\_\rho=\text{order}(\rho_{n,k})$；
7：取 Order$\_o$ 的前 k 个进行初始信道分配，$\Phi=\Phi\setminus\text{Order}\_o[1:k]$；
8：for $n=1:k$
9：　计算当前传输速率 R_n；
10：　if $R_n^{\min}=\dfrac{d_n f_j^n}{t_j^{\max}f_j^n-s_n}\geqslant R_n$
11：　　$\Phi=\Phi\cup\{n\}$；
12：　end if
13：end for
14：while $\Phi\neq\phi$
15：　寻找颜色 $\bar{k}$ 使得用户 n 能获得最大速率：计算颜色为 k 用户 n 的速率 r_n^k，$\bar{k}=\underset{k\in K}{\arg\max}\{r_n^k\}$，$\bar{k}\to v_n$；
16：　if $R_n^{\min}=\dfrac{d_n f_j^n}{t_j^{\max}f_j^n-s_n}\leqslant r_n^k$
17：　　$\Phi=\Phi\setminus\{n\}$；
18：　end if
19：　更新信道连接矩阵 $\mathcal{C}$，干扰矩阵 O，未分配用户集合 Φ；
20：end while

2. 计算资源分配

当服务节点不存在内容缓存，且车辆决定卸载计算时，由公式（7.10）可得以下优化问题：

$$\min_{\mathcal{P},\mathcal{F}} U(\mathcal{P},\mathcal{F})=\sum_{i=1}^{N}\alpha\frac{d_i}{n_i b\log\left(1+\dfrac{p_i h_{i,j}}{\delta^2+I_i}\right)}+\alpha\frac{s_i}{f_j^i}+\beta p_i\frac{d_i}{n_i b\log\left(1+\dfrac{p_i h_{i,j}}{\delta^2+I_i}\right)} \qquad (7.13)$$

s.t. C4：$0<p_i<p_{\max}$ 　　　　　　　　　　　　　　　　　（7.13a）

C5：$f_i^j>0,\ \forall i\in\mathcal{N}$ 　　　　　　　　　　　　　　（7.13b）

C6：$\sum_{i\in N}f_j^i\leqslant F_j^{\max},\ \forall i\in\mathcal{N},j\in\mathcal{M}$ 　　　　　　（7.13c）

C7：$t_i^{\text{off}}\leqslant\min\left\{t_i^{\max},\dfrac{L_j}{V_u},\dfrac{d_{\text{interrupt}}}{|V_u-V_v|}\right\},\ \forall i\in\mathcal{N}$ 　（7.13d）

对于车辆 v_i，寻找其干扰上界：

$$\tilde{I}_i = \sum_{k=1}^{K}\sum_{n=1}^{N} c_{n,k} p_{\max} h_{n,j}^k \tag{7.14}$$

令 $\vartheta_i = \dfrac{h_{i,j}}{\sigma^2 + \tilde{I}_i}$，因此可得信噪比下界 $\widetilde{\text{SINR}}_i = \vartheta_i p_i$。根据式（7.13）中 C7，令 $T_i^{\max} = \min\left\{t_i^{\max}, \dfrac{L_j}{V_u}, \dfrac{d_{\text{interrupt}}}{|V_u - V_v|}\right\}$，令约束条件取等号可得

$$\frac{d_i}{n_i b \log(1+\vartheta_i p_i)} = T_i^{\max} - \frac{s_i}{f_j^i} \tag{7.15}$$

令 $\xi_i = \dfrac{d_i}{n_i b}$，$\varpi_i = \dfrac{\xi_i}{\log_2(1+\vartheta_i p_i)}$，因此 $p_i = \dfrac{2^{\frac{\xi_i}{\varpi_i}}-1}{\vartheta_i}$，$f_j^i = \dfrac{s_i}{T_i^{\max} - \varpi_i}$。将其代入式（7.13），C4 可转化为 $\varpi_i \geqslant \dfrac{\xi_i}{\log_2(1+\vartheta_i p_{\max})}$，由 C5 可得 $\varpi_i < T_i^{\max}$。

基于以上信息，式（7.13）可以改写为

$$\min_{\varpi} U(\varpi) = \sum_{i=1}^{N^{\text{off}}} \alpha T_i^{\max} + \beta \frac{2^{\frac{\xi_i}{\varpi_i}}-1}{\vartheta_i} \varpi_i \tag{7.16}$$

$$\text{s.t. C9}: \frac{\xi_i}{\log(1+\vartheta_i p_{\max})} \leqslant \varpi_i \leqslant T_i^{\max} \tag{7.16a}$$

$$\text{C10}: \sum_{i\in N^{\text{off}}} \frac{s_i}{T_j^{\max}-\varpi_i} \leqslant F_j^{\max},\ \forall i\in\mathcal{N}, j\in\mathcal{M} \tag{7.16b}$$

在式（7.16）中对 ϖ 求二阶导可得

$$\frac{\partial^2 U(\varpi)}{\partial \varpi^2} = \frac{\beta 2^{\frac{\xi_i}{\varpi_i}} \ln^2 2}{\vartheta_i \varpi_i^3} > 0 \tag{7.17}$$

因此式（7.16）为凹函数，可以采用 KKT 条件对其进行求解。公式（7.16）的拉格朗日函数为

$$L(\varpi,\lambda,\mu,\rho) = \sum_{i=1}^{N^{\text{off}}} \alpha T_i^{\max} + \beta \frac{2^{\frac{\xi_i}{\varpi_i}}-1}{\vartheta_i}\varpi_i + \sum_{i=1}^{N^{\text{off}}} \lambda_i \left(\frac{\xi_i}{\log_2(1+\vartheta_i p_{\max})} - \varpi_i\right) \\ + \sum_{i=1}^{N^{\text{off}}} \mu_i(\varpi_i - T_i^{\max}) + \rho\left(\sum_{i\in N^{\text{off}}}\frac{s_i}{T_i^{\max}-\varpi_i} - F_j^{\max}\right) \tag{7.18}$$

其中，ϖ 为卸载车辆的上行传输时延向量，λ, μ 为拉格朗日乘子向量，λ_i, μ_i, ρ 为非负拉格朗日乘子变量。满足 KKT 条件：

$$\frac{\partial L(\varpi,\lambda,\mu,\sigma)}{\partial \varpi} = \frac{\beta}{\vartheta_i}\left(2^{\frac{\xi_i}{\varpi_i}}-1\right)\left(1-\frac{\xi_i}{\varpi_i}\ln 2\right) + \frac{\beta \ln 2\, \xi_i}{\vartheta_i \varpi_i} - \lambda_i + \mu_i + \rho\left(\frac{s_i}{(T_i^{\max}-\varpi_i)^2}\right) \tag{7.19}$$

$$\lambda_i \left[\frac{\xi_i}{\log_2(1+\vartheta_i p_{\max})} - \varpi_i\right] = 0 \tag{7.20}$$

$$\mu_i(\varpi_i - T_i^{\max}) = 0 \tag{7.21}$$

$$\rho\left(\sum_{i \in N^{\text{off}}} \frac{s_i}{T_i^{\max} - \varpi_i} - F_j^{\max}\right) = 0 \tag{7.22}$$

拉格朗日乘子更新规则为

$$\lambda_i(t+1) = \left[\lambda_i(t) + \gamma(t)(T_i^{\min} - \varpi_i)\right]^+ \tag{7.23}$$

$$\mu_i(t+1) = \left[\mu_i(t) + \gamma(t)(\varpi_i - T_i^{\min})\right]^+ \tag{7.24}$$

$$\rho(t+1) = \left[\rho(t) + \gamma(t)\left(\sum_{i \in N^{\text{off}}} \frac{s_i}{T_i^{\max} - \varpi_i} - F_j^{\max}\right)\right]^+ \tag{7.25}$$

其中，t 为第 t 次迭代次数；$\gamma(t)$ 为迭代步长，设置为 $\gamma(t)=10^{-6}$；$T_i^{\min}$ 为时间下线，即 $T_i^{\min} = \dfrac{\xi_i}{\log_2(1+\vartheta_i p_{\max})}$。

根据以上条件获得最优解 ϖ_i^* 以后，由 p_i^*、f^{*i}_j 与 ϖ_i^* 的关系可得

$$p_i^* = \frac{2^{\frac{\xi_i}{\varpi_i^*}} - 1}{\vartheta_i} \tag{7.26}$$

$$f^{*i}_j = \frac{s_i}{T_i^{\max} - \varpi_i^*} \tag{7.27}$$

功率与计算资源分配算法伪代码如算法 7.2 所示。

算法 7.2　功率与计算资源分配算法

1：输入：卸载车辆数量 N^{off}；最大迭代次数 mt；$\gamma(0) = 0.01$；
2：输出：功率分配 $\mathcal{P}^*$；计算资源分配 $\mathcal{F}^*$；
3：for $t = 1:mt$ do
4：　　$\gamma(t) = 1/(100 + \gamma(t-1))$；
5：　　for $i = 1:N^{\text{off}}$ do
6：　　　　计算式（7.16）中的 ϖ_i；
7：　　end for
8：　　根据式（7.23）～式（7.25）更新拉格朗日乘子 $\lambda_i(t)$、$\mu_i(t)$、$\rho_i(t)$；
9：end for

3. 缓存决策

任务请求车辆 v_i 将计算任务 $\mathcal{Z}_i$ 卸载至服务节点 g_j 执行完成以后，由于服务节点缓存容量有限，因此在计算完成以后需要慎重选择是否将其缓存，以备后续请求车辆使用。服务节点 g_j 的缓存容量为 H_j，若缓存决策 $h_i = 1$，则代表任务 $\mathcal{Z}_i$ 被服务节点缓存，因此服务节点需要牺牲缓存容量 d_i，那么问题等效为使服务节点 g_j 的容量 $\{H_j - d_i\}$ 效益最大化；若缓存决策 $h_i = 0$，则代表任务 $\mathcal{Z}_i$ 未被服务节点缓存，此时问题等效为使服务节点 g_j 的容量 $\{H_j\}$ 效益最大化。

基于以上分析，将缓存决策建模为 0-1 背包问题，通过动态规划法对其求解。伪代码如算法 7.3 所示。$x_i = \left(d_i, u_i^{\text{off}}, u_i^l, u_i^{\min}\right)$ 为输入向量，其中 $u_i^{\min} = \min\left\{u_i^{\text{off}}, u_i^l\right\}$ 为 v_i 节约的开销。对于服务节点 g_j，其动态转移方程为

$$U'_j(i, j, H_j) = \max\left\{U'_j(i-1, j, H_j), U'_j(i-1, j, H_j - d_i) + u_i^{\min}\right\}, \quad U'_j = -U_j \quad (7.28)$$

其中，$U_j(i, j, H_j)$ 为服务节点 g_j 存在缓存容量 H_j，是否将 v_i 用户的内容缓存时 g_j 的开销。

算法 7.3　基于背包问题的缓存决策算法

1: 输入：车辆信息 $x_i = \left(d_i, u_i^{\text{off}}, u_i^l, u_i^{\min}\right)$，服务节点 g_j 状态函数 $U'_j(i, j, H_j)$，卸载至服务节点 g_j 的车辆数量 N_j^{off}；
2: 输出：缓存决策 $\mathcal{H}$；
3: for $i = 1 : N_j^{\text{off}}$ do
4: 　　$U'_j(i, j, H_j) = \max\left\{U'_j(i-1, j, H_j), U'_j(i-1, j, H_j - d_i) + u_i^{\min}\right\}$；
5: 　　if $U'_j(i, j, H_j) \leqslant U'_j(i-1, j, H_j)$
6: 　　　　$h_{i,j} = 0$；
7: 　　else
8: 　　　　$h_{i,j} = 1$；
9: 　　end if
10: end for

7.4.4　仿真分析

1. 仿真场景与参数分析

本节旨在研究车联网中的效率优先应用，如文件分享、地理信息收集等，这一类应用任务为时延可容忍数据任务。性能评估阶段，通过 MATLAB 平台对本节所提机制进行仿真。本节在 IEEE 802.11p 车辆网络场景标准和 MEC 白皮书的背景下展开，采用 3GPP 标准化中提出的信道增益模型。考虑路边有三个小区，每个小区都配置 RSU 和 MEC 服务器，RSU 的覆盖半径为 250m。仿真具体参数如表 7.1 所示。

表 7.1　仿真参数表

参数	数值
车辆最大发射功率 $p_{\max}$/dBm	20
系统带宽/MHz	20
任务计算大小 d_i/MB	10～20
计算任务所需 CPU 周期 s_i/Megacycles	1200～2000
高斯白噪声功率 σ^2/dBm	−60
权重因子设置 $\alpha = \beta$	0.5
RSU 的覆盖半径 θ/m	1000

续表

参数	数值
车辆计算能力 F_i^l /GHz	0.7~1
MEC 服务器计算能力 F_j /GHz	4
上行传输信道数量 K	10
单小区车辆数量	18
Zipf 分布参数 δ	0.56
车辆缓存能力 H^V /MB	100
MEC 服务器缓存能力 H^M /MB	500
车辆移动速度/(km/h)	40、60
最大中断距离 $d_{interrupt}$ /m	345[29]

为了评估当前提出机制的性能,将其与其他几种算法进行比较,如所有本地计算机制(ALCM)、全卸载机制(AOCM wo.caching)、基于边缘缓存的全卸载计算机制(AOCM w. caching)、文献[30]中基于图着色的资源分配机制(JCOIM)、基于边缘缓存的 V2I 卸载机制(V2I-ACRA)。

2. 仿真结果分析

图 7.2 显示了车辆缓存容量与总开销的关系。车辆缓存容量增加,意味着更多的内容可以被缓存到车辆上,更多的车辆云可以在道路上形成。当一些车辆从云中移出或离开道路时,用户可以从云中的其他车辆或其他车辆云中获取内容,可以大大减少重复计算,因此系统开销逐步降低。其中,本书机制相较于全卸载模式,优势显现明显。全卸载模式由于不考虑本地计算,任务计算全依赖于服务节点,卸载过程中由于传输干扰使得时

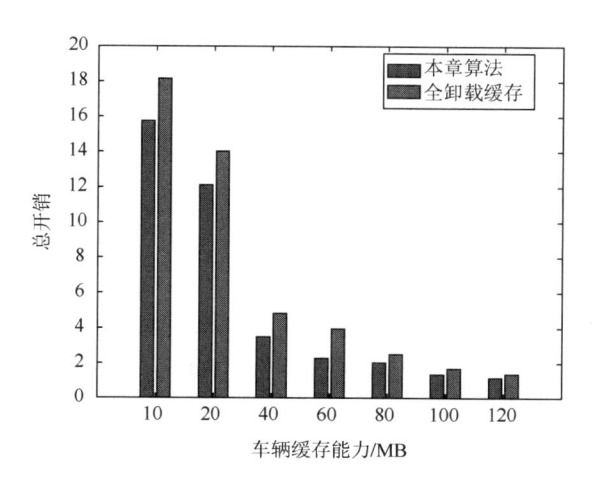

图 7.2 车辆缓存容量与总开销关系图

延增加，同时也由于车辆移动性使得服务中断带来重复计算，系统开销较大。本书机制基于用户理性与利己主义，使任务请求车辆在卸载与本地计算之间做出权衡，尽量减少任务计算的代价，系统开销降低。当车辆缓存容量逐步增长时，两种机制的区别逐渐减小，这是由于车辆缓存容量增加，更多的内容可以被缓存，因此需要卸载的任务减少，信道竞争减小，服务节点已有足够的能力完成计算。

  图 7.3 为车辆数量与总开销关系图。随着车辆数量增加，系统开销增长。传统的 ALCM 由于车辆本身计算能力有限而带来较大的时延开销。当车辆数量较少时，由于任务较少，缓存空间与计算能力均可良好的胜任任务计算，基于边缘缓存的 AOCM 性能与 V2X-ACRC 相近，且因为存在边缘缓存，一部分任务可以直接从缓存池中获得，避免了重复计算带来的开销，因此性能好于 JCOIM 机制。车辆数量增加，任务量逐渐增大，由于全卸载机制导致信道干扰严重且计算资源有限，无论是否存在缓存功能，其系统开销均迅速增长。JCOIM 机制应用于本书场景，由于其忽略功率分配对系统开销的影响，以及未曾利用周围邻近车辆的闲置计算与缓存资源，性能不理想。本书 V2X-ACRC 机制充分利用周围闲置资源，合理分配计算与通信资源，提高资源利用率，降低计算冗余，因此可以较好地减少系统开销。

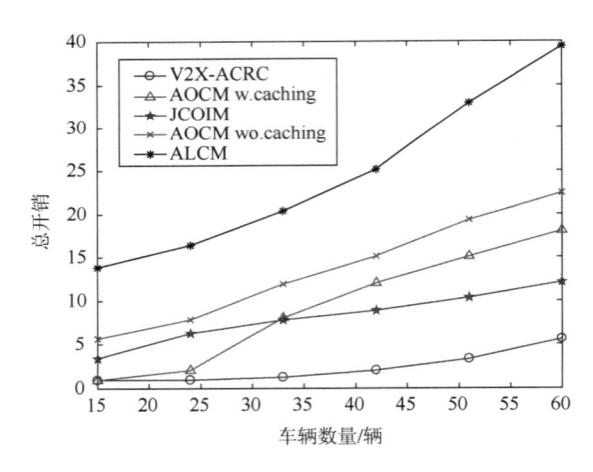

图 7.3 车辆数量与总开销关系图

AOCM w.caching 表 AOCM with caching，有缓冲；AOCM wo.caching 表 AOCM without caching，无缓冲，下文同。

  图 7.4 为任务数据大小与总开销关系图。随着任务数据大小增加，由于系统带宽有限，因此传输负荷增加，系统开销迅速增长。全卸载机制受信道带宽影响较大，因此数据量越大，开销增加速度越快。JCOIM 由于未曾对功率进行合理分配，比 AOCM 导致了更多的传输能耗。其中基于边缘缓存的 AOCM 由于存在缓存功能，一部分任务无须卸载计算，降低了上传拥塞。然而随着数据量迅速增加，卸载部分的任务数据增大，网络拥塞已不可避免，因此系统开销急剧增加。本书的 V2X-ACRC 机制相较于其他几种方案，可以明显降低计算开销。原因在于，V2X 协同卸载可以有效地提高资源利用率，缓存机制可以避免重复计算以及减少网络拥塞，从而降低系统开销。

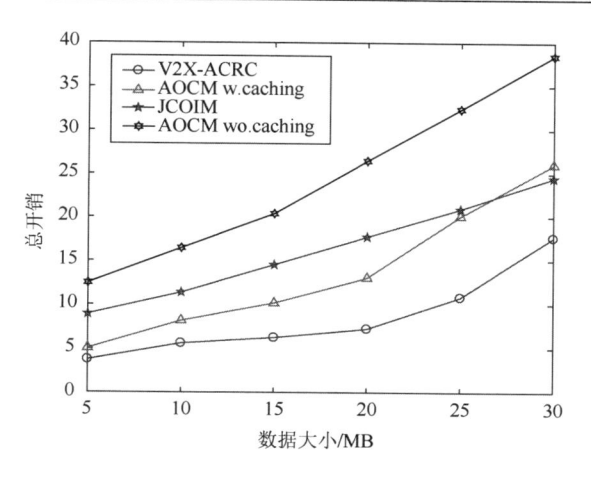

图 7.4 任务数据大小与总开销关系图

图 7.5 为信道数量与总开销关系图。信道数量增加,干扰逐渐减小,因此传输时延降低,带来系统开销的减少。全卸载机制由于受信道数量影响较大,随着信道数量的增加,系统开销降低速度加快。其中未涉及边缘缓存的 AOCM 由于不存在缓存机制,所有任务必须全部卸载,因此对信道干扰最为敏感,系统开销下降速度最明显,但由于服务节点计算资源有限,系统开销无法超越 AOCM。本书基于边缘缓存的 V2X-ACRC 机制能够更加灵活地管理资源,控制卸载流量,在信道数量变换的情况下做出有效的卸载权衡,保证资源有效利用,降低系统开销。

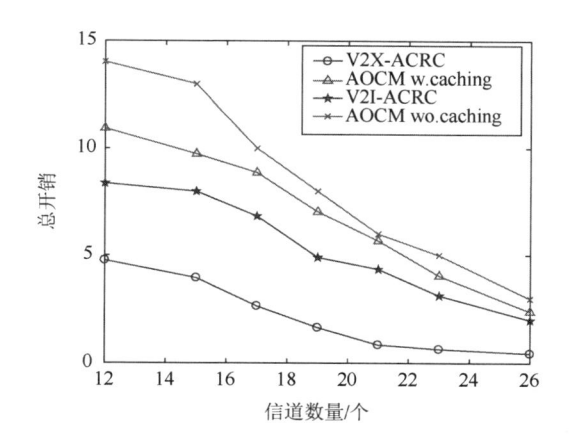

图 7.5 信道数量与总开销关系图

图 7.6 为缓存类型与时延关系图。缓存类型的增多,意味着更多的内容可以被缓存下来,减少重复计算带来的时延与能耗,因此系统开销逐步降低。在 V2I-ACRC 中,仅 MEC 服务器具有计算与缓存功能,忽略了车辆的缓存能力,在缓存类型较少时,大部分任务请求需要被卸载计算。V2X-ACRC 由于可以有效利用周围车辆的闲置资源,可以增强边缘计算能力,因此相较于 V2I 机制系统开销较小。当缓存类型逐渐增加时,车辆服务器由于缓存容

量限制，无法缓存太多任务。而 MEC 服务器的大容量缓存池，可以缓存更多的内容，此时大多数任务已可以从缓存池中获得，因此 V2I 机制与 V2X 机制的差距逐渐减小。

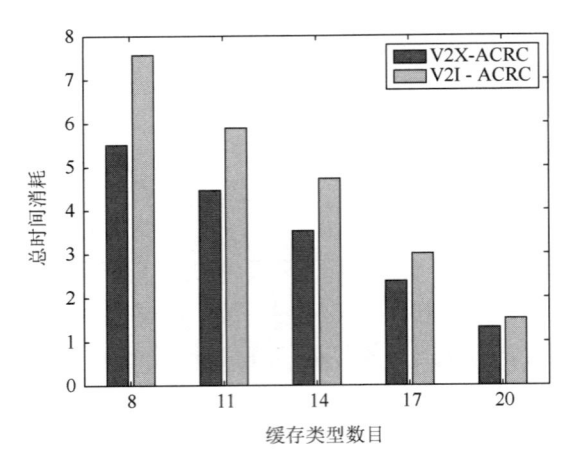

图 7.6　缓存类型与时延关系图

7.5　本章小结

本章对车联网下基于 MEC 的缓存服务进行了研究及论述。首先，从缓存的概念、内容、位置三个方面进行了介绍，利用缓存技术，将车辆所需信息、资源等提前进行存储，可以实现对其快速访问和调用。而后，结合具体的车联网场景，分别从 V2I 缓存和 V2X 缓存两方面进行问题建模、分析与求解。在 V2I 缓存中，通过对通信模型、计算模型进行拆解分析，得到最小化系统总时延的优化问题，利用基于广义 Benders 分解算法求得最优解，得到基于 MEC 缓存服务的缓存资源优化方案。在 V2X 缓存中，以系统开销最小化为目标的优化问题通过基于背包问题的缓存决策算法被求解，得到最优缓存决策，最终实现最优的资源分配。

参　考　文　献

[1]　王辉，陈晓雯，周升群，等. 数字图像分析及模式识别系统在工程中的应用[M]. 北京：科学出版社，2010：12-34.

[2]　Li M，Si P B，Zhang Y H. Delay-tolerant data traffic to software-defined vehicular networks with mobile edge computing in smart city[J]. IEEE Transactions on Vehicular Technology，2018，67（10）：9073-9086.

[3]　Ren C S，Lyu X C，Ni W，et al. Profitable cooperative region for distributed online edge caching[J]. IEEE Transactions on Communications，2019，67（7）：4696-4708.

[4]　Lyu X C，Ren C S，Ni W，et al. Distributed online learning of cooperative caching in edge cloud[J]. IEEE Transactions on Mobile Computing，2021，20（8）：2550-2562.

[5]　Vural S，Navaratnam P，Wang N，et al. In-network caching of Internet-of-Things data[C]//2014 IEEE International Conference on Communications（ICC）. June 10-14，2014. Sydney，NSW. IEEE，2014.

[6]　Niyato D，Kim D I，Wang P，et al. A novel caching mechanism for Internet of Things（IoT）sensing service with energy harvesting[C]//2016 IEEE International Conference on Communications（ICC）. May 22-27，2016. Kuala Lumpur，Malaysia. IEEE，2016.

[7] Borst S, Gupta V, Walid A. Distributed caching algorithms for content distribution networks[C]//2010 Proceedings IEEE INFOCOM. March 14-19, 2010. San Diego, CA, USA. IEEE, 2010.

[8] Golrezaei N, Dimakis A G, Molisch A F. Scaling behavior for device-to-device communications with distributed caching[J]. IEEE Transactions on Information Theory, 2014, 60 (7): 4286-4298.

[9] Yao J, Han T, Ansari N. On mobile edge caching[J]. IEEE Communications Surveys & Tutorials, 2019: 1.

[10] Niu D, Liu Z M, Li B C, et al. Demand forecast and performance prediction in peer-assisted on-demand streaming systems[C]//2011 Proceedings IEEE INFOCOM. April 10-15, 2011. Shanghai, China. IEEE, 2011: 421-425.

[11] Wang Z, Sun L F, Wu C, et al. Enhancing internet-scale video service deployment using microblog-based prediction[J]. IEEE Transactions on Parallel and Distributed Systems, 2015, 26 (3): 775-785.

[12] Georgiev P, Noulas A, Mascolo C. The call of the crowd: event participation in location-based social services[J]. Proceedings of the International AAAI Conference on Web and Social Media, 2014, 8 (1): 141-150.

[13] Xu J, van der Schaar M, Liu J C, et al. Forecasting popularity of videos using social media[J]. IEEE Journal of Selected Topics in Signal Processing, 2015, 9 (2): 330-343.

[14] Zhang Y C, Li P M, Zhang Z L, et al. AutoSight: distributed edge caching in short video network[J]. IEEE Network, 2020, 34 (3): 194-199.

[15] Blasco P, Gunduz D. Learning-based optimization of cache content in a small cell base station[C]//2014 IEEE International Conference on Communications (ICC). June 10-14, 2014. Sydney, NSW. IEEE, 2014: 1897-1903.

[16] Khreishah A, Chakareski J, Gharaibeh A. Joint caching, routing, and channel assignment for collaborative small-cell cellular networks[J]. IEEE Journal on Selected Areas in Communications, 2016, 34 (8): 2275-2284.

[17] Cui Y, Jiang D D, Wu Y P. Analysis and optimization of caching and multicasting in large-scale cache-enabled wireless networks[J]. IEEE Transactions on Wireless Communications, 2016, 15 (7): 5101-5112.

[18] Golrezaei N, Shanmugam K, Dimakis A G, et al. FemtoCaching: wireless video content delivery through distributed caching helpers[C]//2012 Proceedings IEEE INFOCOM. March 25-30, 2012. Orlando, FL, USA. IEEE, 2012.

[19] Wang T Y, Song L Y, Han Z. Dynamic femtocaching for mobile users[C]//2015 IEEE Wireless Communications and Networking Conference (WCNC). March 9-12, 2015. New Orleans, LA. IEEE, 2015.

[20] Levis P, Madden S, Polastre J, et al. TinyOS: an operating system for sensor networks[M]//Ambient Intelligence. Berlin/Heidelberg: Springer-Verlag, 2005: 115-148.

[21] Ji M Y, Caire G, Molisch A F. Fundamental limits of caching in wireless D2D networks[J]. IEEE Transactions on Information Theory, 62 (2): 849-869.

[22] Zhang Y L, Xu Y H, Wu Q H, et al. A game-theoretic approach for optimal distributed cooperative hybrid caching in D2D networks[J]. IEEE Wireless Communications Letters, 2018, 7 (3): 324-327.

[23] Jia S J, Zhou Z, Li W L, et al. Social-aware edge caching strategy of video resources in 5G ultra-dense network[J]. Mobile Information Systems, 2021, 2021 (11): 1-14.

[24] Wu Y C, Yao S, Yang Y, et al. Challenges of mobile social device caching[J]. IEEE Access, 2016, 4: 8938-8947.

[25] Wu Y C, Yao S, Yang Y, et al. Semigradient-based cooperative caching algorithm for mobile social networks[C]//2016 IEEE Global Communications Conference (GLOBECOM). December 4-8, 2016. Washington, DC, USA. IEEE, 2016.

[26] Song J, Song H, Choi W. Optimal caching placement of caching system with helpers[J]. IEEE, 2015: 1825-1830.

[27] Peng X, Shen J C, Zhang J, et al. Backhaul-aware caching placement for wireless networks[C]//2015 IEEE Global Communications Conference (GLOBECOM). December 6-10, 2015. San Diego, CA, USA. IEEE, 2014.

[28] Poularakis K, Tassiulas L. Code, cache and deliver on the move: a novel caching paradigm in hyper-dense small-cell networks[J]. IEEE Transactions on Mobile Computing, 2017, 16 (3): 675-687.

[29] 彭鑫, 邓清勇, 田淑娟, 等. 多信道车联网 V2R/V2V 数据传输调度算法[J]. 通信学报, 2019, 40 (3): 92-101.

[30] Wang C M, Yu F R, Liang C C, et al. Joint computation offloading and interference management in wireless cellular networks with mobile edge computing[J]. IEEE Transactions on Vehicular Technology, 2017, 66 (8): 7432-7445.

第 8 章　车联网与区块链

8.1　区块链简介

8.1.1　区块链概述

1. 区块链的定义

区块链的概念：从狭义上讲，区块链可以看作一系列链接的数据块，每个块依赖于前一个块，形成一个连续的链状数据结构；但是从更广泛的意义上讲，区块链可以视为包含许多必要的和支持的组件的底层框架，如交互环境和应用程序。

2. 区块链的架构

区块链架构如图 8.1 所示。一般说来，区块链系统由数据层、网络层、共识层、激励层、合约层和应用层组成[1]。

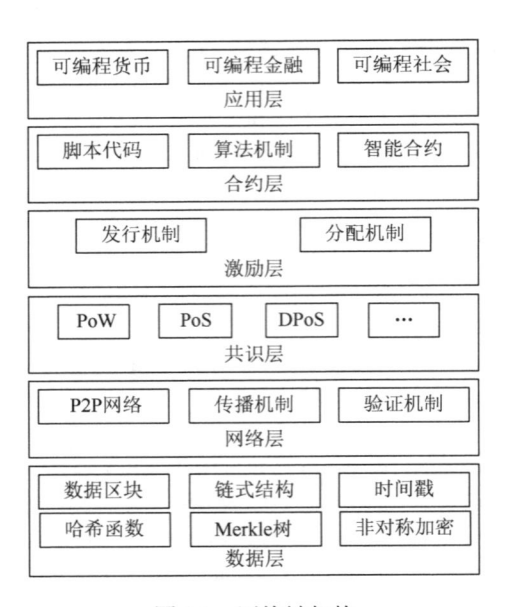

图 8.1　区块链架构

在数据层，有区块链的基本单元，通过利用各种典型的数据结构和算法来定义，包括哈希函数、Merkle 树、数字签名等。请注意，数据结构和算法的设计支持区块链的一般特性，如透明性、持久性、去中心化等。

网络层用于开启区块链的交互环境。其中包括基于 IP 协议的去中心化网络和点对点（peer to peer，P2P）网络，锁定和解锁脚本，以及用于分布式区块有效性协议的共识机制。网络层还可以在用户之间更新和维护区块链。应用层拥有各种应用程序，这些应用程序可以通过集成区块链来使用它的分布式账本、作为共识节点、作为智能合约的一方和加密组件等功能。区块链虽然在加密货币世界之外相对较新，但仍被应用于许多领域，以满足用户隐私和安全以及分布式和去中心化控制日益增长的需求。

从数据结构的角度来看，区块链是一个不断增长的链式数据记录（或块）列表，这些记录或块通过加密哈希函数的应用进行链接和保护。每个块包含一组新的数据记录或事务，以及前一个块的哈希值。这个哈希函数将当前块链接到前一个块，加上时间戳，使得修改记录变得困难，因为它们依赖之前的记录和当前的时间。

现在考虑区块链框架的网络层，它引入了点对点（P2P）网络，并实现了节点间的共识。

用户同时利用和提供资源是 P2P 网络的基础（尽管提供资源完全是自愿的）。每个对等点被认为是等同的，通常被称为一个节点。尽管所有节点都相等，但它们可以在区块链生态系统中扮演不同的角色，如矿机与"完整节点"的角色。对于完整的节点，只要它连接到网络，就会将整个区块链复制到它的内存。这意味着存储在区块链上的信息不会丢失或销毁，因为如果这样做就表示必须销毁网络上的每个完整节点。因此，只要存在一个带有区块链副本的单个节点，所有记录都将保持完整，从而提供了重建该网络的可能性。

为了实现区块链的去中心化，参与交易和创建区块的节点也必须能够在区块被添加到链中时确认其有效性。在这种情况下，节点之间的共识是必要的，因为没有可信的集中式系统来做出这样的决定。为了达成这样的协议，人们设计了各种共识机制，包括工作量证明（PoW）、权益证明（PoS）、实用拜占庭容错（PBFT）等。这些共识算法都是为了达到同样的目的，即通过检查添加的每个块的工作的有效性来准确地确定区块链中的哪些块是正确的。不同之处在于谁可以添加块，以什么速度添加，以及使用什么难题来实现共识。共识通常意味着"挖掘"，或解决一些困难的问题，这些问题很容易验证，但不容易计算。

3. 区块链的工作原理

区块链的工作原理如图 8.2 所示[2]，具体工作过程如下。

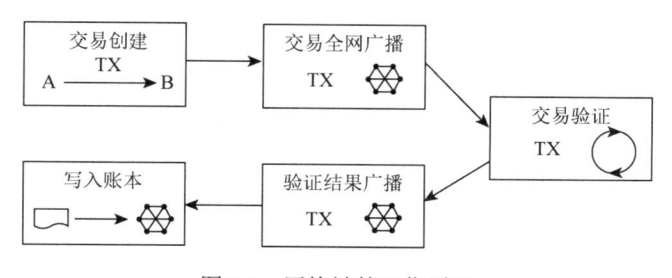

图 8.2 区块链的工作原理

（1）产生的新交易通过 P2P 网络向全网所有节点进行广播。
（2）全网节点接收到新的交易数据，验证合法后暂存于新区块中。
（3）全网节点根据共识算法（PoW/PoS/DPoS/PBFT 等）竞争优先记账权。
（4）得到优先记账权的节点将打包的新区块对全网进行广播。
（5）全网节点对接收到的交易进行校验，确认无误后将区块追加到已有区块链表中。

4. 区块结构

区块链中的区块结构主要包括区块头和区块主体两部分。区块头包含前一个区块头哈希值、时间戳、随机数、计算难度和 Merkle 根（如图 8.3 的 Hash1234），其中 Merkle 根主要用来快速验证交易信息。区块体主要包含用户之间的交易信息。

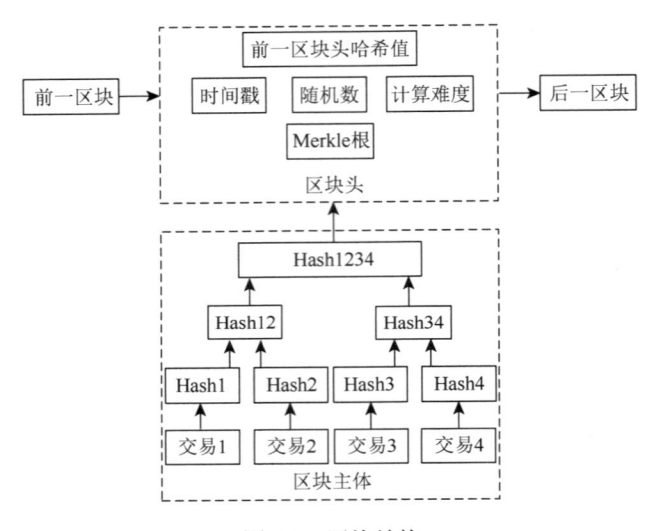

图 8.3 区块结构

5. 区块链中的加密模型

用户 1 发起一笔交易给用户 2 的加密流程如图 8.4 所示[2]。具体过程如下。
（1）用户 1 对交易内容进行哈希计算得到唯一的哈希值，用私钥对哈希值进行签名。
（2）用户 1 将签名后的哈希值、交易内容等信息打包后向全网广播。
（3）用户 2 接收到广播包后，根据用户 1 的公钥对签名进行验证，以证明该交易确实由用户 1 发起；同时对交易内容进行哈希计算，将得到的哈希值与广播包的哈希值进行校验，以验证交易对象是否为用户 2 及交易内容是否合法。
（4）与此同时，区块链全网每个全功能节点都可以对交易内容进行验证。

6. 区块链的特点

区块链除包含去中心化、开放性、独立性、安全性和匿名性等显著特点外，还具有一些其他特点，主要有容错性、抵抗攻击性和透明性。

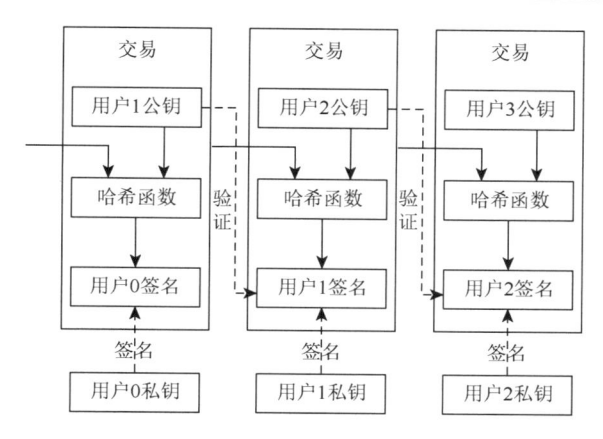

图 8.4 加密流程

（1）容错性。从上述网络层的角度来看，区块链本质上是具有许多不同参与者的去中心化系统。这些参与者采取的行动取决于现有的奖励和信息。当接收到一个新的广播交易时，去中心化区块链网络中的每个节点（代表一个参与者）都可以选择承认交易（将其添加到其本地的分类账本中）或忽略它。一旦大多数节点决定了一个状态，就可以达成共识。因此，可能发生在少数节点上的故障不太可能改变公共总账本的状态，在更新共识状态时可以恢复。在正常情况下，区块链甚至可以容忍多个节点发生单一故障，只要总数小于所有节点总数的一半。

（2）抵抗攻击性。在集中式系统中，数据中心的颠覆（通过入侵或黑客攻击）是致命的。相比之下，基于去中心化 P2P 网络，区块链具有抵御黑客攻击的能力[3]。只要网络中的每个节点都维护着区块链的一个副本，被破坏的节点就无法将欺诈交易或区块引入链中。因此，区块链中记录的完整性是安全的。就像容错性一样，只要被破坏的节点数量保持在少数，这就仍然是正确的。区块链的大多数副本的一致性为系统提供了可靠的备份，也可以覆盖任何被黑客攻击的版本。P2P 网络的另一个威胁是双花攻击[3]。也就是说，同一枚硬币被用来进行不止一次地支付。当未决事务被广播到网络时，可能会出现延迟，导致在不同的时间接收到未确认的事务。在区块链中，工作量证明（PoW）机制通过让节点解决一个复杂的数学问题（即挖掘）来验证事务。因为只有对复杂数学问题有正确答案的块才能添加到区块链中，所以在块中重新修改事务是很困难的。而且，区块是有时间戳的，与硬币和它的主人最早的交易是最有效的。其他与同一交易的付款将被忽略，防止资金被使用两次。

（3）透明性。作为一个公共账本，区块链提供了高度的透明度。通过共识机制，交易的每个条目都由多数人验证。篡改或删除以前的交易需要得到系统中大多数人的一致同意，而这是很难实现的。因此，每个事务都可以被审计。

7. 区块链的分类

（1）公有区块链。公有区块链（public block chains）是指世界上任何个体或者团体都可以发送交易，且交易能够获得该区块链的有效确认，任何人都可以参与其共识过程。

公有区块链是最早的区块链，也是应用最广泛的区块链，各大比特币系列的虚拟数字货币均基于公有区块链，世界上有且仅有一条该币种对应的区块链[4]。

（2）联合（行业）区块链。行业区块链（consortium block chains）指由某个群体内部指定多个预选的节点为记账人，每个块的生成由所有的预选节点共同决定（预选节点参与共识过程），其他接入节点可以参与交易，但不过问记账过程（本质上还是托管记账，只是变成分布式记账，预选节点的多少，如何决定每个块的记账者成为该区块链的主要风险点），其他任何人可以通过该区块链开放的 API 进行限定查询[4]。

（3）私有区块链。私有区块链（private block chains）指仅仅使用区块链的总账技术进行记账，可以是一个公司，也可以是个人，独享该区块链的写入权限，本链与其他的分布式存储方案没有太大区别。传统金融都是想实验尝试私有区块链，而公链的应用如比特币已经工业化，私链的应用产品还在摸索当中[4]。

8. 区块链的发展

随着 2008 年比特币白皮书的出现，区块链的概念大量出现，而且相当神秘。虽然在开源软件世界中并不是唯一的，但值得注意的是，自从 2009 年比特币被首次提出后，区块链、工作证明以及相关概念在现实世界的实践中不断得到验证。我们并不是说这些技术是完全安全的或无懈可击的，只是说它们在实践中发挥了作用，并展示了弹性和预期的功能。

2014 年，"区块链 2.0"成为一个关于去中心化区块链数据库的术语。对这个第二代可编程区块链，经济学家认为它是一种编程语言，可以允许用户写出更精密和智能的协议[5]。因此，当利润达到一定程度时，就能够从完成的货运订单或者共享证书的分红中获得收益。区块链 2.0 技术跳过了交易和"价值交换中担任金钱和信息仲裁的中介机构"。它们被用来使人们远离全球化经济，使隐私得到保护，使人们"将掌握的信息兑换成货币"，并且有能力保证知识产权的所有者得到收益。第二代区块链技术使存储个人的"永久数字 ID 和形象"成为可能，并且对"潜在的社会财富分配"不平等提供解决方案[6]。

2016 年 1 月 20 日，中国人民银行数字货币研讨会宣布对数字货币研究取得阶段性成果。会议肯定了数字货币在降低传统货币发行等方面的价值，并表示央行在探索发行数字货币。中国人民银行数字货币研讨会的表达极大增强了数字货币行业信心。这是继 2013 年 12 月 5 日央行五部委发布关于防范比特币风险的通知之后，第一次对数字货币表示明确的态度。

2016 年 12 月 20 日，数字货币联盟——中国 FinTech 数字货币联盟及 FinTech 研究院正式筹建[7]。

区块链的巨大兴起可以直接归因于加密货币的庞大用户群，这些货币起源于比特币和许多其他货币，以及区块链应用的多样化，开发人员已经在寻求将去中心化共识应用于其他任务。2017 年底，加密货币达到了迄今为止的最高估值，在 2018 年，我们看到了加密货币的后果，这是因为此前不受监管的金融技术和市场的监管可能会制度化。

总的来讲,区块链的发展将经历 3 个过程。区块链 1.0——数字货币→区块链 2.0——数字资产与智能合约→区块链 3.0——DAO、DAC(区块链自治组织、区块链自治公司)→区块链大社会(科学、医疗、教育等,区块链+人工智能)。

8.1.2 区块链共识算法

1. 共识算法发展简史

如何在分布式环境下达成共识是一个挑战。区块链网络是分布式的,这对区块链来说也是一个挑战。在区块链中,没有中心节点可以确保分布式节点上的账本都是相同的。需要一些协议来确保不同节点中的分类账本是一致的。文献[8]梳理了这些共识算法的演进关系,如图 8.5 所示,箭头方向代表演进方向,如共识算法 A 指向 B,则代表算法 B 借鉴算法 A;多个算法如 A 和 B 共同指向 C,则代表算法 C 同时借鉴 A 和 B。

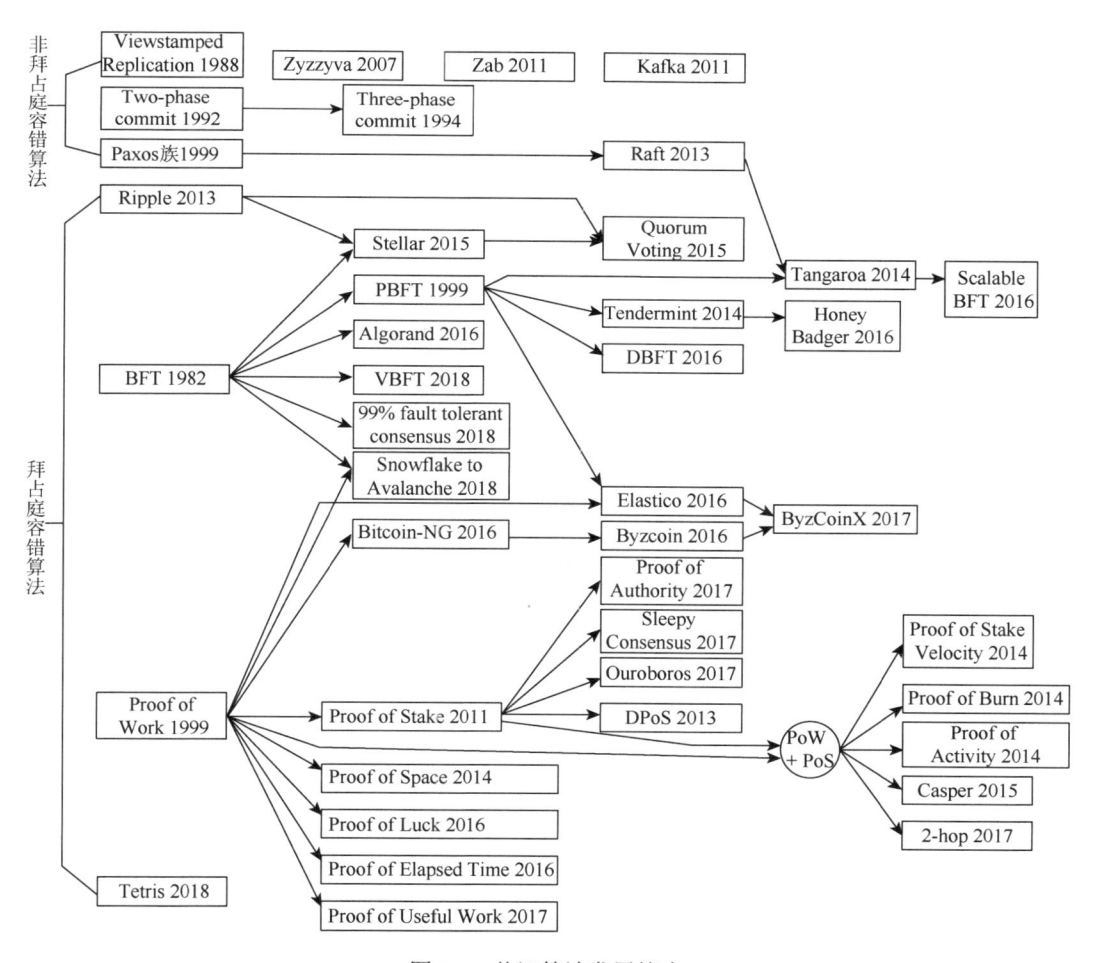

图 8.5 共识算法发展简史

2. 共识算法分类

共识算法按主节点的选择方式可分为竞争类、选举类、随机类和其他类。

其中，竞争类共识算法在每一轮主节点的选择中，会设置一个竞争成功的标准，最先达到标准的共识节点成为主节点，竞争类共识算法包括 PoW、PoS、PoSpace 等。

除了竞争方式选择主节点，也可以通过选举的方式选择主节点。所有节点投票选择，根据投票结果，有的共识算法是产生一个主节点集合，由这些节点依次轮流成为主节点；有的共识算法是只产生一个主节点负责创建区块，下一轮重新投票。典型的选举类共识算法包括 DPoS、PBFT、DBFT。

除竞争类、选举类外，也可以通过随机方式选择主节点。对于随机方式，可以设计随机函数使得每个节点成为主节点的概率与节点所持有的某种资源成比例，也可以设计随机函数使得每个节点成为主节点的概率相等。随机类共识算法包括 Ouroboros、PoET 等。

除了上述分类算法外还有一些其他共识算法，如 Ripple、分片共识算法、基于 DAG 的共识算法等。

8.1.3 智能合约

智能合约（smart contract）是一种具有自验证、自执行、抗篡改特性的计算机程序。它允许在没有第三方的情况下执行代码。智能合约由值、地址、函数和状态组成，它将事务作为输入，执行相应的代码并触发输出事件。根据函数逻辑实现状态的不同，会发生变化。自 2008 年区块链技术通过比特币加密货币问世以来，区块链技术的智能合约集成的重要性成为一个重点发展的领域，因为它可以在一个可信的环境中以安全的方式公开维护点对点的交易和数据库。智能合约是可追踪和不可逆转的。所有的交易信息都存在于智能合约中，并自动执行。使用编程语言 solid 在各种区块链平台上实现智能合约。智能合约的一些特征如下。

（1）智能合约是运行在区块链平台上的机器可读代码。

（2）智能合约是一个应用程序的一部分。

（3）智能合约是事件驱动的程序。

（4）智能合约一旦创建就是自动的，无须监控。

（5）智能合约可以被分发。

其中，solid 是一种用于实现智能合约的高级语言。

智能合约工作原理如图 8.6 所示。

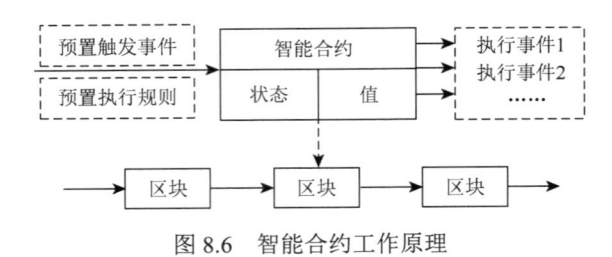

图 8.6 智能合约工作原理

8.1.4 区块链的应用

1. 金融领域

区块链的第一个也是最大的应用是在金融领域。这一切都始于比特币，区块链被用来记录金融交易，消除了中间人。自从比特币创建以来，不同的区块链技术催生了不同的加密货币，以至于目前世界上有数百种加密货币在进行交易。在比特币网络中，每当一个新事务被完成时，它就会在整个网络上广播。矿工记录这些交易，在验证之后，交易被加密密封，成为一个区块。然后通过哈希函数，这个块与前一个块相连。

2. 物联网和物流领域

区块链在物联网和物流领域也可以天然结合。通过区块链可以降低物流成本，追溯物品的生产和运送过程，并且提高供应链管理的效率。该领域被认为是区块链一个很有前景的应用方向[9]。

互联网现在是每个人生活的很大一部分，有时甚至不知道每件事有多少联系。所有的设备，如智能手表、智能冰箱、相机和你的手机等都连接到互联网。物联网基本上是一个由智能传感器和设备组成的网络，它们与互联网相连，彼此分享信息，使我们的生活更轻松。不可否认，物联网让我们的环境变得更加智能，但也让我们变得脆弱。想象一下，你生活在一个智能家居中，所有的设备都连接在一起，所有的设备都在跟踪和监视你，但你的所有数据都在互联网上，这不是安全的。区块链作为一种去中心化防篡改的软件，对物联网行业非常有吸引力。物联网的节点数量日益增加，所收集的数据也日益增加。数据的安全性一直是一个问题，区块链可以帮助保护和管理这些数据。

3. 公共服务领域

区块链在公共管理、能源、交通等领域都与民众的生产生活息息相关，但是这些领域的中心化特质也带来了一些问题，可以用区块链来改造。区块链提供的去中心化的完全分布式 DNS 服务，通过网络中各个节点之间的点对点数据传输服务就能实现域名的查询和解析，可用于确保某个重要的基础设施的操作系统和固件没有被篡改，可以监控软件的状态和完整性，发现不良的篡改，并确保使用物联网技术的系统所传输的数据没有经过篡改[10]。

4. 医疗领域

医疗行业对区块链技术非常感兴趣，区块链技术可以保护和跟踪从患者身上收集到的医疗数据。医疗数据非常重要，任何错误或修改都可能导致极端的结果。有了区块链，数据就可以公开使用，而不用担心会发生突变。

5. 人工智能领域

区块链和人工智能（AI）引领着今天的创新。近年来，机器学习特别是深度学习在预测、分类、自然语言处理和图像识别等领域取得了突破性进展。

可以说人工智能和区块链都有各自的优势，但它们也有一些弱点。区块链面临着可扩展性、效率和安全性等问题，而关于人工智能的担忧是假新闻的制造、隐私问题和人工智能巨头的垄断。人工智能和区块链可以互相帮助克服它们的弱点。

区块链可以为人工智能提供数据、计算能力等去中心化的平台，区块链中的数据是公开的，包含了所有的记录，使得人工智能的决策更加透明，令其不再那么具有威胁性[11]。

反过来，人工智能可以帮助区块链的设计和操作以获得可伸缩性，还可以自动化和优化区块链以获得更好的性能。由于区块链上的数据是公开的，人工智能可以帮助保护用户的机密性和隐私[11]。

6. 公益领域

区块链上存储的数据，高可靠且不可篡改，天然适合用在社会公益场景。公益流程中的相关信息，如捐赠项目、募集明细、资金流向、受助人反馈等，均可以存放于区块链上，并且有条件地进行透明公开公示，方便社会监督[12]。

8.2 基于区块链的车联网安全认证技术

8.2.1 车联网安全通信模型

1. 网络级安全

车联网系统由车辆与云服务平台、人、路基设施等多个组件共同组成 V2X 网络，其中又包括 Wi-Fi、移动通信网（2G/3G/4G 等）、DSRC 等无线通信手段，由于此类无线通信方式本身存在的网络安全问题，V2X 网络也继承了上述无线网络所面临的安全问题，如传输安全、身份认证和网络入侵等，同时由于车联网架构中包括云服务平台、移动终端和路基设施等组成部分，其平台安全和终端安全威胁也成为网络级安全威胁的一部分，其中主要安全威胁如图 8.7 所示。网络级安全威胁包括网络通信安全和网络终端安全[13]。

2. 平台级安全

平台级的安全威胁主要包括车内 CAN（controller area network，控制器局域网）总线的安全威胁以及车内传感器网络的安全威胁。当前的车内总线协议，如 CAN、FlexRay 和 LIN 等均采用发送明文报文，除了简单的校验位，未提供任何加密或认证等安全机制，使得攻击者可通过控制连接到总线上的 ECU（electronic control unit，电子控制器单元）节点读取和修改报文[13]。

3. 组件级安全

车辆上的 ECU 本质上是单片机，其计算资源和存储能力都较弱，安全性一般较差，攻击者可以通过软件攻击、电子探测攻击、探针技术、远程升级等手段，获取 ECU 的关键信息，甚至破解和控制 ECU[13]。

其中，车联网的网络级安全是研究热点，认证是应对网络级安全威胁的重要技术。

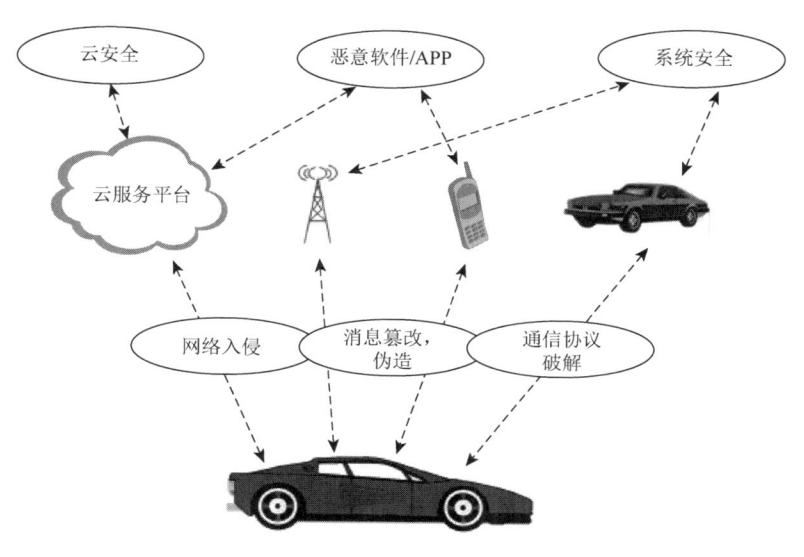

图 8.7　车联网安全通信

8.2.2　密码学关键技术

1. 对称加密

对称加密指需要对加密和解密使用相同密钥的加解密算法。由于其速度快，对称性加密通常在消息发送方需要加密大量数据时使用。加密的安全性不仅取决于加密算法本身，密钥管理的安全性更是重要。因为加密和解密都使用同一个密钥，如何把密钥安全地传递到解密者手上就成了必须解决的问题[14]，这就是常见的密钥交换问题。

对称加密的主要算法有数据加密标准（data encryption standard，DES）、高级加密标准（advanced encryption standard，AES）。DES 具有速度快、适用于加密大量数据场合的特点，其是基于混淆（置换）和扩散（置换）的。该方法以 64 位明文和 64 位密钥作为输入，产生 64 位密文块作为输出，去掉 8 位奇偶校验位生成 56 位密钥；AES 是下一代的加密算法标准，具有速度快、安全级别高等特点，支持 128、192、256、512 位密钥的加密。AES 加密技术依据密钥长度的大小需要进行 10~14 轮运算，这里假设使用密钥长度为 128 位，通过扩展 16 字节密钥来获得块，用 16 字节的纯文本框与实际的关键块进行异或运算，每一轮包括替换、行变换、列变换和添加回合密钥转换。以上这些步骤重复 10 次。

综上，对称加密具有以下典型特征：①加密方和解密方使用同一个密钥；②加密解密的速度比较快，适合数据比较长时使用；③密钥传输的过程不安全，且容易被破解，密钥管理也比较麻烦。

对称加密算法的优缺点。对称加密算法的优点是算法公开、计算量小、加密速度快、加密效率高；对称加密算法的缺点是在数据传送前，发送方和接收方必须商定好密钥，然后使双方都能保存好密钥。其次，如果一方的密钥被泄露，那么加密信息也就不安全了。另外，每对用户每次使用对称加密算法时，都需要使用其他人不知道的独一密钥，这会使得收、发双方所拥有的钥匙数量巨大，密钥管理成为双方的负担。

2. 非对称加密

非对称加密算法需要两个密钥：公开密钥（public key，公钥）和私有密钥（private key，私钥）。公钥密码学是一种使用密钥对数据进行加密和解密的密码系统。虽然加密和解密的密钥不同，但密钥对在数学上是相关的，如果一个密钥用于加密，那么另一个密钥可以用于解密，反之亦然。公钥密码学的概念可以追溯到 1976~1977 年，当时 Diffie 和 Hellman 发表了一篇革命性的论文——《密码学新方向》。

然而，论文滞后于实际实现。RSA 算法由 Rivest、Shamir 和 Adleman 设计，被认为是第一个实用的公钥加密和签名方案。从那时起，为了使通信更加安全，许多公钥密码系统被提出。任何公钥密码系统必须满足下面列出的要求。

（1）对于 B 方（接收方）来说，生成一对密钥（公钥和私钥）在计算上应该很容易。

（2）甲方（发送方）在明文上应用公钥加密算法生成密文以便于计算。

（3）对于乙方（接收方）来说，通过对密文应用带私钥的解密算法来检索原始消息应该是容易计算的。

（4）攻击者只要知道公钥就能找到私钥，这在计算上是不可行的。

（5）攻击者仅通过知道公钥和密文来恢复原始消息在计算上是不可行的。

3. 哈希函数

密码学中的哈希函数是一个数学函数，它将可变大小的输入映射为固定大小的输出。映射本质上是一种方法，这意味着可以很容易地计算任何消息的哈希值，但在给定消息哈希值的情况下检索消息在计算上是不可行的。如果 x 被输入到一个加密哈希函数 H 中，那么它的结果值 H 被称为哈希值，如公式（8.1）所示：

$$h = H(x) \tag{8.1}$$

加密哈希函数的一个特殊性质是，输入中的微小变化会导致输出中的重大变化。

加密哈希函数 H 必须满足以下要求。

（1）H 可以对任何大小的块进行操作。

（2）H 必须产生固定大小的哈希值作为输出。

（3）H 必须是高效的，所以在硬件和软件上实现 H 都是可行的，以产生线性复杂度的哈希值。

（4）H 必须是确定性的，相同的输入 H 必须产生相同的哈希值。

（5）H 必须是不可逆的：从哈希值中提取消息在计算上是不可能的。

（6）H 必须是抗碰撞的：要想出两个不同的信息（x，y）使 $H(x) \approx H(y)$ 在计算上是不可行的。

（7）H 必须通过伪随机性的标准统计检验。

使用加密哈希函数的主要目的是确保从源到目标传输的数据的完整性。密码学家 Schneier 在谈到密码学的哈希函数时曾说过："单向哈希函数是现代密码学的主力，它远远超过了加密算法。"加密哈希函数用于不同的安全应用程序，从生成伪随机数到保证区块链交易的完整性。

4. 消息验证码

在密码学中，消息验证码（message authentication code，MAC），又译为消息鉴别码、文件消息认证码、信息鉴别码、信息认证码，是经过特定算法后产生的一小段信息，检查某段消息的完整性，以及作身份验证。

MAC 算法可以由其他加密原语构建，如加密哈希函数（如 HMAC 的情况）或来自分组密码算法（OMAC，CBC-MAC 和 PMAC）。

另外，MAC 算法可以有意地组合两个或更多个加密原语，以便即使发现其中一个易受攻击也能提供保护。例如，在传输层安全性（TLS）中，输入数据被分成两半，每个半部用不同的哈希算法（MD5 和 SHA-1）处理，然后一起进行异或输出以输出 MAC[15]。

5. 数字签名

数字签名是一种公钥密码原语，主要用于证明数字消息和文档的真实性。从本质上讲，数字签名的生成包括对输入消息进行哈希，然后使用发送方的私钥进行加密。任何能够访问发送方公钥的人都可以验证与签名相关联的消息的真实性。数字签名具有以下一些特殊的性质。

（1）数字签名依赖于被签名的消息位。

（2）签名生成方案涉及发送方持有的密钥。

（3）伪造数字签名在计算上是不可行的。

数字签名用于实现三个主要的安全服务：真实性、完整性和不可否认性（下面的安全需求均有涉及）。这里的真实性保证消息来自预期的来源，这里的完整性保证消息在通信过程中没有被篡改，这里的不可否认性保证发送方不能否认参与了通信。

8.2.3 车联网安全需求

车联网中的安全需求包括完整性、身份认证、保密性、不可否认性、可用性、可扩展性、时间约束、前向安全、后向安全[16]。

（1）完整性。完整性指发送的数据和接收的数据应该是相同的。数据在网络上传输时，会遭受如信息篡改、伪装、黑洞、灰洞、伪造和恶意软件等攻击，协议应该在应对这些攻击的情况下保持数据的完整性。

（2）身份认证。身份认证指不允许攻击者仿冒成发送数据的车辆。对应的车辆、执行器或传感器才应该是真正的发送者。接收传感器不应被虚假的发送者所欺骗。

（3）保密性。虽然车联网中的某些信息需要公开，但车联网所涉及的客户或企业的隐私和安全仍然是该范式中最重要的部分。因此，攻击者不应该知道私有或隐私数据，数据加密是很好的解决方案。

（4）不可否认性。任何道路上的紧急事故都需要识别正确的肇事者。为了满足这一要求，在事故通信范围内所有涉及的用户都必须不能否认自己发送的任何消息。

（5）可用性。随着道路上车辆数量的增加，车辆租赁的参与者也在不断增加。因此，当请求消息的数量增加或在受到如 DoS、黑洞、灰洞等攻击时，网络可能会崩溃。因此，系统的基本职责之一是为所有合法用户提供服务。

（6）可扩展性。一个好的车联网的本质在于能够轻松增加网络负载和节点，网络规模的增加会在扩展网络时产生安全问题。因此，可伸缩性成为安全需求中的一个重要问题。

（7）时间约束。IoV 是一种时延敏感的网络。因此，任何紧急警报和信号应及时发出，以便车辆立刻做出反应。这一要求将有效阻止各种基于时间的攻击。此外，身份验证的首要要求也应该是具有低时延的特性，以便经过身份验证的车辆及时在网络中传递消息。

（8）前向安全。IoV 是一种节点处于连续移动状态的网络。一个节点与另一个节点的位置关系是不断变化的。因此，每当节点进入或退出网络时，都需要对网络进行刷新，以保持隐私安全性。当车辆节点离开了 IoV 时，该车辆在退出网络后不应该暴露传输过的历史消息。

（9）后向安全。任何新的车辆节点加入 IoV 时，不应该暴露在其进入网络之后传递的消息。

8.2.4 接入认证与切换认证

1. 系统模型

当车辆需要获取 IoV 服务时，必须先进行接入认证。考虑到 RSU 是半可信的，用单个 RSU 维护车辆信息容易造成隐私泄露，因此本书动态地将多个 RSU 分成一组共同维护车辆信息，认证模型如图 8.8 所示。涉及三个实体：TA、RSU、OBU。

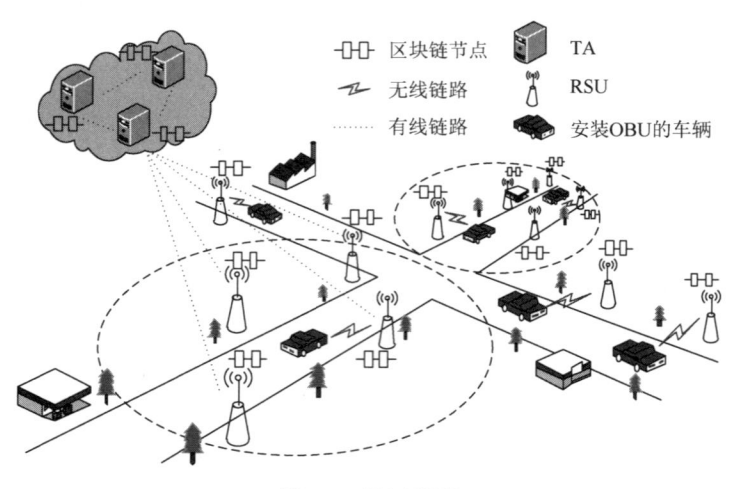

图 8.8　认证模型

(1）可信机构（TA）。TA 是车辆注册和认证的机构，可通过区块链查询撤销 ID，拥有最高的安全性，拥有足够的计算资源和内存，是绝对可信的。

（2）路边单元（RSU）。RSU 是区块链节点，可收集道路信息并与车辆实现数据交互，引导车辆安全行驶，是车路协同、智慧交通的关键设施，是半可信的。

（3）车载单元（OBU）。OBU 是车辆与 RSU 或车辆之间进行通信的设备，可信程度最低。

2. 协议流程与方法

为满足 IoV 的安全需求，该方案分为五个阶段：系统初始化阶段、注册阶段、接入认证与切换认证阶段、匿名追溯与身份撤销阶段、用户 ID 变更阶段。方案涉及的参数及定义如表 8.1 所示。

表 8.1 系统参数

参数	含义
p	一个大素数
h_0, h_1, h_2	哈希函数
$f(u)$	掩蔽函数
sd_1, sd_2	哈希函数的初始值
L', L	RSU 组的组长
OBU_i	车辆 V_i 对应的 OBU
RSU_i	RSU 组的第 i 个 RSU
GID_V^i	第 i 个 RSU 组内的车辆组标识
PID_V^i	RSU_i 范围内 OBU_i 的假名
$\oplus$	异或运算
$\|$	连接符
RID	RSU 的身份标识
ID_{V_i}	OBU_i 的身份标识
$T_{n_j}(x)(\mod p)$	切比雪夫混沌映射[17]
E/D	加密/解密
$T_{V_i^n}, T_{R_i^n}$	时间戳

1）系统初始化阶段

在车辆进行认证之前，需要先进行系统初始化。首先定义 $h_0^n(x) = h_0(h_0^{n-1}(x)), n \in Z_q^*$ 且 $h_0^0(x)=x$，然后定义运算：

$$\sum_{j=1}^{j=l} \oplus T_{n_j}(x)(\bmod p) = T_{n_1}(x)(\bmod p) \oplus T_{n_2}(x)(\bmod p)$$
$$\oplus \ldots \oplus T_{n_l}(x)(\bmod p), \ j \in N^* \quad (8.2)$$

TA 负责系统初始化。TA 确定三个哈希函数 $h_0, h_1, h_2 : \{0,1\}^* \to \{0,1\}^l$，其中 l 为哈希函数的位宽。随机选择 $\text{sd}_1, \text{sd}_2 \in Z_q^*$ 作为 h_1, h_2 的哈希种子，接下来存在两种情况。

（1）组长由 L' 变为 L，计算 $h_1^L = h_1^L(\text{sd}_1)$，选择 L 个随机数 $\{n_j \mid j \in [1, L], \ j \in Z_q^*\}$，将其通过安全通道发送给车辆预测轨迹上的 L 个 RSU，计算式如下：

$$T_{n_j} = \sum_{j=1}^{L} \oplus T_{n_j}(x)(\bmod p) \quad (8.3)$$

$$f(u) = \text{sd}_2 + \prod_{j=1}^{L}(u - n_j) \quad (8.4)$$

（2）连续多个组的组长 L 保持不变，则 TA 在第 k 组计算 $h_1^L = h_1^L(\text{sd}_1)$ 和式（8.5）、式（8.6），上述 $L', L, k \in Z_q^*$。

$$T_{h_{n_j}} = \sum_{j=1}^{j=L} \oplus T_{h_0^{k-1}(n_j)}(x) \quad (8.5)$$

$$f(u) = \text{sd}_2 + \prod_{j=1}^{L}(u - h_0^{k-1}(n_j)) \quad (8.6)$$

TA 公布系统参数 $\{x, T(*), f(u), h_0, h_1, h_2\}$。

2）注册阶段

在此阶段，OBU_i、RSU_i 在 TA 上完成 ID 注册。

OBU_i 的注册。OBU_i 将要注册的 ID_{V_i} 通过安全通道发送给 TA，TA 收到后随机选择 $r \in Z_q^*$，计算 $T_r = T_r(x)(\bmod p)$，$\text{GID}_V^0 = \text{ID}_{V_i} \oplus T_{h_{n_j}}$，保存 $(\text{GID}_V^0, \text{ID}_{V_i}, T_r)$，后续车辆 V_i 每进入一个新的 RSU 组就更新一次 GID。然后将 $< \text{GID}_V^0, \text{ID}_{V_i}, T_r >$ 通过安全通道发回 OBU_i。OBU_i 保存收到的 GID_V^0 和 T_r。

RSU_i 的注册。RSU_i 将要注册的 RID 通过安全通道发送给 TA，TA 收到后计算并保存 $h_R = h_0(\text{RID})$，产生一个由 h_R 构成的列表。

3）接入认证与切换认证阶段

车辆在进入 RSU 的范围时需要首先完成身份认证。具体可分为接入认证和切换认证两个阶段。认证、切换过程如图 8.9、图 8.10 所示，具体步骤如下。

阶段 1：车辆加入 RSU 组的接入认证。在此阶段，OBU、RSU 与 TA 完成相互认证。

步骤 1：OBU_i 随机选择 s，$\gamma_i \in Z_q^*$，计算 $T_{sr} = T_s(T_r)(\bmod p)$，$\text{OA} = h_0(T_{sr} \| \gamma_i)$，$T_s = T_s(x)(\bmod p)$，$W_1 = h_0(\text{GID}_V^{i-1} \| \text{OA} \| T_s \| \gamma_i \| T_{V_i} \| T_r)$，发送 $< \text{GID}_V^{i-1}, \text{OA}, T_s, \gamma_i, T_{V_i}, W_1 >$ 给 RSU_1。

步骤 2：RSU_i 验证 $T_0 - T_{V_i} < \Delta t$ 是否成立，其中 T_0 为系统当前时间，Δt 为预设的一个

有效时间间隔，若成立则计算 $RA = h_0(RID) \oplus OA$，发送 $<GID_V^{i-1}, OA, T_s, \gamma_i, RA, T_{V_i}, T_{R_i}, W_1>$ 给 TA。

步骤 3：TA 验证 $T_1 - T_{R_i} < \Delta t$ 是否成立，成立则计算 $W_1^* = h_0(GID_V^{i-1} \| OA \| T_s \| \gamma_i \| T_{V_i} \| T_r)$，验证 $W_1^* ? = W_1$，若相等则计算 $h_0^*(RID) = RA \oplus OA$，判断 $h_R ? = h_0^*(RID)$，如果相等则继续计算 $T_{rs} = T_r(T_s)(\mod p)$，$OA^* = h_0(T_{rs} \| \gamma_i)$，判断 $OA^* ? = OA$，相等则计算 $sd_1^* = h_0(T_{rs}) \oplus sd_1$，组长 L 不变时计算 $GID_V^i = ID_{V_i} \oplus T_{n_j}$，组长由 L' 变更为 L 时计算 $GID_V^i = ID_{V_i} \oplus T_{h_{n_j}}$，将 OBU_i 的信息更新为 (GID_V^i, ID_{V_i}, T_r)，最后计算 $W_2 = h_0(GID_V^i \| sd_1^* \| h_1^L \| T_{R_i^1} \| T_r)$，发送 $<GID_V^i, sd_1^*, h_1^L, T_{R_i^1}, W_2>$ 给 RSU_1。

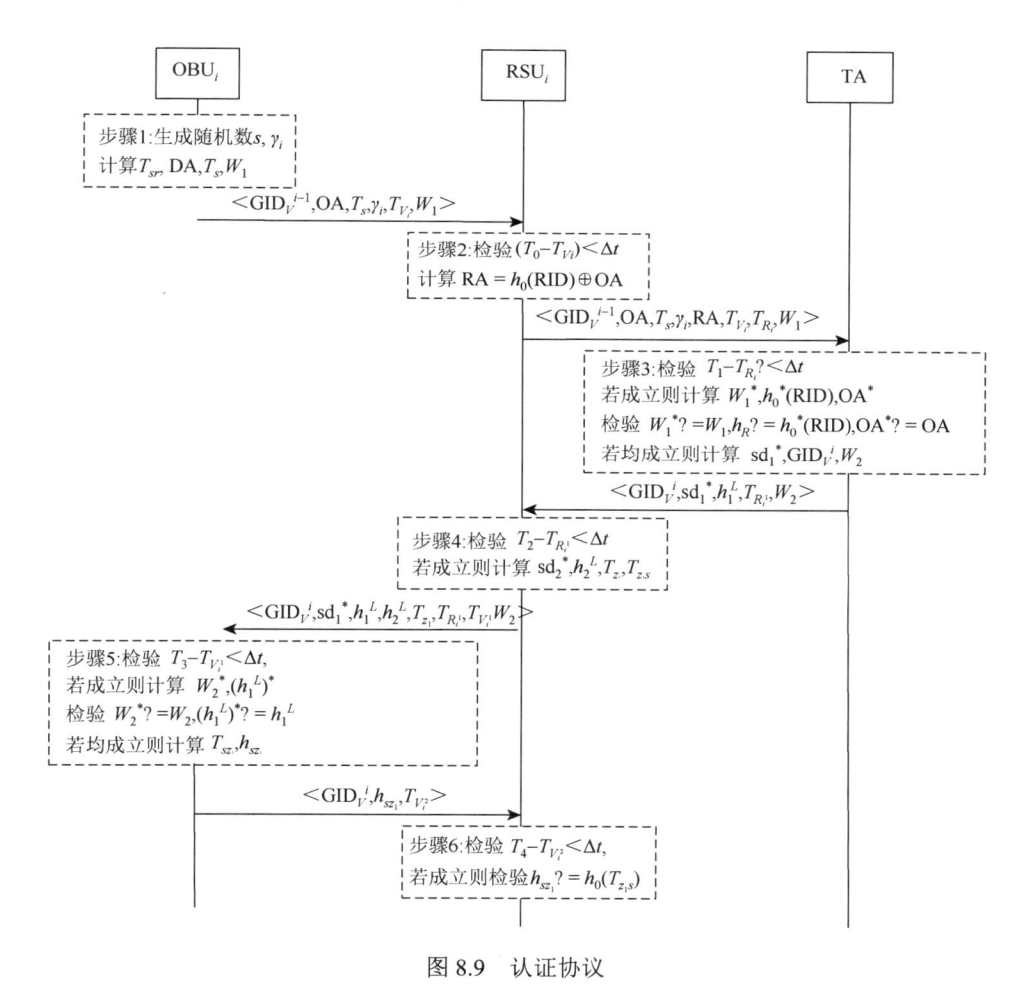

图 8.9 认证协议

步骤 4：RSU_1 验证 $T_2 - T_{R_i^1} < \Delta t$ 是否成立，成立则计算 $sd_2 = f(n_1)$，$h_2^L = h_2^L(sd_2)$，随机选择 $z_1 \in Z_q^*$，计算 $T_{z_1} = T_{z_1}(x)(\mod p)$，$T_{z_1 s} = T_{z_1}(T_s)(\mod p)$，发送 $<GID_V^i, sd_1^*,$

$h_1^L, h_2^L, T_{z_1}, T_{R_i^1}, T_{V_i^1}, W_2>$ 给 OBU_i。并将 $<GID_V^i, T_s, T_{z_1s}, h_1^L, h_2^L>$ 通过安全通道发送给 RSU_2 以完成后续的切换认证。

步骤 5：OBU_i 验证 $T_3 - T_{V_i^1} < \Delta t$ 是否成立，成立则计算 $W_2^* = h_0(GID_V^i \| sd_1^* \| h_1^L \| T_{R_i^1} \| T_r)$ 判断 $W_2^* ?= W_2$，相等则计算 $sd_1 = h_0(T_{sr}) \oplus sd_1^*$，$(h_1^L)^* = h_1^L(sd_1)$，判断 $(h_1^L)^* ?= h_1^L$，如果相等则计算 $T_{sz_1} = T_s(T_{z_1})(\mod p)$，$h_{sz_1} = h_0(T_{sz_1})$，发送 $<GID_V^i, h_{sz_1}, T_{V_i^2}>$ 给 RSU_1。

步骤 6：RSU_1 验证 $T_4 - T_{V_i^2} < \Delta t$ 是否成立，成立则判断 $h_{sz_1} ?= h_0(T_{z_1s})$，相等则认证通过。会话密钥为 T_{sz_1}。

阶段 2：车辆在组内的切换认证。

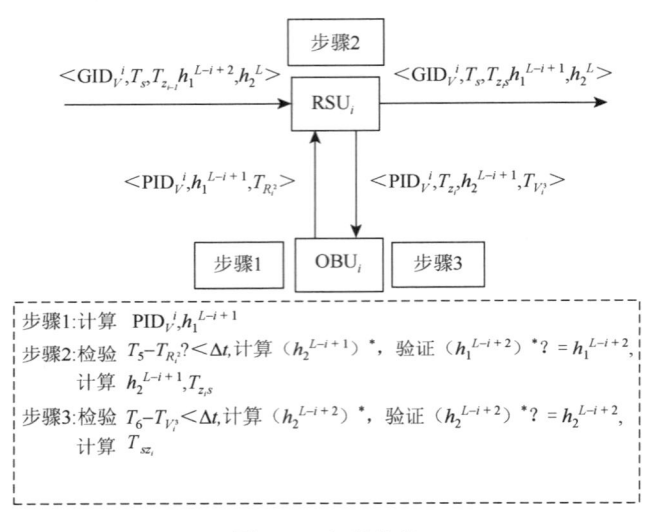

图 8.10 切换协议

当车辆在组内的 RSU 之间切换时需要进行快速的切换认证。RSU_i 利用 h_2 计算出 L，继续计算 $(PID_V^i)^* = h_0(GID_V^i \| h_1^{L-i+2} \| T_{sz_{i-1}})$，保存 $(GID_V^i, (PID_V^i)^*, T_s, L, h_1^{L-i+2}, h_2^L)$ 到表 Γ_p。

定义反向哈希链为 $h_0^\lambda(x) \leftarrow h_0^{\lambda-1}(x) \leftarrow \cdots \leftarrow h_0^1(x) \leftarrow h_0^0(x), \lambda \in N$。RSU 与 OBU 通过反向哈希链利用图 8.11 的原理完成切换认证。由于 L 可能改变，所以切换认证存在两种情况。当 L 改变时，具体过程如下。

步骤 1：OBU_i 计算 RSU_i 处的临时假名 $PID_V^i = h_0(GID_V^i \| h_1^{L-i+2} \| T_{sz_{i-1}})$，继续计算 $h_1^{L-i+1} = h_1^{L-i+1}(sd_1)$，发送 $<PID_V^i, h_1^{L-i+1}, T_{R_i^2}>$ 给 RSU_i。

步骤 2：RSU_i 检验 $T_5 - T_{R_i^2} < \Delta t$，如果成立则在表 Γ_p 中查找与 PID_V^i 相等的 $(PID_V^i)^*$，继续计算 $(h_1^{L-i+2})^* = h_1(h_1^{L-i+1})$，判断 $(h_1^{L-i+2})^* ?= h_1^{L-i+2}$，若成立则计算 $h_2^{L-i+1} = h_2^{L-i+1}(sd_2)$，随机选择 $z_i \in Z_q^*$，并计算 $T_{z_i} = T_{z_i}(x)(\mod p)$，$T_{z_is} = T_{z_i}(T_s)(\mod p)$，发送 $<PID_V^i, T_{z_i}, h_2^{L-i+1}, T_{V_i^3}>$ 给 OBU_i，并通过安全通道发送 $<GID_V^i, T_s, T_{z_is}, h_1^{L-i+1}, h_2^L>$ 给 RSU_{i+1}。

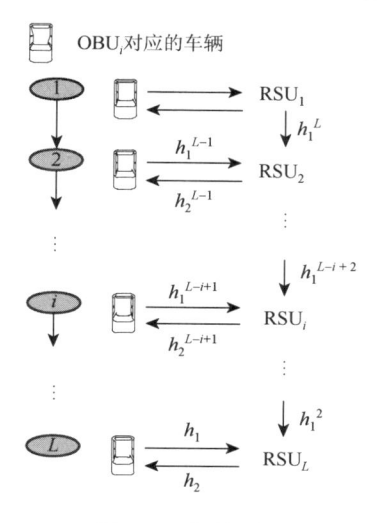

图 8.11 切换原理

步骤 3：RSU_i 检验 $T_6 - T_{V_i^3} < \Delta t$，如果成立则计算 $(h_2^{L-i+2})^* = h_2(h_2^{L-i+1})$，判断 $(h_2^{L-i+2})^* \stackrel{?}{=} h_2^{L-i+2}$，相等则认证通过，计算会话密钥 $T_{sz_i} = T_s(T_{z_i}) \pmod p$。

当连续多个组的组长保持为 L 不变时，第 $k-1$ 组的 RSU_i 完成切换认证后计算 $h_0^{k-1}(n_i) = h_0(h_0^{k-2}(n_i))$，通过安全通道将其发送给 k 组的 RSU_{L+i}，RSU_{L+i} 将其代入式（8.6）计算 sd_2，然后利用其他哈希函数构成的反向哈希链和上述切换认证的方法进行认证。

4）匿名追溯与身份撤销阶段

在此阶段，RSU 组成员可以追溯恶意车辆的真实 ID，并将其加入撤销区块链。

（1）匿名追溯。RSU_i 检测到 OBU_i 存在恶意行为，在组长为 L 的组内广播追溯其真实身份的请求，其他组成员验证无误后计算 $T_{h_0^{k-1}(n_j)}(x)$，然后分别将其发送给 RSU_i，RSU_i 计算式（8.7）恢复 OBU_i 的真实 ID。

$$ID = GID_V^i \oplus \sum_{j=1}^{j=L} \oplus T_{h_0^{k-1}(n_j)}(x) \tag{8.7}$$

其中，$k = 1$ 对应组长改变的初始化阶段。

（2）身份撤销。匿名追溯完成后，系统需要将恶意车辆 ID 更新到区块链。全过程如图 8.12 所示，具体方法如下。

RSU_i 发现恶意车辆 OBU_i，RSU 组成员利用前面的匿名追溯方法恢复真实 ID。RSU_i 将恢复的 ID 加入自己的待撤销列表并广播撤销 ID，其他节点验证无误后，将其加入自己的待撤销列表。然后通过共识算法选择节点将待撤销列表打包成区块上传到区块链，RSU 和 TA 节点均可以通过查询区块链检查车辆 ID 是否被撤销。

上述过程中的共识算法可采用改进的 PBFT 算法。原算法的核心思想是通过三轮广播使系统节点对请求数据达成一致，其一致性结果为多数节点的响应结果。该算法主要由一致性协议、视图切换协议和检查点协议构成[18]。PBFT 算法具有出块时间短、吞吐量大的优点，其性能瓶颈在于随着节点数量的增加，其共识效率会显著下降。文献[19]和文献[20]对 PBFT 算法进行了改进，使其具有更好的拓展性，更加适用于 IoV。目前主流的共识算法还有 PoW、PoS、DPoS，然而 PoW 通过算力竞争选举记账节点，严重浪费电力；PoS 虽然克服了 PoW 的问题，但该机制的"无利害关系"问题尚待解决，且吞吐量不如 PBFT；DPoS 选择固定数量的超级节点轮流获得记账权，其竞选规则的去中心化存在争议[21]。

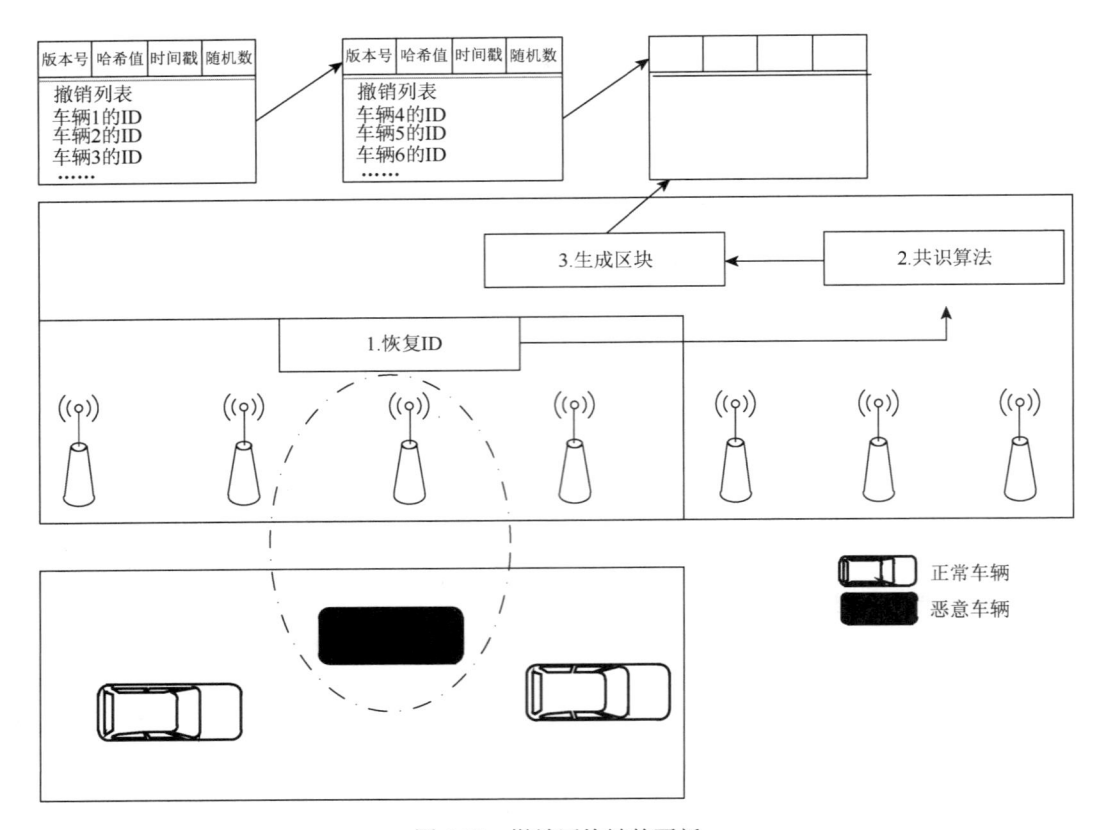

图 8.12 撤销区块链的更新

5）用户 ID 变更阶段

在此阶段，用户可以自由变更自己注册的 ID。方法如下。

步骤 1：OBU_i 随机选择 $s' \in Z_q^*$，计算 $T_{s'} = T_{s'}(x) \pmod p$，$T_{s'r} = T_{s'}(T_r) \pmod p$，$h_{V_i} = h_0(ID_{V_i} \| T_{s'r})$，$E_{V_i} = E_{T_{s'r}}(h_{V_i}, ID_{V_i}^*)$，$W_1' = h_0(GID_V^{i-1} \| T_{s'} \| E_{V_i} \| T_{V_i^4} \| T_r)$，发送 $<GID_V^i, T_{s'}, E_{V_i}, T_{V_i^4}, W_1'>$ 给 RSU_i。

步骤 2：RSU_i 检验 $T_7 - T_{V_i^4} < \Delta t$，若成立则计算 $RA' = h_0(RID) \oplus E_{V_i}$，发送 $<GID_V^i, T_{s'}, E_{V_i}, RA', T_{R_i^3}, W_1'>$ 给 TA。

步骤 3：TA 检验 $T_8 - T_{R_i^3} < \Delta t$，若成立则计算 $(W_1')^* = h_0(GID_V^{i-1} \| T_{s'} \| E_{V_i} \| T_{V_i^4} \| T_r)$，判断 $(W_1')^* \stackrel{?}{=} W_1'$，若相等则计算 $h_0(RID) = RA' \oplus E_{V_i}$，判断 $h_R \stackrel{?}{=} h_0(RID)$，相等则计算

$T_{rs'} = T_r(T_{s'})(\mod p)$，$D_{T_{rs'}}(E_{V_i}) = (h_{V_i}, \text{ID}_{V_i}^*)$，$h_{V_i}^* = h_0(\text{ID}_{V_i} \| T_{rs'})$，判断 $h_{V_i}^* ? = h_{V_i}$，相等则在下一组认证时用 $\text{ID}_{V_i}^*$ 代替 ID_{V_i}。

8.2.5 安全性分析

1. 安全模型

安全模型：使用文献[22]提出的安全模型。定义三个实体 U^i、R^j、T^k。I 可以代表其中任意一个实体。

攻击者 $\mathcal{A}$ 可执行以下四种询问。

（1）发送询问 $\text{send}(I, M_i)$：$\mathcal{A}$ 发送消息给 I 后，会收到对应的响应消息。

（2）执行询问 $(U^i, R^j)(R^j, T^k)$：在发送询问后由各实体执行。如 $(\text{GID}_V^{i-1}, \text{OA}, T_s, \gamma_i, T_{V_i}, W_1) \leftarrow \text{send}(U^i, \text{start})$，$(\text{GID}_V^{i-1}, \text{OA}, T_s, \gamma_i, \text{RA}, T_{R_i}, W_1) \leftarrow \text{send}(R^j, (\text{GID}_V^{i-1}, \text{OA}, T_s, \gamma_i, T_{V_i}, W_1))$。

（3）揭秘询问 $\text{reveal}(I)$：由 $I(U^i$ 或 $R^j)$ 返回会话密钥。

（4）测试询问 $\text{test}(I)$：随机选择 $b = \{0,1\}$，$b=1$ 时返回会话密钥 sk，$b=0$ 时返回随机数 $\{0,1\}^{l_{sk}}$，l_{sk} 为 sk 的位宽。

定义以下事件：

（1）成功事件 (Suc_n)：询问结束后，$\mathcal{A}$ 给出的测试询问结果 b' 和协议执行结果 b 相等表示此事件发生。

（2）认证事件 (Auth_n)：$\mathcal{A}$ 发送 (sd_1^*, h_1^L) 被 OBU 验证并接受表示此事件发生。

（3）询问事件 (AskH_n)：$\mathcal{A}$ 在 h_0 上询问 $T_{sr} \| \gamma_i$ 表示此事件发生。

2. 形式化的安全性证明

引理 8.1：存在 $T_n(x), n \in [1, q-1]$，且 $\mathcal{A}$ 最多进行 q_s 次发送询问、q_p 次窃听询问及 q_h 次哈希询问的情况下，其破坏协议 p 的语义安全性的优势为

$$\text{Adv}_p^{\text{sec}}(\mathcal{A}) \leq 2\chi_1 + 2\chi_2 + 6q_h \text{Suc}_p^{\text{cdh}}(t') \tag{8.8}$$

其中，$\chi_1 = \dfrac{(q_s + q_p)^2 + 2q_h + q_s}{2(q-1)}$，$\chi_2 = \dfrac{q_h^2 + 4q_s}{2^{l+1}}$，$t' = t + (q_s + q_p + 1)t_p$，$t_p$ 表示一次混沌映射的运算时间。由于 χ_1、χ_2 和 $\text{Suc}_p^{\text{cdh}}(t')$ 均是多项式时间内可忽略的概率，因此协议 p 是安全的。

证明：利用随机预言机模型定义以下规则。

对于哈希询问 $h_i(q)$，如果 (i, q, r) 在表 Γ_H 中，将 r 返回，否则执行：

h_i：随机选择 $r \in \{0,1\}^{l_i}$，其中 l_i 为 h_i 的输出位宽，返回 (i, q, r) 并将其保存到表 Γ_H，$\mathcal{A}$ 将其保存到表 $\Gamma_\mathcal{A}$。

S 模拟 OBU 对 $\mathcal{A}$ 的询问做出回答，$\mathcal{A}$ 发送询问 (U^i, start)，S 执行：

$U_1^{(1)}$：随机选择 $\alpha \in [1, q-1]$，计算 $T_{\alpha r} = T_\alpha(T_r) \pmod p$，$OA = h_0(T_{\alpha r} \| \gamma_i)$，$T_\alpha = T_\alpha(x) \pmod p$，$W_1 = h_0(GID_V^{i-1} \| OA \| T_\alpha \| \gamma_i \| T_{V_i} \| T_r)$。

返回 $(GID_V^{i-1}, OA, T_s, \gamma_i, T_{V_i}, V_1)$，$S$ 进入 OBU 的下一状态。当 S 处于正确状态，对于 $\mathcal{A}$ 的询问 send$(U^i, (GID_V^i, sd_1^*, h_1^L, h_2^L, T_z, T_{R_i^1}, T_{V_i^1}, V_2))$，$S$ 执行：

$U_2^{(1)}$：验证 W_2，错误则拒绝认证，否则继续计算 $sd_1 = h_0(T_{\alpha r}) \oplus sd_1^*$，验证 $(h_1^L)^* = h_1^L(sd_1)$，不相等则拒绝认证。相等则计算 $T_{\alpha\beta} = T_\alpha(T_\beta) \pmod p$，$h_{\alpha\beta} = h_0(T_{\alpha\beta})$。

返回 $(GID_V^i, h_{\alpha\beta}, T_{V_i^2})$。

S 模拟 RSU 对 $\mathcal{A}$ 的询问做出回答，对于 $\mathcal{A}$ 的询问 send$(R^j, (GID_V^{i-1}, OA, T_\alpha, \gamma_i, T_{V_i}, W_1))$，$S$ 执行：

$R_1^{(1)}$：随机选择 $\delta \in \{0,1\}^{l_R}$，其中 l_R 为 RID 的位宽，计算 $RA = h_0(\delta) \oplus OA$。

返回 $(GID_V^{i-1}, OA, T_\alpha, \gamma_i, RA, T_{V_i}, T_{R_i}, W_1)$，$S$ 进入 RSU 的下一状态。对于 $\mathcal{A}$ 的询问 send$(R^j, (GID_V^i, sd_1^*, h_1^L, T_{R_i^1}, W_2))$，$S$ 执行：

$R_2^{(1)}$：随机选择 $\beta \in Z_q^*$，计算 $sd_2 = f(n_1)$，$h_2^L = h_2^L(sd_2)$，$T_\beta = T_\beta(x) \pmod p$，$T_{\beta\alpha} = T_\beta(T_\alpha) \pmod p$。

返回 $(GID_V^i, sd_1^*, h_1^L, h_2^L, T_\beta, T_{R_i^1}, T_{V_i^1}, W_2)$，$S$ 进入 RSU 的下一状态。对于 $\mathcal{A}$ 的询问 $(R^j, (GID_V^i, h_{\alpha\beta}, T_{V_i^2}))$，$S$ 执行：

$R_3^{(1)}$：判断 $h_{\alpha\beta} \stackrel{?}{=} h_0(T_{\beta\alpha})$，不相等则拒绝认证。$S$ 停止游戏。

S 模拟 TA 对 $\mathcal{A}$ 的询问进行回答，对于 $\mathcal{A}$ 的询问 send$(TA^k, (GID_V^{i-1}, OA, T_\alpha, \gamma_i, RA, T_{R_i}, W_1))$，$S$ 执行：

$T_1^{(1)}$：验证 W_1，失败则拒绝认证，否则计算 $h_0^*(\delta) = RA \oplus OA$，判断 $h_R \stackrel{?}{=} h_0^*(\delta)$，不相等则拒绝认证，否则执行：

$T_2^{(1)}$：计算 $T_{r\alpha} = T_r(T_\alpha) \pmod p$，$OA^* = h_0(T_{r\alpha} \| \gamma_i)$，判断 $OA^* \stackrel{?}{=} OA$，不相等则拒绝认证，否则计算 $sd_1^* = h_0(T_{r\alpha}) \oplus sd_1$，$GID_V^i = ID_{V_i} \oplus T_{n_j}$ 或 $GID_V^i = ID_{V_i} \oplus T_{h_{n_j}}$，$W_2 = h_0(GID_V^i \| sd_1^* \| h_1^L \| T_{R_i^1} \| T_r)$。

返回 $(GID_V^i, sd_1^*, h_1^L, T_{R_i^1}, W_2)$，将 $(GID_V^{i-1}, GID_V^i, OA, RA, T_r, T_\alpha, T_\beta, T_{\alpha\beta}, h_1^L, h_2^L, h_{\alpha\beta}, sd_1^*)$ 存入表 Γ_ψ。

将协议的证明过程定义为以下游戏。

G_0：定义 $\mathcal{A}$ 在本书协议 p 中的安全优势为

$$Adv_p^{sec}(\mathcal{A}) \leq 2\Pr[Suc_0] - 1 \qquad (8.9)$$

G_1：用私人神谕 h_3、h_4、h_5 代替 h_0、h_1、h_2（在 G_7 中用 h_3、h_4 替换 h_0、h_1）。G_1 与 G_0 的可区分概率为

$$|\Pr[Suc_1] - \Pr[Suc_0]| = 0 \qquad (8.10)$$

G_2：当以下矛盾发生时，终止游戏。

（1）在 h_i 中随机选择 $t\in\{0,1\}^{l_i}$，返回 $(i,*,t)$，存在 $(i,*,t)\in\Gamma_\mathcal{A}$。

（2）对于发送询问 $(U^i,*)$、$(R^j,*)$、$(T^k,*)$，存在 S 的响应 $M_i\in\Gamma_\mathcal{A}$。

G_2 与 G_1 的可区分概率为

$$|\Pr[\mathrm{Suc}_2]-\Pr[\mathrm{Suc}_1]|\leqslant\frac{(q_s+q_p)^2}{2(q-1)}+\frac{q_h^2}{2^{l_i+1}} \qquad(8.11)$$

G_3：若 $\mathcal{A}$ 猜出 OA 并仿冒成 OBU 发送给 TA，则终止游戏。通过修改以下规则来实现此目标。

$T_2^{(3)}$：计算 $T_{r\alpha}=T_r(T_\alpha)(\bmod\,p)$，$\mathrm{OA}^*=h_0(T_{r\alpha}\parallel\gamma_i)$，判断 $\mathrm{OA}^*?=\mathrm{OA}$，如果不相等则拒绝认证，否则在表 Γ_H 中查找 $(0,T_{\alpha r},\mathrm{OA})$，在表 $\Gamma_\mathcal{A}$ 中查找 $(0,T_{\alpha r},\mathrm{OA})$，均存在则终止游戏。$G_3$ 与 G_2 的可区分概率为

$$|\Pr[\mathrm{Suc}_3]-\Pr[\mathrm{Suc}_2]|\leqslant\frac{q_s}{2^{l_0}} \qquad(8.12)$$

G_4：若 $\mathcal{A}$ 猜出 RA 并发送给 TA 则终止游戏。通过修改以下规则实现此目标。

$T_1^{(4)}$：计算 $h_0^*(\delta)=\mathrm{RA}\oplus\mathrm{OA}$，验证 $h_R=h_0^*(\delta)$，不相等则拒绝认证，否则在表 Γ_ψ 中查找 RA，在表 $\Gamma_\mathcal{A}$ 中查找 $(0,\delta,h_R)$，如果均存在则终止游戏。G_4 与 G_3 的可区分概率为

$$|\Pr[\mathrm{Suc}_4]-\Pr[\mathrm{Suc}_3]|\leqslant\frac{q_s}{2^{l_0}} \qquad(8.13)$$

G_5：$\mathcal{A}$ 猜出 T_r 并仿冒成 OBU 发送认证向量给 TA 则终止游戏。通过修改以下规则来实现此目标。

$T_2^{(5)}$：计算 $T_{r\alpha}=T_r(T_\alpha)(\bmod\,p)$，$\mathrm{OA}^*=h_0(T_{r\alpha}\parallel\gamma_i)$，判断 $\mathrm{OA}^*?=\mathrm{OA}$，如果不相等则拒绝认证，否则在表 Γ_ψ 中查找 T_r，存在则终止游戏。G_5 与 G_4 的可区分概率为

$$|\Pr[\mathrm{Suc}_5]-\Pr[\mathrm{Suc}_4]|\leqslant\frac{q_h}{q-1} \qquad(8.14)$$

G_6：$\mathcal{A}$ 计算出 $T_{\alpha\beta}$ 并成功发送 $h_{\alpha\beta}$ 则终止游戏。通过修改以下规则实现此目标。

$R_3^{(6)}$：判断 $h_{\alpha\beta}?=h_0(T_{\beta\alpha})$，若相等则在表 Γ_ψ 中查找 $T_{\beta\alpha}$，若存在则终止游戏。G_6 与 G_5 的可区分概率为

$$|\Pr[\mathrm{Suc}_6]-\Pr[\mathrm{Suc}_5]|\leqslant q_h\mathrm{Suc}_p^{\mathrm{cdh}}(t') \qquad(8.15)$$

其中，$t'=t+(q_s+q_p+1)t_p$，$\mathrm{Suc}_p^{\mathrm{cdh}}(t')\geqslant\varepsilon$，$\varepsilon$ 为一个不可忽略的概率。

G_7：当 $\mathcal{A}$ 窃听得到 T_r 并仿冒成 TA 发送 (sd_1^*,h_1^L) 给 OBU 时终止游戏。通过修改以下规则实现此目标。

$U_2^{(7)}$：检查 $(\mathrm{sd}_1^*,h_1^L)\in\Gamma_\psi$，如果不存在则拒绝认证。存在则检查 $(0,T_{r\alpha},r)\in\Gamma_\mathcal{A}$，若同样存在则终止游戏。显然，当事件 Auth_n 发生时，G_7 与 G_6 是可区分概率的。

$$|\Pr[\mathrm{Suc}_7]-\Pr[\mathrm{Suc}_6]|\leqslant\Pr[\mathrm{Auth}_7] \qquad(8.16)$$

G_8：用私人神谕 h_3、h_4 替换 G_7 中的 h_0、h_1，这样 sd_1^*、h_1^L 将独立于 h_0、h_1。当 $\mathcal{A}$ 在 h_0 上询问 $T_{sr}\parallel\gamma_i$ 时，G_8 与 G_7 是可区分的。

$$|\Pr[\mathrm{Suc}_8]-\Pr[\mathrm{Suc}_7]|\leqslant\Pr[\mathrm{AskH}_8] \qquad(8.17)$$

$$|\Pr[\text{Auth}_8] - \Pr[\text{Auth}_7]| \leqslant \Pr[\text{AskH}_8] \tag{8.18}$$

其中，$\Pr[\text{Auth}_8] \leqslant \dfrac{q_s}{2(q-1)}$，$\Pr[\text{AskH}_8] \leqslant q_h \text{Suc}_p^{\text{cdh}}(t')$（见以下证明）。

证明：对于给定实体 (Q_1, Q_2)，用 Diffie-Hellman 问题的随机自约性来模拟混沌映射的 CDH[23]问题。

U_1：随机选择 $\phi \in Z_q^*$，计算 $T_\phi = T_\phi(Q_1) \pmod p$，将 (ϕ, T_ϕ) 加入表 $\Gamma_\mathcal{A}$。

T_1：随机选择 $\varphi \in Z_q^*$，计算 $T_\varphi = T_\varphi(Q_2) \pmod p$，将 (φ, T_φ) 加入表 $\Gamma_\mathcal{A}$。

在表 $\Gamma_\mathcal{A}$ 中随机选择三元组 $(\phi, \varphi, T_{\phi\varphi}) = \text{CDH}(Q_1, Q_2)$，其值相对应的概率为 $1/q_h$。

因此：

$$\text{AskH}_7 \leqslant q_h \text{Suc}_p^{\text{cdh}}(t') \tag{8.19}$$

其中，$t' = t + (q_s + q_p + 1)t_p$，$\text{Suc}_p^{\text{cdh}}(t') \geqslant \varepsilon$，$\varepsilon$ 是一个不可忽略的概率。

设所有哈希输出均为 l 位，则由式（8.9）～式（8.18）得

$$|\Pr[\text{Suc}_8] - \Pr[\text{Suc}_0]| \leqslant \chi_1 + \chi_2 + 3q_h \text{Suc}_p^{\text{cdh}}(t') \tag{8.20}$$

其中，$\chi_1 = \dfrac{(q_s + q_p)^2 + 2q_h + q_s}{2(q-1)}$，$\chi_2 = \dfrac{q_h^2 + 4q_s}{2^{l+1}}$。由式（8.20）得 $\text{Adv}_p^{\text{sec}}(\mathcal{A}) \leqslant 2\chi_1 + 2\chi_2 + 6q_h \text{Suc}_p^{\text{cdh}}(t')$。证毕。

3. 其他安全性讨论

除从前述角度对安全性进行分析外，本节将从更多角度对协议性能进行更加详细的分析与讨论。

（1）双向认证。由于只有生成了 r 的 TA 和产生随机数 s 的 OBU 可以利用混沌映射的半群特性对认证向量 OA 和 (sd_1^*, h_1^L) 进行验证。因此，本书协议可以实现 OBU 与 TA 的双向认证。

（2）可以抵御 OBU、RSU、TA 的仿冒攻击。首先，由于攻击者无法得知 T_r，因此无法计算出有效认证向量 OA，也就无法仿冒成 OBU。其次，由于攻击者无法得知 RSU 注册的 RID，因此无法计算出有效的认证向量 RA，也就无法仿冒成 RSU。最后，由于攻击者无法得知 TA 产生的 r，因此无法利用 T_s 计算出有效的认证向量 (sd_1^*, h_1^L)，也就无法仿冒成 TA。

（3）OBU 的匿名性。OBU 的身份信息包含在 GID_V^i 和 PID_V^i 中，一方面由 GID_V^i 求真实 ID 需要 L 个 RSU 的联合，攻击者很难短时间内同时控制多个 RSU。另一方面临时假名 PID_V^i 在不同 RSU 范围内是不同的，可以满足 OBU 匿名身份的频繁变更。所以本书协议可以满足 OBU 的匿名需求。

（4）可以抵御中间人攻击。当攻击者希望在 OBU 与 TA 之间进行中间人攻击时，需要仿冒成 OBU 向 TA 发送认证向量，同时仿冒成 TA 向 OBU 发送认证向量。由本节（2）

的分析可知，攻击者无法成功。另外，由于哈希摘要的存在，攻击者只能截获和转发消息，而无法修改和获得额外信息。

（5）可以抵御重放攻击。假设攻击者成功修改时间戳并重新发送 OBU 过去的认证消息，本书协议使得攻击者只能通过 T_s 求解随机数 s，由于拓展 DLP[18]，攻击者无法成功求出 s，从而无法正确计算 h_{sz_1} 以完成认证。因此，可以抵御重放攻击。

（6）可拓展性。本书通过 RSU 的动态分组，使得车辆在组内只需进行快速的切换认证，而不需要与远端的 TA 频繁认证，可缓解车辆节点增加带来的网络损耗，使系统具有更强的可拓展性。

（7）会话密钥的前向和后向安全性。在同一 RSU 组内，不同 RSU 范围内的会话密钥为 T_{sz_i}，由于 z_i 是一个临时生成的随机数，因此 T_{sz_i} 也是随机变化的。攻击者无法从当前的 T_{sz_i} 推测出 $T_{sz_{i-1}}$ 或 $T_{sz_{i-1}}$，所以满足前向和后向安全性。

8.2.6 仿真结果与分析

1. 基本功能对比

为了有效分析本章协议的性能，本节对本章协议与 Zhao 方案[24]、Cui 方案[25]进行了功能对比，其中 Zhao 方案拥有良好的安全性能，而 Cui 方案拥有较低的计算时延，结果如表 8.2 所示。由表可知，Zhao 方案满足大多数常见的安全属性，但是忽略了可追溯性、可撤销性以及灵活的用户 ID 变更功能，Cui 方案则忽略了双向认证及 TA 仿冒攻击等重要问题，显然，本章协议满足更多的安全属性。

表 8.2 功能对比

安全需求	Zhao 方案	Cui 方案	本章
用户匿名性	√	√	√
双向认证	√	×	√
抵御重放攻击	√	√	√
抵御中间人攻击	√	√	√
抵御 OBU/MU 仿冒攻击	√	√	√
抵御 RSU/FA/Fog 仿冒攻击	√	√	√
抵御 TA/HA 仿冒攻击	√	×	√
生成会话密钥	√	√	√
前向/后向安全性	√	√	√
可追溯性	×	×	√
可撤销性	×	×	√
用户 ID 自由变更	×	×	√

2. 时延性能分析

相比于其他物联网，IoV 对时延有着更高的要求。所以本节将把本书协议的认证时延与 Zhao 方案、Cui 方案的认证时延进行对比。首先定义 T_h、T_{se}、T_{sd}、T_{ase}、T_{asd}、T_{mul}、T_{chev} 分别表示单次的哈希运算、对称加密、对称解密、非对称加密、非对称解密、椭圆曲线中的点乘运算、切比雪夫映射的计算时间。本章使用 Intel（R）Core（TM）i5-9500，2.00 GB 的 RAM，在 VS-2010 中使用密码库 OpenSSL-1.1.1h 进行 10^6 次运算测得数据如表 8.3 所示。因此 $T_h \approx 0.0080$ ms，$T_{se} \approx 0.0183$ ms，$T_{sd} \approx 0.0182$ ms，$T_{ase} \approx 0.0376$ ms，$T_{asd} \approx 1.0977$ ms，$T_{mul} \approx 0.0514$ ms，$T_{chev} \approx 0.0336$ ms。

表 8.3 密码学操作时间

密码学操作	运算时间/ms
SHA256	8128
MD5	7831
DES/E	18252
DES/D	18205
RSA/E	37597
RSA/D	1097717
ECC 点乘	51449
切比雪夫映射	33622

1）认证时延对比

通过实验测得的数据，可以计算三种方案中涉及的各个实体的计算时延。由于异或操作时间很短，因此忽略异或运算时延，结果如表 8.4 所示。可见，Zhao 方案的较高计算时延主要在于服务器端的对称加解密和非对称签名。Cui 方案是三种方案中计算时延最低的，但是它缺乏一些重要的安全属性。本章的计算时延不是一个定值，而随组长 L 的增大而增大。在不进行分组的情况下（$L=1$），三种方案的计算时延如图 8.13 所示，L 的取值对计算时延的影响如图 8.14 所示，车辆数量与认证时延的关系如图 8.15 所示。图 8.14、图 8.15 表明当 L 的取值合适时，随着车辆数量的增加，系统的计算时延是一个 IoV 中可以容忍的时延，这证明了系统的可用性。

表 8.4 认证时延对比

方案	OBU/MU	RSU/FA/Fog	TA/HA
Zhao 方案	$T_{sd} + 3T_{mul} + 8T_h$ ≈ 0.1724 ms	$2T_{se} + T_{sd} + T_{ase} + T_{asd} + 3T_{mul} + 4T_h \approx 1.3763$ ms	$T_{se} + T_{sd} + T_{ase} + T_{asd} + 4T_{mul} + 7T_h \approx 1.4334$ ms
Cui 方案	$4T_{chev} + 3T_h$ ≈ 0.1584 ms	$3T_{chev} + 2T_h$ ≈ 0.1168 ms	$3T_h$ ≈ 0.0240 ms
本章	$3T_{chev} + (L+5)T_h \approx$ $(0.1408 + 0.008L)$ms	$2T_{chev} + (L+2)T_h \approx$ $(0.0832 + 0.008L)$ms	$T_{chev} + 4T_h$ ≈ 0.0656 ms

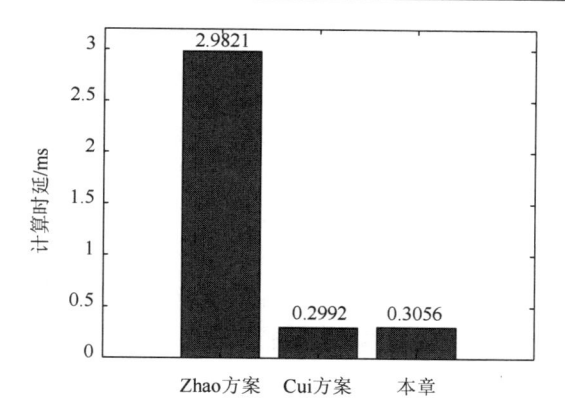

图 8.13 认证时延对比

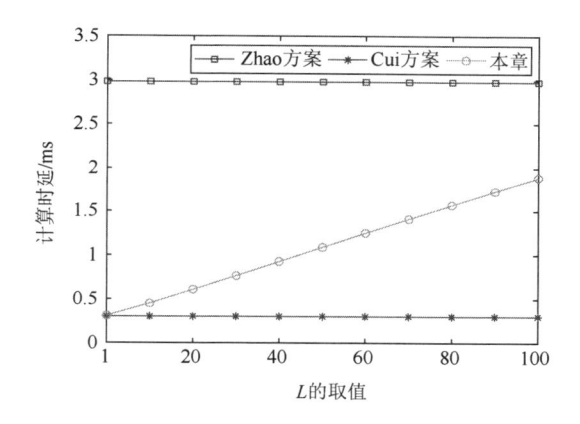

图 8.14 L 对认证时延的影响

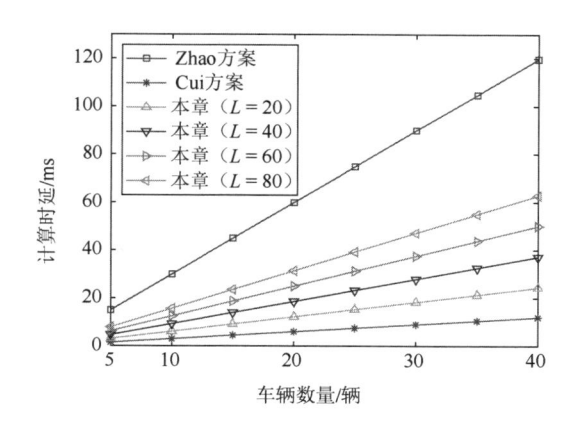

图 8.15 不同车辆数量 L 的认证时延

最短计算时延相比于 Zhao 方案减少了约 89.75%。相比于 Cui 方案，本章协议牺牲少量时延换来了更完善的抵御仿冒攻击的性能、更灵活的分组认证方式及匿名可追溯性。这些性能可以更好地增强 IoV 的安全性。因此本章协议更适用于 IoV。

2）切换时延对比

通过实验测得的数据，可以计算三种方案中涉及的各个实体的计算时延。由于异或操作时间很短，因此忽略异或运算对 Zhao 方案、Cui 方案与本章方案的切换认证时延进行了对比。表 8.5 列出了三种方案中各实体的具体计算时延。由于本章的切换时延与组长 L 及 RSU 在组中的位置 i 有关，所以具有不确定性。为了便于比较，本章分别取 $L=10$、$L=20$、$L=30$ 时的时延与 Zhao 方案和 Cui 方案进行比较，式中 $i=L/2$，这是因为组内首尾 RSU 哈希运算次数的互补对称性。图 8.16 为本章取最短切换时延时（$L=2$），三种方案的时延比较，相比于 Cui 方案，本章切换时延减少了约 82.30%，图 8.17 为车辆数量 L 对切换时延的影响，显然本章时延曲线上升十分平缓，这表明 L 的取值对时延影响较小。图 8.18 为车辆数量 L 与切换时延的关系，可见当待切换的车辆数量增加时，其切换时延仍是 IoV 中可容忍的时延。

表 8.5 切换时延对比

方案	UE/OBU	OBU_m/AP/RSU
Zhao 方案	$T_{mul}+2T_h$ ≈ 0.0674 ms	$T_{mul}+2T_h$ ≈ 0.0674 ms
Cui 方案	$T_{se}+8T_{chev}+8T_h$ ≈ 0.3511 ms	$2T_{se}+10T_{chev}+9T_h$ ≈ 0.4446 ms
本章	$T_{chev}+(L-i+2)T_h \approx$ $(0.0496+0.008(L-i))$ ms	$2T_{chev}+(L-i+1)T_h \approx$ $(0.0752+0.008(L-i))$ ms

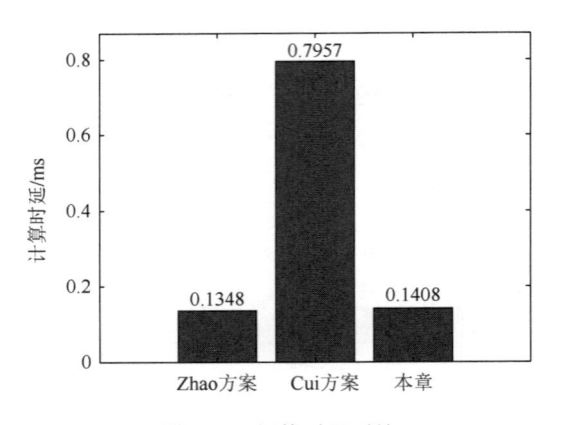

图 8.16 切换时延对比

3）通信开销对比分析

本节对 Zhao 方案、Cui 方案与本章的认证开销和切换开销进行了对比，表 8.6 列出了各方案在认证或切换过程中的通信开销。为了便于比较，假设 ID 为 160bits，时间戳为 32bits，哈希摘要为 160bits，随机数为 128bits，椭圆曲线点乘为 320bits，切比雪夫映射为 480bits，非对称加密输出为 1024bits，对称密钥为 256bits，对称加密输出为 128bits。

第 8 章 车联网与区块链

分别用 B_{ID}、B_t、B_h、B_R、B_{mul}、B_{chev}、B_{ase}、B_{sk}、B_{se} 表示。各方案比较结果如图 8.19、图 8.20 所示。可见，本章方案在认证阶段的通信成本略高于 Zhao 方案和 Cui 方案，这主要是由于本章方案进行了更多次的哈希运算用于保证数据传输的安全。在切换阶段，本章方案的通信成本相比于 Cui 方案减少了约 51.95%，其原因在于本章方案仅需发送 1 次切比雪夫映射值，而 Cui 方案需要传输 3 次切比雪夫映射值。

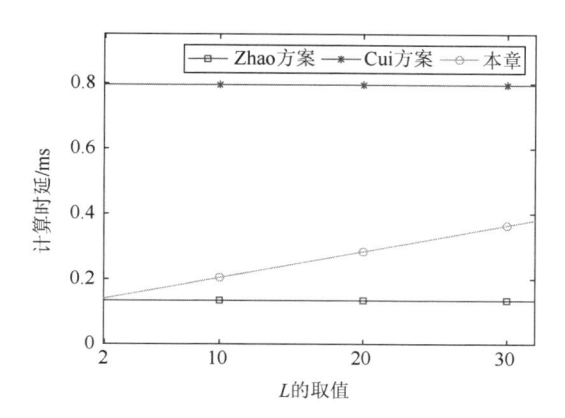

图 8.17 车辆数量 L 对切换时延的影响

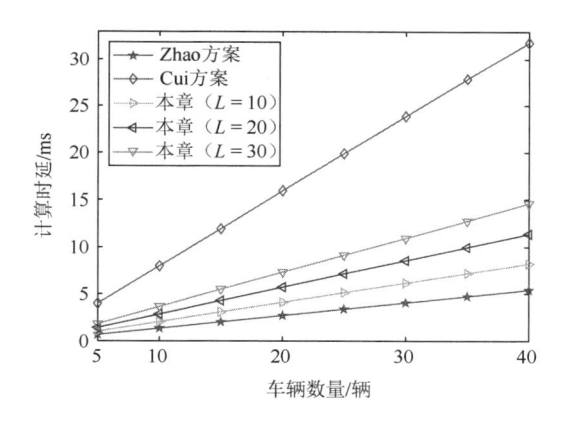

图 8.18 不同 L 值的切换时延

表 8.6 通信开销对比

方案	接入认证	切换认证
Zhao 方案	$2B_{ID} + 2B_h + 4B_{mul}$ $+3B_{se} + 2B_{ase} = 4352$ bits	$B_h + 2B_{mul}$ $= 800$ bits
Cui 方案	$3B_{ID} + 4B_t + 3B_h$ $+4B_{chev} = 3008$ bits	$4B_h + 3B_{chev} + B_{se}$ $+B_{sk} = 2464$ bits
本章	$5B_{ID} + 7B_t + 13B_h + 2B_R$ $+3B_{chev} = 4800$ bits	$2B_{ID} + 2B_t + 2B_h$ $+B_{chev} = 1184$ bits

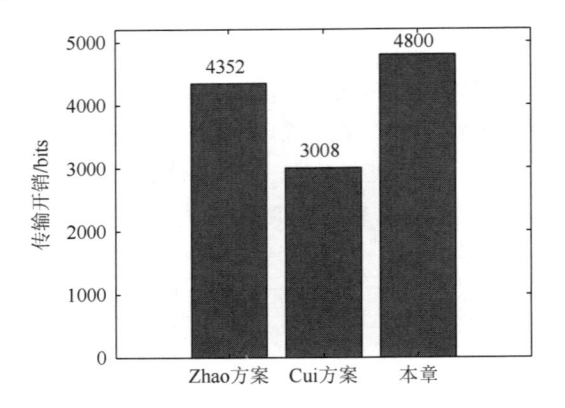

图 8.19 认证的通信成本

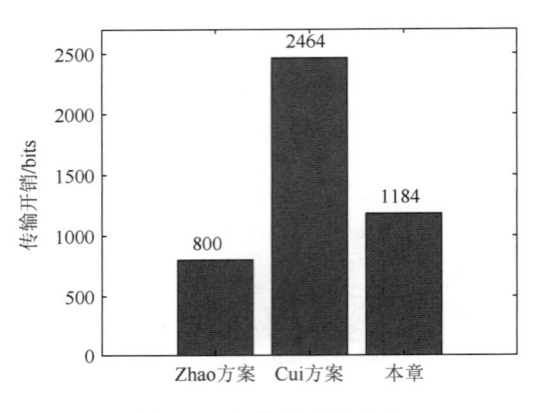

图 8.20 切换的通信成本

8.3 本章小结

本章对基于区块链的车联网认证模型进行了分析。具体而言，分别从区块链的网络架构和工作原理、相关密码学基础、基于区块链的协议设计、协议的安全性证明四个角度进行了详细分析。

在区块链的车联网认证模型中，将区块链作为分布式账本用来记录恶意车辆的 ID，从而对恶意车辆进行及时的身份撤销，使恶意车辆无法持续做出恶意行为，充分保证了车联网的实时安全性，同时设计了切换认证算法实现组内车辆的高效认证。

区块链作为一种新型技术，具有去中心化、独立性、安全性、可追溯性等诸多优点。相比于传统的中心化系统，区块链的分布式特征与车联网具有天然的契合度，促进区块链与车联网的有机结合是车联网的发展趋势。

参 考 文 献

[1] 李文森，王少杰，伍旭川，等. 数字货币可以履行货币职能吗?[J]. 新理财，2017（6）：25-28.
[2] 单康康，袁书宏，张紫徽，等. 区块链技术及应用研究综述[J]. 电信快报，2020（11）：17-20.

[3] Xu J J. Are blockchains immune to all malicious attacks?[J]. Financial Innovation，2016，2（1）：25.

[4] 张健. 区块链：定义未来金融与经济新格局[M]. 北京：机械工业出版社，2016.

[5] 张宇. 区块链智联世界：去中心化的信用中介2.0[J]. 经贸实践，2017（22）：147.

[6] 李赫. 区块链2.0在积分通兑中的应用初探[J]. 中国金融电脑，2018（2）：68-71.

[7] 耿秋治. 我国数字货币创新与发展[J]. 河北金融，2017（8）：17-18，44.

[8] 靳世雄，张潇丹，葛敬国，等. 区块链共识算法研究综述[J]. 信息安全学报，2021，6（2）：85-100.

[9] 徐艺娜. 基于区块链与物联网对智能物流产业应用的解决方案分析[J]. 数码世界，2018（4）：604-605.

[10] 林虹萍. 区块链技术及在公共管理领域中的应用初探[J]. 南方农机，2018，49（23）：31-32，37.

[11] Matzutt R，Hiller J，Henze M，et al. A quantitative analysis of the impact of arbitrary blockchain content on Bitcoin[M]//Financial Cryptography and Data Security. Heidelberg：Springer，2018：420-438.

[12] 苏恒. 区块链技术在公益扶贫领域应用的思考和实践[J]. 中国金融电脑，2017（7）：11-15.

[13] 李兴华，钟成，陈颖，等. 车联网安全综述[J]. 信息安全学报，2019，4（3）：17-33.

[14] 卢明欣，来学嘉，肖国镇，等. 基于DNA技术的对称加密方法[J]. 中国科学（E辑：信息科学），2007，37（2）：175-182.

[15] Krovetz T. UMAC：Message authentication code using universal hashing[J]. Rfc，2006，4418：1-27.

[16] Bagga P，Das A K，Wazid M，et al. Authentication protocols in Internet of vehicles：taxonomy，analysis，and challenges[J]. IEEE Access，2020，8：54314-54344.

[17] Yang J L，Wang D H. Applying extended Chebyshev polynomials to construct a trap-door one-way function in real field[C]//2009 First International Conference on Information Science and Engineering. December 26-28，2009. Nanjing，China. IEEE，2009：1680-1682.

[18] Castro M，Liskov B. Practical Byzantine fault tolerance[C]//Proceedings of the third symposium on Operating systems design and implementation. New York：ACM，1999：173-186.

[19] Chen Z L，Chen S Z，Xu H，et al. A security authentication scheme of 5G ultra-dense network based on block chain[J]. IEEE Access，2018，6：55372-55379.

[20] Hu W，Hu Y W，Yao W H，et al. A blockchain-based Byzantine consensus algorithm for information authentication of the Internet of vehicles[J]. IEEE Access，2019，7：139703-139711.

[21] 郑敏，王虹，刘洪，等. 区块链共识算法研究综述[J]. 信息网络安全，2019，19（7）：8-24.

[22] Bresson E，Chevassut O，Pointcheval D. Security proofs for an efficient password-based key exchange[C]//Proceedings of the 10th ACM conference on Computer and communications security. October 27 - 30，2003，Washington D.C.，USA. ACM，2003：241-250.

[23] 屈娟，冯玉明，李艳平，等. 可证明安全的面向无线传感器网络的三因素认证及密钥协商方案[J]. 通信学报，2018，39（S2）：189-197.

[24] Zhao D W，Peng H P，Li L X，et al. A secure and effective anonymous authentication scheme for roaming service in global mobility networks[J]. Wireless Personal Communications，2014，78（1）：247-269.

[25] Cui J，Wang Y L，Zhang J，et al. Full session key agreement scheme based on chaotic map in vehicular ad hoc networks[J]. IEEE Transactions on Vehicular Technology，2020，69（8）：8914-8924.

第 9 章　车联网发展现状及展望

9.1　车联网发展现状

9.1.1　车联网理论发展现状

车联网旨在设计符合现代智能交通系统理念的专属移动网络，有助于交通监控、能源管理、智慧驾驶、预防道路事故、保障车辆数据的传输安全等方面的发展。车联网作为物联网的一种特殊情况，需要与智慧城市等其他系统技术融合。与此同时，随着嵌入式系统、导航系统、传感器处理、数据采集传输以及大数据分析等技术的进步，以及辅助驾驶技术的发展，汽车的智能化程度也在不断地提高。借助感知传感器、数据处理单元以及计算存储资源，车辆可以实现对周围环境的感知，以确保及时对环境的变化做出决策，进一步地，车辆可以利用环境信息对自身状态进行感知。

在车联网中，车与车、车与路边单元、车与云甚至车与人之间都存在着大量的数据传输，考虑到网络中车辆的高速移动，网络需求对无线通信技术提出了更高的要求。在车联网技术发展早期，基于无线局域网的 DSRC 技术得到了长足的发展，但随着车联网技术发展进程的不断推进，DSRC 系统由于缺少充裕的频谱资源和足够的路边基础设施，暴露出扩展性能有限、通信范围不够广、用户服务质量不稳定、未来技术演进路线不明确等问题。

随着 5G 通信技术的快速发展，基于蜂窝网络的 C-V2X 技术成为车联网研究的热点，C-V2X 技术主要分为 LTE-V2X 和 NR-V2X，分别对应 4G 和 5G 通信标准。C-V2X 技术以蜂窝网络通信为主干，直通通信为支干。蜂窝网络通信主要用于实现终端与基站之间的通信，完成区域内的数据集中与控制转发，通信距离相对较远，多处理如网络拥塞控制、资源调配等复杂的网络控制任务。直通通信主要用于实现终端之间的通信，如移动车辆与路边单元的通信、移动车辆与人的通信，完成点对点的数据传输，通信距离相对较近，多处理如交通预警信息广播等数据量小、时延低的信息转发任务[1]。C-V2X 技术中 LTE-V2X 的研究开展较为深入，具备较为成熟的理论研究支持和产业验证支持。以车联网的高动态性为例，LTE-V2X 的帧结构中引入了导频加密技术，既实现了对信道快速变化的高度适应性，又控制了复杂的系统开销。LTE-V2X 的调制方式为 SC-FDM（single-carrier frequency-division multiplexing，单载波频分多址）技术，与 OFDM 技术相比峰均比较低，可以提高移动终端的功率发射效率，延长电池使用寿命，提高通信系统性能。在接入控制以及资源调度方面，LTE-V2X 采用感知信道和半持续调度结合的分布式资源调度机制，在兼顾网络中其他任务需求的条件下，减少了系统干扰和信令开销，同时还提高了传输可靠性[1]。目前 C-V2X 正从 LTE-V2X 向 NR-V2X 标准演进，未来还将与超大规模 MIMO、毫米波通信、5G、区块链等新技术结合[2]。

在 LTE-V2X 中，MEC 作为距离移动终端最近的计算资源，扮演着十分重要的角色。MEC 将计算存储资源从网络中心下沉到更接近移动终端的网络边缘，计算资源与移动终端的网络通信距离缩短、通信时延减少、业务响应时间减少、骨干网络的带宽占用率降低、传输效率得到提升、设备部署灵活，能更好地满足车联网对低时延、高可靠性的严苛网络要求。虽然 MEC 有助于车联网的性能提升且满足网络设计需求，但其与车联网的深入融合会产生以下问题：通信-计算-存储资源的按需部署和动态联合调度问题、计算卸载决策问题、高动态网络的通信切换和任务迁移问题等。常见的如边缘网络中的任务卸载策略、计算资源分配和无线资源分配问题，可以选择以系统能耗最小化、系统吞吐量最大化、网络延时最小化等作为目标函数，设计合适的约束条件进行求解。结合复杂网络环境和任务，联合优化多项目标成为 MEC 研究的新兴领域，如 MEC 与无人机集群构成的异构网络、高度动态的车联网络等。结合更为新颖有效的算法对边缘网络优化问题进行求解也受到一定的关注，如借助机器学习算法对边缘计算资源和缓存资源进行动态编排，最终获得系统效用的最大化。此外，利用 SDN 技术，可以有效扩展 MEC 的计算能力、减少系统总时延、减轻网络流量负载，如将 SDN 编配器与无线访问技术网关结合后，利用 SDN 协调器对跨网络分布式的 MEC 资源进行管理，实现分布式通信资源和计算资源的利用，或者利用 SDN 技术对 MEC 的任务卸载实现虚拟迁移的资源管理，以支持动态车辆网络环境中跨 MEC 服务器的无缝连接。

车联网作为跨行业、多场景、多业务模式的复合型网络，对数据通信性能以及复杂计算的快速反馈具有严格的要求，利用网络切片技术可以实现车辆网络的按需组网，将网络切片技术与车联网络场景相结合，解决网络服务的多样性和差异性需求。

9.1.2 车联网产业发展现状

随着车联网技术理论研究的成熟，车联网的产业化进程也在不断前进。在车联网发展前期，车载元器件企业主导着车联网的产业发展，主要针对车载传感器及其配套处理设备的设计与开发。随着车联网技术的不断发展，汽车厂商逐渐成为车联网产业发展的主力军，全球范围内以福特、奥迪、通用为代表的传统汽车厂商着手智能联网车辆以及车辆关键技术的研发工作，近些年来，国内汽车厂商如吉利、比亚迪等也加入了智能联网整车的研发队伍当中。在如今的车联网产业中，越来越多的互联网科技公司占据主导地位，在国际上，谷歌公司很早就开始了自动驾驶技术的研究工作，国内以百度、华为、阿里巴巴为代表的科技巨头也都已涉足智能车联网领域，既有车联网技术逐渐成熟与市场兴起的原因，也与政府的大力支持密不可分。

车联网技术中的核心即无线通信技术，车联网中的信息交流融合也依托无线通信来实现。V2X 作为连接车辆与外部网络的最后一段通信，在车联网中扮演重要角色，围绕 V2X 通信技术形成了以芯片企业、通信厂商、设备厂商为主体的生态体系。主流的 V2X 无线通信技术分为 IEEE 802.11p 和 C-V2X，DSRC 系统采用的就是 IEEE 802.11p 技术，IEEE 802.11p 技术标准使用无线局域网技术，IEEE 802.11p 技术标准成熟较早，恩智浦、高通等传统芯片龙头厂商已推出较成熟产品，车厂也有较为完整的解决方案。C-V2X 技术经过 10 年的发展，调度、干扰算法技术则更为成熟，适用于更复杂的应用场景，满足更高的业务需求，目前主要的应用标准是 LTE-V2X。近些年来，经过不断的实验对比，C-V2X 技术比 IEEE 802.11p 技术更为成熟，凭借更加成熟的调度和抗干扰算法，C-V2X 技术在资源利用率、可靠性、稳定性等方面具有理论优势，并且在实际的道路测试结果中，也证明了 C-V2X 技术的误码率低于 IEEE 802.11p 技术[1]。

目前 IEEE 802.11p 技术和 C-V2X 技术在国内均有发展，就专利申请数来看，国内市场中 C-V2X 技术的发展优于 IEEE 802.11p 技术的发展，说明国内市场的消费需求逐步向更多元化方向发展，可以有效推动车联网通信技术对应用场景的支撑力。就全球而言，近些年来 C-V2X 呈现较为快速的增长趋势，我国成为 C-V2X 的最大专利原创和布局目标国家，值得注意的是，美国于 2020 年 11 月将原定分配给 DSRC 的 5.9 GHz 频段中的 30 MHz 带宽重分配给 C-V2X 技术。此外，与 IEEE 802.11p 技术的研究主体不同，C-V2X 的研究主体中通信类企业的比重远高于传统汽车厂商。

目前，C-V2X 技术的主要研究与应用集中在 LTE-V2X 技术上，但面向新空口的新一代车用无线通信网络 NR-V2X 技术目前也在积极研发中，在部分城市、高速公路已经逐步开始应用试验，进行高精度时空基准服务网络的全覆盖技术应用验证。

无线通信为车辆提供了与外部世界实现信息交互的工具，借助这些工具，车辆有能力完成更高难度的任务，如智能驾驶。智能驾驶是一项极具融合意义的技术，涉及一整套的数据信息收集、处理、决策的动作流程。得益于人工智能、高精度地图、计算机视觉等前沿技术的发展与应用，智能驾驶得到了快速的发展。从事智能驾驶技术应用研究和开发的主体以汽车厂商和互联网公司为主，福特公司开发了 BlueCruise 的自动驾驶辅助系统，实现了实际道路场景下的自动驾驶，强化了自动巡航、自动起停、车道保持等功能。谷歌的无人驾驶公司 Waymo 则一直致力于 Google driverless car 的研发。国内的百度 Apollo 已经完成了自动驾驶出租车和无人驾驶小巴的研发工作。

国内上汽集团、一汽集团、吉利汽车等汽车厂商逐步开发 V2X 相关产品和进行相关产品布局，大力推动具有联网功能的新车型研制量产。2019 年 4 月，国内众多车企联合发布 C-V2X 商用车标，意味着国内车企的车联网技术应用落地进程拉开了帷幕，包括上汽集团、一汽集团、东风公司、长安汽车、广汽集团以及比亚迪汽车等 13 家车企都参与了这一标志性活动。

国内车联网基础设备的硬件产业发展情况良好，与 C-V2X 技术相关的基础设备制造能力较强，如处理数据和计算任务的芯片模组、集成大量缓存资源和计算资源的车载单元和路边单元等基础设备，这与近些年来的产业良好发展环境和国家的大力支持密不可分，而作为新一代车用无线通信技术的 NR-V2X 还处于研究发展阶段，其产业化还需要经过试验验证、产品开发和规模测试等环节。

为车辆提供通信支持的运营服务产业也在快速发展中。中国移动对 LTE-C2X 技术进行了试验，实现了车联网中的车际网联和车路协同应用，并且利用 5G 技术对远程遥控驾驶和车辆自动编队的概念也进行了验证。中国联通实现了基于 C-V2X 技术的多场景融合应用方案，可以实现防碰撞预警、绿波带通行、自适应车队等应用。中国电信则面向公交车辆开发了公交优先应用及停车导引应用，并且在雄安新区实现了支持 C-V2X

业务的 MEC 平台部署。中国铁通获批 5.9 GHz 车联网频率许可，可以开展业务运营试验。国内大部分车联网示范区也都建立了 C-V2X 运营服务平台，如北京、无锡、上海、重庆等。

此外，一种新的车联网产业形式发展势头正足——共享出行，在车联网与智能驾驶的相互协作下，无人自动驾驶无疑会成为重要的市场发展方向。在无人自动驾驶的背景下，重新设计人与车辆之间的关系，将出行与驾驶分离，推动车辆出行的服务性质演变。共享出行为自动驾驶找到了最佳的商业模式，有力地推动了智能汽车的落地进程，车辆成为不需要人类操控的出行辅助工具，在车联网技术加持下的共享出行，将更加高效便捷，并且降低出行成本。谷歌、通用汽车、Uber 等公司已经在开展车联网共享出行的相关研发和试验，百度、滴滴等互联网公司也开始了相关的试点运营试验。在未来，基于自动驾驶的共享出行一定会受到更多的关注，成为车联网重要的应用方向。

9.2　车联网典型应用场景

车联网的应用场景主要发生在交通行驶过程中，根据 IMT-2020（5G）推进组发布的 C-V2X 白皮书，以及中国汽车工程学会发布的标准 T/CASE 53—2017，结合车联网技术的研究发展现状，将车联网的典型应用场景分为三大类：交通安全场景、交通管理场景、信息服务场景，接下来对这三类场景进行概括性描述。

9.2.1　交通安全场景

在交通安全场景中，车联网的主要作用是为了避免交通安全事故的发生。通过一系列措施实现信息即时广播、信息共享、协作通行，协调路面不同车辆之间的行驶动作，降低因信息偏差导致的交通事故发生率。

在车联网中，车辆可以通过无线通信接收来自周围车辆或路边单元的信息，结合自身搭载传感器收集的感知数据，对道路交通环境进行收集和共享，实现信息交流。在现实当中，经常发生的交通事故类型是车辆碰撞，通过对车联网降低车辆碰撞事故发生概率的阐述，将呈现出一个直观的车联网交通安全处理流程。

首先对车辆与车辆之间的碰撞预警进行分析，当处于同一车道中的两辆车同向而行时，车辆通过自身搭载的传感器对邻近的车辆信息进行收集，当检测到邻近车辆速度骤降或者骤升时，及时向车辆用户发送预警信息，或者主动实现变速或变道。如果两辆车是相向而行，那么邻近车辆可能因为设备故障等，出现穿越车道线的异常驾驶行为，在这种情况下，主要依托三种预警信息来源来实现应对：一是邻近车辆检测到自身异常行为，进行的小范围的紧急避让信息广播；二是车辆根据自身传感器检测到的异常环境信息；三是路边单元检测到的异常行驶信息，进行的较大范围的紧急避让信息广播。通过对三种预警信息的收集处理，可以最大限度地减小意外交通事故的影响程度。这是第一阶段的预警信息传播，属于短程紧急避险，要求通信延迟极低、处置决策执行极快。在第二阶段，车联网需要将预警信息传输到更大的通信范围，扩大预警区域面积，在第一阶段路边单元进行了较大范围的预警信息广播,在广播范围的边缘,新的路边单元会进行中继广播。考虑路边单元稀缺的车辆网络中,依托 V2V 通信实现大范围预警,当车辆接收到紧急预警时,通过车际感知数据共享技术将预警信息对外广播,预警信息的紧急因子随传播范围的增加而降低,设置合适的阈值,可以实现对信息传播的有效控制,避免资源浪费。

如果是与其他交通参与者或者物品之间的碰撞预警,则依赖于车载传感器的感知能力和处理速度,车辆将根据感知的异常目标结果生成相应的预警信息或者紧急反应,如道路障碍物、行人、路面情况等信息,并将预警信息进行短距离广播,接收到信息的车辆可提前感知不在自身视野范围内的交通参与者或者道路异常情况,辅助自身做出正确的行驶决策,降低交通事故和二次伤害发生的可能性,提高行车安全和通行效率。常见的此类碰撞预警有行人及其他弱势交通参与者碰撞预警、道路障碍物碰撞预警等。

在交通安全场景中,车联网的一般应对措施可以概括为:基于广泛分布的传感器对场景信息进行检测,对信息进行处理生成预警信息后再对外广播,车联网中其他终端根据接收的预警信息进行相应的状态调整,并将调整信息进行广播。车联网实现的就是基于充分信息交互的智能交通模式,足够的信息共享可以提高网络中终端之间的协作能力,减少因信息不对称导致的冲突甚至意外事故。

针对容易引起交通事故的行驶行为,车联网也可以提供合理的解决方案,如车辆变道、交叉路口通行等。在车辆变道场景中,标准 T/CASE 53—2017 提出了协作变道的概念,当车辆在行驶过程中需要变道时,需要将变道意图发给相关车道中的其他相关车辆和路边单元,相关车辆接收到变道意图信息后,将根据自身情况调整驾驶行为,协助车辆完成变道。当相关车辆由于距离或者网络等未能成功接收变道车辆的意图信息时,将由路边单元承担变道的引导角色,路边单元会在接收到变道车辆变道意图时,根据当前路面车辆信息做出判断,向变道车辆下发引导信息,辅助变道车辆安全变道。在交叉路口通行场景中,标准 T/CASE 53—2017 提出了协作式交叉口通行的概念,协作式交叉口通行主要依靠车辆和路边单元的交互实现,当车辆行驶至交叉路口时,向区域内的路边单元发送车辆行驶信息,路边单元综合车辆行驶信息以及路面感知信息和交通信息,生成对应的调度信息,协助车辆顺利安全地通过交叉路口。进一步地,可以分为信号灯控制场景和无信号灯控制场景,在信号灯控制场景中,路边单元根据收集的路口交通数据,实时生成优化的信号灯控制策略,并即时将控制策略下发至信号灯控制端,实现相应的信号灯控制,提高交叉路口的通行效率。在无信号灯控制场景中,路边单元对某时刻路口的所有车辆的信息以及路面感知信息进行综合分析,依据优化方案生成对应于每辆车的驾驶引导信息,并进行下发,以便于车辆安全高效地通过交叉路口。

9.2.2 交通管理场景

在交通管理场景中,车联网主要围绕提高交通效率和稳定性进行设计。影响交通效率的主要因素为车辆之间动作空间冲突导致的交通系统运作异常,如十字路口车辆之间因行驶时空区域冲突导致的交通事故。交通管理场景大多面向车辆群体的管理引导,依赖于路边单元的区域信息收集、广播和计算能力。在某一低效率交通场景中,路边单元将根据具体任务内容,主动或被动地收集路面交通信息,利用获得的大量交通信息借助计算理论对任务问题进行求解,任务问题多与提高交通效率相关,路边单元的计算结果或调度结果面向车辆群体进行发放,实现管理功能。

以常见的低效率交通场景——交叉路口通行为例,无论交叉路口有无信号灯,当车辆数量增多或者交通意外事故发生时,都极易发生交通拥堵情况,这是由于交叉路口的车道功能相对固定,而在车辆增多或者路面情况较为复杂的情况下,不同流向的交通压力不同。当某一通行流向的车流量短期内急速增加时,该流向对应的车道可能无法满足大量的通行需求,因此造成短期的车辆排队情况。当排队车道之间的通行流向相互干扰时,就会形成通行区域内的拥挤,进而造成拥堵情况,交叉路口其他的非排队车道也会受到拥堵影响,造成严重的区域拥堵。针对这一问题,标准 T/CASE 53—2017 提出了动态车道管理的概念,即对交叉路口的车道功能实现动态划分。概念中指出当车辆进入交叉路口范围后,将通过主动或被动的通信方式与路边单元构建起信息传输链路,使得路边单元可以对覆盖范围内的车辆行驶数据进行收集,如速度、转向、导航方向等信息,以实时分析交叉路口各方向的通行需求,基于路口的实时通行需求划分对应的车道功能,车辆根据路边单元发布的最新车道功能信息选择通行。动态车道管理可以有效实现实时的交叉路口空间资源的合理分配,提高交叉路口的通行效率。关于动态车道管理的更详细介绍可以参考标准 T/CASE 53—2017 中的相关内容。

在车联网中另一个重要的面向车辆群体的交通管理场景是车辆编队管理,利用车辆编队管理可以对具有相同通行属性的车辆进行集群管理。满足车辆编队管理需求的多为自动驾驶车辆,在编队行驶状态下,车辆以队列的行驶形态巡航,在编队内保持相对静止,队列后续车辆依赖于队列头车实现行驶控制。在编队行驶中,车辆驾驶员不再需要精神的高度集中,缓解长距离行驶的疲劳感,有助于提高行驶的安全性和舒适性。由于同一集群的车辆保持队列形态,可以减少车道无效占用的情况,提高车道通行效率。此外在同一集群的车辆之间保持信息的快速共享,可以根据路面情况做出及时反应,对于队列后方的车辆而言,甚至在没有遇见安全威胁情况下提前准备应对措施。车辆编队主要分为创建车队、加入车队、车队巡航、离开车队、解散车队五个动作,主要角色有领航车、跟随车、尾车和自由车。创建车队、解散车队动作均由领航车发起。自由车可向领航车发起加入车队的申请,若获得加入车队的资格,车辆角色更新为跟随车。当跟随车发起离开车队申请时,需要向领航车以及所有跟随车广播申请离开车队的指令。尾车即为车队中最后一辆车,在车队管理时将尾车视为跟随车进行处理。

以上说明的两种交通管理场景的对象都是车辆群体,在标准 T/CASE 53—2017 中描述了一种面向车辆个体的交通管理场景——协作式优先车辆通行,在此暂称为优先车辆通行。优先车辆通行是面向特殊优先通行需求车辆的场景,如救护车、消防车、警车等,车联网将采取一系列管理措施,为这些特种车辆提供出发地到目的地的绿色通道,这些管理措施包括但不限于控制交叉路口的信号灯、封闭相关车道等。根据标准 T/CASE 53—2017，优先车辆通行可分为车道预留场景、交通管制场景和信号灯优先通行场景，与面向车辆群体的交通管理场景类似，优先车辆通行同样依赖于路边单元的计算调度功能。在车道预留场景中，优先车辆向路边单元发送自身行驶信息以及优先通行请求，路边单元基于优先车辆信息以及路面信息、其他交通参与者状况，生成车道预留策略，并将预留车道信息通过动态车道管理的方式发送给其他交通参与者，优先车辆则直接接收来自路边单元的预留车道信息。在交通管制场景中，路边单元会对优先车辆通行区域内的某一车道进行封闭管制，向其他交通参与者发送车道封闭信息以及相关的驾驶引导信息，引导车辆安全地调整驾驶形态，及时通过交通管制区域，避免因车道封闭管理导致新的交通问题。在信号灯优先通行场景中，优先车辆向路边单元发送自身行驶信息以及优先通行请求，路边单元根据优先车辆的行驶信息和交叉路口交通信息，生成信号优先指令，下发给本地路口信号机，信号机根据指令生成具体控制策略，调节周期或相位配时，实现信号优先。路边单元同时将驾驶引导信息下发给优先车辆，引导其调整驾驶行为，安全高效地通过路口。

9.2.3 信息服务场景

结合车联网异构平台的快速发展，当车辆需要进行停车、洗车、充电、加油等服务时，向路边单元发送相应的服务请求，路边单元对周边服务点信息进行收集汇总，服务点信息包括由服务点路边单元提供的场站状态信息以及沿途路边单元提供的交通路况信息，综合车辆的驾驶意图，生成服务点引导信息，并下发给车辆，车辆根据引导信息，前往最符合某一收益原则的服务点，车辆的进站、服务请求、服务支付、出站都可以通过与服务点的路边单元自动交互完成，除了关键决策的询问，不再需要驾驶员的介入，提高服务效率。

车辆场站路径引导服务，是指当车辆进入服务点区域时，由于服务点的流程设计要求，需要借助路边单元对进站车辆进行驾驶引导以及其他信息服务，如服务点流程引导、车位信息等。当车辆到达场站服务范围内时，车辆向场站的路边单元发送入场或离场服务请求，路边单元将根据车辆发送的请求服务类型、当前的场站状态等信息，为车辆下发场站路径引导信息，引导车辆按照其内部路径规划行进。

差分数据服务，是指基于 V2X 技术的导航定位增强技术。为了减少轨道误差以及大气环境对卫星定位造成的影响，一般采用差分定位技术来获得区域内更高的定位精度。在车联网中，可以通过在路边单元内集成基准站或者修建独立的基准设施的方式，实现定位改正参数的计算。基准设施利用自身已知的精准坐标以及全球导航定位系统所提供数据计算出误差改正参数以及完好性信息，并通过 V2X 的方式分发给范围内的车辆。当通信范围内的车辆接收到来自路边单元或基准设施分发的差分数据后，可以对自身获得的全球导航定位系统的观测结果进行修正，实现定位精度的提高。利用差分数据技术可以有效保障车联网的精准定位，提高车辆的行驶安全性和道路通行效率。

9.3 车联网面临的挑战

9.3.1 车联网技术发展的挑战

车联网技术面临智能化车辆实现难度大、网络覆盖面积大、网络节点多、网络拓扑结构变化快、计算资源与计算任务不匹配、网络计算资源分布不均衡、网络安全隐患较多、大规模车联网中交通管理复杂等问题[2]，接下来对车联网技术面临的挑战进行阐述。

1. 有限的网络覆盖范围

在车联网应用场景中，协作式应对交通事故要求车辆之间广播紧急避险信号，如车辆检测到意外事故的发生，随即向周围的车辆广播该事故消息，而接收到广播消息的车辆将继续向外广播该消息，该环节主要依靠固定的路边基础设施或蜂窝网组成的车辆云（vehicular cloud，VC）来实现信息共享。

但由于路边单元的移动性较差，因此其有限的网络覆盖范围对车辆云的贡献效率并不高，限制了车辆云的网络覆盖范围。如果车辆不在网络覆盖范围内，就不能向其他车辆发布信息，协作式交通场景就会受到阻碍。

2. 车联网中的安全问题

在车联网通信中，车辆与云服务器之间分布有许多的管理控制单元和计算单元，它使得车辆可以脱离对云服务器的依赖，能够实现本地数据收集与处理，满足快速响应、低时延的交通安全要求。但由于车联网车辆交通对无线通信的高度依赖，可能会使得车联网更容易遭受各种各样的攻击，如会话密钥泄露、数据泄露等。常见的应对安全问题的解决方法有：接入认证和密钥管理、采用加密数据通信，特别是边缘网络中的通信安全、定期进行网络监控，检查异常行为、设立无线安全协议对无线通信过程进行保护；虽然解决方法较多，但目前为止还没有公认有效的车联网安全解决方案。

此外，由于车联网中允许 V2V 通信，这种车与车之间的通信方式，存在安全隐私隐患。车辆用户的信息完整性极易在传输过程中受到攻击，特别是当恶意用户向网络中肆意广播发布携带病毒的数据包时。尽管已经有防止安全攻击的认证协议应用于车联网中，但是对于如重复攻击、位置欺骗攻击、会话攻击等低成本攻击方式仍然表现不佳。

另一个值得关注的车联网安全问题是女巫攻击，由于车联网的高移动性和开放性，女巫攻击的威胁性极大。攻击者会以多辆车来伪装自己的身份并对中心服务器进行访问，利用这些被中心服务器识别的虚假身份，扩大虚拟网络节点的占有率或扰乱网络秩序，对遵守规则的车辆用户利益造成损害。已知的应对方向有，对虚假身份的及时验证和识别，建立网络节点之间的安全连接，避免由此对网络路由机制和对分布式网络冗余机制的破坏，但具体高效的解决方法还有待研究。

3. 边缘网络的调度过载和任务拥塞

大量车联网中的人工智能应用需要基于车辆环境中的计算能力和网络节点之间的资源共享，以提高车联网的便捷性和安全性。但任务的调度负载会增加，边缘网络的计算能力也会降低。如何高效地实现车联网络中的资源调配，缓解计算资源共享带来的调度过载和任务拥塞现象，还有待进一步的研究。

4. 中心云与分布式存储

车辆之间以及车辆与云服务器之间的高频次通信是车联网信息交互的标志，如果使用云服务器管理数十亿节点间的流量，并完成相应的数据存储具有较高的危险性，一旦云服务器崩溃，整个车联网系统都会瘫痪。因此将分布式系统应用于车联网中十分必要，但是更深入的关于分布式车联网的研究开展程度还不够，目前较为广泛的研究方向是，将在分布式账本技术中大放异彩的区块链技术应用于车联网，研究如何以分布式的方式实时收集、处理和存储车辆信息，同时满足安全性原则。

5. 交通事故预防

大部分的交通事故都是由于车辆高速行驶引起的，因此将车辆速度控制在合理范围内是防范交通事故最有效的方式。在车联网中，如何更为有效地对车辆的速度实现控制值得研究，结合人工智能实现对车辆速度的自动控制是较为有效的方式：当车辆超出限制速度的阈值后，人工智能系统自动发出警告信息。但是在复杂多变的交通场景中，实现限制速度阈值的自适应调整则较为复杂。相较而言，更为传统的方式是利用 GPS 技术与 GSM 或 Wi-Fi 网络，借助 GSM 或 Wi-Fi 网络提升 GPS 性能，获取车辆的精确坐标，以控制驾驶行为。除此之外还有基于 RFID 的车速调节、基于微处理器的控制电路实现车速调节等研究工作。

除了限制车辆的速度阈值，设计可靠的制动系统也可以减少交通事故的发生，特别是当驾驶员不能在安全距离内实现制动的时候，可以通过传感器与控制部分的设计来构建有效的自动制动系统。

6. 大规模车联网中的交通管理

车联网中，道路上发生任何交通事故，网络中的其他车辆都会实时地接收到相关的事故信息，但在大规模车联网中，汽车高度智能化、车联网系统异构化以及交通流的快速发展，使得良好的交通管理系统面临许多挑战。例如，在大规模车联网中实现信息共享的准确性和时效性的问题，对于复杂数据的传输时延控制问题，基于实时路况制定的智能路由决策问题，大规模车联网中车辆信息共享机制的设计问题。这些问题在一般车联网中已经存在，如数据传输时延，在 V2X 通信中由于需要携带或重发数据引起的额外开销已经造成了链路上的通信延迟。在联网车辆更多、网络结构更复杂、无线资源更紧张的大规模车联网中，这些问题则变得更加严重，成为发展大规模车联网必须解决的问题。

9.3.2 车联网产业化进程的挑战

1. 车联网与服务运营商

车载服务运营商为车辆提供了通信服务和互联网访问服务。通信服务质量与网络性能相关，车联网需要高性能网络提供的通信服务，实现更好的端到端的数据传输。许多对时延敏感的数据需要以极小的延迟和失真到达接收端，但由于车联网中的大量车辆只具备有限的连接带宽且移动性极高，因此很难实现数据的高质量传输。在交通管理系统中，实时的交通数据需要在要求的时间内到达目的地，进而采取对应的管理措施，如果数据的传输超时，那么信息就丢失了有效性，可能造成交通事故。为了适应不同的网络需求，车联网需要对网络服务质量机制进行优化，特别是在小区切换时的服务衔接业务。

同时为了使车载服务运营商与车辆之间的信息传输更为高效，车载服务运营商应该向车辆用户提供简洁的图形操作界面或语音控制平台，防止因繁杂操作导致服务出错，进而引发车辆的行驶异常。车载服务运营商应加强车辆用户的认证，安全级别低的简单认证机制虽然可以构建快速的服务连接，但是由此引发的系统安全威胁会造成更大的损失。此外，车载服务运营商还应考量车辆用户的硬件设备状态，由于低电量导致的低功率可能会使车辆与服务运营商网络失去连接，并且如果将大量的服务数据缓存在车辆本地将导致有限的车辆存储空间更快超载，使得车辆在处理紧急事件时因本地空间不足发生误判，因此设计合适的无线连接功率以及数据缓存策略有助于车载服务运营商的发展。

2. 车联网路边设施的设计与建设

车联网的路边设施主要包括路边单元、边缘计算服务器等边缘网络设备，有效辅助车辆完成车联网应用。车联网的路边设施具备感知、定位和传输等多种数据的融合能力，涉及的数据类型多，对应的技术类别也多，因此路边设施的设计和建设是车联网技术落地的重要问题。路边设施的设计对跨领域的协作提出了更高的要求，因为要在工程中将动态的多源数据融合为低时延、高可靠性的信息流是非常困难的，不同数据的采集、处理、传输方案设计需要经过严格的跨领域专家协作论证。

对于路边设施的建设而言，与传统的路边交通标志建设和通信设备建设都不相同，既融合了两种建设方式的明显特征，又体现出新的跨界特点。由于路边设施的技术高度融合性，需要不同的技术人员进行规范化操作，此外还缺少主导车联网建设的单位，虽然车联网的各项工作的推动开展效果很好，但是在实际落地的项目融合过程中还存在很多问题，应及时开展对有效协同建设模式的研究探索工作。

3. 车联网的硬件标准

虽然车联网中已制定了很多行业标准，但是网络硬件设备的标准还未形成，不同厂商设计的硬件设备之间的规格差异较大，特别是当加装的车联网设备与车辆原有控制系统无法进行安全性结合时，会产生较大的安全隐患。例如，给车辆新增智能网关设备，安装时需要注意与车辆原有的控制网关的对接安全性，控制指令与总线标准等可能导致硬件设备通信故障的部分都需要进行细致的核对，防止因错误信号导致的行车安全事故发生。

对于非控制类硬件设备而言，也存在因规格标准不一导致的性能受限问题。以车辆天线为例，由于不同车型的规格差异造成车辆之间的车载天线高度不同，影响 V2V 通信性能，并且在不同行驶环境中，不同车型受到的无线干扰也不同，车载天线的通信距离也会发生波动。

9.4 本章小结

本章对车联网发展现状、车联网与大数据以及车联网发展面临的挑战进行概述，为了做到尽可能全面地对车联网生态进行描绘，对车联网发展中涉及的大部分内容进行了简要阐述。

首先，对车联网理论发展现状和产业发展现状进行了阐述。车联网理论发展现状主要分为无线通信技术、计算资源分配、车联网络动态规划、智能驾驶以及车联网与前沿技术的融合几个方面分别进行。车联网产业发展现状主要对通信标准、配套硬件、联网车辆生产、通信运营服务、有关公司的发展现状等方面进行阐述。通过对车联网理论和产业的现状分析，构建了较为全面的关于车联网行业现状的框架。

其次，对车联网的典型应用场景进行了分析，参考 IMT-2020（5G）推进组发布的《C-V2X 白皮书》和中国汽车工程学会发布的《合作式智能运输系统 车用通信系统应用层及应用数据交互标准》，将车联网的应用场景分为交通安全场景、交通管理场景、信息服务场景三大类，并对更为细化的场景进行了讨论。

再次，对车联网中的大数据技术进行了分析，讨论了车联网中大数据的形成与有效性，对车联网大数据的价值进行了分析，对大数据与自动驾驶技术的融合进行简要介绍。

最后，对车联网中的挑战进行归纳，分别阐述了车联网发展中面临的技术挑战和商业化进程挑战，讨论了车联网特性引起的技术研究困境，分析了将理论研究较为成熟的车联网技术落地的难点。

参 考 文 献

[1] 陈山枝，时岩，胡金玲. 蜂窝车联网（C-V2X）综述[J]. 中国科学基金，2020，34（2）：179-185.
[2] Fadhil J A, Sarhan Q I. Internet of vehicles (IoV): a survey of challenges and solutions[C]//2020 21st International Arab Conference on Information Technology (ACIT). November 28-30, 2020. Giza, Egypt. IEEE, 2020.